LA SCIENCE DE LA GEOGRAPHIE

DIVISEE EN TROIS PARTIES, QVI EXPLIQVENT les diuisions, les vniuersalitez, & les particularitez du Globe Terrestre.

PREMIERE PARTIE.

DES DIVISIONS GEOGRAPHIQVES.

PAR LE P. IEAN FRANCOIS de la Compagnie de IESVS.

IHS

A RENNES,
Chez IEAN HARDY Imprimeur & Libraire, rue S. Germain. M.DC.LII.

AVEC PRIVILEGE DV ROY

A
MONSEIGNEVR
L'Illustrissime & Reuerendissime
HENRY
DE LA MOTTE ODENCOVRT
Euesque de Rennes.

ONSEIGNEVR,

IE veux que les premiers caracteres de mon liure marquent la reconnoissance deüe à celuy, qui luy à donné le moyen de paroistre en public. C'est vostre liberalité Monseigneur à qui il doit son impression; Il est redeuable de son priuilege à vostre auctorité, & la resolution qu'à pris l'Auteur de le mettre en lumiere est deüe à vostre approbation. Et quant à la Terre qui en fait le suiet, si elle est vn Palais basti pour l'entretien de nos vies, vne Bibliotheque pour l'instruction de nos esprits, & vn Temple pour l'exercice des reconnoissances que nos cœurs doiuent à son Auteur. Vous tenez vn rang si releué dans ce Palais par la noblesse de vostre Maison, qui à donné à la France en ce siecle des Cardinaux, des Ministres & Gouuerneurs de l'Estat, des Mareschaux de France & des Conquerans de Prouinces, dans cette Bibliotheque par la sublimité de vostre esprit, & dans ce Temple par l'Eminence de vostre caractere, que i'ay tout suiet de vous en dedier la description. Ie vous vois dans ce Palais comme vn grand Aumosnier, dans cette Escole comme vn Docteur tres profond en l'intelligence soit des langues que les S. Escritures contiennent, soit des Scièces que les Vniuersités enseignent, & dans ce temple comme vn Seraphin. Les Pauures ressentent la premiere qualité, Ceux qui vous entendent reconnoissent la seconde, & on ne peut vous voir pres les Autels & dans les offices diuins, sans accorder la troisiéme. Puis donc que le liure, le suiet, & l'Aucteur sont à vous Agreés que le premier vous soit presenté,

& mis sous vostre protection, & que l'Autheur vous asseure qu'il est

MONSEIGNEVR,

Vostre tres-humble & tres-obeissant Serviteur en N. S.
Iean François,
De la Compagnie de IESVS.

ADVIS AV LECTEVR

MON CHER LECTEVR Ie commence á imprimer à l'aage de 65. ans, lors que les autres ont desia fini. C'est aussi pluftoft par obeissance, que i'en ay pris la resolution, que par inclination. I'auois tellemét quitté les estudes de Mathematiques & de la Philosophie, il y a plusieurs années, que de tous les escris que i'en auois fait, il ne m'en restoit pas vne ligne, lors qu'vn qui commandoit à la France me demanda vn Globe Terrestre artificiel, & vn traité de ses proprietez. Ie ne pensois lors pour luy obeir & complaire, que faire vn petit liure de Geographie, quand la foecondité du sujet me porta insensiblement à composer vne ample Cosmographie, ou ie deduis les raisons des plus nobles effets de l'art Diuin, & les adresses & manieres exactes des plus importantes practiques de l'art humain. Ie t'en donne icy vn traité, où ie cite par fois les autres, qui sont tous prests & font du moins 10. fois ce premier, Il sera le dernier s'il ne t'agrée pas: Car comme ie n'ay point de repugnance à imprimer: ie n'ay point aussi de demangaison à le faire, & suis prest de cesser comme de poursuiure. Partant si on trouue cét ouurage profitable au public, ie continueray a t'en presenter d'autres, & mesmes a remettre celuy-cy auec plus de perfection si Dieu me donne la santé & du loisir, qui ne peut estre que petit parmy d'autres occupations.

Dans ce liure tu trouueras au chap. 1 & 3. des

matieres Physiques, au 2. des Geometriques, & en la quatriesme partie des Astronomiques. C'est le propre des Sciéces subalternes telle qu'est la nostre d'emprunter des autres leurs principes. Ceux-cy sont vtiles à l'entiere connoissance Geographique, non necessaires à la Geographie commune, & ne t'y arrestant pas tu seras moins docte; mais non pas moins Geographe.

Touchant les particularitez, qui conuiennent aux parties mises en la seconde sorte de diuision; Les liures me manquant, & n'ayant que fort peu de loisir ày vacquer, ie receurois volontiers des memoires asseurées de ceux qui en auront la counoissance.

Et quant aux fautes nous finirons d'en faire quand nous finirons de viure. Elles sont icy ou du language, ou de l'orthographie, ou de l'impression, ou du discours. Pour le language ie me contenteray bien si on dit que ie parle assez françois pour me faire entendre. En effet c'est tout ce que i'ay peu prendre sur toutes mes occupations, que le temps necessaire pour deduire les raisons & expliquer les choses, que l'on demande & que l'on attend en cét ouurage, sans que i'en aye peu auoir pour les parolles que l'on ne recherche pas tant, dans les liures de doctrine. Outre que ny ayant iamais estudié, i'aurois bien de la peine pour mieux dire, & pour commencer si tard cet estude. Ainsi mon cher Lecteur tu me pardonneras les fautes du françois, mesmes de l'orthographie, où i'y vois vne grande diuersité. Pour l'impression laissant celles qui ne changent point le sens, ie m'efforceray de faire corriger les autres, qui ostent le sens veritable. Si ce liure se r'imprime, ou si i'en donne d'autres au public i'auray soing de les amoindrir. Car de les oster entierement, ie ne l'espere pas.

TABLE
Des Matieres expliquées en ce Liure.

MON CHER LECLEVR, Ie suis content de te dōner d'abord vne monstre & veue generale des matieres que ie traite, & que i'explique en ce liure non seulement pour te seruir d'inuentaire ou d'index à trouuer les matieres & l'endroit où elles sont, à les presenter souz vne veue & te laisser le choix de ce qui sera plus à ton goust Mais encor pour te faire voir en abregé la noblesse & beauté du suiet, la varieté des chôses, qu'il contient, l'ordre dans cette diuersité, & l'vnité dans cette multiplicité ; Les titres seuls suffiront à reconnoistre toutes ces fins.

CHAPITRE PREMIER
Auant propos de l'œconomie & des auantages de ce liure.

PARAGRAPHE 1. La fin & la nature de ce traité. folio 1. **Parag. 2.** L'ordre de ce traité & reduction a trois parties. fol. 4. **Parag. 3.** Reduction de la premiere partie, c'est à dire des diuisions Geographiques à quatre sortes. fol. 6. **Par. 4** Reduction a cinq nobles effets de la seconde partie Geographique, c'est à dire des vniuersalités communes à tout le Globe. fol. 10. **Par. 5.** Reduction à trois chefs de la troisiéme partie, c'est à dire des par ricularités Geographiques, & des merueilles propres à chaque Païs. 16. Par. 6. Cóment la Terre habitable selon les trois parties declarées cy dessus est vn effet de l'Art diuin, & le suiet d'vne Science humaine. 23. Proposition 1. L'Art se trouue en Dieu aussi bien qu'és Hommes. 24. Prop. 2. L'Vniuers est l'effet de l'art diuin. 28. Prop. 3. Entre les parties de l'Vniuers, la Terre est le plus noble effet de l'art diuin 30. Prop. 4. Tout Art & partant le diuin est entre deux Sciences. 31. Parag. 7. Des auantages de la Science Geographique. 32. La Noblesse. 33. L'Agrément. 33. Les Vtilités 34. Parag. 8. Les degrés requis pour arriuer à la perfection de cette Science. 36. Parag 9. Le moyen d'acquerir cette perfection & ces degrez. 37.

CHAPITRE DEVZIESME
De la Figure ronde & de ses auantages.

PARAGRAPHE 1. Des principes Geographiques 40. Parag. 2. Que la figure ronde est le principe le plus important & vniuersel de la Geographie 41. Par. 3. De la Noblesse de la figure ronde. 42. Par 4 De la Nature de la figure ronde. 43. Par. 5. Le moyen de bien conceuoir ce qui est de la figure circulaire. 44. Par. 6. De la Nature & des proprietez du centre. 46. Par. 7. La Nature & les proprietez des lignes diametrales. 47. Par. 8. La Nature & les proprietez de la ligne diametrale de l'Axe ou Essieu. 50. Par. 9. La Nature & les proprietez des grands cercles. 53. Par. 10. Des nobles effets & proprietez de la figure ronde. 55. Par. 11. L'Vsage de cette figure dans la Nature & dans l'Art. PAr. 12.

Quelques remarques & obseruations sur les cercles. *Remarque* 1. Les moyens & les instrumens pour tirer des lignes droites & circulaires. 69. *Remarque* 2. Les manieres de diuiser les lignes droites, & circulaires. 72. *Remarq.* 3. Des parties du cercle. 76. *Rem.* 4. Des centres. 77. *Rem.* 5. Des cercles concentriques, eccentriques & parallelles. 78. *Rem.* 6. Des angles que font au centre les lignes semidiametrales: De leur mesure, & diuersité. 79. *Rem.* 7. De la similitude qu'il y a entre les lignes & mouuemens circulaires, entre les surfaces spheriques, & entre les corps ronds. 81.

PARTIE PREMIERE
De la Geographie Des diuisions Geographiques,

Preface de l'Vtilté de la diuision. 84.

DE LA PREMIERE SORTE
de diuision Geographique c'est à sçauoir de la locale

CHAPITRE TROISIESME
Du lieu en general

Par. 1. De l'importance du lieu & du temps. 86. *Par.* 2. Le moyen de connoistre la nature du lieu & du temps. 89. *Par.* 3. La nature generale du lieu. 91. *Par.* 4. Diuision du lieu en trois sortes. 94. *Par.* 5. Du lieu Metaphysique absolu, & vniuersel. 96. *Par.* 6. Du lieu Physique, particulier & relatif. 100. *Par.* 7. Diuision du lieu Physique. 103.

CHAPITRE QVATRIESME
Du lieu Cosmographique & Geographique en particulier.

Par. 1. La maniere generale de le connoiſtre. 106.
Par. 2. Le moyen en particulier de faire la diuiſion locale Geographique & de connoiſtre le lieu de chaque point de la ſurface terreſtre. 108. *Par.* 3. Le choix du demy cercle mobile qui nous doit tracer ces deux ſortes de cercles, & monſtrer par eux la diſtinction & diuerſité locale de chaque point terreſtre. 113. *Par.* 4. La maniere de connoiſtre le lieu Coſmographique, c'eſt à dire de toutes les parties de l'Vniuers. 117. *Par.* 5. Les auantages de la maniere declarée pour trouuer le lieu Geographique & Coſmographique. 119. *Par.* 6. Des cercles appartenans au lieu Geographique & propres à le faire connoiſtre. *N.* 1. Leur nature & conditiós. 122. *N.* 2. Les noms de ces Cercles. 123. *N.* 3. Les commencemens de ces Cercles. 124. *N.* 4. Les conuenances & les differences de ces deux ſortes de Cercles. 126. *N.* 5. Les repreſentations de ces lignes 127 *N.* 6. La maniere de connoiſtre ces Cercles. 129 *N.* 7. Ce que l'on connoiſt par ces deux ſortes de Cercles. 129.

DE LA SECONDE SORTE
de diuiſion Geographique c'eſt à dire de la naturelle.

Preface, De l'importance de cette diuiſion. 131.

CHAPITRE CINQVIESME.
Diuiſions du Globe terreſtre en parties naturelles.

PAR. 1. Reduction de ces diuiſions à quatre ſortes. 132. *Par.* 2. Diuiſion premiere & ſeconde du Globe, dont l'vne eſt de la terre decouuerte en ſes parties differentes en quantité, l'autre eſt de l'eau en ſes parties pareillement differentes en quantité, de meſme façon que les premieres. 136. *P.* 3.

Obseruations sur les Isles, & sur les Lacs 141. P. 4.
Diuision troisiesme propre à la surface de la terre,
& prise de ses qualitez. 142. P. 5. Diuision quatriéme propre à l'element de l'eau, & prise de ses qualitez. 149.

CHAPITRE SIZIESME.
Diuisions generales des Continens, & des
Mers.   158.

PAR. 1. Premiere diuision des Continens. 159.
P. 2. Diuision seconde des Mers en general. N.
1. Trois chefs de diuision. 161. N. 2. Premiere sorte
de diuision par diuers accidens. 161. N. 3 Du nom
de Glacée 164. N. 4. La seconde sorte de diuision
par les separations exterieures. 166. N. 5. La troisiéme sorte de diuision par les rapports. 167. P. 3.
Diuision troisiéme des mers generales declarées au
P. precedant. N. 1. Le principe de ces diuisions 168.
N. 2. Diuision des mers enuironnantes & premierement de l'Ocean. 169. N. 3. Diuision de la mer
de l'Amerique. N. 4. Diuision des mers enuironnées & interieures. 171.

CHAPITRE SEPTIESME
Denombrement des principales parties
naturelles du Globe.   174.

PAR. 1. Les principales peninsules du Globe.
174. P. 2. Les seins & bras de mer plus remarquables dans le Globe. 175. P. 3. Les Isles plus memorables du Globe terrestre. N. 1 Les chefs qui
rendent les Isles recommandables. 176. N. 2 Denombrement des Archipelages. 178. N. 3. Isles qui
se trouuent auoir vn mesme endroit de mer & vn
nom commun. 179. N. 4. Les principales Isles des

Zones froides. 182. N. 5. Les Isles principales des Zones temperées. 183. N. 6. Les Isles principales de la Zone Torride. 184. N. 7. de quelques autres Isles. 187. N. 8. D'où viennent les Animaux qui se trouuent dans les Isles esloignées de nostre continent. 188. P. 4. Les grands Lacs du Globe terrestre 191. P. 5. Enumeration des Isthmes plus notables du Globe. 194. P. 6. Catalogue des destrois les plus signalés dans le Globe terrestre. 195. P. 7. La recherche des destrois Septentrionaux. 200. P. 8. Les Montagnes les plus celebres. N. 1. Les vtilités des Montagnes. 202. N. 2. Les Montagnes recommandables pour leur quantité, & grandeur, & premierement celles de la Grece. 204. N. 3. Montagnes de l'Europe & de l'Affrique 206. N. 4. Montagnes de l'Asie. 207. N. 5. Montagnes de l'Amerique. N. 6. Montagnes remarquables pour diuerses proprietez. 208. P. 9. Les plus nobles Fleuues du Globe terrestre. N. 1. Les vtilitez des Riuieres. 210. N. 2. Qui sont les plus nobles fleuues, & comment est-ce qu'on les diuise. 211. N. 3. Quelques Fleuues principaux de l'Amerique. 213. N. 4. Riuieres plus notables de l'Amerique Septentrionale. 215. N. 5. Riuieres de l'Amerique Meridionale. 216. N. 6. les Riuieres plus fameuses de l'Asie. N. 7. Les principaux Fleuues de l'Affrique. N. 8. Riuieres plus signalées de l'Europe. 221. N. 9. Riuieres de la France. 227. P. 6. Les bans, & pescheries. 229.

TROISIESME SORTE DE Diuision Geographique c'est à dire la Ciuile ou humaine. Preface. 231.

CHAPITRE HVICTIESME De la diuision Ecclesiastique. 233.

P AR AG. 1. Le principe 232. Le denombrement des sieges des principales dignités Eccle ſtiques. De l'Italie. 238. De la France 240. De l'Alemagne, & païs adjacens 253. De l'Eſpagne & d'autres Royaumes 245.

CHAPITRE NEVFVIESME
Diuiſions ciuiles les plus generales du Globe.

De tout le Globe 247. Du monde ancien 250. Du monde nouueau conneu 251. De l'Europe 253. De l'Affrique 256. De l'Aſie 258. De l'Amerique Septentrionale 265. De la Meridionale 267.

CHAPITRE DIXIESME
Diuiſions particulieres

De la France 268. De l'Italie 276. De l'Eſpagne 278. Des Païsbas 280. De l'Alemagne 280. De l'Ongrie. 288. De la Pologne 289. De l'Angleterre, Eſcoſſe, Irlande, 290. Des Hollandois 293. Des Suiſſes 293. De Suede 294. De Dannemarc 295. De la Rep. de Veniſe. 295. De la Sauoye. 245.

DE LA QVATRIESME SORTE
De diuiſion Geographique relatiue au Ciel & au Soleil.

CHAPITRE ONZIESME
Diuiſiõ de l'Vniuers.

Diuiſion des Globes 298. Des Globes naturels 299. Du firmamēt & de ſa ſolidité. 300. Du milieu Vniuerſel & de ſa fluidité. 307. Des Globes compris dans ce milieu. 311. Du Monde elementaire. 313. De la ſituation des parties de l'Vniuers a l'egard de la Terre. 318. Du lieu de la Terre. 319. Des diuers Horizons & proprietez de chacun. 323.

CHAPITRE DOVZIESME
Diuiſion Geographique relatiue au Soleil.

De la nobleſſe du Soleil. 329. Du mouuement ſolaire 330. De ſix diuerſitez que le Soleil fait ſur le Globe terreſtre. 337.

CHAPITRE TREZEIESME
Diuision Geographique relatiue aux elemens Des Vens 341. Les moyens de representer les quatre diuisions Geografiques.

CHAPITRE QVATORZIESME
Des diuerses representations du Globe Terrestre, & des trois premieres diuisions — De la premiere diuersité tirée des sujets. 349. De la seconde tirée des objets. 352. De la troisiéme tirée des façons diuerses de representer la Terre. 354. l'Vsage. 356. Ce que l'on doit marquer sur ces Cartes. 358.

CHAPITRE QVINZIEME
Le moyen de representer la 4.e. diuision, La diuersité des Globes artificiels. 360 Le moyen de les bien situer. 361. Les ressemblances du Globe artificiel, au naturel. 363. Les connoissances que nous tirons de ces ressemblances 369. Les auantages du Globe terrestre artificiel. 374.

CHAPITRE SEZIESME
Quelques pratiques Geographiques, *Premiere* Trouuer la quantité du Globe Terrestre 381. La grandeur d'vn degré. 389. Les aultres dimensions. 389. De la France & de la Palestine 391. Comment est ce que les mers se conseruent en mesme grandeur. 396 *Practique seconde* Trouuer la ligne de midy 405. *Troisiéme* Trouuer la Latitude du pays ou nous sommes. 411. *Quatriéme* Trouuer la longitude du pays où nous fômes la *Cinhuiéme*, le moyen de faire des Cartes Geographiques. 414 Table de la valeur de chaque Degré. 428

LA SCIENCE DE LA GEOGRAPHIE.

CHAPITRE PREMIER

AVANTPROPOS

De l'œconomie & des auantages de ce liure.

§. 1. *La fin & la nature de ce traité.*

A Geographie n'ayant eu iufques à prefent pour tout employ, que de faire la diftribution, & le denombrement des parties qui compofent le Globe terreftre, doit pluftoft paffer pour vn art de memoire, que pour vn difcours de raifon. Ie defire icy la releuer d'vn degré, & la faire monter à vn eftage fuperieur, la mettant au rang des fciences fubalternes, qui ont

B

pour sujet quelque effect de l'art, & en demonstrent les proprietez necessaires. En suitte dequoy ie considere icy le globe de la terre comme vn ouurage artificiel, qui partant de la main de Dieu souuerain Artisan, ne peut qu'il ne soit le suiect de mille nobles proprietez & merueilles; & par consequant d'vne science tres agreable, qui entreprend d'en découurir les causes, & d'en faire de veritables & tres euidentes demonstrations.

C'est pourquoy mon dessein n'est pas de donner en ce traicté la diuision du globe terrestre en toutes ses parties, comme en toutes les Nations; ny des Nations en toutes les souuerainetez, & Royaumes; ny des Royaumes en Prouinces; ny de celles cy en Villes non plus que de l'estat Ecclesiastique en Patriarchaz, Primaties, Archeuéchez, Euéchez, & Parroisses.

La seule lecture d'vn liure, qui aura entrepris cette diuision comme plusieurs s'y sont vtilement occupez & y ont heureusement reussi pourra instruire de tout ce que l'on peut rechercher en ce suiet, & suffira pour en acquerir vne entiere connoissance: particulierement si elle se fait apres l'intelligence de ce traicté, qui en rendra l'imagination plus aisée, la conception plus prompte, & le souuenir plus ferme.

Ces suiects appartiennent plustost à la memoire, & aux premieres operations de l'esprit, qu'au discours, & au raisonnement. La memoire suppose la connoissance desia acquise: & comme le propre de l'esprit est d'inuenter & d'acquerir des connoissances nouuelles: aussi l'office particulier de la memoire consiste à exprimer ce qui est acquis & à imprimer les images des choses connuës, pour les representer, quand il en sera de besoing. Et pour ce suiect elle n'a pas tant besoing de Maistre pour l'enseigner, que de repetiteur pour luy inculquer par des redites, ce que l'esprit a desia conneu. Et l'esprit mesme ayant apris ces fondements Geographiques n'a besoin d'aucun instructeur pour comprendre ces divisions; mais d'vn simple rapport.

C'est l'entendement, qui va à la conqueste des veritez cachées, & qui les tire par discours de leurs principes, lequel demande de l'aide, pour decouurir ces lumieres, & les ayant conceuës les mettre en depost dans la memoire, & s'en seruir aux occasions. C'est aussi luy, que ie pretends informer de la tres noble tres vtile, & tres agreable connoissance de la Geographie, reduisant le tout à certains principes, lesquels estans bien penetrés rendront vne personne capable d'entendre tous les liures sur ce suiect, de souldre les difficultés qui s'eleueront à l'opposite, & de respondre aux questions que l'on proposera sans qu'il soit besoin d'autre trauail, pour sçauoir le departement des Prouinces que de la lecture d'vn bon liure, & mesmes que de la veuë des cartes particulieres & des mappemondes vniuerselles que l'on rencontre par tout facilement? comme estant maintenant tres communes & grauées auec beaucoup d'exactitude. La nature m'apprend ce procedé, laquelle quitte son ouurage quand elle l'a mis en tel point de perfection qu'il puisse subsister de luy mesme: comme l'on voit parmy les Oyseaux, où les Peres & les Meres fournissent & portent la nourriture à leurs petits, tant qu'ils sont impuissants de se la procurer: mais ils les abandonnent, quand ils peuuent voler à leur exemple, & pouruoir d'eux mesmes à leurs propres necessités. Ainsi oûtre cette partie qui ne requiert aucun discours; mais la seule lecture, pour l'entendre & la memoire pour la retenir, i'en adiouste vne autre qui s'acquiert par le raisonnement & ne peut reussir sans l'aide des experiences, que le Globe luy fournit.

§. 1. L'ORDRE DE CE TRAITÉ

Puisque c'est le propre de chasque science de donner vne entiere connoissance de son suiect, la Geographie pour s'acquiter de ce deuoir ne doit rien oublier ny obmettre de ce qui pourra seruir à la parfaitte intelligence du sien, qui est le globe terrestre. Elle viendra heureusement à bout de ce glorieux dessein par trois choses, dont la premiere est vne distribution de son suiect en toutes ses parties. La seconde vne declaration de ce qui est de commun à toutes: Et la troisiesme vne recherche de ce que chascune à en propre de plus rare & de plus notable. Afin que de cette sorte rien n'échappe nostre connoissance & qu'il ny ayt ny partie dans vn tel tout, ny conuenances ou differences dans ces parties, qui n'ayent leur lieu, & leur explicatiõ dans cet ouurage & que l'on puisse auoir le moyen de former vne definition de chasque chose, & la donner à connoistre par son genre & par sa difference qui sont les deux parties de la definition. Ainsi voila proprement & precisemẽt les trois points qui feront la diuision de nostre Geographie en autãt de parties. La premiere produira les diuisions Geographiques, qui nous feront distinguer & reconnoistre les diuerses parties du globe. La seconde fera voir les vniuersalités, qui nous monstrerõt ce qui conuient generalemẽt à toutes: Et la troisiesme fera le recit des particularités, qui nous instruiront de ce qui est de plus notable & singulier en chacune: cõme sont tant de proprietez,

& d'accidents memorables.

Les diuisions viennent à nostre Globe du troisiesme chef, c'est à dire d'vne grandissime varieté d'accidents tant absolus, que relatifs, qui se retrouuent diuersement dans les parties de ce tour, & les rédent differentes & distinctes. Les vniuersalitez prenent leur cause en partie des Astres & nommément du Soleil, qui espandant indifferemment leurs rayons & influences se communiquent à tous les corps de l'vniuers sans exclusion d'aucun: en partie des principes elementaires, qui estans communs à toutes les substances sublunaires y entrent & en font la composition. Les particularités prenent leur source & leur origine dans les diuers meslanges de ces principes sublunaires, & dans la diuerse reception de ces rayons celestes; à raison de la diuerse distance & situation des parties. La premiere partie des diuisions contient toute la Geographie selon qu'on l'a enseigné iusques à present. Les deux autres la releuent d'vn estage & la font scientifique. D'où l'on doit inferer, l'ordre de ces trois parties; Les diuisions tirées de la grandeur & des accidents sensibles que l'on connoist immediatement tiendront le premier lieu. Les vniuersalitez le second: pource que se sont les principes communs de toutes les parties de nostre Globe. Les particularités seront au troisiesme rang, qui viennent de la mixtion differente de ces principes vniuersels. Et s'il reste quelques diuisions tirées de ces particularités on les fera suiure leur traicté.

On doit encore conclurre qu'on ne peut mieux arriuer à l'entiere connoissance des autres Globes de l'Vniuers comme du Soleil, de la Lune & autres & mesme du Globe vniuersel qui comprend tous les particuliers, que par la declaration de ces trois parties, qui sont & tres suffisantes, puisqu'elles ne laissent rien échapper, & tres methodiquement ordonnées, puisque l'vne sert d'antecedant à l'autre, & par consequent de lumiere pour la connoistre.

§. 3. REDVCTION DE LA PREMIERE PARTIE,
C'est à dire des diuisions Geographiques à quatre sortes.

Qvatre especes de diuisions satisferont pleinemét à ce premier deuoir, & rendrôt la premiere partie de ce traitté si accomplie, qu'il n'y aura aucune partie dans le Globe, qu'il ne soit mise dans vn ordre tres conuenable à la difference, qui l'a fait distinguer des autres. La premiere est celle que l'esprit humain a inuenté, pour trouuer & assigner à chaque chose son vray lieu dans le Globe. La seconde celle que Dieu createur de ce Globe y a mis en le formant. La troisiesme est celle que les hommes seigneurs & possesseurs de ce mesme Globe ont fait, le partageant en diuerses souuerainetez. Le Ciel & dans le Ciel le Soleil cause vniuerselle dans cet vniuers par la diuersité de ses rayons & autres effects fait la quatriesme. La premiere est mentale en ces cercles, & reelle au fondement des mesmes; la seconde & la troisiesme sont reelles & absoluës. La quatriesme est reelle & relatiue & vient d'vn principe exterieur à la terre. Ainsi ayant esgard à leur cause on peut appeller la premiere artificielle pource qu'elle contient les regles & les preceptes de trouuer le lieu de chaque chose. La seconde diuine de l'Aucteur qui a basty ce Globe en la forme que nous l'auons ayant plus d'egard à la commodité des animaux qui y viuent & surtout de l'homme, qu'à la nature des elemens, qui le composent, & qui petit à petit le restablissent en vn ordre conuenable à leur posanteur; comme j'explique autre part. La troisiesme humaine, la quatriéme solaire ou celeste. La cause de la premiere est l'esprit humain, qui par vne diuision imaginaire fondée toutefois sur des effects reels nous fait entendre le lieu & les proprietez locales de chasque chose. La seconde est vn ouurage artificiel de la main de Dieu où sa sagesse à mis vn ordre admirable, sa bonté des commodités singulieres, & sa puissance determinée par ces deux principes à effectué le tout. La troisiesme vient par accord des volontez humaines, ou par vsurpation du plus fort, ou par prise de possession du premier venu dans des terres laissées à l'abandon, & exposées à tout venant, comme a esté le Canada & l'Amerique entiere, ou par quelque accident de fortune, qui souuent est la maistresse de cette diuision. J'ayme mieux ayant egard à leur terme appeller la premiere locale, puisque par elle on diuise chaque chose par son lieu. La seconde naturelle; puisque les parties mises dans le Globe sont de la sorte. La troisiesme ciuile, ou politique; puisque les parties sont des tous de cette espece. La quatriesme retiendra le nom de Solaire. Les hommes en la premiere font d'agreables compartimens sur le Globe artificiel par lignes reelles, sur le naturel par des imaginaires, Dieu en la seconde les remplit d'vne grande varieté d'eau & de terre. les hommes en la troisiesme cultiuent & embellissent ces deux parties par la structure des Villes, par les semences iettées en terre pour en tirer du fruict, par les flottes & nauires qui vont fendant les eaux. Le Soleil en la quatriesme rend tout visible à nos yeux & apporte par tout de la fecondité.

La première nous sert de principe pour connoistre les autres. La seconde nous donne les termes Geographiques, & les parties du Globe signifiées par ces termes, & sert de fondement stable à la troisiesme, laquelle nous fait entendre les ouurages des hommes, & la quatriesme les effects du Soleil, qui concourt à la production des composés sublunaires. La premiere est infaillible, la seconde & quatriesme sont tres constantes Dieu en estant l'aucteur, qui agit tousiours auec les mesmes loix. La troisiesme est tres changeante: comme aussi elle despend d'vn principe tres changeant; c'est à dire de la Fortune & de la volonté des princes: & dela vient que la Geographie ancienne est tres differente de la nouuelle. La premiere consiste à vne multitude de deux sortes de cercles. La seconde à vne diuersité de parties en la surface du Globe soit quât à la quantité soit quant à la qualité. La troisieme à diuerses bornes, & dans ces bornes à diuers ouurages. La quatriesme à diuers effects.

Quelques vns ont voulu faire la description des Villes & des Prouinces par le seul rapport aux parties de la diuision seconde soit a cause de la stabilité de telles parties, soit à cause que souuent elles seruent de limites aux Prouinces: les riuieres en sont de longs & de larges fossez, Les montagnes de hauts & de grans remparts: les mers, les lacs, les marests sont des separations bien larges & propres à arrester les conquestes d'vn vsurpateur; soit à cause de la commodité que reçoiuent les Villes pour estre basties sur le bord des fleuues, sur les costes, riuages & ports de la mer, Le lōg d'vn grand lac, au pied d'vne montagne, au millieu d'vne large campagne: mais ceux cy voulants establir les parties ciuiles dans vne fermeté, & les ioindre auec les

De la Geographie.

les diuines confondẽt la troisiéme diuision, & font, qu'on a de la peine à bien distinguer ce qui appartient à vn mesme corps ciuil: à cause qu'il arriue souuent, que les parties diuerses ciuilement, se trouuerõt auec vne méme partie naturelle, comme sur vne mesme riuiere. Les autres entreprenant cette troisiéme diuision par le seul rapport aux bornes politiques rangent à la verité les parties dans leur propre tout, & les Villes gouuernées par certainnes loix, dans la Prouince qui les rend communes à toutes ces parties: mais le temps change tellement ce corps ciuil, qu'on à de la peine de reduire & d'accorder les anciennes diuisions auec les nouuelles, & de sçauoir qu'elles sont maintenant les Villes & les terres, dont les autheurs anciens ont parlé. Les troisiémes plus sages sont ceux, qui ioignent ces trois premieres diuisions par ensemble, & se seruent de la premiere, pour placer toutes les parties de la seconde: & de cette cy pour receuoir les ouurages & partages de la troisiéme: sont ceux qui commencent par la premiere, continuent par la seconde, & finissent par la troisiéme. Car pour la quatriéme puis qu'elle contient diuers effets, elle appartient plustost aux deux parties suiuantes de la Geographie, qu'à celle-cy.

De cette sorte en la troisiéme, on met les parties ciuiles dans le tout ciuil auec le rapport, qu'elles ont aux parties immobiles de la seconde, & auec les longitudes & latitudes stables de la premiere: ce qu'estant on les reconnoistra tousiours par les rapports, quelque changement ciuil, qui puisse arriuer dans la suite des temps.

§. 4. REDVCTION A CINQ NOBLES EFFETS de la seconde partie Geographique, c'est à dire des Vniuersalitez communes à toutes les parties du Globe, & qui viennent particulierement du Soleil.

LE premier effet de ce maistre Astre est d'eclairer successiuement tout nostre Globe, faisant sortir immediatement de soy la lumiere, & la respandant par tout. Le second est de l'echauffer, produisant la chaleur par la lumiere, le troisiéme est de le rarefier, c'est à dire de donner à ses parties de nouuelles extensions par la chaleur. Le quatriéme est de mouuoir ces parties par la rarefaction. Le cinquiéme c'est de faire vne communication admirable, vn meslange, & vn temperament tres varié dans les elements & mixtes en diuers lieux par le mouuement. Voila les cinq principes des plus grandes merueilles, que nous puissions remarquer sur la Terre, & mesme dans l'Vniuers. La lumiere est tres belle, la chaleur tres bonne, la rarefaction & le mouuement qui s'en ensuit sont tres necessaires, la communication qui accomplit tout est tres vtile: La lumiere est vne qualité intentionnelle, qui represente son obiet, & en est l'image: la chaleur est vne qualité Physique, qui produit son semblable & en est la cause: & la rarefaction est vn mouuement actif, qui estendant son subiet fait mouuoir les corps voisins: le mouuement est ce qui entretient le commerce nous apportant les qualitez des païs esloignez, d'où suit vne communication de biés & de maux. La lumiere est le principe des Sciences, & particulierement des celestes: la chaleur est la source des feconditez & des productions terrestres: la rarefactiõ est la cause des meteores, & des mouuemens elementaires: le mouuement est le moyen à toute production, par l'application des agens auec les patiens. La lumiere qui suit le Soleil fait le changement des iours, & des nuits: la chaleur qui suit la lumiere fait le changement des saisons, & des fruits que les saisons apportent. La rarefaction qui suit de la chaleur, fait le changement de l'eau en mille meteores, & les transporte en mille diuers lieux. Le mouuemét qui vient de la rarefaction, fait mille transports des corps d'vn lieu à vn autre. La lumiere est tres reglée en soy, en ses extensions, intensions, & mouuemens suiuant l'ordre, la vertu & le mouuement de son principe le Soleil. La chaleur n'obserue pas si inuiolablement les loix de la lumiere qui la produit, & la porte quant & soy; à raison des contrarietez, qu'elle trouue dans trois elements froids, & de l'accroissement qu'elle reçoit du quatriéme, c'est à dire du feu, la rarefaction s'en esloigne encore d'auantage; parce que outre la dependance qu'elle a d'vne cause irreguliere qui est la chaleur, elle rencontre encore de plus grands obstacles, qui l'empeschent de suiure les reglemens, qui restent à la chaleur. Le mouuement venant d'autres causes que des precedentes, adjouste aussi de nouuelles irregularitez. La lumiere n'a point d'opposition formelle ou quelque qualité contraire qui la chasse: mais vne materielle dans l'opacité du sujet, qui luy empesche l'entrée. La chaleur n'a point d'opposition materielle absoluë du moins icy bas: mais vne formelle dans les degrez de froideur incompatibles auec la chaleur en vn mesme sujet. La rarefaction n'a n'y materielle ny formelle à proprement parler; mais locale, par l'impenetrabilité des corps, & l'incapacité qu'ils ont d'estre en vn mesme lieu.

La production de la lumiere est instantanée, & se fait en vn moment: celle de la chaleur est successiue, & se fait en temps, à cause de son contraire: celle de la rarefaction, & du mouuement est successiue; à cause que le corps ne peut auoir qu'vne extension, & celle-cy qu'vn lieu à la fois.

Pour la lumiere, il est certain qu'elle est le moyen le plus vniuersel des sciences. C'est elle qui nous decouure tous les obiets visibles, que les tenebres tiennent voilez & cachez; C'est elle, qui porte les images iusques dedans nos yeux, & qui sert à la veuë soit comme obiet pour terminer la vision, soit comme espece pour la determiner, & concourira auec la faculté à l'acte. Or est il que la veuë est le sens qui par dessus tous les autres est l'organe des conoissances, & que mêmes l'ouïe presuppose pour entendre la plus grande partie de ce qu'on dit. Il est encore certain qu'elle a en soy la vertu de mettre la chaleur, & qu'en effet elle la produit icy bas lors qu'vne trop grande resistance de froideur ne s'oppose point à sa vertu. D'autres la font concourir par soy & immediatement aux productions physiques: ce qui conuient pluſtost à la chaleur: car le Soleil auroit beau eclairer directement, & long temps vne partie de la terre; si la chaleur estoit empechée de suiure la lumiere, elle demeureroit extrémement sterille & sans fruit; comme il arriue en la Zone froide en tout temps & le matin en plusieurs endrois, où la lumiere est presque aussi grande qu'apres midy; mais non pas si efficace à introduire la chaleur; à cause des oppositions qui se presentent.

Quant à la chaleur elle sert tellement & si vniuersellement la nature pour les productions, qu'il semble que la froideur qui est vne qualité stupide & languissante ny serue que par accident seulement; mais c'eſt vn accident qui eſt bien neceſſaire : & c'eſt en deux façons, à cauſe des deux effets, qu'il a ; Le premier deſquels eſt d'exclurre autant de degrés de chaleur qu'elle en a dans ſon ſuiet : ce qui oſte l'excez de la chaleur, & y laiſſe vn temperament conuenable, ſans lequel les corps ne pourroient ſubſiſter eſtant deſſechez par vn accident bruſlant : ainſi que l'on peut remarquer en beaucoup d'endroits de la Zone torride, leſquels demeurēt ſteriles manque de ce correctif. Le ſecond eſt de condenſer les corps & en ſuite de retreſſir, & boucher les pores de la ſurface terreſtre l'hyuer ; auſſi bien que les corps des animaux : ce qui retient la chaleur comme priſonniere en dedans & empeche qu'elle ne s'exhale & s'euapore en dehors. Or la chaleur eſtant ainſi enfermée, employe ſa vigueur à echauffer les eaux ſouſterraines, comme l'on experimente aux fonds des puits, & des lacs où les poiſſons ſe retirent l'hyuer, à nourrir les racines & les remplir de ſuc qui monte en ſeue le printemps, à perfectionner les mines des metaux, les carrieres des pierres, & les couches de diuers mixtes & mineraux que le ſein de la terre contient. Or cette chaleur elementaire eſt pour lors en vigueur quand la ſolaire eſt en langueur & il eſt Eſté dans la terre, quand il eſt Hyuer ſur la ſurface. D'où ie conclus que la chaleur eſt grande ſouz terre en la Zone froide; puis qu'elle n'a aucun moyen de ſortir. C'eſt ce qui fait les animaux plus gras en Hyuer, qu'en Eſté & dans les païs ſeptentrionaux, que dans les meridionaux. Car la chaleur interieure & vitale agit bien plus puiſſamment : & ſi la nourriture eſtoit égalle les païs froids auroient des animaux meilleurs, comme les chauds ont des meilleures plantes, à cauſe qu'elles tiennent leur bonté de la chaleur solaire, & les animaux de la vitale. D'où il faut inferer, qu'absolument parlant on peut faire par la chaleur elementaire, & inferieure, ce qui se fait par la solaire & superieure. Car l'vne & l'autre, partagét entre elles les effets de nôtre Globe: l'vne trauaillât sur la surface, & dans les parties voisines fait naistre ce qui est de plus delicieux, & plus delicat dans la nature : l'autre embrasse dans les entrailles de la terre, les ouurages plus massifs, & de plus longue haleine : d'où vient qu'elle fait des mines & metaux dans la Noruege, la Suede, & autres païs septentrionaux où le Soleil n'a pas le pouuoir de produire vn bon fruit, & de le meurir. Que si par art nous voulons venir à bout de quelqu'vn de ces effets : nous prenons le mesme instrument, dont se sert la nature, c'est à dire la chaleur, qui est tellement la toute puissante, que si nous ne pouuons executer tous les effets, qui sont renfermez en son pouuoir, ce n'est pas manque de vertu en la chaleur; mais en nous d'adresse, & de connoissance des degrez, & des choses qu'il faut appliquer aux matieres, que nous desirons changer. Nous voyons que l'on fait eclorre les Poucins, que l'on fait naistre en Hyuer & en des Païs froids par la chaleur elementaire les fruits que le Soleil produit en esté & en des lieux chauds par la solaire, & Baçon Chancelier d'Angleterre asseure en son Organe qu'vne branche de vigne estant entrée par le trou d'vne muraille dans vne chambre échauffée par vn feu continuel, que l'on y faisoit, portoit des raisins, qui meurissoient souuent vn mois deuant les autres. Le temps nous manque pour plusieurs productions, que la nature n'acheue qu'apres des siecles, comme pour celle d'vn gros arbre. Le lieu propre nous manque & plusieurs autres circonstances requises à ses conuersions & sur tout la connoissance. Et s'il faut comparer vne de ces chaleurs auec l'autre, l'elementaire est bien plus grande dans la terre & y occupe vne plus ample region, que la solaire, laquelle on tient ne penetrer pas dix pieds dans terre non plus que les racines des arbres; la où l'autre se ressent dans toute la profondeur, ou l'auidité de trouuer des mines d'or & d'argent à fait descendre les hommes.

Pour ce qui concerne la rarefaction, c'est encore vn principe de mille merueilles, & si profitable qu'on ne peut assez en priser la connoissance, non plus que l'vsage: & c'est pour deux vertus qu'il contient en soy: c'est à sçauoir de changer les extensions sans corrompre les substances; Ce qui fait les meteores, & de donner les mouuemens, soit d'eleuation aux parties plus rares qu'elle detache des autres, ce qui nous fait voir l'anatomie des mixtes, soit d'agitation aux corps voisins: ce qui fait les vens dans l'air, les terres trembles dans les lieux soufterrains, & par tout mille effets admirables tant naturels qu'artificiels, ainsi que i'expliqueray dans les vniuersalitez.

Pour le mouuement local ie declare autre part que c'est vn moyen necessaire & vniuersel à toute production: puisque toute action demande l'application des causes passiues auec les actiues: que ce n'est qu'vn simple moyen: puisque de soy il n'est aucunement productif; mais applicatif seulement de son suiet en diuers lieux, lesquels consideré en general ne luy apportent aucune perfection ny imperfection.

C'est pourquoy Dieu qui ne manque pas aux necessitez de ses Creatures, a mis en chacune le principe d'autant de mouuemens qu'elle à d'indigences

& de necessitez pour la conseruation, & perfection de son estre.

Par le mouuement suit vn commerce, & rencontre des choses bien differentes, qui fait des estres composez, & des mixtes de plusieurs especes que la nature fait naistre, & paroistre en diuers lieux.

---

§. 5. *REDVCTION A TROIS CHEFS de la troisiéme partie: c'est à dire des particularitez Geographiques, & des merueilles propres à chaque Païs.*

ELLES sont en si grand nombre, & de tant de sortes, que se seroit vne trop grande confusion de les vouloir entreprendre sans les auoir reduit au prealable à certaines classes, & categories. A proprement parler comme il n'y a qu'vne fin derniere, à qui tout se rapporte; il n'y a aussi qu'vn premier principe souuerain, d'où sortent toutes les bontez, & beautez de l'Vniuers, sans que personne puisse entrer en partage d'vn tout si accomply, & si rauissant. L'inuention en est deuë à la seule toute sagesse de son esprit, le choix & la determination de la fin à la droiture & bonté de sa volonté, l'execution à la toute puissance de sa vertu: mais sa bonté souuerainement communicatiue non contente de conferer l'estre à ses creatures, leur donne encore le moyen de l'imiter, & la vertu de faire auec, & apres luy des merueilles. Car il depart à toutes les creatures la participation de son pouuoir pour produire vne grãde varieté d'effets, & outre ce il distribuë à l'homme de ses lumieres pour inuenter mille ouurages

ouurages artificiels, & de sa bonté par la communication de ses graces pour exercer les vertus morales & theologales: mais outre qu'en tout cecy il donne sans rien perdre, & qu'en conferant aux autres quelque don, il demeure tousiours sien & dans vn domaine absolu & entiere disposition d'en faire selon son bon plaisir il se reserue tousiours le pouuoir d'agir en Dieu : c'est à dire tout seul par les œuures miraculeuses, à quoy la Nature ne peut atteindre. En effet comme la Nature laisse presque en tout lieu quelque trait rare, & particulier de sa vertu, l'homme quelque ouurage de son esprit, & quelque acte heroïque de sa volonté : aussi Dieu en plusieurs endroits met des marques illustres de sa toute puissante bonté: & par tout tout les effets d'vn Art diuin dans l'ordre accidental des choses. C'est ce qui me fait dire, que l'on peut commodement reduire les raretez de nostre Globe, & qui rendent chacune de ses parties recommandables à trois chefs. Le premier à Dieu agissant en Dieu, & en Maistre absolu, qui par des miracles, soit perpetuels soit passagers rend les lieux ou ils se font venerables : à luy encore comme le terme de nos sentimens, affections, honneurs, & de tout autre deuoir par la religion. Le second à la Nature qui par des vertus rares & secrettes produit des effets prodigieux, & qui rendent les païs considerables & le troisième à l'homme qui par trois principes sçauoir est par art, par vertu morale, & par grace laisse à la posterité des ouurages & des actes memorables, & ennoblit les endroits, où ils se font comme font ceux qui ont serui de champ à tant de sanglantes batailles & à des Victoires signaleez. Dieu est le grand Maistre qui commande & fait tout ce qu'il veut sans rien supposer: l'homme est le petit Mai-

D

ſte & la fin de la Nature, qui ſuppoſe tout & ne fait rien que par le mouuement local qu'il à en ſon pouuoir, pour appliquer les agens auec les patiens. La Nature obeit à Dieu & trauaille pour l'homme & ſuppoſe ſon exiſtance de Dieu & le concours du meſme. Dieu & l'homme agiſſent librement, la Nature neceſſairement: Ceux cy par intenſion de la fin: & par vne libre election des moyens; celle-cy tend à la fin preſcrite par ſon Ouurier, par des moyens tres conuenables & choiſis par le meſme.

Et ſuiuant cette diuiſion toutes les choſes notables qui peuuent ſignaler vn lieu particulier de noſtre Globe, ſeront ou diuines, ou naturelles, ou humaines, & voila les trois chefs auſquels nous reduirons les particularités geographiques.

Au premier chef des merueilles ſe rapporteront les miracles, dont Dieu ſeul eſt le principe, la Religion dont luy ſeul doit eſtre le terme; Les hommes illuſtres en ſaincteté & reconnoiſſance d'vne Diuinité, les ceremonies dont on ſe ſert: bref tout ce que Dieu fait extaordinairement dans vn lieu pour les hommes, & ce que font les hommes pour reconnoiſtre ce Dieu ſource de tout bien. On pourra y adiouſter les faulces religions, tromperies, & les œuures magiques des Demons & des hommes, qui portent apparence de miracle, n'en ayant point la realité. Ce chef, quoy que le premier en dignité, ſera le dernier en ce traité.

Les naturelles appartiennent à l'eau, à l'air, & particulierement à la terre, & deux choſes y ſont conſiderables, ſçauoir le temperament du lieu où les hommes font leur demeure, & les fruits qui viennent dans ce lieu & d'vn tel temperament.

Le premier conſiſte en deux points: à la naturelle & interieure conſtitution & meſlange de ces trois elemens qui nous entretiennent, comme est la bonté de l'Air, la fecondité du Sol, la bonté & diuersité des eaux, & de l'exterieure qui luy vient du Ciel & de la situation qu'ont les parties terrestres à l'egard des celestes.

Les effets qui se produisent de la terre sont de trois manieres: sçauoir ou ils sont sur la surface terrestre comme sont les animaux, les Villes basties, & autres magnificences de l'art, les Oiseaux qu'elle porte & nourrit; Ou dessous comme sont les mineraux, les metaux, & les mixtes qu'elle forme & contient; Ou partie dessus & partie dessous, comme sont tant de plantes, dont les racines sont en dedans, les branches & les feuïlles en dehors. Les premiers ont pour principe la chaleur vitale: Les seconds l'elementaire: Les troisiémes la celeste du moins pour le dehors & pour ce qui ne s'eloigne beaucoup en dedans de la surface exterieure. A tout ce-cy on peut adiouster les denrées, & les fruits estrangers, que l'on y porte.

Pour les eaux ayant reconneu ce qui leur est interieur, comme sont les mouuemens, la salure, & tant d'autres qualités & accidens. Il faut passer à ce qui leur est exterieur: c'est à dire à ce qu'elles portent sur elles, comme sont les Isles flottantes, les Ponts extraordinaires, les Nauires, Galeres: a ce quelles cachent souz elles, comme sont tant de coquilles, l'or en poudre, le corail, les perles: & a ce qu'elles contiennent dans elles, comme sont tant de Poissons.

Touchant l'Air on à egard aux Vens qui regnent en chaque endroit, à leurs effets particuliers, aux Oyseaux qui y volent, aux meteores ordinaires & extraordinaires qui s'y forment, aux qualités particulieres, qu'on y remarque.

Pour les humaines faut sçauoir que trois choses font les hommes, la Nature qui donne la vie naturelle & fait vn animal capable de discours, la nourriture qui fournit la vie ciuile & fait vn homme d'estat, & la grace qu'introduit la vie diuine, & fait vn Sainct & vn homme de Dieu. La premiere fournit les organes & facultés: La seconde leur presente de l'employ & de l'exercice: La troisiéme les benit & sanctifie. La Nature jette vn homme au monde, la nourriture en fait vn bon Citoyen dans les Villes, vn fidelle Seruiteur dans les maisons, vn genereux Guerrier dans les armées. Et la grace en fait vn charitable à son Prochain, vn misericordieux aux pauures, vn patient dans les aduersités, vn humble dans les prosperités & prepare pour le Ciel vn Heritier des ioyes diuines: De mesme qu'vn jardin accompli demande la bonté du Sol pour la Nature, le soing & le trauail d'vn expert Iardinier pour la culture, & le Ciel fauorable en pluyes rosées & chaleurs moderées pour vn principe correspondant à la grace; Et que pour rendre vne Ville imprenable la Nature doit presenter l'assiete, comme vne place enuironnée de marés pour seruir de larges fossez, éleuée en rochers qui sont de tres forts remparts, l'artifice y adiouste les fortifications à la moderne la morale, & la grace mettent dans les habitans la fidelité pour ne consentir à aucune trahison, ny se laisser vaincre par presens & promesses, & la generosité pour soustenir les attaques des Assiegeans & disputer à l'Ennemy chaque pouce de terre, deuant que le luy abandonner.

Et puisque pour l'exercice de la grace & de ses actes, ie leur donne place parmy les choses diuines, ie mets dans ce lieu ce qui appartient à la vie naturelle & domestique; comme sont le repas, le repos, la vesture, la demeure, les recreations, les banquets, les Mariages, les Funerailles, les occupations, les Arts & œuures artificielles, les richesses &c.

Secondement à la politique ou societé ciuile qui a diuerses formes: comme sont la Monarchie, l'Aristocratie, Democratie, & la meslée de celles-cy les diuerses sortes d'affaires, & en suite les dignitez, Offices, Charges, actes, Droits, Priuileges, & pouuoirs des Officiers: les ceremonies publiques, eslections traités, Loix, les guerres, les Victoires, les Alliances, les Barreaux & Chambres de Iustice, les punitions des crimes, & les recompences des vertus, & Troisiémement à la morale qui entreprend l'education des enfans, & l'exercice des vertus.

Et d'autant que le moindre de ces Chefs est capable de fournir de la matiere à des liures entiers, & a des gros Volumes, & que de plus on dit beaucoup de choses douteuses, qui ne sont assez verifiées, il est tres expedient de ne choisir entre tant de remarques, que l'on lira ny les raretez faulces, ny les veritez communes: mais des choses asseurées, & entre les certaines, celles qui seront rares & admirables en chaque lieu. Ce n'est pas que dans les veritez communes il y aye moins de merueilles, qu'aux autres comme dans la generation des Plantes, & des animaux: mais c'est qu'outre que l'usage en oste l'admiration, il les rend si connuës que c'est perdre temps d'en faire le recit.

I'aduertiray icy le lecteur qui lira dans les liures des Historiens celebres, & entendra dans les discours par des hommes dignes de foy, des choses memorables, qui estant examinées se trouueront fausses, & d'autres qui d'abord estant iugeez ridicules, & faulces, à la fin se trouueront tres vrayes. C'est icy ou i'estime qu'il ne faut estre ny trop credule à consentir à ce qu'on asseure; ny trop opiniastre à le nier. Il y a des faussetez dans les Historiens les plus sinceres, & des veritez dans la Nature & dans la grace qui sont contraires aux principes, que nous auons, pource que les hommes estant souuent trompez, & quelquefois trompeurs disent ce qui n'est pas. Et Dieu estant infiny fait vne infinité d'ouurages par dessus toute la portée, & capacité de nôtre esprit. Ainsi cét argument ne conclud pas, vn tel l'a dit, donc il est vray: non plus que cettuy-cy. Ie ne iuge pas cela, ie ne le puis comprendre: l'ay des raisons pour le combatre: donc il est faux. Autrement la generation d'vn Arbre par vn grain, & de tant d'autres effets seroit fausse. Ie pourrois produire dans la Geographie beaucoup d'exemples de l'vne, & de l'autre sorte: c'est à dire des faussetez, qui sont debitées, & receuës pour vrayes, & des veritez qui sont decreditées, & iugées ridicules: Mais ie ne veux pas perdre le temps à faire vne liste des faussetez creuës, & pour les veritez reiettées l'on en verra icy quelques exemples dans les particularitez. Pline a esté estimé de plusieurs, auoir fait vn narré plustost de comptes fabuleux, que d'histoires veritables; & toutefois l'histoire des choses decouuertes des nostre temps, confirme plusieurs des siennes, & en presente de plus admirables, & d'abord moins croyables.

La difficulté est lequel des deux est le plus expedient ou de comprendre ces particularités en vn traité separé, ou bien d'en faire la description coniointement auec la diuision de chaque Païs. Ie tiens qu'il est bon de reseruer en vn traité à part ce qui touche les merueilles de Nature: Pour ce que cette façon est bien plus courte & tout ensemble plus claire : Deux points qui rarement se rencontrent, & on a en cét assemblage vn bon moyen d'en trouuer la vraye cause & refuter celles qui ne le sont pas : mais elle requiert vne entiere connoissance de l'Histoire naturelle.

Pour ce qui est de l'Art & des Mœurs des hommes, il est plus expedient dans le traité des lieux particuliers d'y inserer ce qui s'y est passé de plus memorable, que d'en faire vn traité separé : Pour ce que l'vnion des actions semblables n'apporte aucun auantage, pour mieux comprendre chaque particulier, ou en auoir vne connoissance plus parfaite : là ou la conionction de l'histoire auec les lieux, fait mieux retenir les lieux par l'histoire, & l'histoire par les lieux.

La dificulté qu'on a en ces histoires ciuiles, est d'estre asseuré du fait, és naturelles d'en trouuer la vraye cause. Or le lieu contribuë à la connoissance du fait des actions ciuiles, & le rencontre d'vn mesme effet en diuers lieux donne vne grande ouuerture à la vraye cause. Outre que i'entens que comme on ioient au lieux des remarques ciuiles, qu'aussi on raconte les merueilles naturelles citant les lieux ou elles se passent.

---

§. 6. LA TERRE HABITABLE CONSIDERE'E selon les trois parties declarées cy dessus est vn effet de l'Art Diuin, & vn suiet d'vne Science humaine.

Il est bien raisonnable deuant que de considerer les effets du Globe terrestre d'en reconnoistre la cause : Et puisque ie donne vn nouueau titre à la

Geographie l'appellant Science de faire voir auec combien de Iustice elle possede ce nom. Mais d'autant que la preuue de ces deux poins appartient à diuerses parties de la Philosophie, & que ie les traite amplement dans le liure des principes Cosmographiques ie me contente icy d'auancer quelques propositions, qui suffiront pour les donner à entendre, & de les expliquer sommairement.

Prop. 1. l'Art se trouue en Dieu aussi bien qu'és Hommes.

POVR aller au fond de cette matiere faut sçauoir premierement que deux causes la finale, & l'efficiente sont les deux principes externes de toutes choses creées. Ils sont externes ; à cause qu'ils sont distinquez de l'effet, qui en procede. Ils sont coniointement necessaires ; pource que pris separement ils ne peuuent rien. La cause efficiente seule est puissante ; mais aueugle, la finale seule est clairuoyante : mais impuissante. L'vne à bien la vertu vniuerselle de produire tous les effets compris du moins dans vne mesme espece: mais successiuement seulement : & sans auoir aucune determination à chaque effet singulier d'vne telle espece : l'autre à bien la connoissance pour representer chaque particulier distinctement, & la liberté pour le choisir ; mais sans aucune vertu de le produire. L'vne ne peut mettre les effets, qui sont dans son pouuoir ny tout à la fois ; soit manque d'vne vertu assez ample, soit par impossibilité d'vne telle collection, ny separement aucun particulier, à cause de l'indiference qu'elle a pour chacun. L'autre n'ayant qu'vne intentionnelle, & de representation peut determiner tout. mais ne peut rien faire : ainsi toutes ces deux causes separées ne

peuuent

peuuent rien iointes ensemble peuuent tout. L'impuissance de la finale est ostée par la vertu de l'efficiente, & l'indifference de celle-cy par la determination de l'autre. Et chacune contribuant ce qui est de son pouuoir supplée au defaut de l'autre, & de toutes deux se fait vne cause totale, parfaite sans aucun manquement. L'on prouuera encore de mesme façon la concurrence necessaire de ces deux causes, de ce que d'vne part aucun effet ne peut auoir son existence sans la determination de certaines circonstances singulieres côme de l'extension, de la durée, du lieu, du temps, de la figure, de la distance ou presence, du repos ou du mouuement des diuers ordres, lesquelles prises en general sont necessaires à tout effet, prises en chaque singulier soiēt contingentes, & indifferentes: D'autre part la cause efficiente à bien dans soy le pouuoir de donner l'existence; mais non la determination de ces circonstances singulieres: & partant elle est obligée de les receuoir de la cause finale.

Or encore bien que toutes deux agissent ensemblement; si est-ce que l'vne, c'est à dire la finale, a droit d'empire sur l'autre: & ensuite l'a determine, l'applique, & s'en sert comme de son instrument, pour arriuer à ses pretentions. Et de cette sorte, l'vne, sçauoir l'efficiente, exerce son pouuoir sur l'effet & le produit immediatement, l'autre sur l'efficiente & l'a gouuerne immediatement, & n'est cause que mediate de l'effet.

Faut sçauoir secondement, que sous la cause finale ie comprend les actes efficaces de la fin & ceux qui les deuancent qui donnent l'estre objectif aux choses, & leur procurent l'estre actuel & reel: Et par consequent les actes de deux facultez, qui sont

E

encore conjointement necessaires : sçauoir les inuentions de l'entendement & les resolutions de la volonté. L'entendement porte le flambeau, propose & conduit : La volonté comme maistresse détermine, & dispose de tout ; Le premier prescrit les regles pour bien agir, lesquelles estant de pratique & infaillibles, font vne vertu intellectuelle, que l'on nomme Art : L'autre les embrasse par le desir de la fin, laquelle estant honneste fait vne vertu morale. Et d'autant qu'en Dieu il n'y a qu'infaillibilité en toutes ses conduites & pensées & que saincteté en toutes ses volontés & intensions : Autant d'actes, qui procedent de ces deux facultez diuines sont autant de vertus, qui sont diuerses, selon la diuersité des objets.

De mesme par la cause efficiente, i'entends icy toutes les facultez naturelles sousmises à la determination de la volonté, soit immediatement comme sont celles qui sont en mesme sujet que la volonté : Telle est la toute puissance en Dieu, & la vertu motiue es Anges & es Hommes, soit mediatement comme sont tous les mouuemens externes qui dependent de ceux des Anges & des Hommes, toutes les applications des causes patissantes auec les agissantes, qui se font par ces mouuemens, & tous les effets, qui se font par ces applications.

Cela estant bien entendu, ie dis premierement que l'Art est vn principe directif des facultez sousmises à la volonté par regles infaillibles. Par ce mot de directif, ie distingue l'Art de la Nature qui est effectiue, des vertus morales, qui sont electiues; & mesme des intellectuelles, qui sont speculatiues. Par les mots suiuans ie le distingue de la Prudence qui conduit la volonté, luy representant les objets desirables ou mesprisables, la mediocrité necessaire

De la Geographie.

aux vertus, les occasions, les motifs, & les moyens d'y arriuer. La definition d'Aristote est conforme à la nostre, & mesme elle en est expliquée.

Ie dis, secondement que l'Art est en sa perfection dans l'entendement diuin, pource que les estres creés n'ayant en eux aucun principe actif des circonstances & des determinations mises cy dessus, & la toutepuissance estant egalement capable de les mettre toutes, c'est à l'entendement de trouuer les plus conuenables à la fin, que la volonté se propose, & laquelle determine la toutepuissance, qui luy est soubmise à executer le tout suiuant les regles & les inuentions de l'esprit: d'où s'ensuit que l'Art diuin ne peut iamais manquer ny à l'inuention & au choix des moyens ayant pour principe la toute sagesse, ny à l'execution des mesmes ayant pour instrument la toutepuissance, dont le pouuoir egalle le vouloir de l'Artisan qui fait tout auec nombre, sans adiouster aucun moyen inutile ou en soustraire aucun necessaire, auec poids sans se mesprendre au choix d'vne vertu pour vne autre; & auec mesure des degrez d'intension, des longueurs, & des durées & des extensions sans qu'il y aye aucun manquement ou excez, ce qui n'arriue pas à l'homme, qui ne se trompe que trop souuent, soit dans le choix, & l'application des moyens, soit dans la poursuite de la fin.

Aussi l'Art creé n'est qu'vne petite participation de l'increé: Et si on dit que l'Art imite la Nature cela ne se doit & peut entendre de la cause efficiente, qui de soy est sans adresse & determination, mais de la finale, & de l'auteur de la Nature qui s'en sert comme il veut.

Ie dis tiercement qu'encore bien que ces deux principes, ces trois facultez, & leurs vertus se joi-

E 2

gnent par ensemble pour paruenir à vn même effect, particulierement dans les ouurages diuins, il est neantmoins assez aisé de démester ce qui est deu à chacun, & de leur attribuer. Car puisque le propre de l'entendement est de chercher & inuenter les moyens propres à vne fin & de les ordonner par regles asseurées. Le propre de la volonté est de choisir la fin & les moyens & d'appliquer à l'execution les facultez actiues qui luy sont subalternes. Le propre de celle-cy est de donner l'existance aux effets singuliers auec l'ordre prescrit, & les circonstances determinées; Il est certain, que la qualité appartient à la vertu naturelle de la toutepuissance, la determination & l'ordre à l'entendement, & la fin qui en reussit à la volonté. Que si on dit que dans les corps animés comme dans vne plante la vertu seminale du grain ietté en terre a ce pouuoir de donner ces ordres, & ces determinations, & qu'és corps inanimés le hazard & le rencontre fortuit des causes les mettent quelquefois; Ie respond que ces deux causes n'ont aucun lieu en la première determination, que les parties de l'Vniuers ont de necessité receües auec leur existence & par consequent dans leur premiere creation, comme ie declare plus amplement autre part.

Prop. 2. L'Vniuers est l'effet de l'Art diuin.

QVAND Dieu dit, en la Sainte Escriture qu'il soustient le monde auec trois doigs sans doute se sont les trois facultez descrites cy-dessus, qu'il employe à la production, & conseruation de cét ouurage. D'où vient, que s'il retiroit le doig de la toutepuissance, nous tomberions incontinent dans l'abysme du neant: si celuy de l'endentement & de la sageſſe, dans vn cahos de confuſion, & de deſordres: ſi celuy de la volonté & bonté, dans le precipice de tout malheur. Et certes l'ordonnance tres ſage de toutes les parties de l'Vniuers, le Concert tres melodieux de leur proportion, la varieté & ſucceſſion tres agreable de leurs mouuemens, & de tant de merueilles, qui s'en enſuiuent; comme ſe ſont autant d'effets de ces diuins attributs: auſſi ſont-ce autant de voix, qui crient, publient, & preſchent hautement ne ſubſiſter ny receuoir aucun progrez dans l'exiſtence, que par la vertu de ſa toutepuiſſance: ny dans l'ordre des determinations ſuſdites, que par les admirables projets & reſſorts de ſa ſageſſe: dont l'Art fait vne partie: ny dans la fin, ou elles tendent, que par les amours, & le choix de la volonté. Et certes pour ce qui touche l'ordre qui eſt l'effet de l'Art il eſt aſſez facile de reconnoiſtre, qu'il ne peut venir ny des parties ordonnées, ny de la cauſe qui les a produit, priſe toute ſeule, & qu'il ne reſte rien que de les attribuer à l'eſprit diuin: non des parties ordonnées, puiſque telles determinations ſingulieres leurs ſont entierement indifferentes, & meſmes quelque fois violentes: comme tant de pierres qui font la pointe des Rochers éleuées ſur les nuës, tant d'autres qui font des cauités ſouſterraines ſi lonques, ſi larges & ſi ſurchargées ne peuuent auoir receu vne telle place & ſituation, que ou par production, ou par le mouuement & tranſport, ny tranſportées, qu'auec reſiſtence de leur peſanteur & puis la premiere place qui de neceſſité eſt requiſe, ne s'acquiert iamais par mouuement; mais auec l'exiſtence par production: & c'eſt celle cy, dont il s'agit, & que la toutepuiſſance determinée, & conduite par la touteſageſſe à donnée aux parties de l'Vniuers. Toute la Medecine est occupée à reconnoistre dans l'Anatomie du corps humain les conuenantes qu'ont les determinations declarées cy-dessus, & mises en chaque partie auec la fin, qu chacune vise. Et Galien l'vn des plus habiles en cette profession y reconnoit plusieurs fois dix mille fins au liure de la formation du corps humain dans le ventre de la mere. Toute autre Science remarque les mesmes desseins diuins sur le suiet, qu'elle considere. Et dans nostre Globe il ne faut point rechercher autre cause de la distribution de tant de corps differens, de tant de mines, metaux, mineraux, couches de terre, & de pierre &c. en diuers païs que la volonté diuine determinée par les vtilitez que l'entendement propose en telle disposition.

Prop. 3. Entre les parties de l'Vniuers, la terre est le plus noble effet de l'Art diuin.

LA Terre, & le Soleil sont les maistresses pieces de l'Vniuers. Le Soleil pour agir & communiquer la lumiere, la Terre pour patir & le receuoir. L'vn est la premiere source de toutes les influences; L'autre en est le dernier suiet. Le Soleil est le commun & le grand Pere des composez sublunaires; Puis qu'il concourt à leur generation, & entretien; La Terre est leur commune & grande Mere qui les reçoit, les forme, les porte dans son sein & partout, fait sortir de soy diuers fruits pour leur conseruation. L'un est le flambeau qui nous decouure toutes choses, & les rend visibles : L'autre est le lieu, ou est planté l'obseruateur, pour les contempler. Enfin l'vn est signalé, pour estre la source d'vne qualité, qui sans doute est la premiere de toutes : L'au-

…te est recommandable, pour seruir de seiour à l'homme, qui sans controuerse est la premiere des creatures visibles, le Roy de l'Vniuers par la condition de sa Nature, le Fils de Dieu par l'infusion de la grace, & vn petit Dieu par la communication de la gloire. Et neansmoins quoy que le Soleil soit appellé par le S. Esprit, vn vaisseau admirable & l'ouurage du Tres-Haut, il n'a receu auec les autres Astres, & tous les Cieux ny qualité ny mouuement que pour en feconder successiuement toutes les parties de la Terre. Comme aussi par le denombrement des merueilles dont la Terre est remplie, on reconnoistra bien tost le soin particulier, que la sagesse diuine a pris pour l'ennoblir par dessus toutes les parties du monde. Et quoy qu'il en soit des autres c'est celle-cy, qui se presente sur toutes à nôtre consideration, & dont la conneissance nous est plus importante, & nous touche de plus prés.

Prop. 4. Tout Art, & partant le diuin est entre deux Sciences.

Pource que tout Art suppose vne matiere, sur laquelle il trauaille, & par l'ordre qu'il y met conforme à ses regles en fait naistre vn ouurage. Cette matiere deuance l'Art, & est consideree par la Science de Physique. Cét ouurage le suit, & est encore consideree par vne autre Science, qui souuent porte le mesme nom que l'Art, laquelle estant subalterne à la Physique à raison de sa matiere que l'Art employe, & à la Mathematique à raison des diuers ordres & determinations, qu'il y met, & qui appartiennent d'ordinaire à la quantité, emprunte ses principes de ces deux Sciences, & en tire des conclusions, qui donnent à connoistre les proprietez d'vn tel ouurage.

Cecy se peut verifier par vne induction generale sur tous les Arts que nous auons deuant les yeux, & qui sont en vne matiere tant soit peu releuée. Deux exemples suffiront pour eclaircir le tout.

La Logique entant qu'art ordonne si bien les operations de l'esprit, qu'elle en fait des syllogismes demonstratifs & des discours tres efficaces. Ces operations presupposées & anterieures à l'Art sont expliquées par la Physique dés les liures de l'Ame. Les mesmes ordonnées par l'Art & posterieures sont le suiet de la Logique Science, qui en demonstre les proprietez necessaires. Pareillement l'Art de Medecine qui compose par le meslange de diuers ius, racines, feüilles, eaux, &c. des medicamens, suppose la Nature de tout cela conneuë dans la Physique: Et si on donne cette charge à la Medecine, c'est entant qu'elle en fait partie, & pour luy donner moyen de connoistre en perfection les principes, cét Art presente ces ouurages à la Science de Medecine, qui doit faire voir les proprietez qui suiuent de ces composés artificiels, auec autant de necessité, que d'autres suiet de mixtes naturels.

De cette sorte, nostre Geographie reçoit de la Physique comme pour Principe les connoissances des parties, qui composent le Globe Terrestre, & demonstre les proprietez, qui suiuent des mesmes parties ordonnées par l'Art diuin: Et voila l'employ, que ie luy donne en ce liure.

§. 7. DES AVANTAGES DE LA Science de Geographie.

C'est d'estre tres noble, tres agreable, & tres vtile: & partant de contenir en soy toutes les sortes de bien, que l'on reduit d'ordinaire à trois especes:

peces : sçauoir à l'honneste, le delectable, & le profitable. Elle tire sa Noblesse du suiet, qu'elle traite, sa ioye de l'inclination qu'à nostre Nature à le connoistre & le profit des fruits, qu'elle en reçoit.

Ou bien elle tient son excellence des veritez, qu'elle aprend, son agréement de leur euidence & certitude, & son vtilité de leur fecondité pour d'autres connoissances ausquelles celles-cy seruent de principes.

N. 1. *La Noblesse.*

Nostre Geographie n'entreprend pas de faire seulement le denombrement des Païs & des Estats; Ce ne seroit qu'vn Art de memoire : ny le recit seul des raretez, qui s'y trouuent, ou des actions qui s'y passent. Il ne seroit que d'vne Histoire : ny d'arpenter les contrées ; C'est à faire à l'Art de Geometrie : Mais de trouuer la place de chaque partie, & les proprietez locales, & ensuite les Physiques qui suiuent de leur disposition. Elle enuisage la terre d'vne façon plus noble & plus agreable, que ne font les Sciences ses voisines, qui s'occupent sur le mesme Globe. Elle l'a regarde comme la cause de toute fœcondité, la Mere-Nourrisse des Animaux & le sejour de l'Homme, pour l'amour duquel les Cieux respandent sur elle toutes leurs meilleures influences : & Dieu mesme pour ce sujet la rendu le plus noble de ces ouurages, par la multiplicité des merueilles, des fœconditez, des bontez & beautez, qu'il y a mis.

N. 2. *L'Agréement.*

Le desir qui naist en nous de connoistre les particularitez de la terre, qui nous loge par ses amplitudes, nous soustient par sa solidité, nous entretient par ses fruits, nous recrée par vne varieté, &

succession agreable de tant de beautez, monstre assez la verité de cét attribut.

C'est cette inclination naturelle, qui nous fait entreprendre tant de voyages laborieux & dangereux: C'est d'elle d'où viennent tant d'admirations, qui saisissent nos esprits sur les raretez que nous apprenons, tant de souhaits d'en apprendre tousiours d'auantage, & d'en sçauoir les causes, tant de plaisirs que nous prenons d'escouter ou de lire les relations des païs esloignez, & de ceux, qui ont voyagé: tant d'enuie d'en rencontrer, & de questionner ceux qui nous en parlent.

Tous ces mouuemens sont autant d'argumens & tesmoignages asseurés que nostre Ame donne du contentement qu'elle reçoit en cét entretien.

N. 3. *Les Vtilitez.*

Ie les reduits à trois qui sont d'estre le fondement de l'histoire, le principe de la Cosmographie & de ses parties, & le moyen de ioüir de la connoissance que l'on a acquise, par des obseruations bien penibles.

Et pour le premier ie puis nommer nostre Geographie, la guide de l'histoire tant naturelle que ciuile; puisque sa connoissance nous aide à l'aprendre auec plus de methode, la retenir auec plus de fermeté, en iuger auec plus d'asseurance, & en parler auec plus de grace & d'approbation: à faute dequoy beaucoup de personnes souuent en leur narré ioignent des païs esloignez de cent lieuës: comme s'il ny auoit qu'vn pont entre deux, & mettent des grandes distances entre ceux, qui s'entresuiuent, & n'en ont point.

Touchant le second ce n'est pas seulement en la terre ou nous faisons les obseruations des autres parties de l'Vniuers: mais encore c'est de sa connoissance, dont nous nous seruons pour passer à celle des autres parties comme l'on verra en la Cosmographie, où ie mets les conuenances, & les differences que les autres Globes ont auec le nostre.

Et pour le troisiesme, c'est par cette Science, que nous iouïssons des experiences & des fruits de ceux qui ont parcouru la terre auec de grands hazards, qui ont fait des obseruations auec beaucoup de fraiz. Nous passons les mers sur les Globes & les cartes Geographiques sans danger de naufrage ; Nous trauersons les espaces, & les longues Forests sans crainte des Voleurs : Nous visitons les Terres ennemies sans courir risque d'estre pris, & mal-traitez par eux : Sans sortir d'vne chambre, on se promene par tous les endrois de la Terre : On en considere les merueilles ; On en décrit les raretez : On en parle, comme si on y auoit esté : On comprend tout ce qui s'en dit auec vne facilité tres grande.

Enfin ie pense pouuoir dire que si ce traité est tres petit en apparence, il est abondant en merueilles & ie le puis appeller estant pris selon ses trois parties ; la Philosophie remplie de tous les agréemens & questions choisies, que l'on peut debiter auec satisfaction dans les plus honorables compagnies. Et d'autant que le suiet de cette Science l'est aussi des discours & entretiens plus ordinaires des hommes, elle tire d'icy vn grand auantage c'est d'estre vne Science qui s'oublie le moins de toutes ; à cause des occasions frequentes que l'on a d'en parler, ou d'en entendre parler.

§. 7. *LES DEGREZ REQVIS POVR arriuer à la perfection de cette Science.*

I'EN compte quatre qui sont 1. L'intelligence des termes Geographiques, & des diuisions contenuës en la premiere partie. 2. L'vsage des cartes, c'est à dire l'application des parties comprises en ces diuisions sur le Globe artificiel, Mappemondes & autres cartes tant generales, que particulieres. 3. La representation des mémes sur le Globe naturel en leur lieu propre, & en leur assiete naturelle. 4. Le raisonnement sur les merueilles, qui suiuent la disposition locale des parties terrestres. Le premier degré nous donne l'idée des parties Geographiques. Le second nous les fait trouuer & monstrer au doig sur les cartes, mesmes nous donne le moyen d'en faire. Le troisiéme nous fait passer du lieu artificiel & representatif, que les parties ont sur le Globe artificiel au vray & naturel, qu'elles ont sur le naturel. Le quatriéme nous fait inferer les diuers effets, qui viennent des proprietez locales : c'est à dire des proximitez, ou éloignemens, qu'ont les diuers agens & patiens dans cét vniuers. Le premier degré est des Escoliers à qui on apprend la Geographie seulement par memoire. Le second est des plus auancez, qui conçoiuent les latitudes & les longitudes des païs diuers. Le troisiéme monte plus haut, & nous donne vne imagination veritable de tout ce qui est depeint sur le Globe artificiel, & le nous fait appliquer sur le naturel ; En suite dequoy on conçoit les voyages, les Histoires & autres descriptions des choses qui se passent en diuers endrois, comme si on y estoit. Le quatriéme est des plus parfaits, qui non seulement ont vne imagination vraye de tous les lieux : Mais encore vn entendement eclairé de tous les effets, qui s'en ensuiuent : Comme de la varieté de chaleur, de froideur, de lumiere, des iours & des nuicts, des saisons, des ombres, des vens & de toutes autres particularitez.

De ces quatre degrez i'estime le troisiéme le plus difficile : Pource que nous ne voyons que trop souuent, que la plus grande difficulté, & i'ose dire l'vnique que rencontrent ordinairement ceux qui veulent comprendre plusieurs traitez Mathematiques, est le manque d'vne naïfue imagination des Figures, ordres, sections, mouuemens, proportions, distances, & autres soit parties, soit especes de la quantité, dont on traite. Et quand l'imagination est bien formée, la raison n'a point de difficulté à consentir à des veritez si manifestes. Elle y est portée par vne douce contrainte, & en reçoit autant de plaisir, que l'imagination y a eu de peine.

― ― ― ― ―

§. 8. LE MOYEN D'ACQVERIR cette perfection & ces degrez.

IE demande trois choses pour cét effet sçauoir le liure, le Globe Terreste artificiel qui represente le suiet du liure, & vne personne intelligente pour expliquer & appliquer sur le Globe artificiel, ce que le liure enseigne du naturel. Car ie ne doute point que la lecture seule de ce liure ne soit à plusieurs tres obscure, & mesmes à quelques vns inintelligible : La lecture iointe auec le Globe bien composé & bien disposé deuiendra beaucoup plus aisée par cet accessoire : Mais cette facilité sera encore accompagnée d'vne difficulté, qui se trouue en plusieurs insurmontable : C'est de trouuer sur le Globe & monstrer par experiences diuerses, ce qu'on lit dans le liure, d'en prendre de veritables conceptions : ce qui se fera quand au Liure & au Globe suruiendra vne personne capable, lequel par similitudes, & diuerses representations fera prendre les vrayes idées à l'imagination. Ou bien disons que la façon d'estudier ce liure sans autre chose conuient à ceux, qui ont l'imagination déja formée & habituée aux demonstrations Mathematiques. Celle de l'estudier auec Cartes & Globes est propre à ceux qui ont déja des commencemens en la Physique & Mathematique. Les Aprentifs ont besoin de la troisiéme aide : Mais aussi ayant rencontré vn homme bien intelligent i'ose bien leur promettre qu'ils pourront penetrer tous les secrets de ce liure encore bien qu'ils n'ayent point estudiez dans les escoles. Pource que ie n'y voy rien qu'on ne puisse rendre sensible, & monstrer à la veuë.

Le liure par ses Methodes & explications peut beaucoup : Le Globe artificiel par la parfaite similitude, qu'il a auec le naturel sert grandement à l'imagination, qui n'a qu'à agrandir les dimensions de l'artificiel qu'il a deuant ces yeux, & entre ces mains retenant tout le reste pour arriuer au naturel ; puisque la seule difference qu'il y a entre l'vn & l'autre n'est qu'en la grandeur : Mais l'homme intelligent anime les caracteres mors du liure & les lignes du Globe d'vne viue voix, remarque les difficultez propres de son Escolier,

& puis par diuerses Figures representations, mouuemens, façons d'expliquer, dissipe les obscuritez, & luy met la verité en euidence: Comme i'en ay veu vn succez tres-heureux en plusieurs.

Le Lecteur sera encore aduerty que l'intelligence de tout cét auantpropos; comme aussi de ce que ie dis de la nature du lieu, & de ses especes est tres vtile: mais non pas necessaire: Pour ce que le Tiltre de Science m'oblige d'aller iusques aux premiers principes, & m'estendre plus auant que ne requiert la simple Geographie.

CHAPITRE DEVZIESME

DE LA FIGVRE RONDE ET DE SES AVANTAGES.

§. 1. *DES PRINCIPES Geographiques.*

NOSTRE Géographie pour l'entiere intelligence de son suiet demande deux sortes de principes, d'ont les vns sont pris de la Physique, les autres de la Mathematique : pour ce que la Terre habitable qu'elle considere, estant composée d'vne grande varieté de parties differentes en vertu, & ces parties estant diuersement ordonnées, & terminées d'vne Figure ronde ; elle ne peut pretendre à la totale con-

connoissance de ces parties, que par la Physique, ny de ces ordres & Figures, que par la Mathematique. C'est aussi ce qui la rend subalterne à ces deux Sciences; comme i'ay declaré cy-dessus.

Donc afin que nostre Geographie aye ses fermes appuis, que ce liure subsiste de luy mesme, & qu'il soulage le lecteur du trauuail de les aller chercher ailleurs; ie mettray les principes Physiques dans la partie seconde des Vniuersalitez, & les Mathematiques en ce chapitre, & en la quatriéme sorte de diuision.

§. 2. *Que la figure ronde est le principe le plus important, & vniuersel de la Geographie.*

C'EST asses pour verifier ce sentiment de dire, que la rondeur est le suiet formel de cette Science. Que les Cercles sont les moyens, que nous auons, pour assigner à chaque point de la Terre son veritable lieu: Que les Cercles de la Sphere sont encore les lignes, qui nous font entendre les mouuemens des Astres: Que la terre par sa rotondité reçoit les Rayons, & les influences celestes auec vne varieté d'incidence & de succession tres agreable, de laquelle s'ensuit vne grande diuersité de iours, de nuits, de saisons, & puis de fruits, & d'autres effets. L'air, les eaux, les liqueurs disposent leurs extremitez en rond: & c'est en vertu de cette rondeur, que les Nauires voguent à la faueur des vens de tous costez sur le dos de l'Ocean, & les Riuieres coulent de toute part dans la mer; ce qui ne pourroit se faire, s'il y auoit vn costé plus éleué, où il fallut monter, & vn autre plus abbaissé. Voila le suiet, qui me fait employer ce chapitre à l'explication de cette Figure.

§. 3. De la Noblesse de la figure ronde.

C'EST vne figure si parfaite qu'Aristote dans ses Mecaniques ose bien dire, qu'il ne faut pas s'estonner, si les effets des Arts Mecaniques sont admirables: d'autant qu'ils viennent d'vne cause toute miraculeuse qui est le cercle. Et vn ancien Philosophe apres auoir blanchi dans les recherches des curiositez naturelles, & dans la possession des plus nobles Sciences de la Philosophie, estant arriué à la fin de ses iours fut requis de ses Disciples de leur laisser quelque monument de sa Science, & quelque gage de son amour: Celuy-cy émeu d'vne si iuste demande r'appellant ses forces, & r'amassant ce qui luy restoit de vigueur se mit à tracer sur le paué deux Cercles; Et auec cét ouurage il acheua sa vie: En quoy il voulut laisser vn memorial, & abbregé de sa doctrine; Reconnoissant le Cercle comme le Principe, ou le symbole de ce qu'il sçauoit de plus rare. Et tant s'en faut, que ces grands personnages ayent vsé d'exaggerations, & que leur sentiment quoy que si releué surpasse l'excellence de cette figure; Que c'est beaucoup s'il vient à l'egaller.

Aussi on s'en sert pour representer l'Eternité & pour mettre en effet mille ouurages artificiels, qui rauissent nos yeux par leur beauté, & nos esprits par leur vertu & pouuoir.

§. 4. *De la Nature de la figure ronde.*

LA rondeur n'est autre qu'vne figure par tout egallement courbe, ou egallement distante du Point du millieu en toutes ses parties. Elle conuient auec toutes les autres figures en ce que c'est vne extremité, qui contient & enferme dans soy vne extension permanente & determinée : Elle differe des autres par l'egallité soit de distance du milieu, soit de curuité en toutes ses parties : ce qui fait qu'elle ne peut s'accommoder, & conuenir auec la surface droite en aucune partie tant petite soit elle ; Pource que celle-cy est droite en toutes ses parties comme l'autre est courbe. Or le droit demeurant droit ne peut toucher le courbe qu'en vn point indiuisible.

Vn point que l'on nomme centre, & vne ligne droite, que l'on nomme semidiametre sont les deux principes de toute ligne & surface circulaire. Et qui determine ces deux choses à vn Cercle determiné. Le point du centre est le fondement par son immobilité & par son vnion, auec la ligne mobile & celle-cy en est la mesure par sa longueur, & la cause par son mouuement. Car si on vient à tourner cette ligne à l'entour de ce point immobile l'extremité mobile laissera pour vestige permanent du mouuement passager vne ligne courbe, que l'on nomme la Periferie ou circonference du Cercle, & toute la ligne laissera pour marque de son passage, la surface ou le plan droit du Cercle. De mesme cette surface droite tournant à l'entour d'vn de ces Diametres, que l'on nomme Axe laissera par son extremité qui n'est qu'vne ligne, la surface ronde & spherique qui termine le Globe & par la surface la solidité & le massif, qui le remplit.

Ce qu'estant pour comprendre ce qui appartient à cette figure il faut aller de l'vnité d'vn point qui fait le centre à la multiplicité des autres points & des lignes qui passent par luy & se nomment Diametres, des surfaces qui passent par luy, & se nomment grands Cercles, de celle qui termine tout, & de la solidité qui y est comprise, & voyla le sujet de ce chapitre.

§. 5. *Le moyen de bien conceuoir ce qui est de la figure circulaire.*

ON ne sçauroit croire iusques à quelles connoissances nous conduiront les naifues representations des figures, mouuemens, sections, compositions des choses appartenantes aux quantitez Mathematiques, & particulierement aux circulaires, & il est vray ce que iay deja dit, que le manque d'vne idée veritable est le grand obstacle qui ferme la porte des Sciences Mathematiques à plusieurs.

Le moyen le plus naturel, court, & efficace est de rendre sensible ce que nous desirons imprimer en nostre imagination. Car tant s'en faut, qu'il y aye difficulté de faire passer à l'imagination ce que les sens apperçoiuent, & faire conceuoir ce que l'on voit, qu'il y à necessité, & l'imagination apprehende en vn instant par cette voye ce qu'elle ne pourroit faire par vn discours de plusieurs heures: comme aussi c'est la vraye methode d'enseigner les choses sensibles par des experiences.

De la Figure ronde.

On le rendra sensible si on à deuant ces yeux & dedans ces mains quelque Globe de matiere facile à mouuoir, à marquer, & à diuiser en telle maniere que l'on voudra : Tels que sont les Globes de Cire, d'Argille &c. les fruits ronds ou arondis ; Comme sont les pommes, poires, raues &c. les balles, & boulles propres à receuoir les figures.

Entre autres ie tiens qu'il faut habituer & familiariser nostre imagination à se bien figurer premierement les marques & les vestiges, que les quantitez laisseroient en leur mouuement si le successif deuenoit permanent, & si les applications passageres demeuroient stables, la quantité se multipliant en chaque lieu. Le point en se mouuant laisse vne ligne, & marche sur vne ligne déja faite. C'est pourquoy les lignes sont pour nous representer les mouuemens déja faits comme en estant les vestiges ou à faire comme en estant les chemins: Les lignes laissent des surfaces, & celles-cy des soliditez. Cecy se peut representer en vn crayon ou en vne plume pleine d'ancre auec laquelle on tire des lignes sur vn papier par le mouuement de la pointe sur le mesme. On se sert souuent de cette inuention pour representer diuerses especes de la quantité. Secondement il faut appriuoiser l'imagination à conceuoir les mouuemens composez, & les lignes que chaque point marque ce que nous pouuons luy faire entendre par plusieurs, que la Nature & l'Art nous font voir : Tiercement il faut l'accoustumer à bien conceuoir les diuerses rencontres, intersections, concours des lignes, des surfaces & des corps. Vne personne intelligente fera voir à l'œil, & sans difficulté par diuerses experiences en ces matieres ce qu'autrement on estimeroit inintelligible. Ce liure icy en fournira fouuent des exemples.

§. 6. De la Nature, & des proprietez du centre.

C'EST ce point icy, que toutes les parties regardent, comme le fondement de leurs distances & mouuemens. C'est aussi de luy, & de sa Nature, que l'on doit tirer les proprietez des quantités appartenantes au Globe. Il y en a trois principales. 1. d'estre au milieu. 2. d'estre egalement éloigné de toutes les extremitez. 3. d'estre le point le plus éloigné des extremitez. Il a le premier, parce que le mouuement se fait d'vne ligne à l'entour de luy : La seconde, parce que c'est le mouuement d'vne mesme ligne : Le troisiéme, parce que tout autre point est dans vn Semidiametre, & par consequent plus proche de l'extremité, qui fait la circonference, que n'est l'autre extremité de la mesme ligne, qui fait le centre. Et pour la premiere il tient tellement le millieu, & si parfaitement, que c'est en toutes les sortes, & façons que l'on peut estre au millieu. Car il se trouue au millieu. 1. de toutes les lignes droites, qui passent par luy, & qui sont diuisées par luy en parties égalles. 2. de toutes les surfaces droites, qui y passent & sont encore diuisées par les premieres lignes Diametrales en moytiez ou parties egales. 3. de tout le corps spherique, qui est diuisé en deux Hemispheres egaux, par toute surface droite passant par le mesme point. Et 4. de toute la circonference : Façon qui conuient vniquement à la figure ronde. La 2. & 3. estant communes aux autres centres, la 1. aux

De la Figure ronde.

Ouales & Poligones reguliers qui ont leur costez en nombre pair.

A ces trois proprietez qui se communiquent à tout ce qui passent par luy, il faut adjouster les suiuantes. Le centre est vn point neutre qui n'appartient à aucunes des moytiés, comme estant le Iuge au millieu de toutes; ainsi qu'il se voit clairement dans le centre de la Balance: Et toutefois il appartient à toutes, estant le terme de tous les Semidiametres, & par consequent en eux. En suitte de quoy il est vnique & indiuisible & neantmoins multipliable à l'infiny: Sçauoir est en autant de points que l'on peut tirer de Semidiametres, faire d'Angles dans le centre du cercle & de Pyramides aboutissantes au centre du Globe, puisque chaque Semidiametre, chaque Angle, & chaque Pyramide contient en sa pointe le centre du Globe, dont l'Arc de la Base est egalement distant en toutes ses parties. Il est immobile, & en repos, & par ce repos, il regle le mouuement, il est le point de regularité, & vn corps en mouuement veu du centre, est obserué selon le mouuement qu'il à, & le mouuement apparent conuient auec le réel, quant à l'vniformité, ou diformité de la succession. En la figure presente, c'est le point O qui fait le centre & sur lequel il faut verifier ce que i'en viens de dire.

§. 7 *La nature & les proprietez des lignes Diametrales.*

CE sont lignes qui passent par le centre O comme sont A D, B E, C F à qui conuiennent les trois proprietez attribuées au centre, dont la premiere est d'estre au millieu; Ce qui conuient en trois façons à chaque Diametre. 1. à l'egard des

O le centre
A D le Diametre A O le Semidiametre
M N P la trangente A P
B la corde A N B l'Arc.

autres, qui sont tous coupés par luy dans le centre O ou ils concourent, & partant par le millieu. 2. à l'egard de la circonference & de tout le plan droit terminé par cette circonference, qui est aussi divisé par chaque Diametre en parties égalles; Pource que en mesme temps qu'vn Semidiametre A O produit ou parcourt par son mouuement la moytié de la circonference ou du plan, A B C D l'autre Semidiametre O D produit & parcourt la sienne, D E F A & l'vn en fait autant que l'autre. 3. cette mesme ligne couppe à Angle droit en tout endroit la circonference, & la ligne, qui la touche dans le point, ou le Semidiametre la termine comme fait le Semidiametre O N à l'egard de la circonference A N B & de la tangente M N P Or est il que cét Angle couppe l'espace en parties égalles, & tient le millieu entre l'Angle aigu, & l'obtus. La seconde est l'egallité de tous les Diametres

metres : Pource qu'ils sont tous produits par le mouuement circulaire d'vn seul & partant egaux à luy & entre eux. La troisiéme est d'estre les plus grandes lignes, qu'on puisse tirer dans le Cercle ; Pource que toutes les autres qu'on pourroit assigner peuuent seruir de base à vn triangle, qui aura pour les deux autres costez deux Semidiametres tirez du centre commun aux deux extremitez de la ligne assignée, & qui par consequent seront plus grands qu'vne telle base par la 10. du 1. & toutesfois egaux à vn Diametre entier.

Outre ces trois proprietez cette ligne en son mouuement rend 1. actuelles toutes les tardiuitez possibles 2. la mesme rend effectifs tous les Angles rectilinées possibles, & 3. toutes les petitesses. De mesme deux Semidiametre en repos A O & O B contiennent encore actuellement toute petitesse possible, à cause que la celerité du point extrema du Semidiametre va decroissant continuement iusques à l'immobilité du centre, & pareillement la grandeur de l'Arc en la circonference & de l'Angle au centre vont iusques à toute nullité de grandeur. Et d'autant que ces diminutions se font continuement ; Il ne se fait aucune omission ny de tardiuité, ny de petitesse possible comprise entre les deux termes assignez, qui ne deuienne actuelle. Par la mesme raison, si vn papier allumé se consomme successiuement continuement, toute la diuision possible du continu, se fait effectiue, & la Nature de toute continuité demande cela, qui ne laisse rien de possible entre deux termes, qu'elle ne rende actuel.

§. 8. *La Nature & les proprietez de la ligne Diametrale de l'Axe ou essieu.*

L'AXE du Globe est la ligne Diametrale à l'entour de laquelle il se remuë sans que le tout change de place, les parties le faisant. Ou bien c'est la ligne Diametrale, qui contient les centres des Cercles que tous les points du Globe descriuent en ce mouuement, & où se rencontrent tous les Cercles perpendiculaires aux premiers. Par ce mot de Cercle j'entends la surface terminée par vne ligne circulaire.

Ie ne voy point de meilleur moyen d'expliquer cette ligne tres importante à la premiere & quatriéme diuision, que par les rapports de similitude qu'elle a auec le centre : Comme aussi on l'a peut meritoirement nommer la ligne des centres. 1. Comme le centre est vn point choisi entre vne infinité qui ont le mesme droit & pouuoir : Ainsi l'Axe est vne ligne Diametrale choisie dans le Globe entre vne infinité d'autres, qui toutes ont la mesme capacité ; puisqu'ils ont la mesme nature & ce choix dans les Globes artificiels monstre la determination libre de l'Artisan. 2. Comme le point du centre, est choisi entre plusieurs ou pour ce qu'il en faut determiner vn, ou pource que parmy tous les points il se rencontre en vn quelque proprieté ou accident mieux connéu : Ainsi l'Axe en chaque Globe est choisi pour l'vne de ces deux raisons. 3. Comme le centre est mis pour estre le point immobile à l'entour duquel tout le reste tourne ou auquel tout le reste du Cercle se doit rapporter : aussi l'Axe est determiné pour estre la ligne à l'entour de laquelle tout le reste du Globe tourne, ou à laquelle tout le reste se rapporte pour estre conneu par elle. 4. comme tout ce qui se trouue dans les lignes & surfaces appartenantes au centre, telles que sont celles dont ie traite icy, acquiert vn rapport au centre : Aussi tout ce qui se rencontre dans les lignes appartenantes à l'Axe, telles que sont les surfaces & cercles qui ont leur centre, ou leur concours dans l'Axe & leurs Diametres, acquiert par là vn rapport à l'Axe, & quand ces lignes ou surfaces sont conneuës, les rapports le sont, & par eux ce qui conuient à chaque point qui s'y trouue. Et c'est icy le principe dont ie me seruiray pour reconnoistre la difference locale de chaque point dans l'Vniuers & en particulier dans le Globe terrestre. 5. Comme le point du centre immobile, auec la ligne du Semidiametre mobile, sont les deux principes determinatifs du cercle : Ainsi la ligne de l'Axe immobile auec vne surface droite mobile sont les principes determinatifs de diuers corps. Car si cette surface est vn Parallelogramme elle fera en tournant à l'entour de l'Axe vn Cylindre : Si vn Triangle Rectangle elle fera vn cone : Si vn demy cercle il en viendra vn Globe ou vne Sphere, dont ie traite icy.

Les proprietez de cette ligne sont les trois que i'ay mis és deux definitions. La premiere est de contenir les cêtres des cercles que chaque point descrit en tournant à l'entour, & qui sont tous paralleles & different entr'eux en grâdeur & celerité de mouuemens, selon que les points le sont en distance & esloignement de cette ligne. La seconde de receuoir en soy le rencontre de tous les cercles perpendicutaires aux premiers, & qui sont tou grands cercles. La troisiéme de faire changer de place à chaque partie du Globe, le tout demeurant en mesme lieu & sans changement. La quatriéme qui suit des autres est d'estre la ligne de regularité: cóme le centre en est le point. Car tous les rayons & lignes des points qui tendent à elle & tournent à l'entour d'elle, font des Angles conformes, & proportionnés à leurs Arcs, durées, mouuemens, & situations: Et par les vns on connoist les autres.

Si neantmoins on prend vne ligne parallele à l'Axe, & esloignée d'vne distance insensible à l'egard de celle qu'a le corps qui tourne à l'entour, la regularité des rayons demeurera la mesme sur la parallele, que sur l'Axe mesme: Pour ce que l'irregularité sera insensible. Telle est la distance, qu'il y a du centre de la terre à la circonference à l'egard de celle, qu'il y a du mesme centre auec le Soleil, & les astres; ce qui fait que dans les styles des quadrans solaires nous nous seruons d'vne ligne parallele à l'Axe à la place de l'Axe. Les points extremes de cette ligne se nomment Poles; D'où vient que plusieurs l'appellent la ligne polaire.

La lecture seule de tout cecy paroistra d'abbord inconceuable; Mais si on y adiouste vne experience oculaire, l'intelligence & l'imagination en deuiendra tres aisée. Prenez donc vne pomme suspofez que la ligne, qui prend de la queuë au bouton soit l'essieu. Si vous la faite tourner à l'entour de la queuë, vous aurez visible la troisiéme proprieté. Si vous la couppez perpendiculairement à l'Axe les sections seront paralleles, & representeront les Cercles de la premiere proprieté. Si vous la couppez par la ligne mesme, les sections seront toutes concourantes à l'Axe & representeront les

Cercles de la seconde proprieté, & chaque section diuisera la pomme en deux moytiés ou parties egalles : ce qui ne se fera pas en la premiere. Si vous la couppés autrement les sections & les Cercles seront obliques.

§. 9. *La Nature & les proprietez des grands Cercles.*

IE ne prend pas icy le Cercle pour la seule periferie, ou ligne circulaire contenante: ny pour le plan seul, ou la surface droite contenuë, mais pour tous deux mis ensemble: En méme façõ que le Globe est pris pour la solidité terminée, & pour la surface spherique terminante. L'vn fait le materiel, l'autre le formel d'vn tout. De plus ie ne parle pas des Cercles qui ont leur plan ou surface & leur centre hors du cêtre du Globe: Et pource sont nommés moindres Cercles : Mais de ceux qui passent par le cêtre du Globe & y ont leur centre & sont appellés grands cercles, à qui ie donne pour ce suiet en premier lieu les proprietez prouenantes du centre, qui sont 1. d'estre tous d'egale grandeur, à cause qu'ils sont tous faits ou parcourus par vn demy cercle. 2. d'estre les plus grands cercles de tous, pour ce qu'il sont faits par la plus grande ligne: Sçauoir la Diametrale. 3. D'estre au millieu de tout le Globe qu'ils partagent en deux moytiés : puisque vn grand cercle tournant sur vn sien Diametre fait en vn demy tour tout vn Globe ; à cause que chaque moytié de ce cercle fait vne moytié de ce tout 4. de diuiser tous les autres grands cercles par le millieu Puisque le plan de tout grand cercle rencontre tous les autres plans dans le centre commun de tout le

Globe, & il ne peut les y rencontrer sans les couper en vne ligne droite, & cette ligne ne peut estre autre que Diametrale, puis qu'elle passe par le centre: Et toute telle ligne diuise le cercle en deux moytiés, comme il a esté dit cy dessus.

J'adiouste à ces quatre proprietez, vne cinquiéme de la periferie. Que tout grand Cercle sur la surface spherique a la mesme proprieté, qu'vne ligne droite sur vne surface droite : c'est à dire d'estre la plus courte ligne, que l'on puisse tirer d'vn point à vn autre : Et en suite doit seruir de mesure pour monstrer la veritable distance entre deux points du Globe : Comme aussi les Arcs des grands cercles sont en mesme plan, que la corde qui est vne ligne droite tirée d'vne extremité de l'Arc à l'autre, d'où par consequent l'Arc approche dauantage qu'aucun autre. Et c'est la raison pourquoy les degrez d'vn grand cercle seruent de mesure à connoistre toutes les distances, qui sont sur le Globe : Comme on verra souuent en cét ouurage.

Pour les moindres cercles tant plus qu'ils sont voisins des grands, & de leur centre : Tant plus participent-ils de leurs proprietez : Comme les cordes & les sinus droits qui sont les Diametres & Semidiametres de ces moindres cercles participent du Diametre entier & du Sinus total qui est le Semidiametre d'vn grand cercle.

De tout ce que dessus il est aisé de voir, que ces proprietez viennent originairement du centre, & celuy-cy du choix libre de la volonté Diuine Angelique, ou Humaine. Par exemple, Les grands cercles sont les plus grands de tous, par ce qu'ils sont faits par les plus grandes lignes : celles cy son telles ; par ce quelles passent par le point le plus esloigné de tous : Ce point est tel, par ce qu'il est iustement au milieu: Il a cette situation par le choix que l'on en a fait & ce choix ne vient point de la nature du point, & de l'endroit ou on le met: Mais par la pure liberté de celuy qui le choisit. Dites en autant de la ligne de l'Axe du monde & autres, qui demandent vn premier & souuerain determinateur, & le monstrent.

§. 10. *Des nobles effets & proprietés de la figure ronde.*

IE reduits les merueilles de cette figure à quatre premieres sources, & maintiens que la figure ronde soit lineaire d'vn cercle, soit superficielle d'vn Globe contient 1. Dans ses parties vne tres grande simplicité & vnité. 2. En cette vnité tres simple des infinitez en grand nombre 3. Dans toutes ces infinitez des vniformitez tres accomplies 4. Que ces vnitez simples, & infinies, & ces infinitez vniformes sont le fondement & le principe des premieres, & plus nobles operations tant de l'Art, que de la Nature.

Pour le premier auantage. Ie ne luy donne pas vne simplicité indiuisible: Puisque son essence est d'estre diuisible à l'infiny: Mais dans cette composition de parties Homogenées, qui luy est necessaire on ne trouuera point de plus grande vnité 1. Pource que cette figure contient & termine toute vne quantité par vne seule ligne: & cette vnité luy vient de ce, qu'elle joint ces deux extremitez par ensembles, & finit le mouuement circulaire par le mesme point de lieu par ou elle le commence: la ou en la ligne droite le mobile s'esloigne tousiours dautant plus du point de son commencement, qu'il auance dans cette ligne, & pour reuenir au mesme point par d'autres lignes droites il en faut du moins trois ; afin que la troisiéme par ses deux extremités joignent les deux termes qui restent és deux autres qui sont vnies en vn de leurs termes separées en l'autre. Et c'est d'icy d'où vient que la figure triangulaire est la premiere des rectilinées. 2. Pource que cette ligne qui n'est qu'vne n'a qu'vne parfaite vnité de curuité : Puisque par tout elle conserue vne mesme curuité sans diuersité quelqu'onque : de mesme façon que la ligne droite se maintien en toutes ses parties dans vne mesme droiture sans changement aucun. Et c'est icy la raison pourquoy les Philosophes, ont donné aux corps simples des mouuemens droits ou circulaires seulement : Pource qu'il ny a que ces deux lignes, qui ayent cette simplicité en toutes leurs parties. Il est vray que l'vne est relatiue au centre & reçoit diuerses curuités és cercles de diuerse grandeur, l'autre est plus absoluë & d'vne façon indiuisible, & parconsequent plus choisie de la Nature qui tend à quelque terme, comme ie monstre en la Cosmonomie. 3. Pource qu'elle à vne troisiéme vnité c'est à dire de dimension n'ayant qu'vne mesure pour toute sa longueur, largeur, & profondeur, qui est le Diametre.

Sur le second point cette vnité est tellement fœconde, que non seulement, c'est d'elle, que partent les multiplicités, varietés, successions agreables, dont nous jouïssons : Mais aussi c'est en elle ou sont renfermées les infinités en grand nombre. Ie laisse l'infinie diuisibilité de ses parties, comme estant commune à toute quantité continuë, pour venir à d'autres, qui luy sont plus particulieres. Et 1. Ie trouue en elle vne triple infinité d'Angles

gles. Les premiers se font au centre par les lignes Semidiametrales; Comme sont A O B, B O D & D O E. Les seconds se font à la circonference par les lignes qui y concourent & soustendent les Arcs, & pour ce sont nommées les cordes, comme sont A B C, C D E, E F A, & les troisiémes se font en la circonference, & par les parties de la circoference. Les premiers sont faits par les Semidiametres cocourans au cetre, & mesurés par les Arcs couppés par les mesmes Semidiametres en la circonference: Pource que les Angles croissent & decroissent auec & comme les Arcs tel est l'Angle A O B de 60 degrez que l'Arc A N B contient: Les seconds sont mesurez par la moytié des Arcs que les cordes concourantes, & qui font l'Angle laissent à l'opposite : Comme l'Angle A B C contient 120. degrez qui font la moytié de l'Arc C E A de 240 degrez pource que par la 3. Prop. du liu 3. d'Euclide l'Angle qui se fait au centre O tel qu'est A O B est double de celuy qui se fait sur le mesme Arc A B à la circonference tel que seroit A E B, ou A E D. Et icy ie trouue deux infinitez : L'vne d'Angles egaux & ce sont tous ceux qui ont pour Base vn mesme Arc ou vn egal & pour pointe quelque point que ce soit de l'Arc opposé, & qui acheue le Cercle par la prop. 21. du liu 3. d'Euclide. Comme si vous tirez des lignes des points F & C en quelque point que vous voudrez du demy Cercle F A B C elles feront partout vn Angle droit & de 90. degrez qui est la moytié de l'Arc F E D C de 180. degrez. L'autre est de diuersité selon la varieté des Arcs qui sont differens à l'infini. Les troisiémes sont tous egaux & plus grands qu'aucun rectilinée possible & autant multipliés, que les points de la circoference : en chacun desquels ils se font par el-

I

le mefme. Car le Cercle touchant vne ligne droite en quelque point que ſe ſoit comme la ligne M N P au point N fait hors de ſoy auec cette ligne tangente deux Angles de contingence M N A & P N B qui ſont moindres qu'aucun rectilinée par la 16. du 3. liu. d'Euclide. Donc dedans ſoy par les meſmes Arcs A N & B N qui font ces Angles en dehors il fera vn Angle en dedans qui ioint auec les deux de contingence egallera deux droits & ſans eux ſera plus grand que tout rectilinée poſſible : Et neantmoins decroiſtra ſelon que la curuité ſera plus grande, & cette cy croiſtra ſelon que le Cercle ſera plus petit ; Pource que par la curuité, les Arcs s'eloignant de la droite tangente, s'approchent d'auantage entre eux, & font vne inclination, en laquelle conſiſte la Nature de l'Angle. I'y trouue 2. vne infinité de diſtances de meſme grandeur autant que de Diametres, vne infinité d'attouchemens, autant que de points, de curuitez autant que de cercles de diuerſe grandeur, vne infinité de diuers Angles de contingence autant que de curuitez diuerſes : Encore bien que le plus grand des poſſibles ſoit plus petit que le moindre des rectilinées poſſibles par la 16. du liu. 3. Il y a l'infinité de toute tardiuité poſſible renduë actuelle ; Comme il a eſté dit cy deſſus. I'y trouue 3. vne infinité de Polygones reguliers tant inſcrits, que circonſcrits, dont le Cercle eſt le pere : Pource que diuiſant vn Cercle en autant de parties egalles, que le Polygone à de coſtez, & tirant des lignes par les points de diuiſion on aura les figures Polygones regulieres inſcrites. En la figure precedente, il y a vn Exagone regulier inſcrit : C'eſt à dire vn Polygone de ſix coſtez egaux, qui à cela de particulier d'auoir preciſément la longueur du Semidiametre

en chacun de ses costez. Il y a encore vne infinie
diuersité de situations, autant que de points: vne infinité de contrarietez de mouuemens possibles, autant que de Diametres : Pource que au mouuement de chaque Diametre celuy d'vn Semediatre est contraire à l'autre. Si l'vn tend à l'Orient ou en haut, l'autre va à l'Occident ou en bas : Et l'Astre qui se meut dans vn Cercle tend de l'extremité d'vn Diametre à l'autre, & de cette-cy reuient à la premiere quoy que par vn autre chemin & vn costé opposite : Et ainsi il quitte ce qu'il auoit acquis, pour acquerir ce qu'il auoit quitté. Et cecy vient de ce que toutes lignes, qui concourent ensemble comme font les Diametres au centre changent apres le concours de situation, & de mouuement, & prenent le contraire de ce qu'elles auoient deuant. J'y trouue enfin vne infinité de parallellogrammes rectangles egaux & c'est en deux façons 1. Si d'vn point hors du Cercle on tire deux lignes contingentes, & entre elles vne infinité de secantes le rectangle fait sur toute la secante, & la partie qui est hors le Cercle est egal au quarré fait sur la contingente par la 36. du liu. 7. 2. Si dans le Cercle on prend quelque point que se soit comme P tous les rectangles faits sur les deux parties de toutes les lignes qui passeront par vn tel point seront egaux entre eux par la 35. du liu. 3. Comme le rectangle fait sur P N & P O continué iusques à la circonference sera egal à celuy qui est fait sur P A & P B qui est vn quarré, à cause de l'egallité des deux lignes. Item le quarré circonscrit au Cercle est double à l'inscrit ; Pource que le quarré, qui a pour costé le Diametre entier du Cercle est double à celuy, qui a le mesme pour le Diametre du quarré par la 47. du liu. 1. Et le

mesme quarré circonscrit est quadruple au quarré du Semidiametre, auquel l'inscrit est double. Gardã au lieu d'ʳᵈ de la subtilité Chap. 10. d'escrire les proprietez du Cercle. Ie touche icy les principales.

Sur le troisiéme auantage ces infinitez ne causent aucune confusiõ. Car ou elles sont toutes de mesme façon, & gardent vne parfaite egallité dans tout le suiet : Ou s'il y a de la diuersité, c'est auec vn tel ordre, & proportion, que tout conspire à l'vnité, & rien ne se peut voir de mieux reglé & vny. Et c'est en cela, que consiste l'vniformité diuerse, & la diuersité vniforme, d'où vient que le Cercle est la figure la plus regulière de toutes ; Comme elle est la plus capable en son contenu des Isoperimetres.

§. 11. *L'Vsage de cette figure dans la Nature & dans l'Art.*

CEs trois auantages descris cy dessus ne sont pas seulement recommandables par leur Nature, mais encore beaucoup plus par les pratiques qui s'en ensuiuent.

L'vnité simple de cette figure donne au mouuement circulaire trois auantages : Sçauoir 1. d'estre perpetuel & sans fin: 2. d'estre tres vniforme & sans diuersité: Et 3. d'estre tres facile, soit qu'il se fasse du corps rond sur vn sien Diametre sans changer de place; Soit du mesme sur vn cercle & en changeant de place. Et c'est icy la 1. cause pour laquelle la Nature & l'Art s'en seruent : l'vne pour les mouuemens celestes, l'autre pour ceux des corps terrestres: Puisque l'Art par ce moyen continuë tant de temps qu'il veut vn mouuement & attire de loing des corps sans faire changer de place au moteur : ce qui luy est vn grand auantage. Et quand au mouuement de circonuolution, meslé de droit, & de circulaire toute la facilité luy vient du circulaire. Car l'incidence perpendiculaire du Diametre de la roüe qui touche le plan & le paué, sur lequel elle roule, fait que cette roüe se maintient en vn equilibre perpetuel, quand le plan est horizontal : Veu que pour lors la ligne de direction est tousiours la méme, que la Diametrale qui touche, & qui diuisant le cercle & la roüe en deux moytiés laissent autant de pesanteur d'vn costé, que d'autre dans tout le mouuement : Comme vne balance, qui a des poids egaux. D'où vient cette vtilité assés conneuë par experience; Mais non pas assés prisée de transporter par charroy auec facilité, ce qu'autrement on ne pourroit faire, qu'auec de grands fraiz & auec beaucoup de peine : Puisque dans tout equilibre la vertu qui se met d'vn costé, telle qu'est celle du cheual qui tire se fait suiure emportant tout de son costé. Et si le paué & les roüés estoient incondensables l'vn parfaitement de niueau l'autre tres rond. Si l'essieu tournoit sans resistence dans sa concauité, vne tres petite vertu attireroit vne charrette grandement chargée. Ie dis equilibre perpetuel pource que le mouuement des roüés substitue tousiours de nouueaux Diametres en la perte des anciens pour le conseruer. Que si le plan n'est pas horizontal on n'a qu'à voir la difference entre le Semidiametre, qui touche le plan, & celuy qui tend à plomb au centre du monde par l'Angle que font ces deux lignes pour remarquer cét esloignement de l'equilibre, qui consiste à la rencontre de ces deux lignes dans la situation verticale, & en suite l'inegallité des parties en pesanteur ce que l'on peut experimenter sur vn Chariot montant ou descendant d'vn costé, auec des pesanteurs de l'autre qui en empescheront ou retarderont la descente ou en procureront la montée.

2. Les Angles que i'ay prouué infinis en multitude, & plus grands en eslargissement, qu'aucun rectilinée rendent la figure circulaire la plus capable de toutes celles, qui ont vne circonference d'egale grandeur: Pour ce qu'il y a deux causes, qui accroissent la capacité interieure d'vne figure; L'vne est l'accroissement des lignes terminantes, les Angles demeurant les mesmes: L'autre est l'eslargissement & l'accroissement des Angles les lignes demeurant mesmes en longueur. Puisque donc le cercle dans vne longueur egale auec d'autres figures a plus d'Angles en multitude, & dans ces Angles plus d'eslargissement il doit estre le plus capable de toutes les figures d'egale circonference, ce que i'explique plus amplement en la Cosmometrie. Et c'est icy la seconde raison pourquoy la nature ou plus tost l'Art tant diuin qu'humain ont conferé à leurs corps des figures rondes. Cette figure pource suiet est encore la plus forte de toutes en resistence Pleusieurs veulent que la rondeur soit la figure naturelle des points ou minimes Physiques: Pour ce que cette figure est tres auantageuse à leur conseruation. Ils en sont moins attaqués exterieurement & plus soustenuz interieurement. Ils ont moins d'aduersaires contigus, & attachés à leur surface terminante: Puisqu'elle est la moindre de toutes, & plus de parties interieures pour resister & se deffendre: Puisque la quantité comprise, est la plus grande de toutes les figures Isoperimetres. Et pour ce suiet les gouttes d'eau, de Mercure, & d'autres liqueurs se mettent en rond.

3. L'egallité vniuerselle des parties tendentes en

vn point fait que les corps liquides & Homogenées se terminent deux mesmes en vn rond concentrique à la terre, ne pouuant souffrir qu'vne partie soit esleuée sur les autres, ce qui se voit en l'eau, & se doit conclurre de l'Air. Et comme toute corde bandée se met en ligne parfaitement droite : aussi tout balon, & autre surface pliable enflée par dedans comme sont les bouteilles de verre, de sauon prenent la figure ronde & nous en font voir les proprietez sur les especes intentionelles. C'est pour la mesme raison que les troncs des arbres croissent pour la plus part en rondeur dans leur largeur & en ligne droite dans leur hauteur. 4. La parfaite vniformité apporte vne telle indifference, & indetermination à chaque partie, que s'il n'y arriue d'ailleurs quelque accident, qui s'attachant à l'vne & non à l'autre mette vne inegallité & quelque diuersité il seroit impossible que ce corps circulaire receut aucun mouuement ; Encore bien que dans soy il en eut le principe : Ce qui a donné lieu à faire les hypotheses suiuantes, qui sont tres veritables en elles ; Quoy que Metaphysiques en leurs pratiques. La 1. est telle Si la moyenne region de l'air estoit toute remplie d'eau en egalle espesseur, densité, grauité, & parfaite rondeur pas vne goutte ne tomberoit. La 2. Si on donnoit vn corps parfaitement rond d'egalle resistence par tout quoy qu'elle fut tres petite : s'il estoit tellement remply de poudre & qui s'alluma de sorte que la flamme pressa en mesme instant, & egallement ces parties, quoy que d'vne actiuité tres grande & capable d'enleuer les montagnes, la diuision de ce corps ne se pourroit faire, quand mesmes tous les Anges possibles fais actuels presseroient de toute leur force moyennant que l'application & la compression se fit egallement sur toutes les parties que je presuppose icy divisibles à l'infiny selon l'opinion commune. La 3. Si un filet d'Araignée estoit egal par tout & mis en fond il n'y a vertu sur elle infinie, qui le pressant egallement le peust diviser. La 4. Si une eguille parfaictement egalle en toute sa longueur estoit mise a plomb sur une base solide, & horizontale, quelque poids, qu'on mit sur elle moyennant que ce fut en parfait equilibre ne seroit capable de la rompre, & faire tomber. En tous ces cas & autres semblables la division & le mouvement ne se pourroient faire non pas manque d'une vertu suffisante. Mais d'une condition necessaire à agir, qui est la determination, car cette division se feroit ou en toutes les parties, ou en quelques unes seulement, ou en une seule. Le 1. est impossible en l'opinion du continu divisible à l'infiny. Le 2. & le 3. le sont encores, Pource qu'il n'y a aucune raison pourquoy en une plustost qu'en une autre : puisque toutes sont attaquées egallement, & toutes resistent egallement. D'où il s'ensuit que la division ne se feroit point, & nous avons devant nos yeux assez de cas pour voir cecy : comme en une pique eslevée verticalement sur la pointe de son fer qui ne tombe point. Pource qu'elle ne peut tomber que d'un costé determiné, & toutefois tous costez luy sont egallement possibles, sans qu'il y aye rien, qui la porte à l'un plustost qu'à l'autre. Et si les animaux ont autant de necessité d'agir que les corps graves de se mouvoir La supposition de Buridan auroit lieu d'un Asne quoy que tres famelique mis entre deux mesures d'avoine si egallement qu'il ne se trouva rien pour le determiner ny de la part de l'objet, ny de ses facultez. Car il demeureroit au milieu sans manger. Mais ce cas est trop Metaphysique.

5. La

5. La diuersité du mouuement en tardiueté & vitesse qui est à chaque partie du Diametre est le principe de toutes les machines pour mouuoir les corps, pour surmonter les resistences iusques à mouuoir toute la masse du Globe terrestre comme Archimede se vantoit de faire: Et i'en explique autre part plusieurs façons mesmes sans sortir de la terre.

6. La contrarieté des mouuemens de deux Semidiametres appartenans à vn mesme Diametre nous fait les balances, les Romaines & autres pareils instrumens, qui sont d'autant plus exacts qu'ils sont longs & legers: D'où vient aussi que les deux roües d'vn Chariot roulent d'autant plus facilement sur vn plan, qu'elles sont grandes; Pource que par le principe precedent la mesme vertu est d'autant plus forte, & agit dauantage qu'elle est appliquée à vn point plus esloigné du centre du mouuement, & que dans les roües le centre du mouuement se doit prendre au point de la circonference qui touche le plan & la vertu attractiue & motiue se doit considerer dans l'essieu pour bien comprendre l'effet qui s'en ensuit. I'ay adiousté aux balances la legereté Pource que i'en ay veu perdre l'equilibre par la 60. partie d'vn grain, à cause de la grande legereté à laquelle la 60. partie d'vn grain auoir quelque proportion. Les liqueurs trouuent leurs balances dans les tuiaux recourbés: Pource qu'elles y ont & la contrarieté des mouuemens par la diuerse situation des parties du tuiau, & la diuersité de celerité par la differente capacité de mesmes parties: De mesme que les corps solides ont dans les balances communes l'vn, & l'autre.

7. La diuerse situation de chaque point du Globe nous fait en chaque iour & en chaque année ressentir les diuerses incidences des rayons solaires &

stellaires, c'eſt à dire raſantes, obliques, & perpendiculaires, & leurs diuers effets dans le changement des ſaiſons qui ſont plus grands, qu'ils ne ſeroient ſi le Soleil dans la meſme incidence ſe retiroit de nous d'vn million de lieües.

9. Le raccourciſſement qui ſe fait de l'eſpace vers le centre, eſt le fondement de l'ordre naturel des elemens, qui donnent aux corps plus denſes & reſſerrés à vne place plus eſtroite le lieu plus proche du centre & plus eſtroit. C'eſt auſſi le principe d'où ſe tire la force de tant de voutes qui en vertu de leur figure retiennent des peſantes maſſes de pierre ſur l'air & les rendent capables de ſupporter de tres grandes peſanteurs: Pource que la voute ne peut tomber que par la cheute des pierres qui la compoſent, & celles-cy ne peuuent tomber qu'en deux façons: ſçauoir eſt ou toutes enſemble, ou les vnes apres les autres. Toutes ne le peuuent, qu'en elargiſſant les murailles qui les ſupportent, leſquelles ie ſuppoſe auoir vne reſiſtance ſuffiſante: Aucune pierre ne le peut ſeparement tant que la figure conuexe de chacune qui va s'elargiſſant en haut, & ſe retreciſſant en bas ſubſiſtera, auec la place ou figure concaue adiuſtée à la receuoir. Car ſi la pierre a iuſtement autant d'eſpace qu'il en faut pour ſe placer, elle en a moins qu'il en faut pour ſe mouuoir & deſcendre: D'où s'enſuit qu'elle eſt contrainte de demeurer. C'eſt auſſi la raiſon pour laquelle les Anciens dans leurs fortifications & remparts mettoient en certaines diſtances des tours rondes, & oppoſoient la face conuexe & détournée du centre aux ennemis: à cauſe de la capacité interieure à contenir beaucoup de ſoldats & de la commodité à les ranger comme il faut pour leur donner moyen de tirer contre l'ennemy. Et de la force exterieure

à resister grandement aux beliers & autres actiuités des ennemis. Car tant plus on frappe les pierres en dehors contre le centre, tant plus on les vnit & tant plus elles s'opposent & resistent mutuellement & conjointement à la force du coup ; Et rien ne manque à la figure circulaire conuexe que la foiblesse de defense actiue: Puisque vne partie ne peut estre defenduë par les Soldats mis à couuert qui sont dans les autres ny dans la mesme. Ce qui a fait changer cette figure en celle des bastions, qui ont bien plus de defence quoy que non pas tant de resistance.

On trouuera vne explication de beaucoup plus ample de ces merueilles, & de plusieurs autres, qui viennent de la rondeur en diuers endrois de mes ouurages.

Les mouuemens alteratifs semblent enuier au local cette proprieté circulaire affectant par vn retour d'action de faire reuenir leurs subjets à leur premier estat: Comme le mouuement circulaire fait retourner son mobile au point de son commencement, & pretendant par ce moyen conseruer les parties de l'Vniuers en leur integrité, & perpetuité. L'exemple sur la mer fera voir ce qui se passe dans les autres parties. Si le Soleil change les eaux de la mer en vapeurs, & les esleue : Si les vents emportent ces vapeurs esleuées & amassées en nuées : Si celles cy se resoluant en gouttes d'eau reprenent leur premiere nature, voila déja vne circulation acheuée: Si ces gouttes tombent sur les terres, & de là coulent à la mer, d'où elles estoient sorties, en voila deux. Et la mer receuant autant d'eau par les cours des riuieres, qu'elle en perd par l'attraction solaire se conserue tousiours en mesme grandeur parny des changemens continuels, lesquels égallent la mise auec la recepte, & le gain auec la perte. Car si la mer en donnoit plus, qu'elle n'en reçoit elle s'espuiseroit. Si elle en receuoit plus, qu'elle n'en donne elle regorgeroit. Dites en autant du changement de chaque partie de l'Vniuers où remarqués y du dechet. Les Medecins modernes ont decouuert la circulation du sang dans le corps humain. Et certes s'il n'y à iour, où le nombre des battemens des arteres de quel homme que ce soit, & en suite des systoles du cœur, qui en sont la cause ne monte à plus de cent mille ; Comme on peut monstrer par vne Arithmetique bien aisée. Si le cœur à chaque systole iette dans les arteres vne goutte de sang de la grosseur du moins d'vn pois : Comme la Geometrie peut euidemment demonstrer par vne bien plus grande capacité du cœur qui se retrecissant à chaque systole se desemplit d'autant, pour l'enuoyer aux arteres il faut de necessité ou receuoir chaque iour en nous la formation de plus de cent mille gouttes de sang, ce qui est tres absurd, ou le retour, & la circulation du mesme sang, ce qui est necessaire. Les Chimistes la pratiquent en leurs fourneaux & alembics, & la nature és grottes, & cauités soûterraines. Nos particularitez Geographiques la feront voir en l'air, & en l'eau. Et sans sortir de nostre maison, nous pouuons l'apperceuoir en nos cheminées. Car autant d'air doit entrer dans la chambre par la porte ou autres ouuertures, qu'il en sort par la cheminée lors qu'il monte auec la flamme ; autrement la fumée retourne à la chambre. Et c'est afin que, vn corps entrant prenne la place de celuy, qui sort pour euiter le vuide, & qu'vn sortant la quitte à celuy qui entre pour euiter la penetration. Enfin tout vient

De la Figure ronde.

le Dieu comme du premier principe : Tout va à Dieu comme à la derniere fin.

Il n'y a qu'en Logique, où le discours circulaire est autant vitieux, que le mouuement est profitable en Physique. Les causes & les effets font vne ligne droite, qui ne se rencontrent iamais : comme on peut voir és genealogies des Hommes, & en la suite de toute generation, & action, où iamais il n'y a de retour.

§. 12. *Quelques remarques, & observations sur les Cercles.*

REMARQVE PREMIERE.

Les moyens & les instrumens pour tirer des lignes droites & circulaires

PVISQVE la Nature & l'Art s'occupent à faire dans leurs ouurages ces deux sortes de lignes & de mouuemens, chacun d'eux doit auoir ses instrumens propres. Ie traite des principes des mouuemens celestes & elementaires dans la Cosmonomie. La Nature fait les corps ronds soit par egallité de pression qui vient de la pesanteur comme és liqueurs qui disposent leurs extremitez en vne rondeur qui a pour centre le millieu de la terre, & ne permettent pas, qu'il y ayent des parties, qui soient esleuées sur toutes les autres, soit par pressions qui viennent de la rarefaction & agissent en rond comme és Balôs, bouteilles de verre & de sauon, vessies, & autres choses enflées par dedans si quelque empefchement ny met obſtacle, ſoit par vertu vnitiue des parties homogenées plus forte que n'eſt la peſanteur des meſmes comme és gouttes d'eau, & de Mercure, ſoit par egallité de diffuſion & d'accroiſſement de tous coſtez comme és troncs des arbres, œufs de poulle &c. ſoit par autre principe.

L'Art fait les lignes droites ou tout à la fois par des cordes bandées, ou ſucceſſiuement auec des regles qui ſont iuſtes quãd eſtant changées elles font touſiours la meſme ligne. Le meſme fait les cercles par des angles ou par des compas. Pour les angles: Si vous enfermez vn equierre ou angle droit entre deux piquets immobiles: Et ſi vous le faites mouuoir & tourner en toutes les façõs, & auec toutes les varietez que les piquets que les coſtez de l'equierre doiuent touſiours ioindre & toucher permettront; La pointe de l'equierre deſcrira vn demy Cercle de chaque coſté, duquel le Diametre ſera la diſtance entre les piquets. De meſme façon par l'angle aigu vous ferez vn Arc plus grand que le demy Cercle, & moindre par vn angle obtus. Quand au compas toute longueur ſolide qu'on fait mouuoir ſur vn ſien point immobile deſcrit le Cercle en tous les autres points : Et pour en auoir vn ſur le papier on n'a qu'à le faire tourner à l'entour du petit doig immobile & mis deſſus. Car la plume que trois autres doigs tiennent auſſi immobile marquera vn Cercle parfait. L'Art neantmoins s'eſt fait deux ſortes de compas pour auoir ces lignes auec facilité, & iuſteſſe. Le premier eſt commun & aſſez conneu. Le ſecond eſt compoſé d'vne regle droite E F & de deux curſeurs A C & B D qui ſe terminent en pointe C & D l'vn A C eſt immobile, & attaché au commencement, l'autre B D eſt mobile, &

De la Figure ronde.

peut estre auancé & arresté par quelque vis du costé B sur quelque partie de la regle, que l'on desirera: sa pointe doit estre d'acier & propre à marquer, ou à escrire ou à coupper, ou à porter crayon selon la fin que l'on aura.

Ce compas quoy que plus extraordinaire à trois auantages sur le premier. Sçauoir 1. de porter la pointe du curseur directement & a angles droits sur le plan: Ce qui rend la marque plus precise, & la distance entre deux plus iuste: Ce qui n'est pas dans les compas ordinaires, qui estant eslargis tombent obliquement sur les plans, & y font de trop grosses marques 2. de tracer des Cercles de toute distance: Puisque on peut mettre ces curseurs sur des battons de telle longueur, qu'on voudra 3. de pouuoir contenir auec auantage toutes les diuisions du Semidiametre, comme le monstre au §. suiuant.

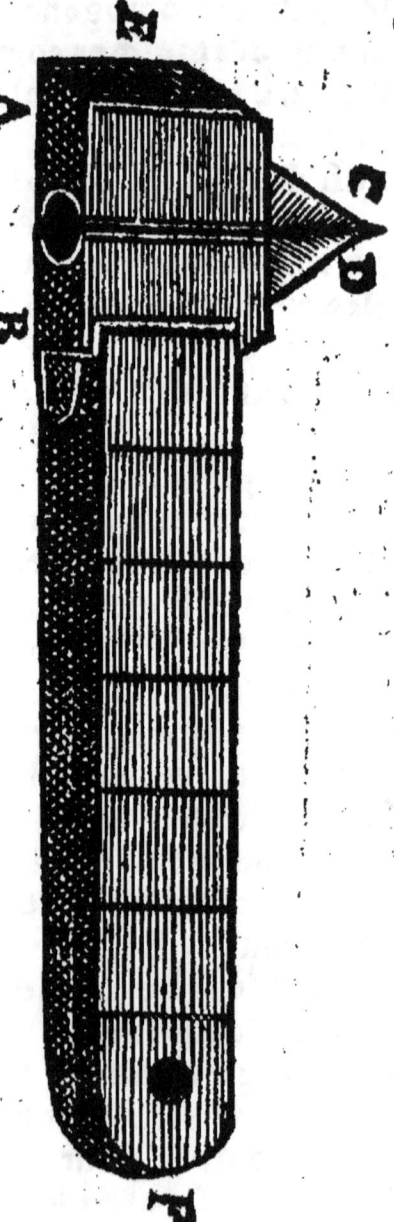

REMARQVE DEVZIESME.

Les manieres de diuiser les lignes droites, & circulaires.

ENTRE plusieurs i'en choisi deux, qui sans doute sont les premieres de toutes. La premiere se fait par deux sortes de lignes qu'on peut marquer sur la regle E F dont les vnes sont paralleles egallement distantes & tracées dans toute la longueur de la regle, les autres sont trauersantes, & vont dans la largeur de la regle d'vn point, qui comméce vne partie de la diuision marquée d'vn costé à celuy qui la finit de l'autre costé. Ce que l'on peut voir icy pratiqué en la figure & diuision d'vn pouce A B ou C D en 120. parties egalles par cette inuention ou on voit 1. neufs lignes parallelles & mises entre les deux extremes tirées dans la longueur d'vn pouce 2. La diuision d'vn pouce sur les deux extremitez A B & C D en 12. parties par les points qui y sont marquez 3. des lignes trauersantes, tirées d'vn point, qui commence vne douziésme partie & est marqué sur vne extremité à l'autre point 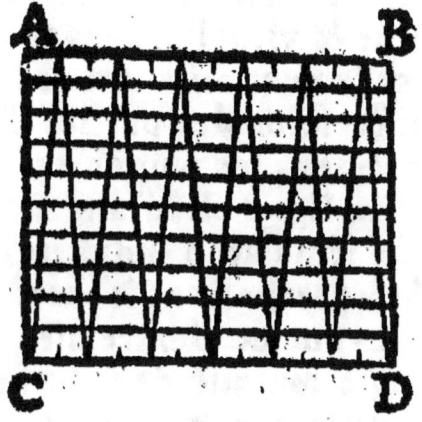 qui la finit & est marqué en l'extremité opposite. Pource que chaque ligne trauersante va marquant sur chaque parallelle distinctement la diziéme partie de chaque diuision faite en A B & C D à cause

que

que les parallelles font 10. espaces egaux entre elles, & le curseur peut estre appliqué sur telle partie que l'on voudra. La demonstration est tres euidente & tirée de la Nature des lignes parallelles & equidistantes couppées par d'autres droites quelles que se soit. Et tant plus la regle sera large tant plus distinctement on pourra diuiser vne petite partie en plusieurs moindres; ce qui ne se pourroit faire que confusement sur vne mesme ligne droite. On peut faire le mesme sur vn Baston rond. Et vne regle diuisée de la sorte auec deux curseurs descris cy dessus pourra seruir 1. de compas traçant tranchant, crayonnant &c. 2. d'eschelle des petites mesures tres exacte, soit pour la cosmometrie, soit pour reduire au petit pred diuerses figures. 3. de mesure pour estre appliquée sur les longeurs: Pource que l'application ne peut estre que tres iuste entre les deux pointes des curseurs, qui ne marquent qu'vn petit point, & le mesme qui a terminé vne application commence l'autre precisément 4. de regle pour tirer toute ligne droite reelle par sa longeur & visuelle par les deux pointes des curseurs egalement distantes de la regle 5. de longueur diuisée selon les parties des sinus pour trouuer les secantes, les tangentes, les sinus droits &c.

La ligne circulaire & l'Arc de 90. se diuise par vne semblable industrie, c'est à dire par plusieurs Arcs parallelles, & par d'autres lignes trauersantes, qui vont de l'extremité d'vne partie comme d'vn degré marqué dans le premier & moindre Arc à l'autre extremité de la mesme partie marque dans le dernier & plus grand Arc : Si ces lignes trauersantes sont droites les parallelles entre deux ne peuuent estre equidistantes sans manquer de quelque peu, ce qui sera insensible & que l'on pourra a-

L

sément reconnoistre par la doctrine des sinus & y remedier approchant ou reculant insensiblement ces Arcs paralleles : Mais si ces lignes trauersantes sont Arcs de Cercles passans tous par le centre des Arcs paralleles ils diuiseront sans aucun manquement la partie ou le degré en autant de petites parties, qu'il y aura d'espaces entre ces Arcs paralleles, & equidistans : Ce qui se demonstre par la 33. du liu. 6. & 27. du liu. 3. d'Euclide. Et si on adjouste cette partie de l'Arc trauersant dans l'alidade auec la diuison en parties egales, il ne faudra que tirer sur le plan entre les deux Arcs extremes & paralleles les lignes droites & Semidiametres de degré en degré : Et cét Arc tombant dessus en quelqu'vn de ces points monstrera les parties de chaque degré ; ce qui est bien plus commode. On peut voir quantité de quarts de nonante diuisés de la sorte.

Le plus grand quart de 90. qui aye encore paru est celuy qui fut fait à Ausbourg par ordre du Consul & par la conduite de Tycho, qui en fait vne ample description, & delineation au liu. 1. de la nouuelle estoille. Il estoit de cuiure, & portoit 21. pieds en son Semidiametre ; Et partant 33. pieds en la longueur de son Arc, qui font 396. pouces ou 4752. lignes : Et puisque la mesme longueur contient 90. degrés ou 5400. minutes premieres. Il s'ensuit qu'il y a plus de minutes, que de lignes, en ce quart de Cercle. Et si la longueur d'vne ligne, qui fait la douziéme partie d'vn pouce ne peut se diuiser sensiblement en plus de six parties egales, & distinctes ; Cét instrument quoy que si grand ne pouuoit monstrer moins que 10. secondes : D'où s'ensuit qu'on ne peut esperer de pouuoir obseruer de moindres parties. Et mesmes le quart de 90. fait fur le Semidiametre terreftre au roit pour la valeur d'vn degré 342000. pieds romains : Pour celle d'vne minute premiere 5700. Pour vne feconde 95. pieds : Pour vne troifiéme 19. pouces : Pour vne quatriéme 3. lignes & trois cinquiémes d'vne. Ainfi dans le changement d'vn pied fept pouces fur la mer calme, ou fur vn lac il fe fait changement à l'eleuation du pole d'vne troifiéme minute. Qui peut l'apperceuoir?

La feconde façon de diuifer vne longueur droite eft par le moyen d'vne ligne fpirale foit tracée fur la regle ou bafton rond, foit formée en vis & tournant dans l'efcrou, qui fait l'vn des curfeurs : Pour ce que cette inuention, reduit les finus en pratique, diuife l'efpeffeur d'vn cheueux en tant de parties que l'on veut : Et apres elle, & la precedente on ne peut rien efperer en cette matiere de plus aifé, ny de plus iufte. La raifon vient de ce que lorsque la fpirale fait vn tour entier en rond, le curfeur auance en droite ligne tres egalement de l'efpace que contient la largeur de la fpirale, que l'on peut faire tant eftroite que l'on voudra. Partant fi on met vn index à la fpirale & deffous vn Cercle diuifé en 1000. parties ou dauantage ; lors que l'index tournant marquera dans le Cercle des parties milliémes egales, fenfibles & diftinctes, le curfeur en marquera autant dans vne petite longueur, qui feront infenfibles & imperceptibles : Mais tres veritables & affeurées, & qui nous font conneües par les autres. Au refte c'eft affez qu'vn pouce puiffe eftre diuifé de cette forte, pour auoir la diuifion entiere d'vn tout en mefmes parties : Comme s'il y auoit 10. fpirales pour faire la longueur d'vn pouce, le Cercle portant 1000. parties le pouce feroit diuifé en 10000. & vn bafton de quatre pieds le feroit en 480000. nombre fuffifant pour la pratique des finus.

REMARQVE TROISIESME.

Des parties du Cercle.

ON le diuife en 360. parties egalles, que l'on nomme degrez : chaque degré en 60. minutes fimplement ou minutes premieres : Chaque minute en 60. parties, que l'on nomme minutes fecondes : chaque feconde en 60. troifiémes, & ainfi confecutiuement iufques aux diziémes. Et ces parties ordinairement font marquées par autant d'accens aigus ou petites lignes que leur nom exprime d'vnitez comme les troifiémes, par trois lignes en cette forte ///. Les premieres par vne /: Le plus petit Cercle contient en nombre autant de ces parties, que le plus grand : Mais non pas en grandeur : car les parties demeurent plus petites felon que le tout l'eft. Ce nombre a efté choifi par les Mathematiciens : Pource que la diuifion des principales parties s'y fait en nombre entier. Le nombre de 60. a pour fa moytié 30. pour fon tiers 20. pour fon quart 15. pour fa cinquiéme partie 12. pour fa fiziéme 10. pour la douziéme 5. pour la quinziéme 4. pour la vingtiéme 3. pour la trentiéme 2. Et le nombre de 360. a trois celebres diuifions : Sçauoir en 24. par 15. degrez, pour faire les 24. heures du iour ; En 12. par 30. pour faire les 12. fignes du Zodiaque ; Et en 4. par 90. pour faire cét inftrument fi vtile aux obferuations, que l'on nomme le quart de 90. à caufe qu'il eft la quatriéme partie du Cercle, & que cette partie contient 90. degrez, mais la diuifion du tout, en parties diziémes est la plus auantageuse de toutes ; Pource que les operations Arithmetiques s'y font comme és nombres entiers & sans fraction: Et pour cette raison plusieurs, Arpenteurs Astronomes & autres s'en seruent en leur calcul & les Chinois en la diuision de leurs mesures.

Remarque Quatriesme.

Des centres.

CHAQVE point contenu en la ligne de l'axe, c'est à dire perpendiculaire à vn Cercle, & passant par le millieu d'iceluy est egallement distant de toutes les parties de la circonference dudit Cercle & par consequent porte la definition du centre : Neantmoins entre cette infinité de points il y en a trois, à qui on donne plus ordinairement le nom de centre : Premierement & deuant tout autre c'est le point du millieu qui se trouue en la mesme surface droite, en laquelle est marqué le Cercle : Et si la ligne perpendiculaire est equidistante en tous ces points de ceux de la circonference, c'est à cause qu'elle passe par celuy-cy, qui se peut dire le vray, & le propre centre, ou le centre simplement, ou le centre interieur ; à cause qu'il est caché dans le Globe : De cette sorte les grands Cercles ont le mesme centre, qu'à la surface spherique, qui n'a du tout qu'vn point de millieu, equidistant de ses parties extremes : Les deux autres centres sont exterieurs, & sur la surface du corps & ce sont les points, esquels on peut mettre le pied immobile du compas pour décrire des Cercles : tels que sont les poles pour les Cercles parallelles, & diuers points dans le maistre Cercle pour les perpendiculaires. Les moindres Cercles ont encore vn rapport particulier au centre commun du Globe qui fait la pointe d'vn cone rectangle, duquel les Cercles font la base ; & les Rayons tendans au centre font le cone.

Remarque Cinquiesme.

Des Cercles concentriques, Eccentriques & paralleles.

LES concentriques sont ceux qui ont le centre, & le plan commun ; ou qui ont vn mesme plan pour suiet dans lesquels ils sont reçeus & marqués, & vn mesme point pour centre. Les eccentriques sont ceux qui ont mesmeté de plan, & diuersité de centre. Par les parallelles on entend particulierement les concentriques, & ceux qui ont leur centre dans la mesme ligne de l'axe.

Et d'autant qu'entre les centres des parties principales de l'Vniuers celuy de nostre Globe tient le premier rang, & nous est plus conneu on le prend pour terme ordinaire auquel les Cercles & autres lignes se rapportent & du quel ils reçoiuent leur denomination : Et entre les lignes la principale est l'axe du monde, & du mouuement iournalier comme ie diray en la premiere diuision. De cette sorte les Cercles concentriques, sont ceux qui estant en vn mesme plan ont pour centre celuy de la terre, les eccentriques ceux qui ont pour centre vn autre point lequel se trouue d'ordinaire dans le plan d'vn grand Cercle ; Et si vn tel Cercle enuironne la terre il est dit proprement eccentrique ; si non epicycle.

Comme l'axe du monde trauerse tous les cieux

a fait autant de poles & d'axes denommés des Cieux par où il passe tel qu'est l'axe & le pole du Ciel de la Lune, du Globe terrestre &c. aussi vn grand Cercle, tel qu'est l'Equinoctial prenant depuis le centre iusques à la derniere circonference de l'Vniuers diuise tous les Globes concentriques en deux moytiés & laisse par tout des Cercles concentriques de mesme nom & qui sont distingués par les Cieux, qu'ils diuisent comme l'Equinoctial du Ciel de la Lune, du Soleil, le terrestre &c. & quand on dit la Lune ou le Soleil estre dans le Cercle Equinoctial cela se doit entendre dans ce grand plan qui trauerse tous les Cieux, & porte par tout le nom d'Equinoctial. Il en faut dire autant de l'Ecliptique, & des autres Cercles.

REMARQVE SIXIESME.

Des angles que font au centre les lignes semidiametrales. De leur mesure, & diuersité.

IL y a vne connexion mutuelle si estroite & necessaire entre l'Arc de la circonference, & l'angle du centre; qu'il est impossible de changer l'vn l'augmentant, ou le diminuant, sans qu'il n'arriue autant de changement dans l'autre: Pour ce que c'est la mesme ligne, qui par son mouuement circulaire & croissant vniformement fait l'angle en vne de ces extremitez ou le mouuement est tres tardif, & la circonference en l'autre, & en tous les points entre deux : Mais il n'est pas egalement facile de connoistre l'vn & l'autre : Puisque l'Arc se connoit par la diuision du Cercle expliquée en la troisiéme remarque : là où l'angle ne se peut connoistre en luy mesme, & immediatement ; à cause qu'il dit vne determination de la quantité en vn sens seulement, qu'on ne peut mesurer, ny par les lignes, qui le font & terminent; puisqu'elles sont indifferentes à tout élargissement, & l'angle est parfait, & acheué dans toute petitesse de ligne; ny par le contenu, qui est indeterminé dans la determination de l'angle. D'où s'ensuit qu'il faut chercher quelque chose hors de l'angle, qui nous puisse seruir à ce dessein. Or il n'y a rien que ou la ligne droite qui joignant les extremitez des deux qui font l'angle les retient dans vn eslargissement determiné, & entre les lignes celle, qui sert de base à vn triangle Isoscele, & de corde à l'Arc d'vn cercle, ou entre les courbes la circulaire, dont le centre est dans l'angle. Toutes ces lignes ont bien vne egallement necessaire connexion auec l'angle, & par elles absolument parlant on peut le connoistre; mais elles n'ont pas egalle proportion, & si aisée à connoistre. Car les droites croissent & decroissent auec l'angle : Là où la circulaire non seulement croit & decroit auec l'angle : Mais encore tout de mesme façon que l'angle : Aussi c'est par l'Arc, comme par l'unique, & immediate mesure, qu'on connoit l'angle, & en suite qu'on l'exprime disant qu'il est de 20. de 30. de 90. de 142. degrez &c. selon que l'Arc les contient, & par l'angle conneu on connoit d'ordinaire les lignes droites. Et de plus tous les Arcs concentriques, & enfermés dans les mesme lignes de l'angle sont semblables, font le mesme angle, & contiennent le mesme nombre de degrez.

On diuise les angles en trois sortes. En droit, aigu, & obtus. Si le nombre des degrez de l'Arc est de 90. l'angle sera droit, tel qu'est en la figure precedente P O C & la ligne P O est nommée perpen-

perpendiculaire [...] est moindre comme B C
l'angle B O C [est aigu]. Si plus grand comme A
B C l'angle A O C est obtus ; à cause qu'en ce
cas la pointe est plus obtuse, en l'autre plus aiguë.
La ligne B O s'approche de celle, auec laquelle
elle fait l'angle aigu qui est O C s'esloigne de celle, auec laquelle elle fait l'obtus qui est O F. La
perpendiculaire P O ne s'approche ny se retire
d'aucun costé de la ligne F C. L'aigu va decroissant depuis 90. exclusiuement iusques à nul degré.
L'obtus va croissant depuis 90. iusques à 180. degrez ou se fait la continuation de la ligne droite.
Le droit demeure dans 90. sans croistre ny decroi-
stre, & est indiuisible.

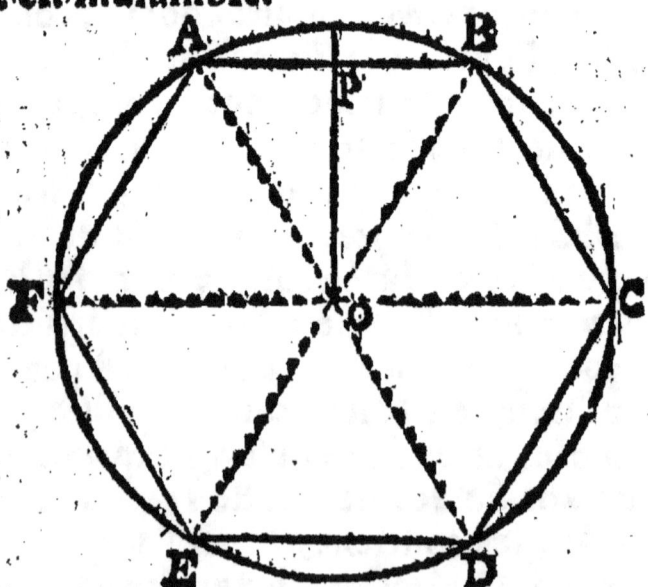

REMARQVE SEPTIESME.

De la similitude qu'il y a entre les lignes & mouuemens cir-
culaires, entre les surfaces spheriques, & entre les
corps ronds.

LA similitude est le principe le plus vniuersel de
nos Mathematiques ; puisqu'il conuient à toute quantité : le plus important, puisque tous les

instrumens necessaires à prendre les quantitez terrestres & celestes, toutes les regles, qui nous les enseignent, & toutes les tables, qui nous les determinent depende de luy. Il est tres facile en sa prattique, tres fecond en ces fruits, tres euident en ses demonstrations. C'est vn Soleil dans les Escoles & dans les discours : & incontinent qu'il peut estre appliqué sur quelque suiet il en dissipe les tenebres, & fait naistre vn beau iour. Et ce grossier qui disoit que *Verbi gratia* estoit vn autheur le plus clair de ceux, qu'il entendoit citer dans les Escoles rencontroit aussi bien dans l'effet, que mal dans la cause.

Entre toutes les Sciences les Mathematiques ont cét auantage sur toutes d'employer les Rayons de ce Soleil pour donner vne euidence & clarté à leurs propositions : Pource que sur chaque suiet & verité elles ont vne image qui nous la donnent à connoistre, à raison des perfections suiuantes qu'elle à 1. d'estre conneuë en elle mesme & par tous les sens 2. d'estre tres aisée à auoir & à manier 3. d'auoir des consequences tres necessaires & euidentes du petit au grand, & du grand au petit ; Et partant vne petite quantité & maniable par nous est capable de nous seruir de principe à entendre les plus grandes de l'Vniuers 4. & principalement de nous donner à entendre la nature entiere de tout autre quantité semblable : Sçauoir est le genre & la conuenance par la mesmeté de Nature, les differences & particularitez par les rapports particuliers qu'elle a auec les autres.

Ie monstre cecy sur nostre figure ronde laquelle ie considere icy particulierement Le plus petit Cercle à toute la nature de la figure circulaire autant & aussi bien que le plus grand : Et il ny a du tout rien en l'vn, qui ne se retrouue auec egallité & mesme auantage en l'autre : Et partant qui connoit la nature de l'vn, connoit celle de tous. Toute la difference, qu'il y a est des dimensions absoluës, qui sont plus grandes en l'vn, plus petites en l'autre; car pour les relatiues qui consistent dans les proportions des parties elles sont les mesmes par tout. Et pour venir à la connoissance de cette difference qui reste seule, c'est assez d'auoir le rapport d'vne partie du petit auec la partie correspondante dans le grand pour conclurre toutes les dimensions absoluës du grand par le petit; Et par consequent en auoir vne connoissance entiere. Par exemple Si ie sçay qu'vn degré dans le Globe artificiel terrestre, qui n'aura pas la trentiéme partie d'vn pouce a pour degré correspondant & correlatif dans le Globe naturel vne longueur de 60. mille Italiques : Ie diray par là toutes les autres longueurs, largeurs, profondeurs, surfaces, & solidites du Globe naturel ; ainsi que l'on enseigne en la Geometrie. De plus le Globe terrestre artificiel outre cette premiere similitude, qu'il a dans ses quantitez auec le Globe naturel ; Il en a encore vne autre lors qu'il est bien disposé ; C'est de receuoir és mesmes parties & de mesme façon les lumieres & les Rayons du Soleil, de la Lune & des autres Astres que le naturel. Et ces deux similitudes sont sources d'vne grande multitude de tres belles & nobles connoissances comme peut-estre ie monstreray plus amplement à la fin de cette premiere partie Geographique.

PARTIE PREMIERE DE LA GEOGRAPHIE

DES DIVISIONS GEOGRAPHIQVES

PREFACE.

DE L'VTILITE' DE LA division.

LA diuision nous monstrant les parties d'vn tout auec les differences de chacune pour nous empescher de nous mesprendre est bien nommée par les Philosophes la mere de clarté : Comme la confusion, qui luy est contraire est au dire des mesmes vne source d'obscurité. Et si celle cy ioint & vnit ce qui doit estre desmeslé; Et ainsi broüille tout : Celle là represente distinctement chaque partie, donne à chacune ce qui luy est propre, & à toutes ce qu'elles ont de commun. C'est ce qui rend l'anatomie si vtile, & necessaire à la Medecine. La Chimie entant qu'elle separe les parties des Mixtes si profitable aux naturalistes; Et mesmes les Lunettes à longue veuë pour agrandir les obiets, & faire voir les parties distinctement, que la simple veuë n'apperçoit que confusement ont augmenté la Physique de tres belles connoissances. C'est par ce moyen que tant d'Orateurs, d'aduocats, d'autheurs, & de maistres ont acquis le don de clarté. C'est le motif qui me porte à mettre ce flambeau à l'entrée de nostre Science, outre la necessité, que nous en auons: d'autant qu'il est impossible de connoistre vn tout, qu'en connoissant les parties, qui le composent, chacune desquelles communique à son tout ce qu'elle a. D'où vient que iamais on ne pourra dire la vertu-totale, & l'effet d'vne Medecine, qu'apres en auoir conneu tous les ingrediens & l'ignorance d'vn seul peut-estre cause qu'en la prenant on receura vn *decipe* au lieu d'vn *recipe*. Pour donc euiter les inconueniens, que le manque de la diuision apporte i'en donne de quatre sortes appartenantes à nostre suiet. Comme il a esté expliqué à l'auant propos. §. 3.

DE LA PREMIERE SORTE DE DIVISION GEOGRAPHIQVE, C'EST A SCAVOIR DE LA LOCALE.

CHAPITRE TROISIESME.

DV LIEV EN GENERAL.

§. 1. DE L'IMPORTANCE du lieu, & du temps.

E lieu, & le temps sont deux circonstances, qu'on peut dire estre tout ensemble & tres steriles & tres fecõdes: Steriles, si on les cõsidere en elles mémes; auquel estat elles n'ont aucune vertu ny pouuoir d'agir, & de resister: mais au contraire vne capacité toute pure de receuoir les exten-

fions, & en suite vne extreme indifference à chacune en particulier: secondes si vous les regardez côiointes aux entites creées, ausquelles elles sont si necessaires, qu'il n'est point d'estre crée, qui puisse subsister, ny puissance aucune, qui puisse agir sãs ces deux conditions absolument inseparables de toute creature. Ce sont elles, qui donnent la determination, le reglement, & le temperament à toute communication Physique, & enfin à tout estre: puisque selon qu'vn suiet est plus ou moins distant ou present d'vn agent, qu'il le regarde plus ou moins directement ou obliquement il ressent & reçoit plus ou moins de ses influences, & effets: Et puisque ces conditions sont proprietez de tout estre crée elles conuiennent vniuersellement à tout ce, à quoy on peut attribuer l'estre.

Aussi est il vray que le mouuement local ne peut tout seul mettre en nous aucune perfection, & ne fait au fond à vn suiet aucun changement reel & veritable tant petit soit il: Tout son effet n'est que de faire vn simple echange, & en nous faisant quitter vn lieu de nous en donner vn autre d'egalle grandeur; ce qui est purement externe. Il est de soy applicatif de son suiet; nullement productif: Et neantmoins c'est par ces changemens, & applications externes comme par vn moyen necessaire, que se font les changemens & productions interieures dans toutes les parties de l'Vniuers soit les receuant soit les communiquant.

Pour iustifier cecy sans sortir de nostre Globe il faut seulement voir la difference qui se trouue entre la Zone torride & la froide: laquelle ne vient aucunement de la diuersité des terres: Mais seulement des situations differentes, qu'elles ont aux regards du Soleil; Et si on venoit seulement à changer ou l'affrete du Globe terrestre transportant la Zone froide sous le Soleil, ou le mouuement Solaire le faisant passer sur la mesme Zone; qui sont deux choses appartenantes au lieu, on verroit incontinent vn changement estrange: La froide quittant ses neges perpetuelles, ses frimats, ses glaçons, & autres habits d'hyuer se couuriroit d'vne agreable verdure d'herbes & de feüilles, d'vne grande varieté de tres belles fleurs, & d'vne pareille abondance de tres bons fruits, dont iouit maintenant la Zone torride, qui est redeuable de cette opulence aux aspets fauorables du Soleil, qui y iette ses Rayons à plomb, & perpendiculairement ne faisant que frizer des terres de la Zone froide. De la vient que le pouuoir des Anges & des hommes est estimé si grand sur cét Vniuers estant en effet si petit, & qu'ils peuuent presque tout ne pouuant presque rien. Car ils ne peuuent sur les corps que le mouuement local, lequel pris separement de toute autre chose, & consideré en soy n'est rien; & toutesfois ce rien fait tout : Parce que du mouuement local, dont tant d'artizans se seruent suit l'application des causes actiues auec les passiues : & de cette cy vne infinité d'effets, naturels & d'ouurages artificiels, qui sont attribuez non seulement à la cause agissante : Mais aussi à l'applicante. Tesmoing en est cette intelligence ou autre vertu motiue des cieux qui ne faisant que donner le bransle au Soleil, & aux autres Astres c'est à dire les porter d'vn lieu à vn autre fait toutefois la varieté agreable des saisons & tant d'effets qui s'en ensuiuent Et pour conceuoir l'importance de ce point nous n'auons qu'à supposer dans ce monde vne suspension & cessation de tout mouuement local. Car en mesme temps tout

iroit

iroit en deroute, & tomberoit en vne paralifie. Et pour ce fuiet Dieu à attaché à chaque nature particuliere autant de vertus motiues, qu'elles ont de neceffitez diuerfes, qui demandent diuers mouuemens. Que fi ces circonftances font fi necessaires & indifpenfables non feulement pour la fubfiftance de tout eftre : Mais encore pour toute forte de communication tant actiue que paffiue : foit Phyfique pour les productions : foit ciuile pour les trafics, commerces, tranfports &c. foit morale pour les conferences, leçons, inftructions, entretiens &c. foit autre. La connoiffance du lieu ne peut eftre que tres vtile, & mefmes neceffaire, pour comprendre les effets, qui s'en enfuiuent.

Encore bien que ie ne traite icy que du lieu; fi eft-ce que fouuent i'y ioindray le temps, & m'en feruiray : pource que ce font deux circonftances fi neceffaires, & fi femblables, que par vne on entend mieux l'autre.

§. 2. *Le moyen de connoiftre la nature du lieu & du temps.*

Nous en auons deux qui peuuent nous donner les premieres apprehenfions, & idées du lieu en general ; fçauoir eft la reprefentation des lieux particuliers qui doiuent tous conuenir en la notion generale du lieu, & les effets & proprietez qui s'en enfuiuent. Car puifque les particuliers contiennent le genre commun, il ne faut qu'ofter les differences particulieres de ces lieux, & retenir ce qui eft de commun pour auoir ce qu'on cherche par le premier moyen. Et puifque les effets font contenus en leur caufe, & les proprietez en leur principe il ne faut, que bien reconnoistre ce qui donne l'existence aux proprietez, pour acquerir par vn second moyen la connoissance d'vn mesme objet. Nous auons pour le premier moyen des lieux soit artificiels, comme sont les villes pour les maisons : celles cy pour les Citoyens, les Hostelleries pour les passants, les Nauires pour ceux qui nauigent &c. soit naturels, tels que sont la mer & les riuieres pour les poissons, l'air pour les hommes & les oyseaux, le bas du monde elementaire pour les corps pesants, le Ciel pour les Astres, l'Vniuers pour toutes les creatures, & l'immensité diuine pour l'Vniuers. Nous auons pour second moyen quatre proprietez, qui sortent immediatement de la nature du lieu & sont nommées locales sçauoir 1, Le repos ou le mouuement local 2. la presence qui est indiuisible comme est le repos, ou la distance, qui contient vne infinité de varietez, aussi bien que le mouuement 3. La situation & 4. l'ordre entre les choses placées. Les trois dernieres supposent la pluralité des estres, & ne naissent, que lors, qu'il y a déja d'autres estres placés. Le mouuement contient trois choses sçauoir la durée du temps pour la quantité successiue, la celerité des successions pour les parties, & especés, & la longueur d'vn espace parcouru pour l'effet. La determination de deux de ces trois choses rend la troisiéme determinée. De ces quatre proprietez viennent toutes sortes de communications Physiques, Morales, & Ciuiles, & de celles-cy toutes sortes d'effets de diuerse espece selon la diuersité des causes tant agissantes, que patissantes ; & de differente vertu & perfection, selon la difference des intensions, des distances, & des situations.

§. 3. *La nature generale du lieu.*

De ce que dessus ie forme vne definition generale du lieu en cette sorte: C'est vne estenduë immobile, anterieure aux choses placeés, capable de les contenir tant en leurs repos, qu'en leur mouuement, & distinguée en parties connoissables. Pource que rien n'est commun aux lieux particuliers & ne peut estre le principe des proprietez declarées, que l'estenduë descrite, d'où s'ensuit qu'elle seule doit porter le tiltre de lieu. Ie veux que ce soit vne estenduë: Pource que c'est le propre la difference, & la premiere notion du lieu de contenir les estres crées & leurs extensions: Toutes les Sciences s'accordent en ce point, & toutes sortes de lieu y conuiennent : & mesme dire que quelque chose est en vn lieu c'est dire qu'elle y est contenuë, comme l'on peut verifier par vne induction de toute sorte de lieux. Et comme le temps contient les durées, & les quantites successiues: aussi le lieu les permanentes. Cette estenduë doit auoir quatre proprietez. La premiere est d'estre immobile, pour donner le tiltre de repos à tout ce qui demeure en mesme lieu, & tant qu'il y demeure, & pour donner le nom de mouuement, à tout ce qui change successiuement de place ce qui n'arriueroit pas sans cette condition. La seconde d'estre anterieure à tout ce qui est placé: pource que on le met dans le lieu, non le lieu dans luy. C'est le lieu, qui reçoit les corps, & est presupposé: ce sont les corps qui y sont receüs, & le supposent. La troisiéme d'estre egalle, ou plus grande que les corps qui y peuuent estre, & s'y mouuoir, ce qui se conclud de la nature du contenant qui doit estre plus grand, que le contenu. La quatriéme d'estre distinguée en parties connoissables, & de differente position, pour communiquer la diuersité de lieu aux parties, qui si trouueront, & qui iront de l'vne à l'autre, & pour estre le fondement de diuerses presences, distances, situations, & ordres.

Et d'autant qu'il y a deux sortes de contenans. Les vns sont tels pour enuironner la chose contenuë : les autres pour la receuoir en l'amplitude de leur espace il faut voir, à qui des deux conuient mieux la nature du lieu, & a qui il en faut deferer le tiltre. Quatre differences entre ces contenans donnent autant dauantages aux seconds, & les rendent plus interieurs, anterieurs, vniuersels, & immobiles que les premiers : Pource que 1. Les premiers contiennent le contenu par attouchement, auec presence externe, & hors deux. Les seconds le contiennent par penetration, auec presence intime & auec eux 2. Les premiers supposent les seconds, & ne peuuent estre sans eux ; pour ce que toute figure suppose l'espace qu'elle enferme. Les seconds sont deuant les premiers & peuuent estre sans eux : d'où vient qu'vn corps demeurant immobile peut perdre toute surface enuironnante sans perdre le lieu ; puisque on le conserue par le repos, & on ne le perd que par le mouuement. Et en effet le dernier Ciel, qui contient tous les autres corps moindres, & n'est contenu d'aucun plus grand, autrement il ne seroit pas le dernier est sans surface enuironnante ; & neantmoins il a toutes les proprietez locales auec les autres parties de l'Vniuers ; comme celles cy les ont mutuellement auec luy ; d'où s'ensuit qu'il en doit auoir le principe, qui est le lieu 3. Les premiers ne dônent le lieu immediatement qu'au tout: les seconds le font au tout & aux parties lesquelles aussi doiuent auoir leur lieu propre & le tout par elles : d'où vient qu'vn Globe peut se mouuoir sur vn sien Diametre sans changer de surface enuironnante 4. Il ny a point de circonference, qui ne soit mobile. Il y a vne surface immobile.

Les Physiciens apres Aristote prennent le premier contenant pour le lieu : Pource que 1. ce à quoy on donne le nom de lieu est tel : comme la chambre pour les hommes, l'estable pour les animaux, l'Vniuers pour tout. 2. On diuise le lieu comme le premier contenant sçauoir en prochain & esloigné ou en immediat & mediat 3. Les actions & passions Physiques se font entre des corps contigus 4. Les Geometres mesurent, & trouuent la capacité interieure d'vn corps par la surface exterieure, & terminante 5. La nature a composé tout cét Vniuers d'Orbes enuironnans & enuironnés, & ceux là font le lieu de ceux cy.

Les Mathematiciens prennent le second contenant & y adioustent pour le rendre connoissable, & vtile vne extension sensible. Ce qu'estant ils donnent vne maniere exacte de trouuer la difference locale de chaque point de l'espace, & de tout ce qui y est mis.

La qualité de Science, & l'importance de cette diuision me portent à traiter à fond de cette matiere & ie me persuade que plusieurs auront pour agreable la recherche du lieu iusques à ses premiers principes, ce que ie feray dans les quatre Paragraphes suiuans: ceux qui n'en seront pas desireux les pourront passer.

§. 4. Diuision du lieu en trois sortes.

JE ne voy aucun moyen d'accorder le different qui est entre les Philosophes sur ce suiet, de soudre leurs difficultez, de concilier les diuerses façons d'en parler, & d'aller au fond de cette matiere, qu'en distinguant trois sortes de lieux, dont l'vn est apparent seulement & se nomme Optique, ou Astronomique : Les deux autres sont reels, & l'vn comme tres general pour tout estre crée dont vne proprieté est d'estre mobile & en lieu & tres absolu pour determiner ce qui est absolument en repos, & en mouuemens est apellé Metaphysique ; l'autre comme plus particulier & relatif est dit Physique. Pource que chacun considerant le dessein qu'il a se fait vn lieu à sa mode, & conuenable à sa fin.

L'Optique ou l'Astronomie considerant les Astres par vne ligne visuelle, qui ne represente rien de la longueur du millieu, mais l'obiet seulement fait vn lieu de correspondance & donne à vn planete pour lieu l'endroit ou le point du firmament, auquel la ligne visuelle venant de l'œil de l'obseruateur, & passant par le centre du planete va se terminer : à cause que la veuë ne pouuant apperceuoir la distance, qui est entre le planete & l'estoille du firmament joint l'vn auec l'autre, met l'vn dans l'autre comme dans sa place apparente ; de mesme façon que celuy qui se recueille joint le dernier instant qui precede le sommeil auec le premier qui le suit & comte l'entredeux pour rien.

Le Physicien qui enuisage le monde, comme vn

C'est à dire de la Locale. 95

composé de plusieurs parties ordonnées selon leur nature, & le lieu comme vn moyen necessaire pour entretenir le commerce des vertus actiues & passiues, & par cette communication pour maintenir tout cét Vniuers met le lieu tres commun de chaque chose dans l'estenduë de l'Vniuers, le plus prochain & particulier dans l'estenduë d'vne ville, l'immediat dans la surface, qui l'enuironne ou dans l'espace qu'elle occupe & est le fondement des habitudes locales qu'elle a auec les corps voisins actifs & passifs, profitables ou preiudiciables auec lesquels elle trouue son establissement & perfection, ou sa ruine & destruction. Le Metaphysicien, qui considere les choses absoluës dans vn estat eternel, inuariable, & selon les raisons souueraines, essentielles, & abstraites met le lieu en vne estenduë immuable & capable de receuoir ce qui est crée & ce qui le peut estre. Le premier met tout au firmament ou par rapport à ce dernier Ciel, le second dans l'Vniuers ou par rapport aux creatures. Le troisiéme dans l'immensité & par rapport au createur. Le premier se contente des presences apparentes entre le lieu & la chose placée qui ont des distances actuelles. Le second des presences externes & d'attouchement. Le troisiéme des internes & de penetration. Le premier qui fait les parallaxes est establi pour auoir immediatement les situations & reductions du lieu d'vn corps dans vne ligne & mediatement les distances & le vray point de cette ligne ou le corps se retrouue. Le second est fait pour connoistre les actions & passions naturelles. Le troisiéme pour auoir les dependences essentielles & determinations des creatures tousiours presentes à leur premiere cause, & à la partie virtuelle, qui est determinée de Dieu pour agir. Les deux derniers lieux font considerés selon les deux façons expliquées au §. 1. Car la Metaphysique le regarde en foy & en l'estat auquel il est sterile, & ne sert qu'à contenir la creature telle que seroit celle qui seroit mise hors du monde ou dans le vuide. Car en cét estat elle ne pourroit agir ny patir des causes secondes, ny receuoir ce qui luy est deu, & en suite ne pourroit subsister naturellement. La Physique le regarde comme second & joint auec les creatures & causes secondes, tant vniuerselles que particulieres, & de cette sorte il est vtile, ou dommageable, & partant recherché ou fuy. Les creatures reçoiuent le troisiéme par vne capacité purement passiue, se portent au second par vne vertu actiue, & les hommes connoissent l'vn & l'autre par le premier & par regles Geometriques. Rien du tout ne peut estre hors de tout lieu Metaphysique : si bien sans les deux autres. La Lune par exemple est correspondante par le premier à vn tel endroit du firmament, & du Zodiaque, par le second elle est dans vn tel endroit du plus bas des cieux : par le troisiéme dans vne partie virtuelle de l'immensité diuine. Le premier suppose le second : Celuy-cy le troisiéme qui est le fondement primitif & inesbranlable de tous les autres : Et des deux derniers se fait le lieu parfait des Mathematiciens. C'est pourquoy ie les explique.

§. 5. *Du lieu Metaphysique, absolu, & Vniuersel.*

LE lieu pris en sa plus grande vniuersalité, & souueraine abstraction ne peut conuenir qu'à l'immensité diuine c'est elle seule qui en a en toute
perfe-

perfection la realité, les conditions, les proprietez, les effets, & les accidens. La realité luy conuient, pource que l'immensité est vne veritable estenduë, & les extensions creés n'en sont que de petites participations. I'establis cette verité par toutes sortes de preuues en ma Cosmographie, ie me contente icy de trois : la premiere sera par les principes, & *à priori* l'autre par le semblable, & *à pari*, la troisiéme par les effets & *à posteriori*. 1. Tout estre doit de necessité auoir l'extension, ou l'indiuisibilité d'vn point : puisque ces deux termes contiennent vne manifeste contradiction ; & il est impossible de conceuoir vne troisieme façon d'exister excluiue de ces deux premieres. Or est il qu'outre l'impossibilité de ces indiuisibles distincts, & separés, & l'absurdité de denier à la cause & au Createur, ce que l'on accorde à l'effet, & à la creature il est autant inconuenient de reduire Dieu dans vn point de lieu, que dans vn instant de temps, d'où s'ensuit la necessité de l'autre terme. Et certes si nous donnons à toutes les creatures vne estenduë reelle en suite de leur estre creé & de leur existence : Si aux creatures spirituelles des estenduës indiuisibles reellement & spirituelles : Et si les Theologiens donnent des estenduës plus grandes aux Anges selon le degré de leur nature faisant croistre cette perfection interieure selon la noblesse du principe ou du suiet, n'auons nous pas raison de dire, que Dieu estant vn estre, & entre les estres vn esprit, & entre les esprits le seul infini en toute perfection, & la source de tout estre, a aussi vne estenduë proportionnée & conuenable à sa nature ? C'est à dire reelle, spirituelle, infinie. 2. L'immensité estant si semblable à l'eternité, & si ie l'ose dire sa sœur germaine, qui est à l'egard du lieu, ce qu'est l'autre à l'egard du temps; pourquoy luy deniera on touchant le lieu, les trois perfections, qu'on accorde à l'eternité touchant le temps? sçauoir qu'elle est 1. vne reelle interieure & veritable estenduë de durée 2. anterieure à toutes les durées créés, & 3. les surpassante. Dites en autant de l'espace local pour l'immensité. 3. Le monde ne peut exister que Dieu ne soit coexistant & intimement present à luy. Il ne peut estre tel qu'il ne soit coestendu, ou qu'il n'aye vne extension egalle à celle du monde par la 8. maxime du liu. 1. d'Euclide. Il ne peut estre immuable sans auoir en soy cette extension deuant la creation du monde, & la retenir apres la destruction le cas posé que Dieu l'aneanti; auquel cas conseruant l'extension aussi bien que l'existence, il ne perdroit que la coextension non plus que la coexistence. Et de cette sorte il doit auoir actuellement vne extension capable de contenir toute l'estenduë possible.

2. Les conditions luy conuiennent: pource que cette extension estant de soy, & le principe des autres elle ne peut estre qu'anterieure à toutes les choses placées, comme la cause l'est à son effet & qu'infinie pour auoir toute extension & en suite de l'infinité qu'immobile; pource que occupant & faisant tout lieu elle n'en peut changer & quittant vn ancien en acquerir vn nouueau. Et il ne faut point chercher autre part ces conditions: D'ou s'ensuit qu'autant qu'il est necessaire que le lieu soit immobile en soy & anterieur à ce qui y est mis; autant l'est il que l'immensité soit le lieu primitif de tout estre creé. Deplus autant qu'il est necessaire que toute creature soit mobile & par consequent en lieu; autant est il impossible qu'elle soit le premier lieu.

3. Les proprietés s'y retrouuent: puisque l'im-

C'est à dire de la Locale.

menſité a les parties virtuelles, en chacune deſquelles Dieu peut tout entitatiuement non extenſiuement, & chaque partie a ſa propre poſition dans le tout, & en ſuite les habitudes locales auec les autres, & les creatures n'ont ces habitudes que par communication des precedentes. Et meſme ſi deux mondes, ou dauantage peuuent eſtre creés auec diſtance determinée entr'eux. Si le vuide eſt poſſible dans cét Vniuers; cette longueur de diſtance entre deux mondes, cette figure & capacité poſitiue dans le vuide à receuoir des corps de telle grandeur & figure ſeulement, & des mouuemens de telle celerité & durée, les habitudes locales, que chaque point, & partie de ce vuide a auec les autres points tant pleins que vuides, & tous les attributs affirmatifs, qui luy conuiennent procedent vniquement de la partie virtuelle de l'immenſité diuine, qui ſeule occupe & remplit tel entredeux, & tel vuide: puiſque le rien qui reſteroit l'immenſité eſtant oſtée n'eſt pas capable de telles dimenſions, habitudes locales, & attributs poſitifs, d'ou s'enſuit qu'elle ſeule eſt le veritable fondement, qui eſt preſuppoſé par les extenſions creées, leſquelles eſtant ſenſibles nous le font connoiſtre.

Les effets, & les accidens locaux ny manquent pas: puiſque le mouuement local ſe peut faire dans tel vuide, ou dans tel entredeux: puiſque Dieu peut creer des mondes en telle diſtance entre eux qu'il voudra, & qu'il peut les approcher ou reculer ſelon ſon bon plaiſir: Et meſmes les mouuemens & les repos abſolus ne peuuent venir d'ailleurs. Quelques vns ont recours à des eſpaces purement imaginaires: Mais le lieu eſtant reel, l'eſpace qui le fait le doit eſtre auſſi. D'autres a vn eſtre modal nommé Vbi: mais outre qu'il ne ſetent ny conneu ny vtile en luy mesme & pris seul ie ne le tiens distinct de son suiet. Ie ne reçois & ne reconnois rien d'immobile absolument, & en repos necessaire que Dieu. Et si Aristote s'est persuadé le monde vn estre mis necessairement & de toute eternité, c'est vn erreur, qui a des suites, dont la foy nous a deliurés & que la veritable Phylosophie refute efficacement.

Tout ce que l'on peut opposer à cette proposition est que l'estenduë diuine n'est pas connoissable en ses parties virtuelles : A quoy ie respond 1. Que le lieu est estably deuant nostre connoissance, & independemment d'elle. 2. Qu'il est conneu de Dieu par sa nature, des bien-heureux par la lumiere de gloire, & connoissable de nous par les effets. Mais dautant qu'vn tel lieu à deux proprietez relatiues à nous, sçauoir d'estre inutile à nostre conseruation & perfection, & mesme d'estre preiudiciable à nostre estat naturel, 2. de n'estre ny conneu, ny connoissable de nous en luy mesme. Les Philosophes ont cherché vne autre sorte de lieu, qui fut profitable & connoissable des hommes & c'est celuy que ie nomme Physique, & qui est le suiet du §. suiuant.

§. 6. *Du lieu Physique, particulier, & relatif.*

C'Est vn lieu pris plus particulierement, que le precedent, & restreint à quelque estenduë sensible ; tel qu'est l'Vniuers à l'egard de tout ce qui y est contenu, la Terre à l'egard des Prouinces, celles cy à l'egard des Villes &c. C'est vn lieu consideré auec les vertus actiues & passiues, qui y sont,

& peuuent faire ou receuoir impression des corps adiacens. D'où vient la diuision d'vn lieu en sain & mal sain, en agreable ou plaisant, & desagreable ou melancolique, en naturel tel qu'est la mer pour les eaux, celles-cy pour les poissons, le nid pour les petits oyseaux, le crane pour le cerueau &c. & non naturel. Aussi encore bien que tout le monde se remua dans l'immensité diuine ; à cause néantmoins, que ce mouuement n'apporteroit aucun changement dans toutes les parties de l'Vniuers, qui demeureroient dans les mesmes distances, situations, & autres habitudes locales relatiues aux causes secondes, & en suite dans les mesmes productions & effets Physiques, on iugeroit que tout l'Vniuers, & que chaque partie auroit conserué le mesme lieu Physique, & seroit demeurée en repos, lequel ne seroit pas absolu mais relatif. Et pour le lieu Metaphysique le changement du monde par rapport à la cause premiere, & à son immensité seroit vn veritable mouuement & absolument tel ; mais inconneu des hommes & inutile pour tous les effets Physiques. Et quand on demande le lieu de quelque corps on entend sans doute celuy qui est relatif à l'Vniuers. Et certes on en a tout suiet ; Puisque l'vn & l'autre estant veritable on recherche la connoissance de celuy qui est profitable, sans se mettre en peine de celuy, qui est inutile.

Il faut donc sçauoir, que toute creature dans sa premiere production acquiert auec son existence deux sortes d'habitudes locales de distance, presence, situation &c. qui estant differentes peuuent estre considerées separement, & estre le fondement de diuerses sortes de lieux. Les premieres sont celles qu'elle a auec l'immensité pour le lieu,

De la premiere sorte de division Geographique
& l'eternité pour le temps, par lesquelles elle est presente à vne partie virtuelle, & distante diuersement & de toute part des autres. Et c'est cette position qui fait le lieu Metaphysique. Les secondes sont celles qu'elle a à l'egard de toutes les autres creatures coexistentes, & vnies ensemble par quelque ordre dans vn tout d'vne amplitude stable & constante, comme dans l'Vniuers pour tout ce qui est crée, dans la Terre pour les hommes, les animaux & autres parties, qui la composent, dans vne maison pour ceux qui y logent &c. Et il n'y a aucun point de l'espace enfermé dans vne figure, qui n'aye sa propre difference locale relatiue à telle figure, qui est differente en tout autre point & demeure la mesme dans le mouuement de la figure & le changement des autres habitudes locales relatiues à d'autres figures, d'où s'ensuit que les principes de ces habitudes se multiplient selon les touts & les figures diuerses. Et ce sont là ces figures, ces contenans, & ces estenduës, qui font les lieux Physiques & les habitudes connoissables, & vtiles aux corps, qui y sont compris, & sont voisins d'autres de differentes actiuités, dont ils ressentent les vertus. Ce sont aussi ces lieux, qui sont recommandables pour le bien ou le mal, que chaque chose peut attendre de sa position en tels endrois.

Ce qu'estant il ne faut pas esperer de rencontrer en ces estenduës les conditions & proprietés locales en la perfection qu'elles se retrouuent dans le lieu Metaphysique : puisqu'elles sont propres à l'estre de soy, & que tout ce qui est creé est fini, mobile, & posterieur à Dieu : c'est assez qu'elles en approchent, & en ayent quelque participation. Et 1. pour l'amplitude & la capacité c'est assez qu'elles en ayent suffisamment pour contenir les corps en leur repos & en leur mouuement venant des causes secondes & de cette sorte l'homme a pour son lieu la terre, sur laquelle il peut se mouuoir sans en pouuoir sortir naturellement, ce qui suffit, & cette capacité est relatiue au pouuoir naturel des causes secondes 2. pour l'immobilité c'est encore assez, qu'elle soit relatiue à son tout, ou à quelque partie, qui n'aye aucun mouuement que commun & auec son tout, & conserue auec luy les mesmes habitudes locales : Et il n'en faut point chercher d'autres parmy les creatures, puisque l'Vniuers absolument parlant est aussi mobile dans l'immensité, qu'vn batteau l'est sur la mer: & encore bien qu'on aye tout suiet de croire que Dieu le conserue en repos, par & dans vne mesme partie de son immensité ; ce repos toutefois n'est qu'vn accident contingent, inconneu de nous & inutile. Et comme vn homme est estimé demeurer immobile dans le batteau, tant qu'il se tient dans les mesmes habitudes locales auec les parties stables du batteau & auec le total, bien dauantage les parties de l'Vniuers seront iugées telles, qui se maintiendront dans les mesmes rapports de distance, & situation auec les parties stables du monde. Les deux autres conditions du lieu d'estre anterieur, & distingué en parties connoissables ny manquent pas.

§. 7. Diuision du lieu Physique.

I'En fais de deux sortes, sçauoir 1. selon la diuersité des estenduës, ou contenans 2. selon la diuerse façon de contenir. Par la premiere Le lieu se diuise en vniuersel, duquel la connoissance nous donne le rang, que chaque chose tient dans l'Vniuers, & particulier & celuy cy se diuise selon les estenduës particulieres d'vne amplitude permanente, telles que sont les systemes particuliers des planetes & autres. 2. les globes qui sont les principales parties de ces systemes. 3. les parties de ces globes, & enfin les parties de ces parties iusques aux lieux immediats. Il y en a qui ont fait des cartes de la Lune, d'autres du Soleil, & si on n'en fait pas des autres Astres & planetes, c'est que leurs parties nous sont inconneuës.

Pour maintenant ie m'arreste icy à vn lieu particulier, que i'appelle Geographique, comme estant le propre suiet de cette premiere diuision, & pour le mieux entendre, ie traiteray briefuement du lieu vniuersel, que i'appelle Cosmographique, dont l'autre fait partie.

Sur la seconde sorte de diuision les Philosophes se contentent pour le lieu de la surface enuironnante, comme il a esté dit cy dessus, les Cosmographes & Mathematiciens pour determiner le lieu à chaque point d'vn tout, prenent pour contenant l'espace occupé, & remply par le corps; Et pour mieux conceuoir cecy faut sçauoir que le principal soing de la Cosmographie est d'assigner à chaque partie de l'Vniuers son lieu, & pour en venir à bout elle suppose l'espace déja estably, que la Metaphysique a monstré cy dessus estre tel par la seule immensité, qui reçoit en soy tous les estres crées. Et d'autant que cét espace est inconneu en luy mesme elle y ioint l'estenduë sensible des corps, qui le remplissent, & nous donnent le moyen de connoistre trois choses d'vn tel espace sçauoir par leurs parties actuelles les virtuelles de l'espace,

par

par leur amplitude celle du mesme, & par les habitudes locales que les vnes ont à leur tout, & sont sensibles celles qu'ont les autres au mesme & sont insensibles; puisque le lieu est egal à la chose placée, & les habitudes locales, qui sont propres à l'vn se communiquent à l'autre, & sont les mesmes, auec cette difference, qu'en la chose placée elles sont passageres & contingentes, au lieu permanentes stables, & perpetuelles. D'où vient qu'on peut encore connoistre ces habitudes par le mouuement d'vn corps, lequel ne faisant que passer reçoit en chaque instant de son mouuement des habitudes locales instantanées, qui sont stables en l'espace, auquel il correspond pour lors.

Et certes puisque l'immensité seule fait l'espace soit dans le vuide, soit entre deux mondes distans, comme ie monstre au §. 5. & que cét espace est conneu par les corps remplissans ou enuironnans, il n'y a point de doute que prenant cét espace conjointement auec ces corps on fait vn lieu, qui adiouste aux conditions du lieu Metaphysique les deux qui luy manquent sçauoir d'estre vtile, & connoissable. De plus si le lieu est distingué des choses placées, & si chaque partie a le sien propre, ou ne peut trouuer aucun suiet, sur lequel on puisse verifier ces deux points, que sur l'espace rempli.

Et d'autant que l'espace qui par les corps remplissans, enuironnans ou contenus est conneu en ses parties virtuelles, en son amplitude, & en ces rapports de lieu, demeure inconneu en sa singularité, de la vient que les changemens des espaces differens seulement en singularité, & par consequent les mouuemens qui se font dans l'immensité seule ne sont point consideré de nous, qui n'auons aucun principe, ny antecedant pour les connoistre

Reliure serrée

CHAPITRE QVATRIESME.

Du lieu Cosmographique & Geographique en particulier.

§. 1. *La maniere generale de le connoistre.*

C'Est vne entreprise, qui d'abord semble impossible de vouloir trouuer la marque & la difference locale de chaque point soit de l'Vniuers, soit de la Terre ; à cause de l'infinité de ces points, & de la cohuenance de nature, qu'ils ont entre eux : Et neantmoins on en vient heureusement à bout, & c'est encore par vne façon courte, aisée, euidente, vniuerselle, & exacte.

Deux connoissances du moins sont requises pour y arriuer, la premiere est celle d'vn terme immobile soit absolument soit relatiuement en la maniere expliquée au Chap. precedent §. 6. & 7. La seconde d'vn double rapport, que doit auoir de necessité ce terme conneu auec toutes les autres parties, & points de l'Vniuers. L'vn est de distance, ou de presence ; l'autre est de situation ; afin que par le premier on aye l'esloignement de chaque point, par le second le costé & l'endroit d'vn tel esloignement, & la disposition des parties de chaque corps, d'où depend la reception directe, oblique, ou rasante des rayons ou des mouuemens de diuers corps. De ces deux connoissances il sera aisé de conclurre les habitudes locales des autres points entre eux apres auoir celles qu'ils ont au vn troisiéme terme.

Pour le terme commun & la premiere connoissance il n'en faut point chercher d'autre entre les parties de l'Vniuers, que la Terre, ny entre les parties de la Terre, que la surface, qui est le seiour des hommes, ny entre les parties de cette surface, que celle ou nous sommes demeurans; pour-ce que sans controuerse c'est le terme le plus conneu de tous, & où se font les obersations qui nous font connoistre le reste : & voila la premiere condition : Elle a encore la seconde, qui est l'immobilité dans l'Vniuers entant qu'elle est conseruée au centre & au millieu des Orbes celestes : Que si on dit que la circonference extreme du monde l'est aussi pour contenir tout l'Vniuers en mesme lieu, & l'axe pareillement à l'entour duquel immobile tout se remuë. Ie respond que cela est incertain, & quand cela seroit, telle partie nous est inconneuë & mesme incommode pour nostre dessein : là ou là Terre est vn fondement tres propre pour cela. Il ny a que Copernic & ses sectateurs, qui nous contestent cette immobilité : Mais 1. la plus saine partie de la Phylosophie & toute la Theologie demeure d'accord de ce point 2. Tous les mesmes rapports de lieu, que la Terre a auec les autres corps en vne Hypothese se retrouuent en l'autre : comme monstrent les Astronomes au traité de l'equiualence de ces deux Hypotheses. 3. Comme par le lieu Astronomique on connoit le reel ; aussi le feroit on icy par l'apparent. Et quoy qu'il en soit il faut tousiours commencer par la terre, qui seule nous peut seruir de principe pour connoistre tout le reste.

Touchant le double rapport que doit auoir la

Terre auec les autres parties & points de l'Vniuers il n'y a point de meilleur moyen que de reduire leur lieu à vne surface, de celle cy à vne ligne, & enfin d'vne ligne à vn point; pource que trouuant la surface ou la ligne, dans laquelle se rencontre le corps on luy donne par là l'exclusion de toute autre lieu, qui est hors de cette surface, ou ligne, & quand on le trouue dans deux lignes, qui s'entrecouppent, on le met dans le point de l'intersection, & on l'oste de tout autre point, qui n'est point commun à ces deux lignes : Et voila la derniere determination du lieu.

Remarqués que puisque le tout consiste à reduire le lieu du corps que l'on cherche à vn point, s'il s'agit de trouuer ce point dans vne ligne, qui n'a qu'vne dimension, il ne faut que trouuer vne autre ligne concourante, & conneuë, pour auoir dans le concours ce que l'on cherche : S'il est question de le trouuer dans vne surface qui a deux dimensions deux lignes concourantes & conneuës sont necessaires : Que si c'est dans vn corps, qu'on le recherche il faut trouuer la surface où il est, & dans cette cy deux lignes concourantes au même point.

§. 2. Le moyen en particulier de faire la diuision locale Geographyque & de connoistre le lieu de chaque point de la surface terrestre.

IE presuppose que la Terre est vn corps spherique, ce que ie prouue autre part 1. Par la rondeur de l'ombre qu'elle fait dans les eclipses lunai-

C'est à dire de la Locale. 109

res. 2. Par l'eleuation reguliere, & vniforme sur l'horizon d'vne mesme partie du Ciel, comme du Pole, qui va s'esleuant egalement selon que l'on auance vers le Septentrion sur vn mesme cercle de longitude. 3. Par la succession egale du leuer du Soleil dans les cercles de latitude. 4. Par le niueau des mers, & le peu de pente des riuieres en comparaison de sa grosseur. 5. Par la decharge des mesmes de tous les costés & endrois de la Terre. 6. Par les nauigations, qui se font aussi sur mer de tous costés auec pareille facilité. Et enfin 7. Par les nobles proprietés, & effets de la figure ronde. D'où il s'ensuit que les lignes que nous cherchons doiuent estre circulaires pour estre adiustées à cette surface. Ie ne me sers que d'vn demy cercle mobile à l'entour d'vn axe conneu, & immobile, pour rendre euidente, entiere, & parfaite cette diuision Geographique, & assigner à chaque point de la surface terrestre son caractere local propre, & particulier. C'est pourquoy ie prie le lecteur de ioindre auec la lecture de ce paragraphe le mouuement d'vn demy cercle sur vn Globe, tel que ie le decris, & d'y verifier & remarquer à l'œil tout ce que i'en dis, ou auoir quelqu'vn qui le luy represente & explique. Le demy cercle meridien, qui est dans les Globes terrestres peut seruir à ce dessein. Si non il en faut faire vn auec vne longueur aisée à plier sur quelque corps rond.

Conceuons donc vn grand demy-Cercle tellement appliqué sur le Globe, qu'il puisse tourner, & qu'en effet il tourne à l'entour d'vn axe immobile, & remarquons ce qui se fait dans vn tel mouuement auec l'ordre, qui s'ensuit 1. Si ce demy Cercle parcourant tout le Globe en vn tour entier laissoit vn vestige de soy mesme partout ou il passe, & s'il estoit productif d'vn demy Cercle permanent par tout ou il est successiuement appliqué, il auroit fait sans doute en vn tour entier vne surface Spherique, qui couuriroit tout le Globe, sur lequel il auroit esté meu.

2. Le mesme demy Cercle auroit fait sur cette surface deux sortes de Cercles, qui par leur concours distinguent le lieu de chaque point, & c'est ce que l'on cherche, & qu'il faut bien conceuoir, & que ie monstre aux points suiuans.

3. Le mesme demy Cercle rempliroit tellement toute cette surface de demy Cercles concourans tous aux deux poles, qu'il n'y auroit aucun point dans toute la surface, qui ne se trouua dans quelqu'vn de ces demy Cercles, & qui n'en fut designé, quoy que non tout seul; mais conioinctement auec tous les points, qui s'y rencontreroient, desquels le lieu estant restreint à telle ligne, seroit exclud de tout autre endroit : pource que ce demy grand Cercle en chaque instant de son mouuement, & en chaque application marque par tous ses points tout à la fois le demy Cercle entier; Et de cette sorte rien du tout de la surface terrestre ne peut echapper cette premiere sorte de Cercles. Et si on diuise le grand Cercle entre les parallelles en 360. degrés commençant par tel point qu'on iugera le plus conuenable chaque demy cercle sera dit le perpendiculaire d'autant de degrés, que marquera le degré par ou il passe.

4. Le mesme demy cercle mobile par chacun de ces points, & en vn tour entier fait vn autre sorte de Cercles qui sont tous parallelles entre eux, ont pour centre exterieur les deux poles, vont croissant depuis les poles iusques au millieu, & selon qu'ils s'esloignent des poles & de l'axe ou leurs centres

propres se retrouuent, ont vn grand Cercle au milieu deux, qui estant sans pair & le plus noble de tous est choisi pour estre le premier & donner la denomination à tous les autres, lesquels se rapportent à luy. Par exemple à cause que l'Equateur est ce grand Cercle en vne façon, les autres se nomment Equinoctiaux, les vns pour luy estre paralleles; les autres pour luy estre perpendiculaires. De même par les Cercles horizontaux on entend ceux, qui ont ce double rapport auec l'horizon & sont faits par vn demy Cercle : & encore bien que ces deux sortes de Cercles soient mutuellement perpendiculaires il ny a neantmoins que ceux qui sont perpendiculaires à ce grand Cercle, qui portent ce nom. Entre les paralleles chacun de ceux qui sont d'vn costé à son compagnon, & son egal de l'autre costé qui est equidistant des poles & du Cercle principal & metoyen. Le Globe est encore tellement remply de cette seconde sorte de Cercles, qu'il ny a aucun point dans toute la surface, qui ne soit contenu en quelqu'vn; quoy que non tout seul; mais auec plusieurs autres : Et par là exclu de tout autre Cercle de mesme espece. Et si vous diuisés le demy Cercle mobile en deux fois 90. degrez commençant par le grand Cercle & continuant iusques aux poles, chaque point de degré fera vn Cercle parallele qui portera le nom du degré marqué sur tel point comme de 20. de 30. &c.

5. Chaque point de ce demy Cercle fait en chaque instant de son mouuement vn point qui appartient aux deux sortes de lignes mises cy dessus, c'est à dire à vn des demy Cercles perpendiculaires & a vn des Cercles paralleles : & ce point est le rencontre & le concours de ces deux sortes de Cercles, qui se couppent perpendiculairement, à cause que

le mouuement qui fait les Cercles parallelles est perpendiculaire à la ligne du demy Cercle qui par son application fait les perpendiculaires : & la surface du Globe est encore tellement remplie de ces concours perpendiculaires, qu'il n'y a aucun point qui n'aye le sien, & c'est par là, comme par vne marque propre & particuliere, qu'il est distingué de tout autre : Et toute chose, qui s'y trouue est determinée à vn lieu Geographique tout particulier, & si precis ; qu'il n'est pas possible de rien desirer de plus exact.

Il y a cette difference en la production de ces deux Cercles par vn mesme demy Cercle, que les perpendiculaires se font en chaque instant du tout tout à la fois & on n'en fait qu'vn à chaque fois : Les parallelles se font tous ensemble successiuement, & ne s'acheuent qu'apres & par le tour entier du demy Cercle : D'où s'ensuit qu'on compte autant de perpendiculaires, qu'il y a de degrez dans le grand Cercle parcouru c'est à dire 360. puisque à chaque degré le demy Cercle fait vne application entiere de soy : Autant de parallelles que de degrez dans le demy Cercle c'est à dire deux fois 90. puisque chacun descrit son cercle.

Et pour n'auoir qu'vn concours en ces deux sortes de lignes, on ne se sert que d'vn demy cercle ; à cause que chaque cercle entier, qui couppe vn autre cercle le fait tousiours & de necessité en deux points. On prend le demy cercle perpendiculaire pource qu'il a des proprietez differentes & mesmes contraires à celles du demy cercle opposé, & qui acheue le cercle entier comme i'ay monstré cy dessus de chaque Semidiametre & dans les quadrans horaires ils font des heures opposées & les antipodes : là ou dans les cercles parallelles

tous

tous les points ont toutes les mesme proprietez celestes, & tout ce qui arriue à vn en vn temps arriue à l'autre successiuement dans chaque durée de 24. heures. Les perpendiculaires ont deux points, c'est à sçauoir les deux Poles où se font les changemens des proprietés des mouuemens & des situations contraires : les parallelles n'ont rien de semblable.

§. 3. Le chois du demy cercle mobile qui nous doit tracer ces deux sortes de cercles, & monstrer par eux la distinction & diuersité locale de chaque point terrestre.

D'Autant que dans la surface terrestre il y a autant de demy-grands cercles, à qui on peut donner le mouuement expliqué au §. precedant, qu'il y a de semidiametres dans le Globe, chacun desquels peut tenir la place de l'axe, reste à choisir vn essieu parmy cette infinité de diametres à l'entour duquel doiue tourner nostre demy cercle. Et sans doute ce doit estre celuy, qui aura quelque auantage par dessus les autres, non en quantité de longueur, puisque ils sont tous grands cercles, & par consequent egaux : mais en qualité, dont la premiere requise de necessité absoluë est qu'il soit connoissable ; puisqu'il doit estre le principe & le moyen, par lequel nous deuons connoistre le lieu. La seconde est d'vtilité & c'est d'auoir plusieurs proprietés : pour ce qu'elles seront communiquées à tous les corps qui s'y rencontreront.

Entre tous il n'y en a que trois, qui puissent disputer ce chois, & cette preference : sçauoir premierement le demy cercle, duquel l'essieu est appliqué sur la ligne à plomb ou verticale, & qui tournant à l'entour fait pour son maistre cercle l'Horizon 2. le demy cercle qui aura pour son axe celuy du monde ou du mouuement iournalier & qui remuant à l'entour descrit pour son premier & plus noble cercle l'Equateur, & 3. le demy cercle mis sur l'axe du mouuement annuel solaire, lequel en se tournant fait pour son plus grand & principal cercle l'Ecliptique. Vn mesme instrument appliqué en trois diuerses positions fera ces trois sortes de mouuemens, & en suite ces trois sortes de cercles, qui sont les plus importans pour la Cosmographie & pour l'Astronomie, d'ont les premiers se nomment Horizontaux, les seconds Equinoctiaux, & les troisiémes Eclipticaux. Et sans doute ces trois sortes de cercles sont ceux, dont nous pouuons auoir plus de connoissances, & tirer plus d'vtilités.

Et pour ce qui touche la connoissance l'essieu des premiers nous est conneu immediatement, & par la veuë dans tous les mouuemens naturels elementaires non empechés. Car tous les corps sublunaires & pesans tendent droit en bas, le filet à plomb se dresse dans cette ligne, nostre posture ordinaire s'y accommode, la nature y esleue les arbres, & l'art les murailles. Les Cercles des seconds nous sont conneus immediatement & par la veuë dans tous les mouuemens celestes, puisque les corps qui y sont en chaque 24. heures font vn mouuement circulaire iournalier. Et de cette sorte par l'essieu des premiers nous connoissons les cercles, de la premiere espece, & par les cercles seconds nous connoissons leur essieu. Pour les troisiémes ils ne font conneus, que mediatement, & par illation tirée de diuerses obseruations, & puis par eux on vient en connoissance de leur axe. Les autres mouuemens des astres sont trop particuliers, comme ceux des planettes, ou trop tardifs, comme celuy des estoilles du firmament, pour pouuoir seruir à nostre dessein. Ainsi sans doute les deux premiers sont les plus connoissables: & encore entre ceux cy les Horizontaux emportent le dessus; pource que les mouuemens qui nous les apprenent sont plus proches de nous, & partant mieux conneus: comme aussi ils nous seruent de principes & de moyens pour connoistre les autres, & tous les instrumens astronomiques reçoiuent leur disposition par la ligne verticale ou horizontale, tous les rayons celestes sont conneus par l'incidence, & l'angle, qu'ils font auec ces lignes & par consequent leurs angles appartiennent aux cercles horizontaux. Et si nous obseruons le lieu du Soleil, & par consequent de l'Ecliptique, où il se trouue, c'est premierement entant que ce point appartient aux cercles horizontaux, d'où par apres nous concluons les autres lignes par le moyen de la doctrine des triangles spheriques, & par d'autres regles Geometriques.

Pour l'vtilité, les lignes ayant trois vsages sçauoir de monstrer le lieu de chaque chose par leur concours, 2. le mouuement des corps par leur longueur comme en estant les vestiges, ou les chemins, & 3. les bornes des surfaces par leur indiuisibilité en largeur, comme en estant les extremités, les cercles mis cy dessus nous seruent plus que toute autre ligne à ces trois vsages & nous decouurent plus de veritès naturelles. Les Horifontaux nous enseignent les rapports, & les terres que les astres ont à nous, & par consequent au lieu où nous sommes.

Les Equinoctiaux nous donnent le lieu de chaque point terrestre, & le mouuement iournalier de chaque point celeste. Les Eclipticaux seruent à monstrer par leur concours le lieu de chaque point celeste, & le mouuement annuel des mesmes par leur longueur. Les Horisontaux suiuent le point du Globe, auquel ils appartiennent: & pour ce sont variables, comme les points diuers de la terre, & sont autant multipliés que les lignes verticales; puisque chacune a le sien. Et si les deux points opposés d'vn mesme diametre terrestre n'en ont qu'vn, il est double en vertu & est pris selon diuers rapports. Les Equinoctiaux suiuent leur maistre cercle, sont d'vne mesme façon par tout, & sans aucune multiplication, ny mutation, & mesmes sans mouuement; Puisque on les depeint dans les quadrans horaires, aussi bien que les Horizontaux, ce qui ne se pourroit faire s'ils estoient mobiles; à cause que la peinture ne peut representer le mouuement: & pource on ny peut pas mettre les Eclipticaux, lesquels sont bien sans multiplicité & mutation comme les Equinoctiaux mais dans vn mouuement continuel.

Cela estant ainsi les Equinoctiaux meritent sans controuerse la preferance sur les autres. Car encore bien qu'ils soient moins conneüs, que les Horizontaux, ceux cy sont trop changeans & trop attachés à vn point particulier de la Terre: là où les autres sont les mesmes par tout & nous aprennent des proprietez & veritez vniuerselles & importantes. C'est pourquoy ils ont esté choisis, pour seruir de moyen à la connoissance du lieu Geographique de chaque point terrestre.

§. 4. La maniere de connoistre le lieu Cosmographique, c'est à dire de toutes les parties de l'Vniuers.

SI on veut passer plus outre, & auoir vne marque distinctiue de tous les points, qui sont dans tout l'Vniuers, & capable de nous en donner la connoissance de mesme façon, que ie viens d'en trouuer vne pour tous les points de la surface terrestre, il ne faut qu'au lieu de la ligne d'vn grand demy Cercle auoir le plan ou la surface droite terminée par telle ligne, egalle en grandeur à toute l'amplitude de la moytié de tout l'Vniuers; & ce plan se fait par le demy tour d'vn Semidiametre. Et si on veut aller dans les espaces imaginaires, pour y trouuer le lieu de ce que Dieu y pourroit creer, on n'a qu'à agrandir ce plan; & puis luy faire faire vne côuersion entiere à l'entour de son axe, qui sera l'axe du monde pour les raisons mises cy dessus. Et voicy ce qui suiura d'vn tel mouuement 1. Si cette surface semicirculaire laissoit vn vestige permanent de son passage successif, elle feroit vn Globe de mesme grosseur, qu'est tout l'Vniuers, & du moins par son mouuemét parcourroit tous les points, qui y sont sans en oublier aucun 2. En chaque instant, & à chaque application de soy en quelque endroit que ce soit, elle laisseroit, ou marqueroit vne surface entiere, & tout à la fois, laquelle concourroit auec toutes les autres en vne mesme ligne de l'axe 3. Ces surfaces faites par le mouuement d'vn tout entier remplissent tellement tout l'Vniuers, qu'il ne s'y peut trouuer aucun point, qui ne se rencontre en quelqu'vne, & qui ne reçoiue l'exclusion de toutes les autres par vn tel rencontre dans vne. 4. puisque chacune de ces surfaces est pareillement remplie de semidiametres, comme ayant esté faite par le mouuement d'vn, il ny aura aucun point dans elle, qui ne se trouue ioint & present auec vn de ces Semidiatres, & qui ne luy appartienne, & par là ne soit retranché de tous les autres, & reduit à vne ligne. 5. pour separer le point, que l'on cherche des autres points d'vne mesme ligne, il faut en trouuer quelque autre, qui couppe la precedente dans le point, que l'on cherche : car puisqu'il n'est par conneu dâs luy méme, on ne peut inuenter meilleur moyen de le trouuer, que par le rencontre commun de deux lignes conneuës & concourantes. Et c'est cette derniere ligne, qui est difficile à trouuer, & qui souuent nous manque : pource que telle ligne deuant estre esloignée de nous en tous ses points, & n'ayant rien de soy dans nous pour se rendre connoissable, il ne reste aucun moyen pour la connoistre, que de la ioindre auec vne autre, qui nous soit presente & conneuë tant en sa longueur, qu'en l'angle, quelle fait tant auec la concourante esloignée de nous, qu'auec celle dont on cherche le point. Car de ces trois lignes il se fait vn triangle pour lequel connoistre entierement & le point que l'on cherche. La Geometrie nous donne des regles, & sans cette façon il faut desesperer la connoissance d'vn tel point.

§. 5. Les auantages de la maniere declarée pour trouuer le lieu Geographyque & Cosmographyque.

1. L'Inuention expliquée pour trouuer le lieu de chaque point soit sur la surface terrestre, soit dans l'Vniuers est si euidente, qu'on n'a qu'à bien conceuoir les termes, pour estre conuaincu de la verité, & y donner son consentement : si aisée qu'on n'a qu'à se bien figurer, & imaginer le mouuement descri, pour comprendre le tout : Si vtile qu'il ny a aucune proprieté locale, qu'on ne puisse decouurir : Si vniuerselle, qu'il ny a aucun point, a qui elle ne donne sa marque propre, & distincte de toutes les autres, sans aucune confusion dans l'infinité des parties ; & enfin si exacte, qu'il n'est pas possible de rien produire de plus precis : puisque chaque point contenu dans la vaste amplitude du monde est reduit à vn plan semicirculaire, de cetuy cy à vne ligne Semidiametrale, & de cette cy à vn point indiuisible. Ce qui est la derniere, & la plus precise determination d'vn lieu, qu'on puisse produire, & conceuoir. Comme aussi quand les Geographes mettent vn corps dans l'intersection de deux lignes, laquelle ne fait qu'vn point, il faut entendre le centre de ce corps, & le point du millieu.

2. Cette inuention du lieu Geographyque peut seruir & estre appliquée sur la diuision de tous les autres Globes de l'Vniuers, desquels on desire con-

De la première sorte de diuision Geographique noistre, & distinguer les parties. En effet on a déja tracé vne carte lunaire par le moyen des deux sortes de Cercles expliqués cy dessus. On a encore diuisé la surface solaire de mesme façon, pour representer le lieu de chaque macule, & voir le progrez qu'elles y font par leur mouuement: & de cette sorte les mesmes façons que l'on a pour tracer des mappemondes, astrolabes &c. seruent aussi dans les delineations de semblables surfaces.

3. La mesme inuention facilite tellement nostre imagination à conceuoir tous les principaux cercles non seulement de la Sphere: mais encore des astrolabes, & autres que les Astronomes se representent, que ie ne croy pas qu'on en puisse inuenter de meilleure & plus efficace: Pource que 1. incontinent que vous aurés bien conceu la ligne de l'axe & sa position dans le Globe soit artificiel, soit naturel, vous conceurés aisément les deux sortes de cercles, qui se rapportent à elle 2. Conceuant bien les cercles d'vne sorte il ne faut que les appliquer sur vn autre endroit du Globe, pour se representer ceux des deux autres sortes; à cause qu'il ny a aucune difference entre eux, que de lieu, & le mesme instrument qui descrit par son mouuement, & nous represente les vns estant appliqué sur vn autre diametre descrit, & nous represente les autres. De cette sorte tout consiste à se bien figurer les trois axes de ces trois sortes de cercles.

4. L'application sur les Globes naturels & sur tout l'Vniuers en est encore aisée; puisque tous les instrumens astronomiques nous la font faire de necessité. Car quand par exemple nous obseruons vn astre auec vn astrolabe, vn quarré Geometrique, quadran astronomique ou autre, la surface de l'instrument continuée passe par l'astre & par le corps obserué

C'est à dire de la Locale.

obserué, & par nous & le rayon visuel conduit par les pinnules d'vne regle nommée alidade, ou autrement passe pareillement par le corps obserué & par nous: & de cette sorte tel instrument fait la reduction du lieu d'vn astre qui est dans l'Vniuers a vne surface, de cette cy a vne ligne; & rien ne manque plus, que la reduction d'vne ligne à vn point, qui est la plus difficile, comme i'ay declaré cy dessus. De plus tel instrument conduit le rayon visuel au vray endroit du Globe naturel, ou l'on doit conceuoir vn tel lieu. Et particulierement, si on se sert du demy Cercle mobile descrit cy dessus & si on y attache vne regle mobile auec le demy Cercle & le long du mesme, il ny a aucun Cercle ny mouuement dans le Ciel, que l'on ne puisse designer par le rayon visuel.

5. Cette inuention peut seruir à tracer les Cercles de latitude de 10 en 10. & de longitude de 10. en 10. ou pour auoir les Cercles horaires de 15. en 15. degrez. Car le demy cercle aresté & appliqué immobilement en quel endroit que se soit est la vraye regle pour tirer par elle vn demy cercle de longitude, & le mesme en son mouuement conduit vn crayon, vn pinceau, ou vne plume appliquée sur vn degré, & luy fait faire vn cercle parallelle appartenant à ce degré.

6. Il n'en faut point chercher de plus claire pour faire conceuoir les principes des quadrans Horaires: comme l'axe que le style represente est la ligne à l'entour de laquelle tout tourne regulierement, & egallement, en laquelle tous les cercles Horaires concourent & puis se diuisent.

Enfin i'estime que quiconque conceura cette inuention, & l'appliquera sur les Globes aura le plus grand principe de connoissance, qui soit en la Cos-

De la premiere forte de diuifion Geographique mographie ; particulierement s'il vient à comparer entre eux les cercles de diuerfes efpeces, comme les Equinoctiaux auec les Horizontaux pour voir la diuerfité des iours qui arriue en chaque endroit.

§. 6. *Des Cercles appartenans au lieu Geographique & propres à le faire connoiftre.*

N. 1. *leur nature & conditions.*

CE font ceux qui fon defcris, ou conçeus fur la furface de la terre, & ont les vns leur centre, les autres leur concours dans l'axe du monde Ou bien qui font perpendiculaires, ou paralleles au cercle Equinoctial : pource que ces deux fortes de cercles ont auec tout auantage les trois conditions neceffaires, pour donner l'intelligence d'vn lieu de chaque point du Globe, dont la premiere eft de remplir toute la furface du Globe, pour ne laiffer aucun point dans elle, qui n'aye le rencontre de ces lignes, & dont le lieu ne foit reftreint, & determiné par vn tel rencontre. La feconde de pouuoir eftre aifément conneus ; afin de feruir de principe à la connoiffance du lieu du corps qui fe trouue en leur concours. La troifiéme d'auoir le plus de proprietez conneues, que faire fe pourra, pour les communiquer à tout ce qui s'y trouuera placé. La premiere a efté fuffifamment prouuée cy deffus au §. 2. du Chap. 3. La troifiéme le fera au N. 7. de ce §. La feconde à la fin de ce liure, & la esté au §. 3. de ce Chapitre.

N. 2. *Les noms de ces Cercles.*

On les nomme diuersement. Les premiers sont appellez 1. parallelles ; à cause qu'ils conseruent entre eux par tout vne distance egalle 2. de latitude ; à cause qu'ils monstrent la moindre dimension de la surface terrestre habitée, & qu'ils ne s'estendent que iusques à 90. degrez de chaque costé 3. d'esleuation du pole, & de distance de l'Equateur ; pource que les corps, qui se trouuent dans ces cercles ont autant de degrez en ces deux quantitez & l'esleuation de l'Equateur fait tousiours le complement de 90. sur ces deux quantitez.

Les seconds ont aussi diuersité de noms, & sont appellez 1. perpendiculaires ; à cause de l'angle droit qu'ils font auec les premiers, ce qui est reciproque à ceux cy & partant commun à tous deux: On ne l'attribuë neantmoins, qu'aux seconds ; à cause qu'ils sont tels à l'egard de l'Equateur, qui est le maistre cercle 2. de longitude, pour contenir la plus grande dimension de la surface terrestre soit en traict de terre habitable & cultiuée des hommes qui continuë dans toute la longueur de plusieurs cercles de latitude, soit en nombre de degrez, qui vont iusques à 360. 3. Horaires & meridiens ; pource que le Soleil estant dans le plan de ces cercles fait toutes les heures du iour en mesme temps à l'egard de toutes les parties de chaque cercle de latitude, & surtout fait midy dans tout le demy cercle de longitude terrestre, qui est soubsmis & supposé au celeste & dans le mesme plan, dans lequel toutes les heures du iour sont pareillement cōmunes; de sorte que quand il est vne heure à vn point d'vn demy cercle de longitude terrestre il est la mesme heure dans tous les autres points 4. de distance du premier meridien par lequel on commence à compter les longitudes 5. concourans tous aux poles du monde & à l'axe tout entier; pource que leur rencontre ne se fait que là. Pour ce suiet, & pour abbreger on escrit souuent les premiers par la lettre P pour dire parallelles & les seconds par M pour dire meridiens. Comme on dit Paris estre au 48. P 23. M.

N. 3. Les commencemens de ces Cercles.

Tous ont conuenu dans le mesme commencement pour les cercles de latitude, & l'ont mis dans l'Equateur : à cause que sans controuerse c'est le premier des parallelles en qualité, & surpasse tous les autres en quantité ; comme estant le plus second en proprietez, & le plus grand en longueur. Ces cercles donc commencent par l'Equateur, vont d'vn costé & d'autre iusques aux poles, où ils finissent, & sont en nombre 89. c'est à dire autant, qu'il y a de degrez depuis l'Equateur iusques aux poles exclusiuement sans compter les parties comprises entre deux degrez immediats, qui se diuisent à l'infini.

Il n'en est pas arriué de mesme pour les cercles de longitude, entre lesquels il ny en a aucun, qui aye quelque auantage sur les autres pour porter le titre de premier. Ils sont tous egalement grands cercles. Ils possedent tous egalement en chaque iour la presence du Soleil, & des autres astres : & mesme sur la terre on ne trouue point de preciput particulier conuenir à vn sur les autres pour obliger les hommes à luy deferer la primauté : Et si on a trouué, que l'eguille aimantée ne declinoit point au meridien des Azores c'estoit priuilege assez grand pour le mettre en teste des autres si cette noble proprieté eut esté commune à tout ce meridien, & propre à luy seul, ce qui n'est pas ; d'où s'ensuit qu'on a esté contraint de laisser ce chois à la libre volonté des hommes, c'est à dire à vn principe bien changeant, ou plustost à plusieurs bien differens : Et voila la cause de la diuersité de ce point : puisqu'il est bien difficile de faire accorder en vne resolution la volonté des hommes de nations si differentes. Quelques Espagnols l'ont mis au millieu de l'Espagne au meridien de Tolede: mais Paris sans pair disputeroit ce point, & l'emporteroit, si on a egard à la grandeur, & magnificence de la ville. On auroit plus de suiet de les commencer par Hierusalem, pour auoir esté sanctifié des pas de la presence de N S, pour estre le nombril & le centre du monde ancien &c. Tycho l'a mis à son Ouranoburgum, où il a fait ses obseruations, comme estant par elles vn lieu tres conneu. Hondius aux Isles du Cap verd à l'occident de celle, qui porte le nom de S Iacques. Les Arabes aux Colomnes d'Hercule. Le Pape Alexandre sixiéme en la mer dans la distance de 100. lieuës du Cap verd : mais vn different suruenu entre les Espagnols, & les Portugais le fit esloigner encore 370. lieuës. Les François par lettres du Roy l'an 1634. le doiuent prendre de l'Isle de Fer la plus occidentale des Canaries. Quelques Hollandois au Pic de Tenerif.

Il y a deux opinions, qui ont preualu sur les autres, & qui se voyent en vsage dans les Globes & les Cartes: l'vne est de Ptolomée qui commence les longitudes par les Isles Fortunées ou Cana-

De la premiere sorte de diuision Geographique

ries : Pource que c'est là, que les terres connuës & habitées commencent de nostre costé, & vers l'Orient, & au delà vers l'Occident, il n'y auoit de conneu, que des mers. Or les longitudes estant mises pour nous donner la connoissance des terres on ne pouuoit pas trouuer vn plus vtile commencement, que celuy par où elles commencent. La seconde à esté de certains Hollandois, qui ayant decouuert les Isles Azores & remarqué, que l'aiguille frottée de l'Aiman n'auoit aucune declinaison, choisirent ce lieu pour le premier des longitudes, & firent les cartes suiuant ce chois. Ce qui a esté suiui par apres.

Sur quoy il faut remarquer deux points : l'vn qu'il n'y a difference entre ces deux Isles que de 10. degrés de longitude ; C'est pourquoy ceux qui auront les longitudes prises d'vn de ces commencemens n'auront qu'à adiouster 10. degrez à celles des fortunées pour auoir celle des Azores, où les oster de celle des Azores pour auoir celle des fortunées. L'autre que ces deux termes ayant par trop de latitude doiuent estre restreins à vne de ces Isles, telle qu'est l'Isle de Fer pour les Canaries, & l'Isle de S. Michel ou S. Marie du Pic pour les Azores ainsi nommée pour vne montagne en pointe fumante, & qui se voit de loin.

N. 4. *Les conuenances & les differences de ces deux sortes de Cercles.*

Ces deux sortes de lignes conuiennent en la nature de Cercles, qui sont mutuellement perpendiculaires. Elles different 1. en grandeur ; pource que les premiers sont tous inegaux de chaque costé, & vont croissant depuis le Pole iusques à l'E-

C'est à dire de la Locale.

quateur. Les seconds sont tous égaux, & grands cercles 2. en integrité, pource qu'on prend les cercles paralelles tous entiers, pour monstrer vne même latitude, là où on ne prend que la moitié d'vn perpendiculaire, pour faire vne longitude entiere 3. en vnité ou multiplicité d'especes: pource qu'il y a deux sortes de paralelles, sçauoir les Septentrionnaux & les Meridionnaux; chaque Hemisphere a les siens, autant l'vn que l'autre, & de mesme ordre, & grandeur. Il n'y a qu'vne sorte de Meridiens 4. en nombre; puis qu'il ny a que deux fois 90. paralelles contre 160. Meridiens 5. en office les vns monstrent le lieu à l'égard d'vne dimension de la surface terrestre à sçauoir de largeur, les autres le font pour la dimension de longueur; les surfaces ne sont capables, que de ces deux 6. en rapport de distance entre eux, les vns estans paralelles, les autres concourans à l'égard d'vn maistre cercle, qui est l'Equinoctial.

N. 5. Les representations de ces lignes.

Ces lignes sont tracées effectiuement sur les Globes artificiels par la main d'vn ouurier: elles sont conceuës dans le naturel par l'imagination de l'homme, & pource sont dites imaginaires. Elles ne laissent pas d'auoir les vsages reels, & les proprietez effectiues, comme sont celles, que l'on attribue à la ligne Equinoctiale: & si on les imagine c'est auec vn fondement reel.

On les represente donc sur les Globes, Cartes & mappesmondes de 10. en 10. degrez ordinairement, & pour les entredeux on se contente d'en marquer les degrez dans le premier meridien pour les latitudes, & dans l'Equateur pour les longitudes. Quelquefois les longitudes se marquent de 15. en 15 degrez sur les Globes pour marquer les espaces Horaires. De mesme dans les Cartes particulieres des Nations, & des grandes Prouinces enfermées ordinairement dans des parallellogrammes rectangles on met aux costez parallelles les degrez d'vne dimension, sur lesquels appliquant vn filet on voit d'abord tous les lieux qui ont vne mesme longitude, ou latitude. Aux Cartes plus particulieres qui ne comprennent que les estenduës d'vn ou deux, ou trois degrez enuiron, on y adjouste les minutes; pource que l'espace le permet.

Pour comprendre cecy & pourquoy on met les degrez de longitude dans l'Equateur ou on establi le commencement des latitudes & les degrez de latitudes dans le premier meridien qui commence les longitudes, faut remarquer, que la distance entre deux termes comme entre deux de ces lignes se prend par la ligne la plus courte, qui est la droite, & entre les droites la perpendiculaire Ce qu'estant puisque ces Cercles se couppent perpendiculairement l'vn sera la mesure des autres. D'où vient que l'arc du premier meridien ou autre cercle de longitude, compris entre deux cercles parallelles & de latitude est la mesure, qui monstre par les degrez qu'il contiét la distance qu'ont ces deux premiers cercles comme du 20. degrés si cét arc est de 20. degrés. De mesme l'arc d'vn cercle de latitude, & particulierement de l'Equateur compris entre deux cercles de longitude monstre leur distance par les degrez, qu'il contient. Vous pouuez verifier cecy en mille quantités côme en vne sale, la ligne de la longueur monstre la distance qu'il y a entre les deux parois qui font la largeur & la longueur de ces parois de largeur fait voir la distance qu'il y a entre les murailles

C'est à dire de la Locale.

railles qui font la longueur de la sale: il y a bien difference entre la longueur qu'vne muraille a en foy & la longueur de la distance qu'elle a auec vne autre. Il est expedient de s'habituer à reconnoistre ces cercles sur les Globes, sur les cartes & enfin sur la terre, & de s'exercer à trouuer par eux les longitudes & latitudes de chaque pays.

N. 6. *La maniere de connoistre ces Cercles.*

On les connoist ou par la propre obseruation, ou par le rapport de ceux, qui les ont conneus par experiences. La premiere façon appartient aux expers en Geometrie & Astronomie, & demande de bons instrumens. La seconde est pour tous, & pource on n'a qu'a lire tant de tables, qui sont faites pour ce sujet, ou mesmes voir dans les cartes les marques de longitude, & de latitude pour chaque Ville & lieu particulier; Quoy qu'il soit bien difficile qu'en ceste façon on rencontre au iuste ces deux dimensions.

N. 7. *Ce que l'on connoist par ces deux sortes de Cercles.*

Ces cercles nous enseignent ce qui appartient à la quatriéme sorte de diuision Geographique, tous les rapports celestes, & mesmes la plus part des terrestres quant à la quantité, non pas quant à la qualité.

Par les longitudes on connoit les pays Orientaux, & occidentaux auec les differences horaires, qu'ils ont en mesme temps. Car tant plus que quelque pays a plus de longitude, tant plus il est Oriental. Et si vous donnez pour chaque degré de longitude. 4. minutes premieres horaires & pour

15. degrez vne heure entiere, vous aurez la diuersité des heures de deux pays dans la difference de longitude, par exemple si vn pays A à 100. degrez de longitude B 40. C 160. la difference sera de C a A de 60. de A a B de 60. qui font 4. fois 15. degrez, & partant 4. Heures de difference. D'où s'ensuit que s'il est midy a A il sera 8. Heures du matin a B & 4. Heures du soir a C; à cause que les longitudes vont de l'Occident ou les heures sont plus tardiues à venir à l'Orient où elles viennent, & se font premierement deuant que de se faire és pays plus Occidentaux. On determine encore la difference des iours entre ceux, qui voyage sur vn mesme cercle de latitude à diuers termes, & la mesmeté entre ceux qui le font sur vn mesme cercle de longitude, comme ie fay voir dans les vniuersalitez.

Par les latitudes on aprend 1. les Zones & leur largeur 2. les climats & leur diuersité 3. les saisons, qui s'ensuiuent des deux points precedens 4 les pays Méridionnaux & Septentrionnaux, & la difference entre deux assignés.

Par les longitudes & latitudes prises conioinctement on sçait le lieu determiné de chaque chose & les distances qu'il y a entre les pays designés. Tout ce que dessus est amplement descrit ou aux parties suiuantes, ou en la Cosmographie.

Pour les qualitez, & temperamens des terres particulieres nos cercles ne peuuent pas nous en instruire entierement: Pource que telles constitutions ne viennent qu'en partie des Cieux, & des rayons Solaires. La terre & les vens y concourent; Or est-il que nos cercles ne nous enseignent que la premiere partie, & les proprietés celestes. La nouuelle Albion ayant la mesme habitude que

C'est à dire de la Locale. 131

Rome est autant differéte en chaleur de Rome que la Noruerge. Il en est de mesme de Cañada & de la Rochelle qui ont les mesmes éleuations du Pole. Le Peru qui est sous la Tropique du Capricorne où la chaleur prouenante du Soleil, doit estre la plus grande de toutes celles de l'année, à cause de la proximité du Soleil perigée & de toutes les terres à cause des rayons perpendiculaires, & de leur durée plus grande est aussi froid que les pays Bas, & & que la Flandre, qui est au delà de 51. degrés de latitude selon le rapport d'Acosta qui a seiourné dans l'vn & l'autre pays. Et non seulement les lieux, qui ont les mesmes habitudes auec le Ciel ont vne grande diuersité de temperament ; mais encore les années dans les mesmes pays sont si differentes entre elles quoy que le Soleil y iette ses rayons auec les mesmes incidences & forces. Il y a des causes stables comme sont les montagnes & les forests; d'autres passageres comme sont les vents. Les forests renuoyent par reflection les rayons solaires, & ostent à la terre autant de parties de chaleur : les mesmes empeschent la continuation des vens. Les montagnes quand elles sont esleuées changent le temperament des vens de pluuieux en serains, de chauds en froids, & non pas au contraire comme io monstreray par raison dans les Vniuersalitez, & par induction dans les particularitez Geographiques.

DE LA SECONDE SORTE DE DIVISION GÉOGRAPHIQVE C'EST A DIRE DE LA NATVRELLE.

PREFACE.

De l'importance de cette diuision.

'EST assez de dire, que la distribution des parties naturelles dans le Globe terrestre est de l'inuention diuine, pour la rendre recommandable ; & pour l'asseurer si parfaite, qu'il n'y a rien de manquant, qu'il faille adjouster, ny de superflu, que l'on doiue oster.

La bonté diuine a eu dessein de nous bastir vn lieu, qui fut vne maison garnie de toutes les necessités, & commodités propres à nostre demeure, & entretien; vne Bibliotheque, où il y eut autant de liures, que de creatures, qui nous manifestent les perfections diuines, & nous en donnent la connoissance ; & vn temple, ou les mesmes nous sont autant de motifs, pour rendre à ce souuerain nos reconnoissances ; sa sagesse a disposé le tout si conuenablement à cette triple fin, qu'on ne peut rien desirer de plus efficace ; & sa toute puissance là effectue auec tant de facilité, qu'il n'a pas plus cousté à le faire, qu'à le vouloir.

C'est à nous à correspondre, & à accomplir ce glorieux dessein vsant, & nous seruant des creatures selon ces trois façons. Et partant ce n'est pas assez de receuoir nos necessités de cette maison, il faut encore estudier, & apprendre les leçons, que les liures de cette Bibliotheque nous enseigne : puis adorer en ce temple mille & mille fois celuy, qui nous comble incessamment de ses bien faits.

Ce liure nous aidera à profiter en cette escole, & nous fera voir en deux diuisions de cette premiere partie la varieté, & la multitude des parties naturelles, qui cōposent la surface du Globe, & dans les deux autres les merueilles qui se rencontrent en telles parties. Et d'autant que les diuerses especes de ces parties & le nombre des indiuidus compris sous chaque espece font le propre sujet de cette diuision Geographique, remarquez sur elles quatre points 1. qu'elles sont anciennes, stables, & vniuerselles : anciennes, puisque le Globe les a receu dans l'instant de sa creation : stables ; puisqu'elles ont esté conseruées en mesme ordre iusques à present, & qu'elles sont pour subsister sans changement : Vniuerselles ; puisqu'elles sont par tout. La où les parties ciuiles sont posterieures, changeantes, & particulieres. 2. Comme cette diuision qui se tire de l'existence de ces parties doit suiure la locale, qui se prend de la nature du lieu, aussi elle doit preceder la ciuile ; tous les trois auantages

134 *De la première sorte de diuision Geographique*, mis cy deſſus. Et quand on peut marquer la poſition d'vne partie ciuile dans quelque naturelle, quelque changement qui arriue en l'vne ou en con- connoiſtra l'exiſtence & le lieu par l'immobilité & l'immutabilité de l'autre. Vn Geographe a marqué les parties de la Geographie par le rapport aux Fleuues: mais comme il y a quantité de Villes, & de lieux remarquables, qui ne ſont pas ſituez ſur les Fleuues, c'eſt aſſez d'auoir quelque partie naturelle pour donner à cette partie changeante vn terme ſtable, auquel elle aye habitude, & rapport & par lequel on la connoiſſe. 3. Ces parties ſont en leur ordre, & inuention de l'art diuin, c'eſt à dire de la ſageſſe de Dieu, comme i'ay expliqué au §. 5. de l'auant-propos & du Chap. 1. mais en leur conſeruation, & nature elles ſont naturelles; de meſme qu'vne maiſon eſt vne ouurage artificiel, qui eſt compoſé de parties naturelles, & eſt conſerué par leur vertu naturelle. C'eſt pourquoy i'appelle cette diuiſion diuine de ſon inuenteur, & naturelle des parties appliquées. 4. I'expliqueray premierement leur diuerſité dans vn chapitre auquel on apprendra les termes Geographiques, & les parties en leur eſpece & nature, & puis ie feray le denombrement des parties plus remarquables appartenantes à chaque eſpece.

Ie m'efforceray de choiſir les diuiſions, qui ſeront les plus courtes & les plus entieres, les mieux fondées & les mieux ordonnées pour ſoulager la memoire par leur briefueté & ordre, pour en faciliter l'intelligence à l'entendement par leur ſolidité & integrité, & pour les rendre ſtables par le rapport à des parties naturelles & perpetuelles. De plus ie me contenteray de mettre icy les plus generales diuiſions ſans deſcendre à vne enumeration ennuyeuse des particulieres qui sont trop multipliées soit parce que ceux qui concevront les premieres n'auront aucune difficulté à bien entendre les autres dans la seule lecture des liures où dans la veuë des cartes Geographiques ; soit parce que semblables diuisions se trouuent bien distinguées dans les Geographies & cartes, qui sont maintenant tres communes. C'est aussi le propre des sciences de s'arrester sur les principes, d'en tirer des conclusions vniuerselles sans entrer dans les cas particuliers qui vont à l'infiny, & se peuuent resoudre par les propositions vniuerselles.

CHAPITRE CINQVIESME.

Diuisions du Globe terrestre en parties naturelles.

§. 1. *Reduction de ces diuisions à quatre sortes.*

LE Globe terrestre estant composé de terre, & d'eau il faut faire la diuision de ces deux elemens ; si nous pretendons auoir l'entiere connoissance du tout composé de ces deux parties. Et d'autant que chaque partie de ce Globe c'est à dire chaque element a en soy, & en ses parties des quantités, & des qualités diuerses, qui sont autant de differences: pour les faire mieux connoistre, & distinguer des autres, il est à propos de faire quatre diuisions; deux pour chaque element, dont l'vne sera prise des quantitez diuerses, l'autre des qualitez differentes. t d'autant que la diuersité des quantitez se trouue de mesme façõ dans ces deux elemés, ie ioindray les deux premieres, & les mettray en vn mesme §. Les deux autres des qualitez feront deux paragraphes distincts: pource ce que chaque element a des qualitez propres, & particulieres, & bien differentes de celles de l'autre element, & ces quatres diuisions nous donneront outre la connoissance des termes Geographiques celle de la nature des parties Geographiques signifiées par ces termes.

§. 2. *Diuision premiere & seconde du Globe, dont l'vne est de la terre decouuerte en ses parties differentes en quantité, l'autre est de l'eau en ses parties pareillement differentes en quantité; de mesme façon que les premieres.*

LE Globe terrestre se diuise quant à la surface en terre decouuerte, & en eau : Et d'autant que l'vne & l'autre de ces deux parties est fort large, & spatieuse en certains endrois, en d'autres fort estroite & resserrée : qu'en quelque vns l'vne s'insinuë, & se iette dans l'autre, ou passe entre deux, de là viennent six sortes de diuisions de ces deux surfaces, que ie traite icy coniointement, à cause qu'elles conuiennent par ensemble en mesme diuersité de quantité, & ont les mesmes differences, comme l'on reconnoistra par ce, qui suit.

I.

S'il y a vne ample, vaste, & grande estenduë de terre, on l'appelle continent, comme ayant plusieurs terres continuées, & d'vn tenant, où terre ferme, pour estre d'vne consistence solide ou fermée de l'Ocean. Si cette estenduë lonque, large, & profonde est d'eau on la nomme mer, ou Ocean qui est le commun rendeuous de toutes les Riuieres. Les Grecs nomment la leur Pontus. Le nom de mer est plus general que celuy d'Ocean ; puisque celuy-cy s'attribuë à la mer qui enuironne le monde ancien seulement, l'autre à tous les autres endrois de la mer.

II.

Si l'estenduë de la terre enuironnée d'eau n'est en si grande quantité & largeur, que requiert l'amplitude d'vn continent c'est vne Isle. Si cecy est en l'eau qui repose, il s'en fait vn lac. Vn Estang, vn Canal se dit d'vne petite estenduë d'eau stable, comme vne mare, vn reseruoir d'vne encore plus petite. Outre qu'vn Estang se fait par artifice adjoustant vne chaussée à la concauité, que la nature presente : Et de cette sorte c'est vn lac artificiel, comme le lac est vn Estang naturel. Vn marais est vne eau detrempée & meslée auec de la terre, qui est couuerte d'eau : comme les bancs & sablonnieres sont sables meslés, & couuerts d'eau peu profonde, ainsi que ie diray cy apres. L'eau coulante fait vne fontaine, vn torrent, vn ruisseau, vne riuiere, vn fleuue en terre, & vn courant en mer.

III.

Vne terre ou continent, qui auance par vne notable longueur dans la mer, dont elle est presque toute enuironnée, c'est vne presqu'isle en François, peninsule en Latin, chersonnese ou chers

T

ronnese en Grec. Vne mer auançant de mesme façon dans la concauité de la terre selon vne longueur assez grande sans en estre entierement entourée, c'est vn bras de mer, vn sein, vn presque lac, vn Golfe. Car comme le bras s'estend d'vne part & d'autre, dans le milieu, ou est le corps, ainsi fait la mer par ses saillies, & auancemens dās les terres. Pour le nom de Sein c'est proprement à la terre, qu'il conuient en vertu de sa figure concaue : puisqu'elle reçoit dans sa capacité les eaux, qui se iettent comme entre ses bras ; mais par vne metonymie on donne le nom au contenu, qui appartient au contenant : Si ce n'est qu'on veüille dire, que ces eaux s'insinuënt dans les terres, ou les Nauires sont en plus grande seurté, qu'en pleine mer. Ce nom de sein conuient plus proprement au sein Gangetique, & Mexicain, comme celuy de bras au sein Arabique, Persique, de Californie, & Chinois pour vne plus grande conformité de sein dans les deux premiers, & de bras dans les quatre derniers. Mais il faut parler auec, & comme les autres. Pour celuy de Golfe il y a raison, pource que la mer s'engouffre dans les cauitez de la terre, & quand l'eau y entre par les deux extremitez c'est comme vn double Golfe. Et partant les détrois vn peu longs portent meritoirement ce nom.

IV.

Les extremitez des terres se nomment les costes; des eaux les riuages : les vnes & les autres sont ou concaues ou conuexes, ou droites. Les droites n'ont point de diuersité, & retiennent le nom commun. Les autres reçoiuent vne grande varieté, & par consequent font des costes, & des riuages de diuerse nature, & appellation. Car si la terre, s'auançant & se iettant dans la mer par vne petite longueur fait vne figure conuexe, & l'eau vne concaue c'eſt vne langue ou pointe de terre s'il n'y a point d'eleuation : Mais ſi cette terre eſt éleuée c'eſt vn cap, ou promontoire ; tel qu'eſt le cap de bonne Eſperance, de Commorin &c. Et c'eſt comme vne teſte, qui auance & s'eſleuant decouure bien loin ſur la mer. Si la mer fait le meſme dans les terres, c'eſt vn Port, ou vn Haure, ou vne Baye & Ance, vn Port quand le lieu eſt aſſeuré contre les vens, & les tempeſtes, le Haure eſt vn Port ou la nature eſt aidée par l'art. Vne Baye ou Ance quand la mer eſt à decouuert ; Baye pource qu'elle donne moyen aux Nautonniers de decouurir dauantage de terres, & ſelon le mot ancien de les Bayer. Ance pour la forme d'vne ance de pannier. On peut voir ces deux parties dans les Mappe-mondes ſur les coſtes, & riuages de la mer, ou ces deux lettres C & B ſont ſouuent miſes pour ſignifier Cap & Baye, les terres au milieu du continent ſont Mediterranées auſſi bien que les eaux enfermées des terres.

V.

Vne petite lãgue de terre entre deux mers, c'eſt vn Iſthme : cõme vne petite, & eſtroite partie de mer entre deux terres eſt vn deſtroit. Le premier continuë deux terres, & diuiſe deux mers. Le ſecond continuë deux mers & diuiſe deux terres. L'vn & l'autre eſt comme vn paſſage pour aller ſoit par terre d'vn continent à l'autre, ſoit par eau d'vne mer à vne autre. Et c'eſt par ces petites pieces de terre, ou de mer, que deux grandes ou terres ou mers ſe communiquent ; d'où vient que, qui foſſoyeroit & caueroit le premier, ſçauoir l'Iſthme feroit vn deſtroit, lequel ſepareroit deux terres auparauant joinctes, & joindroit deux mers auparauant ſeparées : comme auſſi celuy, qui rempliroit, & combleroit le destroit par vne grande quantité de terre le changeroit en Isthme, & par mesme moyen mettroit la diuision entre les eaux vnies, & l'vnion entre les terres diuisées. La mer par ses mouuemens a bien caué les Isthmes; mais la terre n'a point remply les destrois. Si l'espace de la mer est plus estroit c'est vn Bosphore, vn pas, vn canal, vne manche.

VI.

Vne grande longueur, & vne moindre ou estroite largeur de mer entre deux terres tient pour la longueur de la nature du Golfe, & pour la largeur de celle du destroit. Telle est la manche d'Angleterre, les destrois entre Sumatra & Malaca, entre Corea & la Chine. Celuy de Negrepôt & de l'Eubée celuy de Magellan, & de le Maire &c qui sont aussi appellés Golfes, & sont comme deux bras, qui entrans de deux costés viennent à s'entre rencontrer. Quand le mesme se fait entre deux Riuieres, ou deux Lacs c'est vn canal.

VII.

Archipelage, & par abbreuiation Archipel est vn nom de quantité Arithmetique propre à vne sorte de mer de la Grece, que l'on a rendu commun, pour declarer tous les endrois de la mer, qui sont ennoblis d'vne grande & nombreuse quantité d'Isles. Il n'a point de correlatif dans les terres, non plus que le destroit long; pource qu'il ne se trouue point sur la terre vne si grande multitude de Lacs, que d'Isles dans la mer; ny vne longueur de terre estroite. Et si il y en auoit elle feroit vne belle, & grande digue, que la mer par l'impetuosité de ses vagues, tost ou tard perceroit & diuiseroit.

Par ces diuisions on voit assez t. côme les terres correspondent en estenduë, & quantité auec les mers : comme les appellations de cap, de bras, de sein & autres sont empruntées des parties du corps humain ? Que de cette sorte l'eau se diuise en mers, Golfes, destrois, lacs, & riuieres. La terre en continens Isles, presqu'isles, & Isthmes. Derechef la mer se diuise en mer, & Ocean : cettuy cy entoure le continent ancien ; celle là entoure les autres. Derechef la mer est vne amplitude d'eau, qui est ou entre les continens, & elle est appellée mer, ou enfermée en tout ou en partie dans vn continent, & outre le nom de mer, qui est attribué à sa grande estenduë, elle prend & reçoit vn autre nom, comme de sein, ou de lac, ainsi la mesme eau porte le nom de sein Arabique, & de mer rouge. Et de cette sorte il y a des eaux qui sont mers seulement, d'autres qui sont lacs, ou seins seulement, d'autres qui sont mers pour leur amplitude, & tout ensemble seins pour leur figure.

§. 3. *Obseruation sur les Isles, & sur les lacs.*

Touchant ces parties du Globe, qui ne sont autre chose, que des terres parmy des eaux, & des eaux parmy des terres deux choses les rendent considerables sçauoir est les diuerses qualitez, qui leurs sont particulieres, & leur quantité. Le premier appartient aux Physiciens. Le second aux Mathematiciens. Tous deux aux Geographes. Et pour la quantité, la grande varieté, que nous remarquons de ces terres, & de ces eaux sur nostre Globe demande vne diuision toute particuliere ; afin de distinguer les vnes des autres ; & de donner à chacune le rang, qui est deu a son estenduë. Et certes

142 *De la seconde sorte de diuision Geographique*
cette diuersité merite bien, que l'on fasse sur la terre pour ces deux sortes de parties, ce que les Astronomes ont fait dans le firmament, pour les Estoilles, les diuisant toutes dans six ordres de grandeur. Ie voudrois donc à l'imitation de ceux-cy establir quelques classes de grandeur, pour y faire la distributió de toutes les Isles, & de tous les Lacs; afin de donner à entendre à peu prés l'amplitude de chacune de ses parties du Globe. Par exemple ie ferois 10. sortes de grandeurs, & les Isles ou Lacs seroient de la 1. grandeur qui auroient 10. degrez ou dauantage de longueur c'est à dire 250. lieuës Françoises de 1500. pas Geometriques chaque lieuë : ceux de la seconde grandeur seroient entre 8. & 10. degrez : ceux de la troisiéme entre 7. & 8. & les suiuants seroient entre deux degrez immediats, d'où s'ensuiuroit que les derniers & dixiémes se troueroient auoir moins d'vn degré : ou bien on establiroient six classes seulement selon que l'on iugeroit plus conuenable. Ie laisse à vn autre de plus grand loisir de faire ce departement me contentant d'vne simple enumeration des plus grandes Isles, & Lacs.

§. 4. *Diuision troisiéme propre à la surface de la terre, & prise de ses qualitez.*

IE ne pretend point icy de creuser, & de foüir dans les entrailles de la terre, pour y faire voir les metaux, les mineraux, & diuers mixtes, que la chaleur elementaire y va formant en diuers endrois : I'en laisse la recherche aux naturalistes, pour me retrancher dans vne consideration plus Geographique, & m'arrester sur la surface terrestre, qui sert de demeure aux hommes, pour y faire voir les diuersitez qu'elle a par nature & par art, tant en son fond ou matiere, qu'en ses fruits, & en sa figure.

Touchant la matiere ie reduis toutes les terres, qui composent ceste surface à trois especes: sçauoir est aux sabloneuses, aux argilleuses, & aux spongieuses ou poreuses. Les premieres, comme prodigues laissent couler les eaux, sans rien retenir; les secondes, comme auares les retiennent toutes, sans les laisser entrer plus bas par elles: les trosiémes comme liberales en retiennent vne partie, & laissent couler l'autre comme font les filtres artificiels, tels que sont les lizieres & morceaux de drap non teint. Par les premieres plusieurs Fleuues entrent visiblement dans des couches de sable grossier, se cachent sous terre, & coulent l'espace de plusieurs lieuës soit par ces sables, soit par des canaux naturels: puis sortent & acheuent leurs courses à découuert: tels sont en Asie le Tigre, en Espagne le Guadalquiuir, en Egypte le Nil, En Affrique le Niger, En Mesopotamie Lycus, En France la Venelle, qui se perd dans terre, puis renaist, & se iette dans la Saonne au dessus de Pontarlier. Au pas de l'Ecluse le Rosne. Aure & Dromme se perdent pres de Bayeux sans plus paroistre. Le Loiret pres Orleans, & la Tolure pres Angolesme sont Fleuues à leur source, qui sortent sans auoir paru deuant, & sans disparoistre plus par apres. Ce qui nous aprend, que les Fleuues & les mers coulent aussi bien sous terre que dessus, comme plusieurs experiences nous monstrent En voicy vne estrange, prés de Grenoble sur le chemin de Lyon & de Geneue, est vn lieu appellé Noſtre Dame de Barme, où il y a vne cauerne, qui mene à vn Lac ſouſterrain large d'vne lieuë enuiron long de deux à trois. Le Roy François premier reuenant de Prouence, & eſtant curieux de voir cette merueille fit faire des Batteaux exprés, dont les pieces ſont reſtées ſur le bord, & ſe voyent encore. On fit plus de deux lieuës ſur le Lac: Mais le bruit des eaux qui tomboient auec vne grande celerité fit qu'on n'auança pas dauantage, & meſmes les Flambeaux, qu'on auoit mis ſur des ais, & des Barques, qu'on pouſſoit, & qu'on faiſoit aller deuant eſtant arriués a ce precipice furent engloutis auec les eaux & diſparurent. En voila bien aſſez pour expliquer des ſources qui ſont en reſſortant vne grande Riuiere comme ie viens de dire du Loiret, ou vn iet d'eau eſtrange dans vn pays plus bas comme ſont les Prouinces plus baſſes que le Dauphiné, ou des inondations par des ouuertures, que l'eau preſſée & preſſante fait en diuers endrois: puiſqu'il eſt neceſſaire que ces eaux continuent leur courſe iuſques à la mer ſans pouuoir s'arreſter dans quelque lieu entredeux; à cauſe que celles qui ſuccedent chaſſent les precedentes qui ſont contraintes de ceder tant qu'elles trouuent vn lieu plus bas pour couler & elles en trouuent iuſques à la mer. Ce qui m'eſtonne en cette hiſtoire rapportée par Dauiti, Colon, & autres eſt la dimenſion de la largeur: car pour la longueur il y a bien des cauernes qui ſont beaucoup plus longues: mais pour la largeur il eſt bien difficile de faire vne voûte ſurbaiſſée de la largeur d'vne lieuë pour couurir ce Lac & porter ſur elle vne grande quantité, & peſanteur, de terre. Mais puiſque les grandes Riuieres comme le Niger coule les 60 mille ſous terre, & que les mers communiquent leurs eaux par des canaux

C'est à dire de la Naturelle. 147

baux soufterrains comme ie diray bien toft il faut donner à l'ouurier fouuerain des induftries, que l'on doit nier aux creatures.

Les fecondes terres font les vrays, & folides fondemens des puits & chauffées, des eftangs, & de toute concauité contenante l'eau fans la perdre, tel qu'eft le lict de la mer, des lacs &c. C'eft par le moyen de ces terres que l'on rencontre prefque par tout l'eau arreftée, & d'ordinaire affés pres de noftre furface, pour n'auoir pas tant de peine ny à la trouuer, ny à la tirer : ce qui eft fi veritable que plufieurs de ceux qui font les puits affeurent n'auoir jamais trauaillé en vain, & fans auoir en fouiffant rencontré l'eau en des endrois fouuent affez proches, quelques fois plus eloignés.

Par les troifiémes qui font temperées en humidité & chaleur nous auons l'abondance de tout bien, & felon qu'elle eft meflée auec les autres, elle a encore diuerfe vertu conneuë par ceux, qui cultiuent les terres. Les premieres feruent à purifier l'eau, qui paffant par des fables laiffe toutes fes immondices, & quitte les moindres petits filamens. Les fecondes feruent à faire le conroy, & à baftir. Car la terre argilleufe eft vne pierre ou vne brique preparée, & en difpofition ; comme la pierre ou la brique eft vne argille cuite par chaleur foit folaire foit elementaire, c'eft à dire deffechée, & partant achouée & mife en fa perfection. Et ce que fait le feu par artifice dans vn fourneau en peu d'heures durciffant vne brique, la chaleur foufterraine le parfait en plufieurs années acheuant la pierre. Et tant plus cette terre eft graffe, & mieux liante, tant plus les briques & les pierres qui en font faites font fortes & dures. Et il s'en trouue qui fe colle & s'attache fi bien auec les pierres, qu'elle fert de mortier,

146 *De la première sorte de division Geographique*
à des murailles. Les troisièmes sont pour estre cultiuées, & pour receuoir les semèces de diuerses plâtes.

Il se trouue vne tres grande varieté de chacune de ces trois especes, ainsi que l'on peut reconnoistre dans la grande diuersité de sables, de pierres & autres: & le meslange en fait encore vne infinité de composées comme les troisièmes meslées auec la sabloneuse ou autres bien paistries & pressées perdent leurs pores, resistent au passage de l'eau & seruent de conroy. Au contraire la terre remuée & labourée est plus susceptible des rosées & pluyes celestes & des arrousemens terrestres. Et tant plus le sable est delié, tant plus retarde-il le passage de l'eau, & les petits pores se bouchent aisement & petit à petit. Dieu donc ayant égard à diuers vsages nous fait voir cette grande diuersité, par les couches differentes des terres, que l'on remarque en fouissant bien auant.

Les hommes par art & diuerses inuentions accommodent ces terres & en font par culture des iardins, parterres, vergers, prés, champs, pastis, prairies, bois, forests, taillis, hailliers, hautes-futayes, parcs, landes, &c. & pour leurs demeures, des cabannes, grottes, maisons, palais, hameaux, villages, citadelles, bourgs, villes, citez, prouinces, royaumes, ou republiques.

Reste la figure, qui a aussi ses varietez: pource que la solidité & ferme vnion des parties terrestres la conserue dans de grandes inegalités & irregularités qu'elle a receu dans le commencement du monde. Et c'est ce proprement, surquoy est fondée la diuision suiuante. 1. Eu égard à la surface elle est ou par tout de niueau, ou éleuée, ou enfoncée. Si elle est d'vne mesme hauteur dans vne longue, & large estenduë on la nomme plein, ou campagne : si elle est conuexe & d'vne grande hauteur montagne, Rocher quand la matiere est vne pierre dure, Pic quand elle monte en pointe en pyramide, & en pain de sucre. Si d'vne hauteur mediocre costeau, ou colline. Si elle est concaue & cauée profondement, abysme ; si mediocrement vallée. La montagne à la cime, le sommet ou la feste pour sa plus haute partie, le pied ou le bas, & la pente pour le millieu. Les Montagnars ou pays montueux sont ceux, ou ces inegallités sont frequentes, les pays plats sont ceux, qui ont des pleines.

2. Si on la compare auec la mer les terres qui l'auoisinent sont appellées basses; comme la basse Alemagne, la basse Normandie & sur tout les pays Bas dits tels simplement. Pource que leurs terres sont si basses, que les vnes ont esté déja submergées, les autres sont conseruées par de longues, larges, & fortes digues, & toutes sont dans les embouchures de grandes riuieres, où la mer la plus basse de toutes les eaux porte son flux. Au contraire les terres, ou les premieres sources se rencontrent sont dites hautes; pource que il y a vne descente perpetuelle depuis la source d'vn fleuue iusques à son embouchure, & reciproquement vne montée continuelle depuis celle-cy à celle-là. Et pour cette raison i'estime les Grisons les plus haults de l'Europe & entre ceux-cy vne Ville nommée l'Hospital pource que ceux-cy sont à la premiere source des eaux qui se vont rendre à quatre celebres fleuues, & ceux-cy vont se decharger à quatre mers. Le Rosne à la Mer Mediterranée par vn chemin assés court, le Peau par vn plus long au sein Adriatique, Le Rein à l'Ocean par vn encore plus long, & le Danube au pont Euxin par le plus long de tous, & vne

branche qui se descharge dans luy prend sa source vers les Grisons. Les Pyrenées sont aussi les premieres sources de plusieurs riuieres à raison de leur haulteur. Les Terres situées auprés de la mer, & qui sont tousiours decouuertes sont appellées les costes: & celles qui la terminent le bord: celles qui sont tousiours couuertes sont le lict, & le fond: celles qui sont partie couuertes partie decouuertes par le flux & reflux ont le nom de Greue. Les falezes sont costes eleuées, & escarpées soit à plomb soit auec peu de pente. Dans le lict les terres de telle profondeur, que la sonde ny peut trouuer le fond, se disent abysmes: celles qui en ont si peu que les nauires voguans les rencontrent sont nommées escueils, & brisans si au fond il y a des Rochers, bancs, ou syrtes: si ce sont des sables amassés, & amoncelés. Celles ou la profondeur est mediocre, de sorte que l'eau puisse supporter les nauires, & le fond les arrester receuant l'Ancre portent le nom de Rades, Si elles sont proches des terres decouuertes. Les lieux, où l'eau est esloignée des tempestes, & des furies de la mer, ou les Nauires sont en asseurance, & a labry des vens sont appellés des ports, & s'ils sont rendus tels par artifice, on les nomme des Haures. Les Nauires se brisent dans les escueils, s'affablent dans les bancs, se conseruent dans les Ports, s'arrestent dans les rades, attendant vent, ou marée: voguent en haute mer.

Et pour les retirer de ces sables, il faut les esleuer, ce qui se fait ou par l'exaltation des eaux dans le flux, ou par la decharge du Vaisseau pour le rendre plus leger, & le faire monter & surnager dauantage: Que si les Rochers viennent à s'esleuer par dessus l'eau, ils retiennent les noms de

C'est à dire de la Naturelle. 149

Rochers & brisans, mais ils sont plus faciles à euiter; parce qu'ils sont plus reconnoissables, & aisés à appercevoir.

§. 5. *Division quatriéme propre à l'element de l'eau, & prise de ses qualités.*

Dans cét element on n'y rencontre pas les diuersitez ny materielles, ny formelles, qui se trouuent en la terre; à cause que la matiere y est par tout la mesme, c'est à dire vne liqueur de mesme espece. La figure y est aussi par tout la mesme, c'est à dire la ronde côcentrique au centre du Globe. Que si la furie des tempestes luy donne quelquefois d'autres figures tantost l'esleuant en montagnes, tantost l'abaissant en abysmes, elles sont passageres, & si la chaleur inegalle sur le globe la fait rarefier & esleuer inegallement par dessus celle, qui est froide, c'est de si peu, que cela n'est pas considerable.

Mais il y a dans cét element deux principes de changement, sçauoir la mobilité, & vne mutabilité particuliere, qui estant la cause d'vne grande diuersité de parties le sont aussi d'vne belle & ample diuision. Le premier principe la rend sujette à vn grand changement de lieu: Le second l'oblige à receuoir differentes extensions, & qualitez. Sa pesanteur la fait couler & rouler en bas par mille détours. Sa liquidité fauorise ce mouuement, & tout autre, qu'on luy donneroit, & par cette mobilité la main subtile d'vn Ingenieur luy imprime dans les grottes & fontaines des figures agreables;

De la seconde sorte de division Geographique
mais la chaleur luy fait prendre comme à vn prothée des formes, & des visages bien divers, la changeant en tant de sortes de meteores, que nous dirons dans les vniuersalitez.

Quant au mouuement ie presuppose que la nature voulant former les eaux fait cét ouurage à la façon des autres successiuement, & lentement, & que partant elle les commence par des gouttes, qui formées petit à petit, & multipliées viennent à remplir la mer, d'où ie tiens que qui peut faire vne goutte d'eau ou sçauoir comme elle se fait, à la science entiere de la generation de toutes les eaux comme celuy qui peut expliquer la façon, auec laquelle se forme vn brain d'herbe sçait la maniere, auec laquelle se produit tout le foin du monde, à cause que la nature ayant receu de son Autheur la meilleure façon d'agir la conserue en tout lieu, aussi bien qu'en tout temps auec grande constance, & vniformité. Et encore bien qu'en certains endrois les eaux sortent en telle quantité, & en si grande abondance, qu'elle font vne large & profonde riuiere en leur premiere sortie visible, comme il arriue au Loiret prés Orleans & en tant d'autres, & mesme vne petite mer comme au lac de Zayre, qui enuoye ses eaux dans l'Affrique, (si les Cartes ne trompent point) aux trois parties du monde. Il en fournit 1. au Nil, qui va au Septentrion dans la mer Mediterrannée. 2. au fleuues Zayre Loanda, Goanza Ozoni qui vont à l'Ocean occidental. 3. au fleuue Guama, qui entre dans l'Oriental par 11 bouches, & 4. aux fleuues Doffa & Magnice, qui se joignent au precedent, voila les fleuues les plus grands & signalés de l'Affrique à la reserue de Senequa, qui ayant la mesme hauteur en leur source, la mesme bassesse en leur rendevous ont de tresdifferentes longueurs en leur milieu, pour aller de cette hauteur à cette bassesse, d'où s'ensuit vne pareille difference de celerité en leur course, & de grosseur en leur emboucheure. Ce n'est pas que la nature aye fait ces amas d'eau tout à la fois, mais par goutes seulement, lesquelles se forment ou dans le lac mesme, ou plus haut pour y pouuoir couler, & neantmoins ce lac estant distant de la mer Mediterrannée où il se descharge en partie de 50. degrés enuiron en droite ligne & de la longueur de 60. en serpentant par diuers contours, nous trouuerōs que la hauteur est de 7. mille Italiques & de 200. pas donnant à chaque longueur de 500. pas la pente d'vn, & à mille celle de deux, d'où s'ensuit que chaque degré qui contient 60. mille Italiques aura de pente 120. pas. & que 60. degrez auront 7200. pas qui font la hauteur mise cy-dessus; d'où n'aist vne grande difficulté comment tant d'eau peuuent s'assembler à vne telle hauteur. Ie l'explique dans les vniuersalitez, & en vn traitté qui a pour titre La science des sources naturelles, & l'art des fontaines artificielles ; suffit icy de sçauoir pour entendre la diuersité des parties naturelles du Globe, dont il s'agist icy, que de plu-plusieurs gouttes ramassées se fōt des filets d'eau, de sieurs filets se font les eaux des puits, si elles ne trouuent point d'issuës, des fontaines si elles trouuent des sorties, & des pentes : de celles-cy se font des ruisseaux, de ceux-cy des riuieres, de celles-cy des fleuues, & enfin des fleuues se font les mers qui sont le dernier & commun receptable de toutes les eaux. Pareillement des gouttes qui se forment dans les nuées par resolution viennent les pluyes, de celles-cy quand elles sont abondantes les torrens qui grossissent les riuieres, & les font souuent desborder & courir des longues & des larges campagnes, ce que font encore les grands amas de neiges quand ils viennent à se fondre, & de ces innondations les vnes sont extraordinaires, qui passent viste, comme leur cause, les autres sont reglées, où les causes le sont, comme on voit aux desbordemens du Nil dans l'Egypte, aux grands lacs passagers dans la Cochinchine, qui a les pluyes regulieres, & les cauités propres à les recevoir, à raison des frequentes montagnes, qui s'y trouuent.

Les premieres sorties des eaux sur la surface terrestre s'appellent sources, les derniers termes de leur course & les premiers abords à la mer emboucheures. Le mouuement entre deux se fait auec autant de varieté, que l'eau rencontre de destours, de saults, & de cheutes, de digues, d'aides, ou d'obstacles en tout le milieu ; comme on peut voir és contours de la Seine, és catadoupes du Nil, és saults de la riuiere de S. Laurent &c.

Dãs ce chemin il y a deux choses particulieremēt à remarquer. La premiere est la vistesse où la lenteur de la course des riuieres. La seconde est la communication qui se fait, & se peut faire de plusieurs riuieres ensemble : celle-cy sert grandement au commerce, & à la communication des biens, que les terres produisent, des ouurages que les hommes font, & de tout ce, qui se trouue dans les pays par où passent les riuieres nauigables ; qui s'en rendent notablement plus riches. L'autre sert a retarder, ou auancer le temps de la nauigation, & a rendre les riuieres plus faciles, ou difficiles à remonter.

La vitesse se prend de deux choses : de l'abondance des eaux, & de la pente des terres ; puisque elle croit par l'accroissement des eaux dans la
mesme

mesme pente d'vne riuiere comme il arriue aprés de grandes pluïes, & par l'accroissement de la pente dans vne mesme quantité d'eau. Les eaux sortans en quantité chassent auec impetuosité les antecedentes, comme elles sont chassées par les suiuantes. La pente les fait approcher du centre, par vne ligne plus courte, & y descendre plus vistement. Et comme la cheute perpendiculaire est la plus courte de toutes, elle est aussi la plus viste; & tant plus que les autres s'en éloignent, tant moins il y a de pente au lit des riuieres, & tant moins de celerité en leur mouuement; à cause que la longueur du chemin distribuë la mesme pente à dauantage de parties; & fait que chaque partie en a d'autant moins, que les parties sont plus multipliées. Or est-il que selon qu'elles ont moins de pente elles ont en suite moins de celerité; puisque la pente en est la cause totale, comme ie monstre en la Cosmonomie: On peut descendre du hault d'vne montagne en bas par des chemins de differente longueur & inclination. Les plus courts comme aussi les plus penchans sont ceux, qui vont droitement du haut en bas, & du sommet au pied de la montagne; les plus longs sont ceux, qui y conduisent par des spirales multipliées. Les entre-deux vont serpentant par diuers tours & retours, ainsi que l'on voit dans les chemins pour des charettes. Et si on faisoit rouler des boules, ou couler des eaux par ces trois chemins, on verroit la diminution du mouuement en celerité arriuer selon l'augmentation du chemin en longueur; pource que cette augmentation fait la diminution de la pente, & en est la mesure. Et voila la façon de rendre vne riuiere nauigable, qui par sa trop grande rapidité ne l'est pas, ou par ces cheutes. Car il ne faut que faire vn canal de beaucoup plus long selon la tardiueté que l'on desire auoir dans les eaux. Que si nous prenons les quatre riuieres nommées cy-dessus le Rhein, le Rhosne, le Pau, le Danube qui ont leur source en mesmes montagnes & eleuations, leurs termes en des eaux de niueau, ou bien peu differentes en hauteur. Et si nous mesurons leur longueur la prenant auec vn filet sur le Globe, la diuersité des longueurs nous fera iuger de celle de la pente de chaque chemin, & celle-cy de la vitesse ou tardiueté ; mais comme la pente ne decroit pas regulierement le mouuement ne le fait pas non plus, on verra pourquoy le Rhosne va plus viste que le Danube, le Tigre, que l'Eufrate &c. Dites en autant des riuieres pareillement nommées cy-dessus, & qui sortent du Zaire. Que s'il y a des saults en quelques endrois ; comme ils y accroissent grandement la vistesse, & y rendent la nauigation impossible, ils la retardent és autres endrois, & rendent la nauigation facile, soit en montant, soit en descendant, ainsi qu'il arriue à la riuiere de S. Laurent en Canada.

Remarqués qu'aux deux causes susdites de celerité, il en faut adjouster vne troisième, qui est l'acceleration des mouuemens naturels, laquelle croit auec la continuation du mouuement, comme ie monstre en la Cosmonomie.

Touchant la communication des riuieres ie me contente de dire en general qu'il ny a riuiere, ny aucun endroit de riuiere, où elle ne se puisse faire, & c'est auec tel autre endroit de riuiere que l'on pourra assigner, si nous la considerons seulement de la part des eaux : car prenant quelque point A. que se soit d'vne riuiere, & le comparant auec quelque autre point B. d'vne autre : ou A. se trouuera plus bas, ou plus haut, ou égal, s'il est plus bas il receura les eaux de B. plus hault. S'il est plus hault il communiquera ses eaux à B. plus bas: s'il est égal toutes les deux rivieres s'entre communiqueront leurs eaux & rempliront le canal du milieu, de maniere qu'il ne reste plus pour l'execution qu'à voir les obstacles ou commoditez, tant naturelles que civiles, qu'il y a dans les terres, qui sont entre deux. Et icy il faut auoir égard à choisir les lieux les plus propres à cette conduite : sçauoir est de choisir ceux de moindre distance, & où les rivieres s'aprochent de plus prés, les plus faciles à cauer & à fossoyer, comme sont ceux qui n'ont point de rochers, les moins sujets aux inondations, pertes d'eau, & autres inconueniens, pource que les lieux caués qui ont des couches de sable peuuent diuertir l'eau & la faire perdre, les endrois plus éleuez la feront inonder sur la campagne, les endrois de sable & aux pieds des montagnes feront tomber les terres dans le canal & le rempliront, & c'est pourquoy deuant que de rien entreprendre, il faut soigneusement & diligemment comparer diuers points d'vne riviere auec diuers points de l'autre, leur niueau, distance, la nature de l'entre-deux, la pente & autres circonstances que ie deduis en l'art de niueler: Et on trouue bien souuent que ce que Dieu a separé de la sorte, ne se peut ioindre par les hommes, telle a esté l'entreprise de ceux qui ont voulu ioindre la mer rouge auec la mediterranée, Neco Roy d'Egypte a trauaillé le premier à ce dessein employant 120. mille hommes à tirer & cauer le canal au rapport d'Herodote, où vn des Prolomée s'efforça d'acheuer comme aussi Cleopatre & depuis le Sultan Solymā a repris cét ouurage y mettāt 50. mille ouuriers : mais pas vn d'eux n'a reüssi, &

156 *De la seconde sorte de diuision Geographique*
vous ont trouué empeschement, ou dans la dureté
de la terre & autres circonstances, ou dans l'eleuation de l'eau de la mer rouge sur la mediterranée
pour sa plus grãde chaleur, ce qui eut inondé le bas
Ægypte & d'autres pays maritimes. Cornele Ta-
cite liu. 1. de ses Annales Chap. 2. asseure que
Lucius Verus fit trancher & creuser vne fosse pour
joindre la Moselle auec la Saone, & par ce moyen
le Rhein auec le Rhosne, l'Ocean auec la mer
Mediterranée, il en fut empesché par la ialousie
d'Elius Gracilis Lieutenant general des Romains
en Flandre. Charlemagne l'an 793. voulut aussi
faire la ionction d'vne riuiere nommée Radane qui
s'en va au Mein & delà au Rhein, & du Rhein à l'O-
cean auec vne autre dite Almonus qui se rend au
Danube & par là au pont Euxin pour ioindre ces
deux mers & y mettre la communication des eaux,
& par celle-cy l'autre finale qui est le commerce, &
le transport facile des denrées de diuerses côtrées.
Gaspard de Saux Seigneur de Tauanes Mareschal
de France auoit vn dessein de renfermer l'eau des
riuieres d'Ouche, Tilles & Suson dans vn canal capable de porter toute sorte de vaisseaux qui s'iroit
rendre à S. Iean de Losne à cinq lieuës de Dijon,
& le Roy Charles IX. en deuoit faire l'Edict: mais
la mort qui suruint de ce prince fit quitter ce dessein.

En d'autres endrois plus vnis, & disposez il semble que Dieu par ceste preparation inuite les
hommes à l'entreprendre & à acheuer ce qu'il a
commencé, & pour lors on trouuera de la facilité à
l'execution, du succez à la fin du trauail, & des
grandes & perpetuelles vtilités dans l'vsage, dont
iouyssent maintenant les Flamens, qui ont fait
quantité de canaux pour nauiger d'vne Ville à

l'autre, ce qui espargne mille chariots. Le plus memorable est la fosse Eugeniene, qui prend de la Ville de Venlo dans la Meuse, iusques à Rymbec dans le Rhein, & est lõgue de plus de 10. lieuës Frãçoises. Le Roy des petits Tartares ayant creusé vn canal, qui prend du Tanais, ou du Don iusques à Volga a fait qu'on peut maintenant voyager dans toutes les mers sans prendre terre. La Chine est fauorisée auec auãtage de cette inuention, pour la frequente communication des fleuues, qui sont plus qu'aucun autre chargés de tãt de nauires, que leur rencontre en rend le passage difficile, comme celuy des carrosses dans les ruës de Paris. Et on tient pour asseuré, que c'est le Royaume, qui non seulement a plus de batteaux, qu'aucun autre: mais encore qu'il en a autant que tous les autres ioints ensemble; ce qui certes est vne marque d'vn grandissime commerce. Et tous les pays particuliers, qui ont rendu leurs riuieres nauigables ont experimenté, que le fruit de peu d'ãnées a payé toute la despense que l'on a fait pour rendre vn benefice perpetuel. Le mal-heur est que ceux qui entreprennent ces communications veulent auoir le fruit & le gain present aussi bien que le trauail, ce qui ne se peut, & qui empesche souuent, que les entreprises ne sont pas executées.

Ces jonctions ne se peuuent faire que dãs le plat pays, & és lieux maritimes, ou il y a de longues campagnes: La France peut receuoir en plusieurs de ces riuieres ces communications, comme en la Bretagne, qui est vn pays plat, & sans hautes montagnes. Ie donne la façon dans l'art de Niueler pour les faire auec la plus grande asseurance, & briefueté, que l'on sçauroit desirer.

Il y a des communications interieures, & sou-

De la seconde sorte de diuision Geographique sterraines, soit pour les riuieres, comme l'ay monstré cy dessus, soit pour les mers. Bref les eaux sont ou dans l'air ou elles font les pluyes, les neges, & les gresles; ou sur terre ou elles font les sources, les fontaines, les ruisseaux, les torrens, les riuieres si elles sont coulantes, les marests, estangs, reseruoirs, lacs, seins, mers, Oceans si elles sont consistentes; ou dessous terre ou elles sont des especes d'eau coulante ou consistente, qui correspondent aux precedentes. Et quoy que d'abord la mer semble incapable de mouuemens; à cause du niueau, & de l'egallité de hauteur, en laquelle ses parties se maintiennent, elle ne laisse pas d'en auoir, & de bien diuers, dont le plus conneu est le flux & le reflux, qui se fait ressentir bien auant dans les riuieres : comme est la barre de la Seine, le montant de la Garonne, & le Mascaret de la Dordogne. On y voit encore des courants & des mouuemens rapides, d'autres plus moderés, des boüillonnemens, & esleuations d'eau en quelques endrois, des agitations & des tempestes presque par tout, qui viennent de la furie & contrarieté des vens, qui sont dans l'air, & quelquefois des soufterrains, comme il arriue au Lac de Geneue. Elles sont plus grandes és endrois, ou les vens sont plus impetueux, & ils le sont és endrois, ou ils sont contrains de se resserrer : Car c'est en cette compression, ou ils redoublent leur vertu.

CHAPITRE SIZIESME.

Diuisions generales des continens, & des mers.

Rien ne peut plus conuenablement suiure l'explication des termes Geographiques mise au

Chapitre precedent, que l'enumeration des parties principales du Globe signifiées par ces termes. Outre que ce sont les solides fondemens, par ou il faut commencer les trois diuisions Geographiques qui restent. Et quiconque pourra appliquer sur le Globe ces parties & y remarquer ces diuisions stables & generales, que Dieu a establi, trouuera bien de la facilité a y adiouster, & monstrer les autres changeantes & particulieres, que les hommes ont inuenté & introduit, & les donnera à connoistre, par vne marque permanente. Et certes si on auoit attaché l'ancienne Geographie ciuile à ces caracteres ineffaçables & immuables, on en auroit vne connoissance de beaucoup plus distincte, & plusieurs difficultés qui naissent sur ce suiet s'euanoüiroient incontinent. C'est pourquoy ie conseille ceux qui voudront profiter de la lecture de ce Chapitre d'auoir vn Globe terrestre, ou vne carte vniuerselle deuant les yeux, & y trouuer chaque partie, dont il sera parlé : ou plustost auoir quelqu'vn au commencement, qui la leur monstre pour les soulager de ce trauail.

§. 1. Premiere diuision des continens.

IL y en a quatre autant que de mondes, deux conneus, l'ancien ou nous sommes, & le nouueau dit l'Amerique; deux inconneus l'vn austral dit Magellanique ou la terre Australe inconneuë, l'autre Boreal dit le Groenlant, dont la partie suiette & tributaire au Roy de Dannemart, qui estoit conneuë & visitée toutes les années est maintenant perduë pour ce Roy, & on ne la pas peu retrouuer; quoy qu'on y aye enuoyé des Nauires plusieurs fois. Ils sont tous quatre de mesme antiquité & durée, &

De la seconde sorte de division Geographique, on a egard à leur premiere creation, existence, & establissement; mais ils sont appellés tels par le rapport, qu'ils ont à la connoissance, que nous en auons: & partant ce mot de nouueau se joint auec conneu; & joint de la sorte s'applique à l'Amerique. Les costes des deux derniers continens ont esté decouuertes en plusieurs endrois par des flottes diuerses: mais d'autant que les pays Mediterranées, qui font la plus grande & principale partie de ces continens n'ont pas esté visités par les Européens, on tient le tout pour inconneu. Il y a cette difference entre l'Amerique qui a esté inconneuë iusques au quatorziéme siecle, & les deux autres parties polaires, qui le sont encore, que celle-là auoit assés d'attrais, & de richesses, pour appeller à soy les hommes, & les y faire venir; rien ny manquoit, que la connoissance de ses thresors & de leurs lieux: mais pour celles-cy, c'est la connoissance, que ce sont terres steriles, couuertes de neges, & où il n'y a rien à gagner, que du froid, qui en a diuerti les hommes, qui suiuant le Soleil, dressent leurs nauigations vers les pays, qui sont visités des rayons perpendiculaires de cét Astre, qui est la cause de toute fecondité, quittant ceux, qui n'ont que des Rayons frizans, ou obliques. Et pour ce mesme suiet les Peuples septentrionaux ont fait des eruptions & des courses sur les pays Meridianaux où la douceur de l'air, & des fruits leur a fait souuent oublier le pays de leur naissance, pour s'arrester dans celuy de leurs conquestes. C'est pourquoy il y a beaucoup de relations des vns, peu des autres.

Neantmoins deux considerations ont porté les hommes a y aller, & nous en dire des nouuelles. L'vne est pour trouuer par là vn passage à aller de nos terres occidentales de l'Europe aux Orientales de l'Asie, dont ie feray voir cy apres le succés. L'autre est la pecherie des Baleines à Spisberg à 8. degrés prés du Pole où elles sont d'vne prodigieuse grosseur & en tres grande multitude, & d'ordinaire la langue donne 10. barriques d'huiles & l'an 1634. les Diespois y estant allé à ce dessein en prirent vne, dont la langue seule en fournit 16. barriques, & la pelleterie des Castors, Martes, Orignaux, Ours, Loups Marins, & autres. Dieu recompensant par la fecondité des Mers, la sterilité des Terres, par l'abondance de resine & de poisse dans les arbres, & par l'espaisseur, & bonté des peaux & des poils dont les animaux sont couuerts la froideur du sol.

Les trois premiers continens, sont d'vne grandeur presque egalle. Le quatriéme n'en approche pas, & n'a que ce qu'il faut pour euiter le nom d'Isle s'il est separé de l'Amerique, ou de presqu'Isle, s'il y est continu. Car c'est vn point, qui est encore indecis : & puisque c'est vne question de fait, rien ne le peut determiner, qu'vn rapport de ceux, qui en auront parcouru les costes. L'ancien surpasse le nouueau en largeur : cettuy-cy l'autre en longueur.

§. 2. Diuision seconde des Mers en general.

N. 3. Trois Chefs de diuision.

Il y a trois choses, qui peuuent donner quelque difference aux parties de la mer, & par consequent estre le fondement d'autant de diuisions. Les premieres sont diuers accidens, qui se rencontrent dans les mers: mais chaque mer n'ayant pas vn accident particulier, cette diuision ne peut estre vniuerselle. Les secondes sont les diuisions actuelles, & totales, ou presque totales des mers. Et celles cy laisseroient de trop grandes parties sans diuision. Les troisiémes sont diuers rapports, que les mers ont aux terres, qu'elles arrousent, & qu'elles costoyent: & c'est cette diuision, qui est suiuie & en vsage dans toutes les Geographies. Et certes puisque la mer n'a en soy, ny en ses parties aucune diuersité absoluë pour y mettre des differences, on doit auoir recours à des diuersitez relatiues, & on n'en trouuera point de plus conuenables, que les rapports, qu'ont les parties des mers aux terres, qu'elles baignent & enuironnent: comme aussi elles sont pour les terres, & les terres pour les hommes.

N. 1. Premiere sorte de diuision par diuers accidens.

Les noms, que l'on a donné a diuerses parties de la mer se prennent tantost de la couleur vraye ou apparente, qu'elles ont; comme la mer rouge assés connuë. La mer blanche à l'extremité de la Moscouie, la mer Vermeio ou pourprée en l'Amerique Septentrionale ioignant la Californie. Le pont Euxin s'appelle mer noire; quoy qu'ayant peu de profondeur elle paroisse blanche, & la mer Egée mer blanche quoy qu'elle paroisse noire cõme monstre Aristote en son prob. 6. sect. 23. pource que les Turcs qui les ont ainsi nommées par noir entendent contraire, prejudiciable mal faisant, par blanc fauorable & bien-faisant. La mer Pearhaque a esté dite verte: mais ce nom conuient plus proprement à vne dite Sargasse qui est si couuerte de verdure, qu'elle paroist comme vn pré d'vne estenduë de 100. lieuës, ainsi que ie diray dans les particularitez.

Tantost des proprietez, qu'elles ont comme la mer pacifique, pour le calme dont elle ioüit, le destroit Cymmerien c'est à dire tenebreux pour les nuages espais & l'obscurité qu'il y a. La mer aspre ou de Natal entre l'Isle de Madagascar, & l'Affrique, pour les tempestes dont elles est plus furieusement agitée qu'autre part. Le pont Euxin ou *ἄξενος* c'est à dire sans hospitalité, à cause des tempestes qui agitent ces flots, ou plutost des Pirates & Coursaires, qui courent sur ceux qui y nauigent, & des peuples, qui viuent sur ses costes, & exercent des cruautez sur ceux qui y abordent. Et si on la nomme *εὔξεινος* c'est par antiphrase comme *bellum quod minime bellum*. La mer paresseuse au delà de l'Escosse vers l'Isle de Thule, pour la tardiueté du mouuement, que souffrent les nauires qui voguent dessus: retardement qui ne peut arriuer que de l'abondance des herbes, ou de la densité des eaux qu'ou de la multitude des glaces, ou de la foiblesse des vens. La mer au delà de Thule a esté appellée morte, pour estre selon l'opinion des anciens sans flots, tēpestes, & agitation, nom qui est encore donné au lac de Sodome ou vn homme lié & ietté n'enfonce pas, ce que Galié dit auoir experimenté: mais c'est à raison de l'espesseur de l'eau, qui est toute bitumineuse. Et certes si la mer boreale estoit perpetuellement glacée les nauires y seroient sans mouuement: mais l'experience annuelle nous asseure, qu'on vogue sur elle iusques à 8. degrez prés du pole. Bref la mer porte ce nom pour l'amertume qu'elle a, qui luy vient du sel meslangé auec quel-

264 *De la seconde sorte de diuision Geographique*
que autre mixte : & encore bien que cette salure luy soit vniuerselle & se retrouue en toute son estendue, c'est auec inegalité; pource que le pont Euxin est moins salé, que la mer mediterranée, & la palu Meotide, que le pont Euxin. Item les mers boreales, que les mers de la Zone Torride, & la mer qui reçoit les rayons tantost à plomb tantost perpendiculairement l'est moins durant les rayons obliques, que pendant les perpendiculaires; pource que les eaux douces des riuieres amoindrissent la salure par leur meslange, & le Soleil attirant la seule eau douce laisse ce qui reste plus salé.

Il y en a, qui ont voulu soustenir, que l'eau de la mer estoit en son fond douce, en sa partie superieure salée : mais puisque l'eau salée pese dauantage que la douce, cette cy monteroit & l'autre descendroit; & en effet si on met le trou d'vne bouteille ronde & pleine d'eau salée sur le trou d'vne autre pleine d'eau douce l'vne montera à trauers de la salée comme fait le vin au trauers de l'eau quand on remplit la bouteille superieure d'eau, & l'inferieure de vin.

N. 3. *Du nom de Glacée.*

Entre les noms, qu'on donne à la Mer Boreale il ny en a point de plus commun, que celuy de glacée ou glaciale, & le mot *Almachium mare*, qu'on luy attribuë signifie en langue Scytique glacée. Et certes les glaçons qu'elle porte, & charrie sont souuent d'vne telle estenduë, qu'ils surpassent les Villes, les Isles, & les campagnes bien longues, d'vne telle hauteur qu'elle vient à egaller celle des Clochers, & des montagnes mediocres & l'an 1635. La Flotte Françoise allant en Canada vers le 45.

parallelle costoya vn glaçon varié en des vastes campagnes & des hautes montagnes trois iours entiers qui partant deuoit auoir en longueur 80. lieuës enuiron. Qu'els doiuent estre ceux qui sont vers le 80. parallelle, & comment est-ce qui peuuent se geler en telle hauteur?

Sur ce mot de glace Macrobe, Galien, Merule tiennent, que la mer salée ne gele iamais, & que les glaçons ne se forment que des eaux douces, deuant qu'elles ayent pris le meslange du sel ; à quoy l'accordent plusieurs Hollandois : pource que la resolution de la glace ne se fait iamais qu'en eau douce, que l'on boit, dont on cuit la chair, & mesmes les Nautoniers l'estiment salubre. De plus les Hollandois l'an 1595. surpris entre les glaçons du d'estroit de Raigas & rencontrans quelques Moscouites leur demandèrent si la mer geloit tousiours de la sorte, à quoy ils respondirent que la mer de Septentrion ny de Tartarie ne geloit iamais, qu'il n'y auoit que ce destroit auec les bords, & riuages de quelques Golfes, & Bayes. Mais si ces experiences sont asseurées, les autres qui semblent les combatre ne le sont pas moins ; sçauoir que l'eau de la mer se gele : ce qui est certain du pont Euxin, & de la mer Caspie, quoy que tres salée & amere, & sur tout de tout l'Ocean, Boreal, où en vne nuit, & en vn lieu esloigné de tout eau douce la mer deuiendra glacée de plusieurs brasses : & c'est de là que viennent les glaçons descris cy dessus, & le vin, & mesme l'eau de vie commune y gele, & lors l'on peut enfoncer les tonneaux sans crainte de rien perdre : mais cela estant arriué on a trouué la glace contenir ce qui est de Phlegme & de terrestre dans le vin, & l'esprit du vin retiré au milieu sans estre glacé auec vne tres grande force.

Ce qu'estant il faut dire que la cause de la congelation est bien esloignée de la froideur, quoy que celle-cy la doiue accōpagner pour deux effets qui luy sont contraires, dont le premier est d'enfler la liqueur gelée, d'où vient qu'elle rompt les vases, qui la contiennent, qu'elle fait fendre les arbres, surnager la glace comme plus legere que la mesme eau non glacée. Et si vous remplissez vne bouteille d'eau iusques à la moitié du col vous la verrez lors qu'elle sera glacée eleuée sensiblement par dessus cette moitié. Le second est de separer ce qui n'est pas capable de congelation d'auec ce qui l'est, ce dequoy ie traiteray plus amplement dans les vniuersalitez. On pourroit encore demander comment est-ce que le pont Euxin qui reçoit continuellement des eaux douces peut se conseruer auec son amertume & salure quoy que beaucoup moindre que celle de l'Ocean. On peut experimenter tout cecy durant les grandes froideurs, sans qu'il soit de besoin d'aller en Canada.

N. 3. La seconde sorte de diuisions par les separations exterieures.

S'il s'agist icy d'vne diuision actuelle & totale il ny aura que deux mers ; sçauoir la mer Oceane, & la mer Caspie : mais considerant les diuerses estenduës, qui n'ont continuation que par vn petit destroit & separation en toute autre partie, on diuisera la mer Oceane prenant ce mot en son ample signification en trois ; sçauoir en mer mediterranée, en l'Ocean, & en la mer pacifique ; quoy que cette-cy ne soit diuisée de l'Ocean par vn destroit, que d'vn costé.

§. 4. *La troisiéme sorte de diuision par les rapports.*

C'est en cette-cy, qu'il faut s'arrester comme estant la plus commune parmy les Geographes, & la plus propre à leur dessein. Et suiuant cette maniere pour descendre des premieres & plus generales habitudes aux plus particulieres, On diuisera la mer en deux especes, sçauoir en celles, qui sont enuironnantes les terres & exterieures à elles, & en celles qui sont enuironnées des terres, & interieures. De la premiere sorte on en fera autant de parties que de continens; sçauoir quatre; dont la premiere est celle, qui enuironne le continent ancien conneu dite Ocean; La 2. celle qui enuironne le nouueau conneu dite de nostre costé mer du Nort, de l'autre mer du Sud, ou pacifique. La 3. celle qui entoure le continent austral inconneu dite mer Magellanique. La 4. celle, qui entoure le boreal dite mer glacée, & de Groenlant.

De la seconde façon on en reconoist deux, sçauoir la mer Mediterranée, & la mer Caspie. Et si on y veut adjouster les seins Baltiques, Arabiques, Persiques, les lacs Parime, des Eurons, & autres ie ny resisteray pas.

D'où s'ensuit que nous aurons en tout six mers generales, desquelles ie mettray les parties au §. suiuant. Strabon met la mer mediterranée pour vn sein, & vn bras de mer, & Ptolomée la mer Caspie pour vn lac : mais l'amplitude de l'vne surpasse la proportion que doit auoir le bras à son corps, & la grandeur de l'autre celle de tous nos lacs : ce qui leur a fait donner vniuersellement le nom de mer: particulierement lors, que l'on n'auoit encore découuert tant de lacs d'vne pareille estenduë. &

68 *De la seconde sorte de diuision Geographique*
mesmes plus grande. Outre que cetuy-cy a en sa
grandeur & en sa salure la qualité de la mer.

§. 3. *Diuision troisiéme des mers generales declarées au §. precedent.*

N. 1. *Le principe de ces diuisions.*

Puisque les diuisions suiuantes se font selon la troisiéme façon des trois expliquées cy-dessus, c'est à dire par rapport aux terres il faut sçauoir 1. qu'elles doiuent suiure immediatement les diuisions des costes, que les mers arrousent, & mediatement celles des terres terminées par ces costes: aussi ordinairement on adjouste le mesme mot aux mers, qu'aux costes comme la coste & la mer de Barbarie, & le denombrement des vnes peut seruir à celuy des autres: comme aussi il y a relation mutuelle de l'vne à l'autre. Et si les mers sont terminées par les costes, celles-cy le sont par les mers. Et ie ne sçache que l'Etiopie, qui estant vn Royaume Mediterranée a donné son nom a vne grande estenduë de mer dite Etiopique : mais sans doute c'est la grandeur & la noblesse de cét Empire sur les autres de l'Afrique, qui a emporté cét auantage.

Faut sçauoir 2. Que les costes peuuent estre diuisées en trois façons 1. par les Riuieres, qui en font vne separation actuelle 2. par les pointes des promontoires, qui y font des diuersités capables de seruir de bornes, aussi bien que de differences. & 3. par les parties ciuiles, comme par les Royaumes Republiques

republiques. Les deux premieres sortes sont visibles, naturelles, & perpetuellement les mesmes, & les diuisions prises d'elles sont de mesme nature, & immuables, & partant plus scientifiques: les troisiémes sont changeantes & rendent leurs diuisions de mesme : & neantmoins les hommes qui imposent les noms voulans ou gratifier leur Prouince, ou pour quelque autre sujet passager, choisissent souuent le pire, & obligent les autres à receuoir les noms imposés par eux & à s'en seruir.

N. 2. *Diuisions des mers enuironnantes & premierement de l'Ocean.*

Ie prend ce mot dans sa propre signification, pour la mer, qui entoure l'ancien continent. Et comme il prend sa denomination generale de la terre, qu'il enuironne ; il doit aussi receuoir ses appellations particulieres des terres particulieres. La diuision la plus commode, & conuenable de toutes est celle, qui le diuise en trois parties par rapport aux trois parties du monde ancien ; sçauoir en l'Ocean, d'Europe, d'Asie, & d'Affrique, ou en quatre par rapport aux quatre parties du monde. Et d'autant que cette façon est plus en vsage ie m'y arreste, & dis qu'elle nous donne l'Ocean oriental ou du Leuant, le meridional ou Indique, l'occidental, & le boreal.

La mer du Leuant contient la mer du Catay, de la Chine, l'Anchidol, & le grand Archipelage. La premiere s'estend iusques aux bornes de la Tartarie, vers le Septentrion, la troisiéme iusques à la terre Australe inconnuë vers le midy. La seconde occupe tout le milieu & l'entredeux. Les trois premieres joignent les terres, la quatriéme quitant les riuages aux trois premieres parties prend son estendue vers l'Orient dans l'amplitude que cette mer a de ce costé là.

La mer du midy ou Indique s'estend depuis l'isle de Summatra iusques au Cap de bonne Esperance, & partant commence par la coste de Malaca, continuë par les costes de Summatra, de la Pecherie ou de Meliapor, ou de Coromandel au delà du cap de Commorin, de Malabar au deça, par la coste Persique & Arabique dans le reste de l'Asie, par les costes d'Abex, de Melinde, de Mosambic, & finit par la coste de Monomotapa qui sont en la partie orientale de l'Affrique.

La mer occidentale ou du couchant contient la mer Etiopique, & Atlantique, pour celle qui correspond à toute l'Affrique, l'Occidentale ou la mer Germanique & Caledonique, pour celle qui est correlatiue à l'Europe. Et ces diuisions se font par rapport aux plus nobles empires ou proprietez de ces parties; mais pour les rendre plus particulieres la mer occidentale de l'Affrique se diuisera par les costes de Monomotapa ou des Caffres, de Congo, des Negres, de la Guinée ou des mines d'or, de Malaquet, de Senega, ou du Cap Verd, des arenes, d'Affrique (car cette partie n'ayant point de nom propre retient le commun.) & de Maroc. La mer occidentale de l'Europe se diuise par les costes d'Espagne c'est à dire d'Algarue, de Portugal, & de Galice, par celle de France qui borne les Prouinces de Languedoc, Guienne, Bretagne, Normandie, Picardie, par les costes du pays Bas, de l'Allemagne, & de Danemarc.

L'Ocean boreal se diuise en mer Petzorke, Moscouitique, & Tartarique.

C'est à dire de la Naturelle.

N. 3. Diuision de la mer de l'Amerique.

Puisque l'Amerique n'est entourée de mer, que de deux costés, sçauoir de son costé Oriental, qui nous regarde, & de l'Occidental, qui est tourné vers la Chine, il eut esté plus conuenable de nômer la mer, qui est de nostre coste d'Est ou de l'Orient Americal, l'opposite de l'Ouest & de l'Occident, que comme l'on a fait appeller l'vne de Nort, & l'autre de Sud. Mais puisque ces termes sont en vsage il s'en faut seruir pour estre entendu. Ces deux mers se diuisent selon les costes, qui en sont arrousées, & ces costes selon les Royaumes, qui en sont terminés. Ainsi la mer qui borne la partie de l'Amerique Septentrionale, qui nous enuisage se diuise en mer de Correal, de terres neuves, de Canada ou nouuelle France, de la Virginie, de la Floride, du Sein Mexic. Celle qui borne la partie Méridionale & de mesme costé est partagée en mers d'Hondura, Nicaraoua, Castille d'or, des Caribes, du Bresil, des Toupinambous, du Paraquay, des Patagons, & du destroit de Magellan.

La mer qui la termine du costé de l'Asie & se dit mer de Sud ou pacifique se diuise en mer de Chilé, du Perou, de la nouuelle Espagne ou du Mexic Occidental, de Californie.

Les mers des deux autres continens n'ont point de diuisions particulieres.

N. 4. Diuisions des mers enuironnées & interieures.

La mer mediterranée se diuise en six principales parties qui sont 1. la mer Mediterranée qui pour estre la plus noble partie retient le nom commun & se le rend propre 2. Le Sein Adriatique, ou le Gol-

De la seconde sorte de division Geographique se de Venise 3. L'Archipel ou la mer Ægée ou mer blanche 4. le Propontide ou la mer de Marmora. 5. le pont Euxin 6. la Palu Meotide. Ou bien on peut dire qu'elle contient deux grandes mers la Mediterranée & le pont Euxin, deux moindres la mer de Marmora & la Palu Meotide dite mer de Zabacchen pour vne espece de poisson, que l'on y pesche. Trois grands Golfes, qui sont nommés *Sinus Leoninus, Venetus, Salaticus.* qui tirent leur nom de quelque Noble Ville située dans les terres, qui bornent ces mers. Le premier dit Golfe de Leo ou de Lyon, prend depuis le destroit jusques vers l'embouchure du Rosne. Le second de Venise a vne concauité particuliere, entre l'Italie Occidentale, & la Dalmatie Orientale. Le troisieme de Satalie entre l'Asie & l'Egypte, & cinq destrois, que ie descriray dans vn §. particulier.

De rechef la mesme mer prise soit selon son total, soit selon la premiere partie des six declarées cy-dessus, se peut commodement diuiser en trois suiuant les trois parties du monde ancien, qu'elle termine, sçauoir en la mer d'Affrique vers le midy, d'Asie vers l'Orient, & d'Europe vers le Septentrion. Ces trois parties se peuuent subdiuiser de la sorte. La mer d'Affrique en trois., En mer d'Affrique ou de Barbarie (. car à faute de nom propre on retient souuent le nom commun) de Lybie, & d'Egypte.

Celle d'Asie en trois 1. En mer de Palestine ou de Syrie pour la partie la plus Orientale de toutes qui commence par ou finit l'Egypte, & va iusques à la pointe qui est vers Cypre 2. en mer de Natolie qui va depuis Cypres iusques à l'entrée de l'Archipel & 3. és parties Orientales de la mer blanche de Marmora, de la mer noire & de la Palu Meotide.

Les parties de la mer d'Europe peuuent estre distinguées de cette façon commençant par le destroit de Gibraltar. La 1. est la mer d'Espagne qui prend du destroit aux Pyrenées & costoye les Royaumes de Grenade Murcia, Valence, Catalogne, & dõt vne partie est dite *Ibericum mare* du celebre fleuue Ebro qui se descharge dans la mer Mediterranée. L'autre *Balearicum* des Isles voisines. La 2. est la mer de France, ou de Marseille qui prend des Pyrenées aux Alpes, & costoye la Prouence. La 3. est la mer d'Italie qui prend depuis les Alpes iusques au costé Occidental de la Sicile, & comprend la mer de Genes, *mare Ligusticum*, & la mer Toscane *mare Tuscum* ou *Thyrrenum*, & les costes de Rome & de Naples. La mer qui est entre la Sicile & la Grece s'appelle d'vn costé *mare Siculum* de l'autre *mare Ionium*, ou de la Grece.

Pour la mer Caspie il ne faut point chercher de plus courte, ny meilleure diuision, que de la partager en quatre parties presque égalles, dont il y en aura deux septentrionales, & de celles-cy l'Orientale qui est terminée par l'emboucheure du Fleuue Rymnicus & reçoit Iuxartes se nomme Scytique: L'occidentale qui reçoit le Volga, la mer d'Albanie : deux Meridionales, dont l'Orientale où se descharge le fleuue Oxus est dite mer d'Hircanie; l'Occidentale qui commence par l'emboucheure du Fleuue Cyrus mer Caspie.

Les subdiuisions moindres se peuuent entendre par les principes mis cy-dessus, & par les exemples qu'on y a adiousté.

CHAPITRE SEPTIESME.

Denombrement des principales parties naturelles du Globe.

LA description generale des côtinens & des mers qui composent le Globe terrestre demande vn recit plus particulier, c'est à dire des peninsules & des seins, qui en font les parties ; des Isles & des lacs, qui en sont les diminutifs ; des Isthmes & des destrois, qui en sont les vnions ; des montagnes, & des riuieres, qui sont les moyens à leur conseruation, & à diuerses vtilitez, que ces parties en reçoiuent, & enfin des diuers fruits & merueilles, que l'on trouue en diuers endroits. Voila le sujet d'vn tres-ample & agreable liure, qui le sera icy d'vn Chapitre seulement, lequel marquera ce qui est de plus notable pour chaque point : comme aussi cela est plusque suffisant pour cette premiere partie Geographique.

§. 1. Les principales peninsules du Globe.

CElles-cy s'estendent dans les mers, pour nous faire iouyr des auantages qu'elles apportent, sans perdre ceux du côtinent. L'Affrique seroit sans doute la premiere, si la grande estenduë ne luy auoit acquis le nom de continent, l'Italie le doit estre &

apres elle les plus considerables sont les suiuantes. La Iutglande en la Danie, ou Danemarc dite *Cimbrica chersonesus* 2. Malaca aux Indes, dite *Aurea chersonesus*. La Morée en la Grece, dite *Peloponesus*. 4. La Precopsie en la palu meotide, dite *Taurica* ou *Sytica chersonesus*. 5. Celle qui est appellée simplement chersonese ou *Thracica Chersonesus*, & est adherente à la Trace. On en doit encore mettre deux boreales, qui s'entre regardent dans la mer pacifique, & sont presque vis à vis l'vne de l'autre: sçauoir est la Californie en la partie occidentale de l'Amerique Septentrionale, & la Corée en l'Orientale de la Chine; si toutesfois elles sont attachées au continent, ce que plusieurs nient, & les font passer pour des Isles.

§. 2. *Les seins & bras de mer plus remarquables dans le Globe.*

Dieu les a mis pour presenter les benefices que nous receuons par la mer à dauantages de peuples. I'en faits de trois degrés. Les premiers sont ceux, qui acquierent le nom de sein sans perdre celuy de mer, & viennent des mers enuironnantes. Les seconds sont ceux qui demeurans mers viennent des mers enuironnées. Les troisiémes qui en quel endroit qui soient ne sont que simples seins & mesmes ne sont celebres dans les cartes vniuerselles, mais seulement dans celles des pays particuliers. Ie me contente de nommer icy ceux, qui portent le nom de mer. La mer mediterranée seroit sans doute le premier sein de la premiere classe, si la trop grande longueur & largeur ne luy auoit merité vn titre plus releué de mer simplement,

De la seconde sorte de thuisson Geographique

Les seins de la premiere espece sont les suiuants. 1. La mer ou sein Baltique dit *Godanus sinus*. 2. La mer rouge, ou de Meca ou sein Arabique 3. le sein Persique, ou mer elcatif 4. Le sein ou Golfe de la chine, ou de Corea 5. La mer blanche ou sein Granuic. La mer Vermeio ou sein de Californie qui se trouue en la mer de l'Amerique Septentrionale. Le sein laquete entre la Perse & l'Inde n'a point la longueur des premiers. Le Golfe de S. Laurent a longueur & largeur. Le sein de Malaca & de Bengala, les seins Mexic, Gangetique, Barbarique, & autres à raison d'vne plus grande largeur que longueur ont la figure de sein, non pas de bras de mer. On dispute si le sein de Corea & de Californie sont Golfes ouuerts de deux costez & plusieurs les tiennent tels.

Les seins de la seconde sorte sont le sein Adriatique ou Golfe de Venise dans la mer mediterranée 2. Le sein Boddique ou de Botnie & le sein Finnique ou de Finlande, dans la mer Baltique, le Golfe du Lubec & de Danzic.

§. 3. *Les Isles plus memorables du Globe terrestre.*

N. 1. *Les chefs qui rendent les Isles recommandables*

Les Isles sont considerables 1. pour leur multitude, & rencontre 2. Pour leur grandeur. 3. Pour leur fecondité soit en bled comme la Sicile, soit en vin comme les Canaries, soit en nourriture du bestail comme l'Hibernie, soit en pêcherie comme les Isles adjacentes à l'Escosse, soit en espiceries comme les Moluques, soit pour autres qualités & deration proprietés 4. pour leur situation. La premiere consideration fait les Archipelages. La seconde les establit en des souuerainetés capables de se maintenir contre les forces estrangeres. La troisiéme y attire les estrangers, enrichit les Insulaires & les occupe dans vn commerce, par lequel ils debitent les fruits de leur païs, dont ils ont abondance, & reçoiuent ceux des autres endrois, dont ils ont indigence. La quatriéme leur est auantageuse, quand les Isles joignent les embboucheures des Fleuues ou des bras de mers, & qu'elles ont des ports asseurés pour receuoir les Nauires. Comme aussi quand elles sont grandement esloignées de toute autre terre ferme, & sur le chemin des nauigations. Car alors ce sont comme autant d'Hostelleries, que la diuine prouidence a preparé, pour receuoir les Nauigeans, qui y abordent; afin de respirer vn air plus doux, & naturel : c'est à dire l'air de la terre, leur donner moyen de se rafraichir, se pouruoir d'eau douce, des fruits & des animaux de l'Isle, & se deliurer de la continuelle agitation de la mer, pour iouir du repos de la terre. Telle est entre toutes, & plus que toutes l'Isle de S. Helaine située au milieu de l'Ocean au 16. parallele austral sur le chemin des Européens, qui vont aux Indes Orientales. Et il n'y a que ceux, qui font ce voyage si long, qui sçachent assez priser ce benefice; par le soulagement, que reçoiuent tant les malades, que les sains dans le changement d'vne demeure branslante & flottente à vne ferme & arrestée, dans le rencontre d'vn air nouueau, des eaux douces & de diuers animaux, fruits, & objets, que la terre presente.

Suiuant ces quatre Chefs ie mettray icy 1. les Isles, qui par leur multitude, & rencontre font vn Archipel 2. celles qui par vn rencontre suffisant pour

A a

auoir vn nom commun, mais non pas le nombre, pour porter celuy d'Archipel. 3. les particulieres, qui par leur grandeur egallent la pluralité des secondes & 4. celles, qui par quelque rare proprieté meritent d'estre considerées.

Les Isles ayant rapport & au continent, auquel elles appartiennent, & à la Zone dans laquelle elles se retrouuent, on peut donner à connoistre leur lieu, & les y aller trouuer par ces termes Et d'autant qu'entre les Isles celebres l'Angleterre nous est plus conneuë ie m'en seruiray comme d'vn terme, auquel ie compareray les autres.

§. 2. *Denombrement des Archipelages.*

ON en peut compter cinq. Vn en la mer Mediterranée, à qui ce nom est propre; deux en la mer Pacifique, dont l'vn est tres conneu en la partie Septentrionale vers la Chine, qui pour la grande multitude d'Isles qu'il contient & pour la grandeur de son estenduë porte le nom de grand; autremét Archipelage d S. Lazare. Car à la premiere decouuerte on en compta 7000. & depuis on en a encore decouuert 4000. L'autre en la partie, qui joint la terre australe n'est pas entierement decouuert. Le 4. est dans la mer Indique, & comprend les Isles enfermées entre la nouuelle Guinée, & Madagascar, où il y a en vn seul endroit les Maldiues, qui montent au nombre d'onze mil, & le lieu est appellé par quelques vns l'Archipel des Maldiues. Le cinquiesme est le sein de Mexic, qui comprend en soy les Isles, qu'on nomme Antilles, ou Isles des Caribes du costé du Bresil, Lucayos vers la Floride, prenent depuis les costes de Caribana, & remplissant tout ce trajet s'estendent iusques aux Barmudes & vers la Floride.

Les deux premiers ont le nom, & la nature d'Archipel ; les trois autres en ont la nature sans le nom.

N. 3. *Isles qui se trouuent auoir vn mesme endroit de mer & vn nom commun.*

Outre les amas d'Isles mis cy dessus il y en a d'autres qui sont comme de moindres troupeaux, & ont l'assemblage nom la multitude de l'Archipel. Telles sont dans nostre Ocean occidental. 1. Les Isles Britaniques. 2. Les Açores. 3. Les Fortunées ou Canaries, & 4. les Isles du Cap Verd. Les Britanniques prennent depuis l'Angleterre iusques à Thule, & partant sont entre les par. 51. & 66. & font plusieurs corps, la maistresse de toute est l'Angleterre, qui a à son midy & dans la manche VVight & proche la Normandie Gersey & Grenesey A l'Occident vers son commencement, & vis à vis de Cournoüaille les Sorlinques, a son milieu l'Hybernie, & entre deux mers : à sa fin & vis à vis de l'Escosse les Hebudes, ou Hebrides, que Bucanam fait monter à plus de 200. Au Septentrion elle a ses Orcades & celles de Schetland, de Ferre. Es Orcades il ny croist ny arbre ny froment ny animal portant venin. Dâs les Hebrides naissent sur les bois des nauires pourris des canars nommés Bernicles ou Clakis. A Abbeuille dans vn cabinet curieux & plein de raretez, il y a entre autre vn mast de nauire, qui a esté pris dans vn endroit de la mer, où il auoit demeuré long-temps, lequel est enuironné de coquilles pendantes par des filamens &

pellicules, & qui contiennent en dedans des canars, dont les vns sont formez entierement, les
autres encommencés. Ils se forment encore sur
des branches des arbres, & puis à l'ordinaire façon
des autres par des œufs éclos.

Les 3. suiuantes sortes d'Isles sont recōmandables
pour auoir serui de cōmencement aux lōgitudes selon diuers Autheurs, & pour plusieurs proprietés signalées. Les Canaries produisent vn vin qui se porte
sur le rond de la terre sans se gaster, aigrir & corrompre, des arbres qui fournissent seuls l'eau aux
animaux qui viuent en vne de ces Isles dite de fer.
Vn pic d'vne hauteur prodigieuse, & vne Isle entre
elles, qui ne se trouue que par hazard nommée
San-Borondon quoy qu'elle ne soit distante de
l'Isle de la Palme que d'vn mil. Les Espagnols
qui habitent ses Isles n'ont espargné ny labeur ny
despense pour la trouuer & iamais ne l'ont peu : &
neantmoins plusieurs sans la chercher y ont esté
portez par vn pur accident, & cas fortuit, & y ont
remarqué vn pays beau & fertil, & des Habitans
Chrestiens. Il ny peut auoir aucune raison d'vn
effet si extraordinaire qu'vne certaine sorte de vens
& de courants, qui ont des changemens particuliers, lesquels destournent les nauires d'vn tel rencontre, & des brouillars frequents qui couurant
l'Isle empeschent les passans de l'apperceuoir. Pour
en remarquer la position.

Les Azores ont la position de l'eguille aimantée
sans aucune declinaison, ou du moins l'ont eu,
car elle est changeante. De plus ces Isles sont tellement le principe des vens, des bruines, & des
pluyes qu'on s'asseure de leur proximité quand on
rencontre ces effets. Il est vray qu'il faut qu'on
soit du costé que les vens soufflent contre les Isles

pour trouuer ces brouillars. Ie suis combatu sur le recit d'vne histoire appartetenante à ces Isles, car d'vne part la chose me semble trop extraordinaire & incroyable; d'autre part l'Autheur dõt ie la tiens est trop exact en ses obseruations, & rapports pour l'auoir imprimée sans en auoir des memoires & authorités certaines. C'est Gassendi qui en sa Philosophie page 1051. dit que proche l'isle de S. Michel, qui est vne des Azores l'an 638. au mois de Iuin nasquit, & parut vne Isle de trois lieuës de long, d'vne demy de large, haute de 60. brasses dans vn endroit de la mer qui auoit de profondeur 160. Brasses. L'on conçoit assez comme des Isles, & des montagnes d'vne pareille grandeur, & mesmes plus grande peuuent se perdre & disparoistre; pource que contenans de longues, larges & profondes cauernes & concauités la voute venant à manquer toute cette grandeur apparente tombe en neant, & se rend inuisible : mais de remplir vn si grand espace d'vne matiere solide ; c'est ce qui est difficile à expliquer : Et neatmoins Pline liu. 2. ch. 85. 87. 88. liu. 4. chap. 11. fait le narré de plusieurs qui ont paru soit deuant luy, soit de son têps. Fulgosus liu. 1. des miracles fait mentiõ d'aucunes & plusieurs autres Autheurs asseurent le mesme Et entre-autres Pline, Varron, Orose, Ado, Viennensis en l'année 45. de N. S. en font naistre vne nommée Rhia entre deux autres Rhera & Rherasia qui auoit 30. stades de longueur, vn autre n'en mer que douze, & quatre iours durant & deuant qu'elle fut formée, on vit la mer boüillonner. Ce qu'estant il est assez aisé de trouuer dans ce lieu là le principe de tant de broüillards & fumées qui s'esleuent à l'entour des Isles Azores.

En la mer de Normandie assés prés de l'Isle de

De la seconde sorte de diuision Geographique
Gerzey, il y a vn amas d'Islotes nommées les Isl^{es} de Chosey. On en compte autant que de iours en l'an: mais toutes ensemble n'en valent pas vne bonne.

En la mer pacifique, il y a les Isles de Salomon, les infortunes en l'Indique, les Mouluques, dans le grand Archipel, les Isles Philippines &c.

N. 4. *Les principales Isles des Zones froides.*

Puisques les terres de ces Zones manquent de fruits & les mers abondent en poissons extraordinairement gros, & gras il semble, qu'elles doiuent auoir plus de mers que des terre : pource que celle-cy estant infertiles sont aussi inutiles, & ne peuuent seruir à l'homme que de lieu de demeure : & encore les mers estant placées à leurs bords ostent le moyen de pecher aux hommes.

Quoy qu'il en soit, Les Anciens ont estimé la derniere des Isles, celle qui est la premiere de cette Zone ; & encore elle ne luy appartient qu'en partie : puisque le Cercle Polaire, qui passe par elle laisse la meilleure partie dans la Zone temperée. C'est Island ou Thule, qui estant couuerte de Neges a des brasiers dans ses entrailles, qui iettent feu, flammes, cendres, & masses d'vne matiere bruslée auec des bruits effroyables par les bouches & ouuertures de plusieurs Montagnes ; particulierement d'vne nommée Helca dont on n'en aproche pas de six lieuës impunement. Au dela Vous auez le Groenland, La nouuelle Zemble & Spisberg, le premier pays est abondant en Peuples dont quelques vns estant transportés en Europe se sont monstrés extraordinairement amoureux de leur pays, & desireux d'y retourner comme l'on peut voir en la

C'est à dire de la Naturelle. 183

nouuelle Histoire de Groentland. Zemus Venetien Admiral du Roy de Danemarc dit auoir esté jetté par la tempeste en vn endroit du Groentland, où il y auoit vn monastere de S. Thomas, qui auoit des sources d'vne eau tres chaude, & abondante, laquelle temperant la froideur de la mer proche y attiroit les poissons, dont viuoiët les Religieux de ce Monastere : Mais on doute si c'est vne Isle, ou continent, ou presqu'Isle. Les deux autres sont sans Sauuages du moins on ny en a point rencontré ; si bien quelques vestiges, dans Spisberg, où les corps morts sont conseruez en leur entier sans corruption ; pource qu'ils demeurent tousiours gelés. Il y en a vne autre au 74. p. entre Spisberg & la Finmarchie dite des Ours ; pource que les Hollendois y tuerent vn Ours long de 12. pieds. La Zone froide Australe est entierement inconnuë.

N. 5. *Les Isles principales des Zones temperées.*

Dans la Zone temperée Boreale il y en a deux, qui sont les deux extremités du monde ancien, c'est à sçauoir le Iapon la premiere Orientale & l'Angleterre, la derniere Occidentale. C'est en ces Isles ou de nos temps la Foy s'est veuë naissante & en son berceau en l'vne; mourante & en son tombeau en l'autre ; & lors que l'Angleterre denioit l'obeissance à l'Eglise Romaine, l'autre par vne tres-celebre Ambassade vient en faire vne publique reconnoissance en l'an 1572. en la personne de quatre Princes deputés de cette nouuelle Eglise. L'vne & l'autre a esté le Theatre le plus glorieux, sur lequel nos genereux Confesseurs & Martyrs ont employé leur soing, zele, estude, & leur vie pour empescher le progrez de l'heresie naissante en l'vne, & auancer la ruine de l'Idolatrie deffaillante en l'autre. Le Iapon a vne Isle proche assez grande nommée Bongo, & plusieurs autres moindres comme l'Angleterre a auprés de soy l'Hybernie & plusieurs autres moindres.

Il y a encore deux grandes Isles aux deux extremités de l'Amerique Septentrionale. La premiere qui est la plus Orientale, & nous regarde est appellée les Terres neuues: Elle ferme tellement le Golfe de S. Laurent, qu'elle ne luy laisse que deux passages ou destrois, pour y entrer L'autre est la plus Occidentale, qui regarde la Tartarie d'vn costé, l'Amerique de l'autre, se nomme la terre de Gieso, & surpasse les autres en amplitude.

La mer Mediterranée, à les siennes: car outre celles de l'Archipel on y voit la Sicile, la Sardeigne, la Candie, Cypre, Rhodes, Corse, Malte &c. La mer Baltique à Selande, Fuinen ou Fionie, Falster, Gotlande, Osel &c.

Dans la Zone temperée Australe, la terre de Fuego ou de feu est renommée pour sa grandeur, pour auoir des Montagnes, qui vomissent le feu, & pour separer deux grands destrois par la position qu'elle a au millieu entre ces destrois, sçauoir celuy de Magellan, au deçà, & de le Maier au delà.

N. 6. Les Isles principales de la Zone Torride.

C'est en la Zone Torride, où il faut chercher les Isles, qui y sont en grande quantité pour la multitude, de grande quantité pour l'estenduë, & d'vne grande fertilité pour l'abondance des fruits, qui y croissent. C'est aussi le lieu ou d'vne part les terres ont plus de besoin d'estre humectées & de receuoir souuent des pluyes: pource qu'elles sont dessechées

C'est à dire de la Naturelle.

sechées par vne double moisson, qu'elles rendent chaque année, & par les Rayons du Soleil, qui tombans à plomb attirent puissamment les vapeurs. D'autre part c'est le lieu où les mers par leur grande estenduë presente au Soleil des eaux en abondance, pour former les pluyes, & où le Soleil agit plus puissamment par l'actiuité de ses Rayons perpendiculaires sur les mers, pour en esleuer des vapeurs, qui par apres se resoluent en pluyes. C'est en la mer Orientale & Indique où les plus grandes se rencontrent, telles que sont Madagascar Summatra Iana la grande, Berneo, Luconia, qui disputent de grandeur auec l'Isle d'Angleterre, & mesme l'emportent Ceylan, celebres, Giloto, & autres en aprochent. C'est en la premiere où Marc Pol Venesien asseure, qu'il y a vn Oyseau nommé Ruch d'vn telle grosseur qu'ayant les aisles estenduës il contient seize, pas de longueur d'vne extremité à l'autre; d'vne telle force, qu'il peut esleuer en l'air vn Elephant, & qu'on en enuoya des plumes au Cham des Tartares, qui auoient 40. Palmes en longueur. Ce que ie laisse à la foy de l'Autheur presque d'ordinaire, les animaux progressifs & de terre sont plus grands que les volutifs, & de l'air & ceux qui n'agent & viuent dans la mer que les Progressifs qui viuent sur la terre.

Ie sçay bien que dans la Sainte Chappelle de Paris on conserue vn pied d'vne grosseur extraordinaire d'vn Oyseau, qui ayant le reste du corps à l'aduenant pourroit enleuer du moins vn homme, que l'Abbé Gerontius chez Sophronius chap. 21 asseure auoir veu auec deux autres vn Soldat Sarazin esleué en l'air par vn oyseau, puis ecrasé par la cheute, & dechiré prés la mer, neoite, plusieurs Autheurs asseurent qu'en Affrique il y a vne espece

B b

d'aigle, qui enleue les moutons lesquels en ces pays là sont plus grands & plus pesants que les nostres. Ie tiens aussi pour certain qu'en l'Amerique il y en a qui dechirent & deuorent les veaux: mais tout cela est bien loin d'vn Elephant.

On ne sçait pas encore si la nouuelle Guinée fait vne Isle ou vne partie du continent.

Dans la grande multitude de celles qui sont au sein Mexie, l'Isle de S. Dominique dite Hispaniola où il y a 10000. François enuiron peut aller de pair auec l'Angleterre, Iamaïca auec l'Hibernie, & Cuba les surmonte.

Les Isles Maldiues quoy que moindres ne laissent pas d'estre tres-recommandables pour les points suiuans 1. Pour leur multitude, qu'on tient arriuer à 11000. enuiron. 2. Pour la fertilité des fruits, qui y viennent deux fois l'année. 3. Pour l'abondance des animaux, qui seruent à l'entretien de la vie de l'homme, qui s'y trouuent en grandissime multitude, & partant à bas pris. 4. Pour la diuision naturelle de ces Isles en treze attollons, ou Prouinces; c'est à dire en treize diuers endrois. 5. Pour les fortifications & remparts naturels, qui enuironnent chaque Prouince, & les rendent aussi asseurées contre les forces des vens & des tempestes qui y sont tres frequentes & tres grandes que les nauires le sont dans les ports. Ce sont de longs & & hauts rochers, qui brisent les flots, & temperent les vens. 6. Pour la disposition des ouuertures & des portes, que Dieu a mis en ces rochers; afin de pouuoir entrer & sortir: D'ordinaire il y a deux ouuertures de chaque costé, & sont suffisantes pour toutes les sorties & entrées. Car puisque les vens, & les courantes sont fort reglées, & portent les nauires six mois durant d'vn costé, & six mois du-

C'est à dire de la Naturelle. 181

rant de l'autre, ceux qui veulent sortir d'vn attollon pour entrer dans l'autre doiuent prendre le hault du vent & sortir par la porte, qui a le dessus du vent pour gaigner petit à petit l'autre costé, & se trouuer à la porte inferieure au vent & y entrer. Et pour le faire deux ouuertures à chaque attollon d'vn costé sont necessaires, & sont ensemble suffisantes.

Elles sont à 50. lieuës du cap de Commorin, ont 200. lieuës de longueur, 25. de largeur, 8. degrez de latitude, vers le Nort, 4. vers le Sud. La perte des nauires qui y est frequente a esté la plus grande richesse du Roy de ces Isles, qui tire son profit du malheur d'autruy, & s'approprie tout ce qui fait naufrage. Maintenant les naufrages ne sont pas si ordinaires, pource que on a de plus grandes connoissances des courants, qui en sont les causes.

N. 7. De quelques autres Isles.

Il y en a que les fleuues font, le Nil en a dans soy plus de 20. d'vne estenduë considerable. La principale est Meroë, qui a l'amplitude de l'Angleterre, où trois Rois ont eu leurs Empires separés.

Il y a des Isles flottantes, qui estant chargées d'arbres ont le tronc de chacun pour autāt de masts, & les branches pleines de feuilles, pour des voiles: aussi le vent suruenant les fait changer de lieu, & aller d'vne extremité d'vn lac à l'autre. Pline en son liu. 31. ch. 12. & liu. 2. ch. 95. fait le recit de plusieurs. Mela liu. 1. chp. 5 & liu 3. ch. 3. fait mention d'autres. On en voit sur vn lac prés de S. Omer, que l'on auance, & que l'on recule auec des perches, comme si c'estoient des batteaux, & à cause de l'ex-

Bb 2

cellent pasturage, les Pasteurs y font entrer leurs troupeaux. Le mesme se fait en vne Isle, qui nage sur le lac proche du bourg Oret vers Bayonne. L'Isle de Chemnis pour estre chargée de forests, & de tres-belles maisons, & toute ensemble flottante sur vn lac proche le Nil est plus admirable. Au lac dont la chaussée fait l'entrée au Monastere de Vau de Cerne à sept lieuës de Paris il y en a quantité, quoy que moindres. I'ay compté en vne 32. arbres hauts de 12. pieds enuiron.

Pour expliquer cét effet ces Isles doiuent auoir en leur fond de la terre argilleuse pour empescher l'eau d'entrer & de penetrer en dedans, & au milieu des pores ou des pierres ponces pour les rendre plus legeres & parfat flottantes & surnageantes. De plus elles doiuent estre mises sur de l'eau, qui ne soit agitée de tempestes & furies extraordinaires pour estre conseruées en leur situation. Plusieurs des flottantes sont deuenuës stables, & consistantes, lors que l'eau les ayant percées leur a fait perdre leur legereté.

Les autres Isles memorables pour diuerses raretez appartiennent à la troisiéme partie Geographique des particularitez.

N. 8. *D'où viennent les Animaux, qui se trouuent dans les Isles esloignées de nostre continent.*

La difficulté que l'on propose ordinairement sur l'Amerique est commune à toutes les Isles distantes du continent ou Noé demeuroit auec ses enfans, dans lesquelles se retrouuent des animaux, qui ne reçoiuent leur estre, que par voye de generation, c'est à dire par des animaux de mesme espece. Ce qu'estant on demande d'où, & cóment sont ils artinés en ces Isles les premiers tant hommes qu'animaux, qui les ont peuplés ? Les vns pour satisfaire à cette question ont recours à vn miracle & disent que comme Dieu mit vn instinct particulier miraculeux aux animaux pour les faire venir à Noé, & se renfermer dans l'arche ; afin de conseruer les especes, qu'aussi pour les remettre en tous les lieux dont le deluge les auoit aboli fit transporter les animaux dans les terres fermes separées de nostre continent. Mais il n'est pas raisonnable de mettre des miracles dans les effets, que l'on peut expliquer par des moyens naturels.

Ie dis donc que les hommes se voyant multipliés, & diuisés de langages eurent vn puissant desir de se separer de demeure, & par consequent de rechercher de nouuelles terres, pour si establir, s'en rendre Maistres, Seigneurs & proprietaires, & Dieu adiousta à cét instinct l'industrie de la nauigation, dont l'inuention aussi bien que de faire du feu, quoy que bien subtile a esté commune a toutes les nations, quoy que tres Sauuages & Barbares. Ces hommes donc & leurs descendans portés par vn desir assez naturel de posseder en domaine & proprieté les terres de leur sejour, & sçachant bien qu'elles estoient depourueuës d'animaux en mirent dans leurs Nauires & s'en allerent chargés de la sorte d'vne part & d'autre peuplant les terres qu'ils rencontroient. Et fait a fait qu'vn homme auoit multitude d'enfans il leur distribuoit diuers endrois pour si habituer.

Apres quoy les hommes se contentans de leurs possessions, mirent leur affection à les cultiuer & à les faire valoir sans se mettre en peine de visiter les autres ; particulierement ceux, qui estoient separés par vn long traiet de mer. De là est venue la mutuelle ignorance des pays séparés, & n'eust esté l'ardent & constant desir que Dieu donna à Gristophle Colon de rechercher des terres, Toute l'Amerique nous seroit encore inconneuë. En laquelle il n'y auoit deuant l'arriuée des Espagnols ny Cheual, ny Bœuf, ny Asne mais ceux-cy en ayant porté l'Isle de S. Dominique est deuenuë si abondāte en Taureaux sauuages que la vente des peaux de ceux qu'on tuë, & qui monte à plusieurs milliers par chaque année est vn des trafics que l'on fait dans l'Isle: ce qui se trouue encore dans l'Isle de Sable vers Canada. Pareillement dans l'Isle de Carasol il y a vne si grande multitude de cheuaux Sauuages, qui sont venus de quelques-vns que les mesmes y ont laissé, & qui sont grands en la partie Boreale, moindres en l'Australe, qu'il y en a pour en fournir à vne Prouince entiere. Ce qui donc est arriué par la decouuerte qu'ont fait les Espagnols à ces Isles peut auoir esté fait par les descendans de Noé. De plus si le Roy de Dannemarc ne visite plus le Groenlant qui luy estoit tributaire ceux là viendront à s'oublier de nos terres & en auoir vne ignorance entiere comme nous auions de l'Amerique, & les Ameriquois de nous.

Cét instinct n'est point si propre aux hommes de chercher des demeures separées qu'il ne soit commun à plusieurs acimaux le sanglier est appellé *singularis ferus* pour viure particulier, deux corbeaux s'approprieront tellement vne estendue de terre qu'ils n'en permettront la demeure à dauantage ce qui se voit en plusieurs forests & en Bretagne, à Brest & à l'Isle de Sesambre si clairement que plusieurs en font vn miracle. Vne griue se reseruera vn genieure pour sa nourriture & se maintiendra en cette possession contre toutes les autres.

§. 4. Les grands Lacs du Globe Terrestre.

COmme il faut chercher les Isles dans les eaux, il faut aussi chercher les lacs dans les terres, qui sont à lieux particuliers ce que la mer a des côtinens entiers ce sont de petites mers dans les lieux montueux & eleués ou d'ordinaire on les trouue, côme les mers sont de grands lacs en des lieux abaissés. Ils seruent au trafic des hommes par les nauires, qu'ils portent, à la nourriture par les poissons qu'ils contiennét, & à mille mouuemêts de rouës, & par ceux-cy à plusieurs effets par l'eau qu'ils font couler. Ils ont deux rapports par lesquels on dône à connoistre leur lieu. Le premier sont les terres enuironnantes, & ordinairement ils en tirent leur nom, ou de quelque Ville principale située sur leur bord, le second sont les fleuues qu'ils commencent ou qu'ils grossissent par la descharge de leurs eaux.

L'Amerique à mon aduis surpasse en ce point les autres parties du monde & c'est pour la mesme raison pour laquelle elle tient encore le dessus pour le fleuues. Deux sont en Canada qui pour leur grandeur peuuent porter le nom de mer douce, & se joignent par vn petit destroit. Les Eurons sont sur le bord du premier qui a 350. lieuës de long enuiron, & s'appelle, le lac des Eurons: L'autre plus eleué, puis qu'il se descharge dans le premier, est plus Occidental & à 100. tant de lieues en longueur. Les François qui y font des progrés tous les ans aprenent par le recit des Sauuages, qu'il y en a de ce costé là beaucoup d'autres & de pareille grandeur. Les deux du Mexic ne sont pas

De la seconde sorte de division Geographique si grands. Ils ont 50. lieuës de tour, & 50. tant Bourgs que Villages sur le bord; L'vn est d'eau douce plein de poissons & sans flux; l'autre est salé, vuide de poissons & auec vn flux, quoy que different de celuy de nos mers. La celebre Ville de Mexico est bastie au milieu de ce second.

Les autres de Mechoacan, de Chapala, de Nicaraca sont mis en la partie Septentrionale de l'Amerique.

Dans la Meridionale le premier est le Lac Parime sous l'Equateur de 200. lieuës de long, qui a ses eaux salées auec vn flux & reflux, & rien ne luy manque pour porter le nom de mer, qu'vne plus grande estenduë en l'vne & l'autre dimension. Eupana ou Lac de los Xaraies au 12. par. qui donne ses eaux à trois Riuieres dont l'vne est Panama Maracaybo sous le 3. par. qui enuoye ses eaux à la Riuiere des Amazones, & Tiricaca sous le 16. par. en la Prouince de Collao, dont le Pere à Costa fait la description sont en la mesme partie Meridionale.

L'Affrique en a deux, qui communiquent leurs eaux au Nil l'vn est nommé Zaïre ou Zembre au 10. parallelle austral, & est long enuiron de 200. lieuës en vn plus oriental du Zaflan Il y en a vn autre plus meridional nommé Zachaf & nos Peres occupés à la conuersion des infidelles font mention d'vn dans le pays des Cafres, sur lequel ils ont vogué les semaines entieres sans en trouuer la fin. Il n'a point encore esté marqué dans les cartes.

Le Niger en a 4. vn en sa source nommé Niger vn dans la diuision de soy en plusieurs branches deuant son embouchure deux en son millieu dont le plus proche de la source se nomme Borneo, l'autre Guardé, il y en a vn autre nommé Aquilundo qui

distribue

distribuë ses eaux aux Riuieres qui arrousent les Royaumes de Congo & d'Angola.

L'Asie a les siés, l'vn sert de sources à quatre fleuues, & est appellé Chiamay. Le second est en Tartarie appellé Quitay, qui se descharge dans le Fleuue Oby. Il y a le Lac de Sodome ou mer morte dans la Palestine. La Chine en a vn, qui la borne en partie & est nommé Cincui Hay, elle en a dans soy deux plus signalés, & vn troisiéme qui a esté fait par vne inondation soudaine d'vn pays où il y auoit 17. tant bourgs que villages, qui furent tous noyez, & n'y eut qu'vn enfant qui se sauua. Il est marqué dans les cartes. Le Lac d'Astamar ou de Vastan, le Bourgian & autres sont aussi remarquables.

Pour l'Europe les plus celebres sont le Lac de Geneue, qui grossit de ses eaux le Rosne; quoy que cetuy-cy le trauerse sans mesler ses eaux exterieurement. Les lacs de Constance, de Zurie, de Lucerne donnent leurs eaux au Rhein. Les lacs Maior de Come, d'Iseo, de garde au Po. Les lacs de Lagoda & Ouega à la mer Baltique. Il y a des lacs considerables pour leur situatió, telle qu'ót ceux qui se voyét l'vn au mont Gargant en la Pouïlle; l'autre en vne montagne de l'isle de S. Dominique, le troisiéme en vne autre du Royaume Fatigar en Æthiopie; tous trois sont sur le plus hault de trois haultes montagnes, tous trois abondent en poissons, les deux premiers ont en longueur enuiron 7000. pas, le troisiéme 1000. Le premier a pour son fond & son lit vn rocher tres dur.

Les autres lacs sont celebres pour diuerses proprietez, qui appartiennent à la troisiéme partie Geographique.

§. 5. Enumeration des Isthmes plus notables du Globe.

Les Isthmes plus celebres sont ceux, qui joignent les continens & les mondes entiers, tels qu'est celuy d'Ægypte ou de Sus, qui continue l'Asie auec l'Affrique, & diuise la mer Rouge d'auec la Mediterranée. Il est long de 40. lieues, & celuy de l'Amerique qui a huict mille de droite ligne, & 17. par le chemin, que l'on est obligé de prendre pour aller d'vne extremité à l'autre, à cause des montagnes. Il sert de bornes aux deux parties de ce monde nouueau, & est entre Panama & nombre de Dios.

Apres ces deux suiuent ceux qui joignent les peninsules auec les continens, entre lesquels le premier est celuy de Corinthe à l'entrée de la Morée de 14. lieuës. Plusieurs nommés cy-dessus ont voulu fossoyer le premier, les Espagnols le second, Neron le troisiéme; comme certes les ionctions de ces mers abregeroient les voyages, faciliteroient les transports des marchandises, ce qui seroit tres-auantageux au commerce : mais soit la durté des rocs, soit vne iuste crainte, & raisonnable apprehension de sumerger vne grande estenduë du plat pays a rendu ces desseins inutiles, & on tient que ceux qui voulurent ioindre la mer rouge par vn canal auec vn fleuue proche, qui va se rendre dans le Nil & se nomme Traian s'apperceurent, que l'eau de la mer rouge comme plus haute, à raison de sa plus grande chaleur & rareté inonderoit le bas Ægypte Prouince tres-fertile.

Apres ces trois suit l'Isthme precopsien, qui

est l'vnique entrée, pour aller de la terre ferme à la peninsule du mesme nom.

§. 6. *Catalogue des destrois les plus signalés dans le Globe Terrestre.*

IL faut dire de mesme des destrois, que des Isthmes, & mettre au premier lieu ceux, qui ioignent de grandes mers : En second lieu ceux, qui continuent les bras de mers ; & en troisiéme lieu les canaux, qui ioignent les lacs & autres eaux de moindres estenduës. Ceux-là sont considerables, qui sont les vniques passages d'vne mer à vne autre.

Du premier ordre nous n'en auons que trois conneus. Le premier est celuy, qui continuë nostre Ocean ou la mer qui est du costé de nostre monde ancien auec la mer pacifique, est situé à la pointe de l'Amerique Meridionale dans le 52. parallelle austral, & se nomme destroit de Magellan : Sa longueur est de 100. lieuës du moins, dont 30. du costé de la mer australe sont tres profondes, sa moindre largeur est d'vne lieuë. Le flux des deux mers se rencontre en mesme temps à 30. lieuës de la mer pacifique, & à 70. de la nostre. Et certes puisque les marées suiuent le mouuement lunaire, & que ce mouuement se fait en la mer de nostre costé deuant qu'il se fasse sur la mer pacifique ; il faut aussi que le flux commence à nostre costé deuant qu'il commence en l'autre, & par consequent qu'il auance dauantage dans le destroit, que l'autre.

Le secód est encore plus esloigné de l'Equateur, & plus proche du pole austral, porte le nõ de sõ inuenteur aussi bien que le premier, & est dit le destroit de le Maire, il a en sa moindre largeur 8. lieuës, & par car est plus seur en son passage que le premier. Le premier fut decouuert l'an 1520. le second l'an 1616.

Le troisiéme ioint l'Ocean auec la mer Mediterrannée, luy sert de porte pour passer de l'vn à l'autre, & est nommé Gaditan ou de Gades *fretum Gaditanum* pour vne Isle de ce nom, de Gibraltar pour vne Ville, qui s'y rencontre, ou d'Hercule, pource que c'est là, où il planta les bornes de ses conquestes. Il a enuiron 7. lieuës en sa plus grande largeur. 5. en sa moindre. Nos deux Oceans se ioignent encore par ensemble dans l'espace qu'il y a entre le Cap de bonne Esperance & la terre australe où il y a vn Cap, qui auance: mais la trop grande largeur & distance entre ces termes luy oste le nom de destroit.

L'Ocean Boreal se ioint auec la mer Pacifique par deux destrois, qui sont si rapides, qu'aucun Sauuage n'a encore osé & n'a peu entreprendre de les trauerser. Entre ces deux est la terre de Gieso d'vne longeur & largeur extraordinaire; & peut-estre pourroit bien estre mise pour la premiere des Isles. Elle est separée de la Tartarie par le destroit d'Anian, & de l'Amerique par vn autre qui n'a encore point de nom : & ie ne sçay si elle a esté visitée par autre Européen, que par nos Peres qui en ont enuoyé desia vne relation. Il faut attendre vne plus longue demeure des nostres ou autres pour auoir vne plus grande connoissance des particularités. Ainsi ie laisse ceux-cy comme encore inconneus & inutiles iusques à present. Apres lesquels suiuent ceux, qui ioignent les bras de mers, & sont les suiuants. 1. Le destroit de Sund est celuy qui ioint la mer Germanique où de Danemarc auec le sein Baltique : Et d'autant que ce destroit est en effet si estroit, qu'on peut arrester les nauires qui veulent le passer soit en entrant, soit en sortant & leur empescher le passage, c'est vne porte que l'on peut garder & où on peut exiger quelque tribut sur les nauires. Delà vient qu'vne telle porte vaut plus au Roy de Dannemarc, qui en est le maistre, que plusieurs petits Royaumes ne valent à leur Souuerain. Le droit accoustumé c'est de receuoir pour chaque mast ou arbre de nauire vn noble à la rose, qui vaut enuiron vn double louis, & il n'est iour, qu'il ne s'y presente deux à trois cens Nauires dont plusieurs portent plusieurs masts : ce qui monte bien haut. Le Roy de Dannemarc ayant estably de nouueaux imposts pour ce passage, l'an 1618. Les Hollandois firent ligue auec la republique de Lubec & autres pour ne s'y laisser assuiettir, & contraignirent le Roy à le leuer: Et depuis plusieurs contestations & guerres sont suruenuës sur ce passage. Et si les Princes qui sont Seigneurs des terres qui bornent les autres destrois, n'en font pas autant, ce n'est point manque de volonté: mais c'est que la largeur des eaux leur oste le moyen de pouuoir arrester les nauires & d'obliger les passans à rendre ce deuoir: & qui l'auroit pour les destrois de Gibraltar & d'Ormus seroit le plus riche Monarque de l'Europe, pource que ces deux ont communication bien auant dans le continent à raison des fleuues qui s'y rendent, & sur les costes à raison des mers qui les arrousent. 2. Le destroit Babelmandel ou de Socorora Isle voisine pour l'entrée à la mer Rouge qui est sans ris, sans bled, sans vin & sans fruits: Les Habitans y viuent de lait, de chair, & d'vn fruit. Il y a quantité d'Aloës. 3. Le destroit de Batzore autrement d'Ormus pour le passage dans le sein Persique. Ormus est vne Isle la plus sterile qui soit par la nature de son sol, & la plus fertile de toutes par le grand commerce de son trafic. Son sol ne luy donne rien, son trafic luy apporte tout; tant la situation qu'elle a d'estre à vn tel destroit luy est fauorable, les chaleurs y sont si extremes qu'on est contraint de demeurer dans l'eau durant ces ardeurs. Le sel dont elle abonde est cause de la disette de son sol qui ne peut rien produire ny auoir des sources d'eau douce, & le mesme sel est la cause de son grand trafic; puisque on y vient de toute part pour s'en charger, & on y apporte en venant les richesses & raretez des autres pays pour s'en decharger & les y vendre.

Si la Corée, & la Californie sont des Isles sans doute les passages de l'Ocean à la mer qui est entre ces Isles & le continent seront des destrois appartenants à cette seconde classe.

Il y a des destrois qui sont dans la mesme mer, & ne sont destrois que pource que la mer y est resserrée par les Isles, car on ne laisse pas d'aller d'vn costé de la mer à l'autre par plusieurs autres Chemins. Tel est l'Euripe de Negrepont. Entre l'Isle de ce nom & la coste de la Grece ou est Athenes, Le destroit ou Canal de Bahama entre la Floride & les Isles voisines, & c'est celuy par où on passe pour reuenir des Indes, & suiure les courans & les vens fauorables, il est a 28. degrez de latitude enuiron. Le destroit de la Sonde entre les Isles de Summatra & de Iaua La manche d'Angleterre, entre la France, & l'Angleterre, & dans le plus estroit, ou finit cette manche le pas de Calais, le destroit de Manar entre Ceylan & Malaca.

La mer Mediterranée en a cinq bien conneus, dont trois sont plus celebres, les autres deux sont moindres. Le premier est entre l'Archipel, & le Propontide ou mer de Marmora. Et se nomme le bras de S. George, ou destroit de Gallipoli, ou l'Ellespont, le second est entre cette mer, & le pont Euxin & se nomme le Bosphore de Trace, ou le Canal de Constantinople, ou de la mer Noire. Le troisiéme est entre cette mer, & la Palu Meotide & se nomme le Bosphore Cymmerien, ou le Canal de Caffa, ou Vespero, ou de Precops ou Bocea de S. Gioanni.

Le premier est large selon Strabon de 30. stades ou 3750. pas. Xerces Fils de Darius y fit bastir vn pont soustenu de 674. Galeres qui estoient retenuës auec des ancres & des cables d'vne grosseur prodigieuse. Le second est large de 500. pas enuiron autant qu'il en faut pour faire qu'vn Bœuf le puisse passer à la nage ou par son muglement se puisse faire entendre d'vne riue à l'autre, & pource il porte le nom de Bosphore. Ce fut sur cetuy-cy que Darius fit vn pont de Nauires, pour faire passer son armée. Le troisiéme dit Bosphore Cymmerien porte ce premier nom pour ne surpasser l'actiuité d'vn Bœuf soit à nager, soit à mugler, le second pour les obscurités que les broüillars y causent. Le premier comme estant l'entrée aux suiuans est soigneusement gardé, par ordre du Grand Turc, qui y a fait bastir deux forteresses nommées les Dardanelles, & les a fait munir de plusieurs pieces d'artilleries pour nettoyer toute cette largeur. Les anciennes se nommoient Lesbos, & Abydos.

Les deux moindres sont le phare de Messine & le destroit de Patrice, l'vn est entre la pointe de l'Italie & la Sicile. L'autre est entre la mer Ionique, ou de la Grece, & le sein ou Golfe de l'Epante, ou les Chrestiens remporterent vne si glorieuse victoire contre les Turcs, on le nomme de Patrice d'vne Ville nommée Patras.

§. 7. La recherche des deſtrois Septentrionaux.

LEs hommes animés de l'heureux ſuccés de la nauigation de Magellan & de le Maire qui firent le tour du Monde, & trouuerent chacun vn deſtroit du coſté auſtral, & ſe perſuadans que Dieu auroit laiſſé des paſſages dans l'hemiſphere boreal, auſſi bié que dans l'auſtral ſe mirét à les chercher & rechercher auec tout ſoin & diligence. Les Anglois par le continent de l'Amerique & tirant vers l'Occidét. Les Holládois par noſtre côtinent & tirât vers l'Oriét. Et certes tels deſtrois rendroient a nos Europeens le chemin de nous aux Indes tant Orientales qu'Occidentales du coſté de la mer Pacifique de beaucoup plus court, plus aſſeuré, & plus ſain. Neantmoins on n'a peu encore s'aſſeurer de ce point, & de pluſieurs entrepriſes pas vne n'a reüſſi car on a bien trouué des deſtrois mais non pas de ceux qui ſoient vn paſſage d'vne mer à l'autre.

Martin Forbiſher Anglois decouurit le premier vn bras de mer a 61. degré d'eſleuation entre le Gronlant & vne Iſle longue & eſtroite qui va de l'Orient à l'Occident & le nomma de ſon nom. Iean Dauis Anglois l'an 1585. 6. 7. 8. nauigeant du meſme coſté trouua le ſecond qui tire vers le Septentrion & prend depuis le 61. degré iuſques au 73. & porte le nom de ſon inuenteur. Vn autre nommé Baffins donna plus auant mais auec pareil ſuccés laiſſant ſon nom à la partie decouuerte par luy, & l'appellant la Baye de Baffins. George VVermoul l'an 1602. commençant par la meſme embouchure, & tirant vers l'Occident en trouua
vn

vn troifiéme qui le conduifit dans vn Grand Golfe où il auança vers le midy iufques a 54. degrez: mais trouuant les terres il fut contraint de s'en retourner. Henry Hulfon pareillement Anglois l'an 1607. 8. & 9. tenant la route du precedent paſſa de ce Golfe à l'Occident par le 60. parallelle où il trouua vne grande mer pour monter iufques au degré 82. Il fut expofé à la mercy des flots dans vne Barque, & delaiſſé par les fiens fans qu'on en aye apris aucune nouuelle. Plufieurs nomment ce troifiéme deftroit de fon nom, le deftroit du Hulfon. L'an 1631. Iamefe trouua vn fein ou bras de mer dans lequel quelque temps apres Thomas Buttons rencontra vn port fort fauorable qu'il nomma Nelfon, & donna à vne concauité de ce fein le nom de Baye de Buttons. Le flux & reflux de la mer qu'il y remarquoit luy donnerent quelque efperance de la ionction de cette mer auec la Pacifique: mais cette efperance demeura fans pourfuite & partant fans effet.

Les Hollandois en ont cherché dans le monde ancié comme les Anglois dans le nouueau & en ont trouué vn appellé le deftroit de Vaigas ou de Naſſeau entre la nouuelle Zemble, & la Mofcouie. C'eft là où les glaçons fe heurtans, & s'entre choquants font vn bruit épouuentable, & ces glaçons boucheroient entierement ce paſſage n'eftoit vn courant d'eau qui s'engouffrant dans ce deftroit iufques au fleuue Oby les y chaſſe. Les Hollandois le trouuerent l'an 1594. puis voulurent auanter plus auant iufques au 76. parallelle l'an 1596. furent furpris tellement des glaces qu'ils furent contrains de demeurer iufques au mois de Iuin de l'année fuiuante ne voyant que neige & ours blács, & de quitter leur nauire brifé de glaçons. Ils baftirent vne petite cabane pour se loger, & vn vaisseau le mieux qu'ils peurent pour retourner. Ie crois que les miseres qu'ils endurerent leurs firent perdre l'enuie de iamais plus y retourner, & de chercher dauantage ces passages. Comme aussi pour les trouuer il ne faudroit point costoyer les terres ou les glaçons se forment. Mais voquer par le millieu des mers, ou la gelée n'a point tant de prise ; particulierement s'il est vray que la mer ne gele point.

Pour conceuoir bien tout cecy il est expedient d'auoir deuant les yeux des cartes ou tous ces destrois sont representés.

§. 8. Le Montagnes les plus celebres.

N. 1. Les Vtilités des Montagnes.

SI les Montagnes ostent la rotondité à la terre, & la rendent bossuë, & contrefaite, elles recompensent bien ce defaut par plusieurs commodités qu'elles apportent & sont les suiuantes.

Les Montagnes seruent 1. de digues & de barrieres naturelles, pour rompre l'impetuosité, & la violence des vens, pour soustenir & briser la force des vaques, & arrester le desbordement, & le rauage des eaux. 2. de contenant pour enfermer les mers, & les lacs dans leurs concauités. 3. de muraille & de rempars tres-forts entre les Royaumes & propres à arrester les progrés d'vn conquerant, & les armées d'vn ennemy. Telles sont les Pyrenées entre la France & l'Espagne, les Alpes entre la Frãce & l'Italie, les Montagnes qui sont entre la Chine & la Tartarie &c. 4. d'Asyle aux Hommes pour se retirer durant les courses des ennemis, & les inondations des eaux côme on fait en Ægypte, & en la Cochinchine ou les inondations sont regulieres. 5. Les montagnes bien esleuées sont autant de grands reseruoirs d'eau en consistence de nege, laquelle y tombe & demeure durant le froid, & l'abondance des eaux, se fond & coule en bas durant le chaud & pendant la disette des eaux, lesquelles profitent premierement aux montagnes puis arrousent les valées, & les campagnes inferieures, quand elles en ont necessité ; pource que les montagnes les reçoiuent, quand il y en a trop en bas; & les rendent, quand il y en a trop peu. 6. Les montagnes par leur hauteur arrestent les nuées, les vapeurs & autres fumées, que les vens emportent auec eux, & les font epaissir & resoudre en pluyes ; D'où vient que les parties des montagnes exposées aux vens humides sont plus abondantes en fontaines, & que les pays qui ont plus de montagnes ont aussi plus de riuieres, comme ie diray de l'Amerique. L'isle de la Guardelouppe a bien 80. riuieres pour ce sujet. 7. Les montagnes arrestant les vens & ce qu'ils emportent font en plusieurs endrois changement de temps, lequel est du costé du vent pluuieux & de tempestes, de l'autre serain & calme ; ou chaud & estouffant du premier costé, rafraichissant, de l'autre comme ie l'expliqueray dans les vniuersalitez. 8. Enfin les montagnes sur le haut contiennent de la neige dont elles sont humectées & puis les vallées, dans leurs surfaces produisent des herbes & diuers fruits, dans leur grosseur interieure contiennent des sources, des metaux, & des mineraux, que l'on peut aisement tirer ; à cause que l'on peut vuider les eaux & les faire couler par les pentes ; ce qui n'est pas des mines comprises dessous la surface des campagnes, où d'ordinaire les eaux viennent à les couurir, & à empescher les hommes d'y trauailler. Par leur pente donnent cours aux sources, dont elles abondent, & par leur situation ont vn costé exposé aux rayons plus aprochants des perpendiculaires, vn autre plus destourné des rayons Solaires, & où il y a souuent vne saison contraire.

C'est pourquoy reconnoissant que les montagnes sont des principes, pour iuger des temperamens, fecondirez ou sterilités des pays, ie desirerois que l'on fit des cartes expresses pour representer les seules montagnes, comme on en fait pour faire voir les seules riuieres ainsi que des veines dans le corps; & ie m'asseure que l'on admirera la disposition que Dieu y a mise.

N. 2. Les Montagnes recommandables pour leur quantité, & grandeur, & premierement celles de la Grece.

Les Montagnes sont considerables par vne triple quantité, de longueur, de hauteur, & de multitude, & par diuerses qualités, qu'elles possedent.

Si nous escoutons les Grecs lors qu'ils font trophée des raretés de leur pays, ils nous voudroient bien faire croire, que leurs Montagnes sont les nompareilles; telles que sont Pelion, Ossa, Athos, qui iette son ombre iusques à l'Isle de L'emnos distante de 86. mille. Cét effet seroit extraordinaire, si l'ombre estoit Meridienne, ce que la situation de ces deux corps ne permet pas. Elle ne laisse pas d'estre considerable par la diminution du Cone de l'ombre solaire.

Les mesmes ont donné le nom d'Olympe à vne autre pour faire entendre par ce mot la proximité de son sommet auec le Ciel : Mais la comparaison des leurs auec les suiuantes fera bien voir, que ce ne sont que des Hyperboles, & que s'ils ont eu beaucoup d'éloquence à les descrire, ils n'ont pas eu assés de Geometrie, pour les mesurer, & prendre la proportion, qu'elles ont auec les autres. S'il est vray qu'au haut d'Olympe il y aye vn Autel, ou les figures descrites sur les cendres demeurent sans changement, c'est vn signe d'vne notable hauteur.

Pour la hauteur seule & prise du pied de la montagne situee sur vne terre proche de la mer, & passant en vn lieu bas iusques au sommet ie tiens le pic de Tenerif le premier en cette dimension. C'est côme vne Pyramide, qu'on apperçoit incontinent, qu'on sort de l'Isle de Madere distante de ce pic de 4. degrez entiers, qui font 2400. mille. Snellius le fait haut de 9. mille ; mais s'il n'a point eu egard à la refraction on en peut bien oster vn. Au hault il y a vne pleine, & vn trou au milieu plein de souffre que l'on tire. Son sommet est par dessus la moyenne region de l'air ; puisque les neiges, les pluyes, & autres impressions de l'air ne s'y voyent pas ; mais en des endrois plus bas comme asseure Bacon Chancelier d'Angleterre en son organe nouueau. Les Guides qui y conduisent les hommes, ont soing de les faire quitter le sommet deuant que le Soleil se leue pour n'estre suffoqué de l'air, qui est rare extremement & par sa situation, & par la chaleur suruenante. Ie dis sa hauteur prise du pied au sommet ; pource que le lac Zayre par exemple est comme i'ay dit au ch. 5. bien haut si on prend la hauteur depuis l'embouchure à la source, & de cette sorte les montagnes situées proche ce lac auroient vne grande hauteur.

N. 3. Montagnes de l'Europe & de l'Affrique.

Si l'Europe à les Alpes, & les Pyrennées, quelques montagnes dans la Nouerge, au haut desquelles on n'y peut arriuer qu'en quatre iours de chemin selon Olaus, & celles de la Grece, l'Affrique en presente deux plus grandes, sçauoir le mont Atlas, & les montagnes de la Lune, les premieres au rapport de Dion sont estimées les plus hautes de la terre, sont chargées de neiges & de Broüillars, & pour leur hauteur appellées la colomne du Ciel. Elles prennent leur commencement dans les bornes Occidentales de l'affrique au 16. par. & vont par diuers destrois iusques vers l'Ægypte qui en fait les bornes Orientales. Les autres trauersent toute la largeur de la partie Australe de l'Affrique, & quoy qu'elles soient situées dans l'endroit ou la chaleur doit estre la plus grande, elles sont couuertes de neges, qui se fondant grossissent tellement les lacs, & les riuieres qu'elles les font sortir de leur lict, & s'epandre dans les campagnes.

Les montagnes de Serra Lyona, ou Roche de Lyon doiuent auoir icy quelque lieu. On les nomme Roche; pource qu'elles sont herissées & diuisées en rochers pointus, de Lyon; pource que c'est d'elles qu'on entend sortir des muglemens rugissemens & bruits effroyables: ce qui peut arriuer ou des tonnerres, qui sont fort frequents en cette montagne, ou des concauités enflées de vents, qui poussés fortement sortent auec impetuosité, & par consequent auec bruit.

N. 4. Montagnes de l'Asie.

L'Asie encherit par dessus, & en contient deux qui surpassent les autres en longueur, & les egallent en hauteur. La premiere commence depuis le Cap de Commorin & monte bien auant en la Tartarie. Elle separe l'Orient d'auec l'Occident & fait dans la Zone Torride d'vn costé l'Hyuer & les pluyes, quand il y a Esté & serenité de l'autre quoy que bien proche.

Le second est le mont Taurus qui prenant son commencement sur les bords de la Chine separe ce Royaume de la Tartarie & fait vne partie de cette celebre muraille de la Chine, puis auançant termine les Indes & se nomme Imaus & continuant par la Tartarie, Moscouie, & autres Prouinces reçoit le nó de Taurus, & où il est plus esleué celuy de Caucase. Elle separe le midy d'auec le septentrion, & partant le pays chaud du froid. Les lieux interrompus où il laisse des passages s'appellent Pyles où portes; telles que sont les portes d'Armenie, de Caspie, de Silicie &c. Il a d'autres noms plus particuliers correspondans à diuers pays, en la maniere que j'ay monstré pour les mers en leurs diuisions & subdiuisions.

Aristote asseure que les Nautoniers le voyent prés la Palu Meotide c'est à dire dans la distance de 560. mille, & qu'il retient la lumiere solaire iusques à la troisiéme partie de la nuit; à quoy on peut accommoder ce que Pline liu. 5. Chap. 22. dit du mont Casius (nom qui approche de Caucasus) *Quartâ vigiliâ noctis Orientem post tenebras solem aspicit.* Pour le crepuscule on voit dans les pays Septentrionaux & au Solstice d'esté en la minuit finir le Crepuscule du soir & commencer celuy du matin, & en mesme temps on remarque ces deux lumieres naissantes & finissantes.

N. 5. Montagnes de l'Amerique.

Mais si nous comptons celles de l'Amerique nous les trouuerons plus multipliées, & si nous prenons leurs dimensions, nous les iugerons plus hautes, & plus longues. Car pour l'Amerique Septentrionale elle va tellement montant depuis la mer iusques à 300. lieues, comme l'on peut voir par les descentes & sauts des Fleuues, & particulieremét de celuy de S. Laurent, que ce n'est qu'vne Montagne, sur laquelle d'autres ont esté pointées & esleuées.

C'est en l'Amerique Meridionale ou se trouuent les deux premieres en ce point, & sont nommées Sierra & Andés. Elles vont comme de compagnie, & parallellement depuis l'Equateur iusques vers le 60. degré de latitude Australe; c'est à dire dans presque toute la longueur de cette partie. 60. degrés font à 60. mille par degré 3600. mille Italiques, leur hauteur est telle, qu'à Costa digne tesmoing de la comparaison suiuante dit que les Alpes ne sont à l'egard de celles-cy, que comme des Cabannes deuant des Chasteaux. Et certes les effets qu'experimentent ceux, qui les passent sont si particuliers, qu'on ne les rencontrera que difficillement en d'autres endroits. I'en fay le recit autre part.

N. 6. Montagnes remarquables pour diuerses proprietez.

Ce point appartenant à la troisiéme partie Geographique ie me contente de dire icy qu'és montagnes

C'est à dire de la Naturelle

gnes on considere la surface terminante & sa fecondité, & les corps compris & cachez sous cette surface : Ou bien ce qu'elles produisent en dehors, & ce qu'elles contiennent en dedans.

Au dehors on a egard aux corps vegetatifs, c'est à dire aux herbes, plantes & arbres, qui sortent de la surface, & aux animaux, qu'elle nourrit. Pource que les montagnes ont les deux principes de fecondité, sçauoir les eaux en abondance, qui en sont la matiere & la chaleur Solaire, qui en est la cause. Pour les eaux les vapeurs, qui sont portées par les vens contre les montagnes eleuées y reprenent aisement leur densité & estat naturel d'eau, à cause qu'elles en ont le principe interne retenant la substance d'eau, & qu'elles en rencontrent deux externes, sçauoir est la froideur du millieu, & la compression. La chaleur vient à plusieurs parties des montagnes pour auoir vne situation plus directe aux rayons Solaires. C'est le premier principe qui rend les montagnes d'Auuergne & tant d'autres si abondantes en pasturage, aussi bien que les pays bas, où les eaux decoulent. C'est le second qui donne à d'autres des fruits precieux & delicieux, comme il est aisé de prouuer par vne longue induction.

Pour le dedans on a egard aux concauitez, & aux plenitudes. Les lieux conaues sont ou des souspiraux à faire sortir ou des flammes de feux, ou des vens auec impetuosité & en suite auec des bruits estranges, ou des tuiaux à conduire des eaux d'vn lieu à vn autre, ou des boutiques, ou la nature trauaille à faire diuers ouurages. Les plenitudes contiennent les ouurages déja faits. Il y a des montagnes de marbre, de souffre, de sel, comme au Duché de Cardonne, de pierre d'aiman comme à l'Isle d'El-

E e

be, de mines d'or & d'argent, comme en Potoſſi &c. D'autres ſont des Volcans, qui iettent des feux & ſont tellement communs, qu'il ny a continent qui n'en aye beaucoup. La matiere, qui eſt deſia ſortie du mont Veſuue ſans compter ce qui a eſté changé en fumée ſeroit incroyable, ſi l'Italie n'auoit ce prodige dedans ſoy & deuant ſes yeux.

Ie tiens que le principal fruit des montagnes eſt de nous donner les eaux, ſoit les nous reſeruant en vn téps opportun par les neiges qui ſe fondent aux grandes chaleurs, ſoit en tout temps par les ſources, qui la donnent toute pure, ou empreinte de diuerſes vertus & qualités. Le mont Tibarus eſt ſignalé, pour auoir plus de 100. fontaines; le mont Ouranius aſſés proche de Calcedoine, pour en auoir vne, qui iette de l'huile. Vn Rocher eleué aſſés proche du Fleuue Fortea en Eſcoſſe, & ſitué au milieu de la mer, pour ietter de l'eau douce en abondance par ſon ſommet : Ce qu'Ortelius aſſeure encore arriuer à vne montagne d'Hybernie, ou chaque iour, l'eau coule deux fois, & s'arieſte deux fois, & en Iſtrie dans vne montagne, qui par ſa hauteur s'appelle grande : Car ou l'eau y eſt formée, ce qui ne ſe peut dire pour la grande quantité qui en ſort continuement, ou elle y vient d'ailleurs; ce qui ne ſe peut expliquer, que par des tuiaux naturels & cachés dans ces rochers, & grandement longs.

§. 9. *Les plus nobles fleuues du Globe terreſtre.*

N. 1. *Les vtilitez des Riuieres.*

LEs fleuues ſeruent aux prouinces. 1. pour leurs fortifications de longs & de larges foſſes, qui arrestent l'ennemy. 2. pour le commerce de Chariots, qui portent & conduisent à peu de frais tout ce, dont on charge les nauires. 3. pour la nourriture des hommes de reseruoirs par le moyen d'vne grande multitude, & varieté de poissons, qu'ils contiennent. 4. pour la fecondité des terres d'arousoirs, & de veines, qui distribuent & communiquent l'eau soit par leurs inondations, soit par leur conduite par canaux tant ouuerts que cachez, soit par vne vertu attractiue de la terre qui succe l'eau voisine, & s'en humecte. 5. pour les mouuemens de tant de sortes de moulins d'vn principe continuel & tres efficace. 6. les fleuues sont pour reparer les pertes, que la mer souffre par l'attraction, que les rayons solaires font de ses eaux les eleuant en vapeurs, & par ce moyen conseruer la mer en sa hauteur & estenduë. C'est pourquoy Dieu souuerain determinateur voulant rendre ces vtilités des Riuieres communes à dauantage de terres a mis les pentes auec telle obliquité, & irregularité, que c'est vne merueille de voir les tours, les détours, les contours, & souuent les retours, que font les Riuieres deuant que de se perdre dans la mer.

N. 2. *Qui sont les plus nobles fleuues, & comment est-ce qu'on les diuise.*

Les plus memorables sont ceux qui se vont rendre à la mer, conseruent leur nom dans les terres, & ne se perdent que dans ces eaux salées, où ils ne sont considerables, que comme vn grain de sable en comparaison de toute vne greue, & vn filet d'eau à leur egard : Et encore il faut qu'ils ayent leur source esloignée de l'embouchure, pour se grossir dans

De la seconde sorte de diuision Geographique

la longueur du chemin par la decharge de plusieurs fontaines, ruisseaux, torrens, & Riuieres particulieres. Il y en a plusieurs, qui y vont porter la dépoüille de 100 & 200. Riuieres, & les eaux de plus de 20. Prouinces. Que s'il arriue que deux grands Fleuues joignants leurs eaux proche la mer perdent leur nom, & en prenent vn nouueau c'est vne chose assez rare ; comme la Riuiere qui se fait de la ionction de la Garonne auec la Dordogne s'appelle la Gironde : celle qui vient de l'assemblage des eaux du Rein & de la Meuse se nomme Rimeuse, & le Danube prend le nom d'Ister s'estant bien auancé dans les Terres : pource que en ce qui depend de la volonté des hommes il ne faut point souuent chercher autre raison, que la volonté du plus puissant. De plus quand vn grand fleuue se diuise en plusieurs branches & par elle entre dans la mer, chacune souuent à son nom particulier, & ainsi le fleuue perd le sien dans la diuision de ses eaux.

Les fleuues ne peuuent se diuiser, que où par les lieux de leur source & naissance, ou par les lieux de leurs passages, ou par ceux où ils viennent se perdre. Le second point estant plus considerable, c'est de luy que l'on doit prendre la diuersité des Riuieres particulieres : Si toutefois on ne considere que les Riuieres plus renommées. Il faut les diuiser par les continens, & les subdiuiser selon l'ordre de leur embouchures & reception dans la mer.

Comme l'on a fait des cartes ou les seuls fleuues sont representés ; & partant ou on peut voir les trois points mis cy dessus ; aussi on pourroit dresser vne table bien profitable des mesmes fleuues : Elle seroit diuisée en diuerses colomnes, qui porteroient tout au haut les titres suiuans, & dedans la respon-

C'est à dire de la Naturelle.

se à chacun. 1. Le nom. 2. la source. 3. le terme & l'embouchure auec la mer qui le reçoit. 4. l'entredeux. 5. les merueilles de la source s'il y en a 6. les Prouinces qu'il arrouse. 7. les accidens, qu'il reçoit en allant comme sont les gouffres & abysmes, les cheutes, les sauts & Cascades, les poissons, qu'il contient. 9. combien il est nauigalble & s'il le peut-estre. 10. S'il peut se commodement joindre à quelque autre 11. combien il entre dans la mer sans se mesler. 12. combien la mer entre dans luy, & qu'ols sont ses effets.

N. 3. *Quelques Fleuues principaux de l'Amerique.*

L'Amerique sans controuerse emporte le dessus en ce point : puisqu'elle à trois fleuues, dont les embouchures jointes ensemble font 166 lieuës. Le Roy de tous est sans doute celuy des Amazones dit Maragnon ou Oreliano qui passe par Hiuari, Chirmo, & Humos, à 60. & 10. lieuës de large en son embouchure, laquelle est presque dessous l'Equateur. Il a vn destroit entre deux rochers bien eleués, ou l'eau resserrée & pressée des suiuantes, & trouuant vne pente descend auec vne rapidité extraordinaire, & fait vn bouillon à la fin Quand on le nauige par le milieu on ne voit point de terre, que des Isles au milieu, qui y sont en multitude & de grande estenduë. Il coule depuis les montagnes du Perou où il amasse grande abondance d'eau, qui le grossissent bien tost iusques dans l'Ocean du Nort & le sein Mexic.

Il ne faut point chercher autre part son second que dans la mesme Amerique, c'est le Fleuue d'argent nommé dans les Cartes Rio de la plara ou Paraquay, qui passe au S. Esprit, se descharge au

36. parallelle auſtral dans la mer qui porte ſon nom par vne embouchure large de 60. lieuës. Delà montant iuſques à 106. lieuës on trouue la ionction de deux grandes Riuieres Parana & Paraquaire, qui gardent leurs eaux diſtinguées l'eſpace de pluſieurs lieuës, ſans meſlange. Celles de Parana eſtant tres claires, les autres boueuſes, Celuy là paſſe par Ciuita Real, & à vne horrible cheute à l'abord de la Prouince de Guaira ; lors que l'eſpace de 12. lieuës il deſcend par vne grande pente, parmy des pierres & rochers auec vne telle violence, qu'il eſcume par tout, s'eleue en diuers endroits de pluſieurs coudées, & mene vn bruit ſi grand, qu'on l'entend de quatre lieuës. Ce Fleuue ſelon à Coſta contient tout ſeul autant d'eau, que le Nil, le Gange, & l'Eufrate ioints enſemble.

Le troiſiéme eſt celuy de Canada, ou de S. Laurent, qui a 36. lieuës d'embouchure, plus de 300. de longueur, deux mers douces pour ſources ſans compter pluſieurs Lacs, & Riuieres qui le groſſiſſent, 42. ſaults en ſon chemin dans la branche qui va par le Lac de Biſerenis; Et s'il en à moins par celle qui baigne la terre correſpondante aux pays des Iroquois, ils ſont plus grands à proportion Il ſe rend au Golfe de S. Laurent & delà à la mer.

Le quatriéme eſt le Fleuue, qui eſt compoſé de deux riuieres, qui comme Seurs ſe ioignent en vne, auſſi elles portent le nom de grande & de deux ſeurs: L'vne du coſté du Perou s'appelle de S. Marthe, paſſe par Sa. Fé: L'autre du coſté du Breſil ſe nomme de S. Magdeleine, qui paſſe par Tamalameque, Tenerife & Balança de Malambo. Leurs premieres ſources ſont deuāt le 2. P. & leur dernier rendeuous eſt au 12. P. Ces Riuieres iointes en vne entrent dans la mer du Sein Mexic auec telle impetuoſité, qu'elles demeurēt dix lieuës entieres dans la largeur de 2. lieuës cōseruant la douceur de leurs eaux, tant elles ont de force à pousser leurs eaux à trauers de celle de la mer. Ce qu'il faut entendre quand les riuieres grossissent par les neiges fonduës, & par les pluyes abondantes, qui y sont fort frequentes & regulieres. Le mesme arriue à la riuiere des Amazones. Les Anglois nauigeans en ce pays là, estant eloignés de 30. mille de l'embouchure, le 9. de Iuin prirent dans la mer, & beurent de l'eau douce & claire; & reconneurent s'auançant, que s'estoit l'eau de ce Fleuue.

N. 4. Riuieres plus notables de l'Amerique Septentrionale.

Celles qui approchent dauantage de la grosseur des precedentes sont les suiuantes, que ie declare allant du Septentrion au midy. 1. Le fleuue de S. Laurent dont il a esté parlé. 2. La Riuiere des Iroquois, qui va au port Royal de la nouuelle France. 3. & 4. Nord & Sud en Niderland sont deux Riuieres, dont l'vne à son emboucheure au 41. P. l'autre sort d'vn lac, & va entrer dans la mer au 39. P. 5. Chesapeac ou de Pouuatan dans la Virginie est fort large en son lit, à vne grande multitude de ramaux, & de Riuieres, qui se dechargent en elle, & entre toutes on en compte cinq principales & bien grandes. 6. Le fleuue de la Trinité, qui passe par Pasquenoke, dont l'emboucheure tombe dans vn canal long de 100. lieuës Françoises, à cause de plusieurs Isles longues & presque contigues, qui font la separation entre la mer, & ce canal. Il commence vers le 35. P. & finit vers le 32. & demy. 7. La R. de Cruz, qui se rend au port dit Royal au 31. P. 40. min. 8. La Riuiere de May qui prend sa naissance d'vn lac qui est nommé grand au 34. P. passe par Cubacan & va mourir au 35. P. 10. min. La 9. est celle du S. Esprit, qui sort au 35. P. & demy, & entre au Sein Mexic au 30. P. & passe par Quigata.

10. Il y en a trois autres fleuues plus longs, que sous les precedens, qui vont se decharger à la Baye du S. Esprit, qui est au 30. P. Suit Escondido au 27. P. Et Panuco sous le Tropique.

Les deux suiuans Barania, & Zacatura vont se rendre à la mer Pacifique, ont leurs premieres eaux assez proches de la Ville Mexico, les dernieres l'vne au 22. P. l'autre au 18. Barania reçoit les eaux du lac chapala. Le fleuue Desaquadero qui demeure presque tousiours entre le 11. & 12. P. n'a pas la longueur des autres; mais pris auec le lac de Nicaragua, qui luy donne ces eaux contient presque toute la largeur de la terre ferme, & donne aux Espagnols vn canal pour passer de la mer del Zur à celle du Nord, & faut peu fossoyer pour l'acheuer & joindre les deux mers si on n'a egard, qu'à la distance droite.

N. 5. Riuieres de l'Amerique Meridionale.

Les plus grandes & mesmes toutes les principales se dechargent à nostre Ocean, la mer Pacifique quoy que d'vne plus grande amplitude n'ayant que des ruisseaux.

La premiere qui se rencontre est la R. grande de Darien, qui commence au 5. P. & finit au Golfe D'Vraba qui s'estend iusques au 9. P. La 2. & 3. sont les Riuieres de Ste. Marthe, & Ste. Magdeleine, dont i'ay parlé. Le 4. fleuue est celuy de Paria, ou
Orinoque,

Orinoque, qui a son embboucheure au 9. P. où il fait vne grande multitude d'Isles, & d'vne grandeur considerable, passe par S. Thomas, reçoit les despoüilles de plusieurs Riuieres ; d'où s'ensuit qu'il ne peut estre, que tres grand. Le 5. est celuy des Amazones descrit cy-dessus, Le Lac Parime & plus de 12. Riuieres moindres, dont Essequebe est l'vne des plus celebres ; se trouuent entra la 5. & 4. R. comme entre le 4. & la 3. R. est le Golfe de Venecuela, & le Lac de Maracaybo, qui a de circuit quatre-vingt lieuës enuiron, est joint au Golfe, par vn destroit large à peu prés d'vne demy lieuë, où la mer a son flux. Le 6. F. est Rio Real qui sort du Lac Eupana, & dans lequel entre Acaratim ; & s'en va rendre à la mer vers le 12. P. Le 8. est Rio de Plata, qui reçoit les eaux de tant de Lacs, & de tant de Riuieres, que ce n'est point de merueilles, si elle contient les eaux declarées cy-dessus.

Le lac de Titicaca reçoit par 10. bouches les eaux de 10. riuieres assés grandes & de plusieurs moindres & ne les rend, que par vne assés estroite ; mais beaucoup profonde, & auec vne telle celerité, qui est equiualente à l'eau qui entre, & y empesche la structure d'vn pont, & en sortant elle fait vne riuiere nommée Desaquadero de Titicaca, qui va se rendre à vn autre Lac nommé Aulagas, qui n'ayant point de sortie à decouuert, se doit descharger de tant d'eaux par des canaux clandestins. Son eau n'est ny amere comme celle de la mer, ny douce comme celle des riuieres mais si trouble & espaisse qu'elle n'est pas potable. Les autres Riuieres sont moindres & descrites par Tact, d'où i'ay pris la plus part de ce, que i'ay mis icy.

La raison de cette grande quantité d'eau coulan-

De la seconde sorte de diuison Geographique te le tire de la quantité des montagnes, qui en font la cause : puisque par leur hauteur elles sont en la region des vapeurs, par leur solidité elles arrestent leur mouuement & les espaississent, par leurs pores les contiennent, par leur froideur les condensent, & font retourner en eau, & par leur pente font couler cette eau. Or est-il que l'Amerique a plus de montagnes, que les autres continens, Ces montagnes ont vne conuersion aux vens humides, & à la pluie, & ont leur position parmy des grandes mers echauffées par le Soleil.

On peut reconnoistre cecy considerant les longueurs egalles des riuieres, & voyant celles, qui amassent dauantage d'eau.

N. 6. Les Riuieres plus fameuses de l'Asie.

Puisque l'Asie est diuisée en six grandes Prouinces; sçauoir en la Moscouie Asiatique, la Tartarie, la Chine, l'Inde, la Perse, & la Turquie Asiatique ie mettray icy les fleuues de chacune.

La Moscouie selon ce qu'elle contient dans l'Asie à la Duine, le Volga, & le Don ou Tana. Le premier va à la mer Boreale, le second à la mer Caspie, le troisiéme à la palu Meotide dite de plusieurs pour ce fleuue mer de Tana. Le 1. passe à Colmogor & S. Michael, le 2. sort d'vn lac de mesme nom a 15. lieuës de Moscou, passe à Nisi-Nuogrod & Astracam le 3. a Tuia & Asouu, le 2. reçoit l'Occa qui passe à Coluga & à Colomna.

En la Tartarie, le premier & le plus grand sans controuerse est l'Oby qui prend ses premieres eaux au 45. P. Par vne riuiere Sur, qui passe par Taskent se decharge au Lac Kitay, de la passe à Cumbazic, Grusina, situées sur deux Lacs moindres, à Sibier

Calami, Cossin, & au Chasteau Obea : & puis se va rendre à l'Orient du destroit Vvaigas au 69. P. comme Petzora va, à l'Occident du mesme, & prend son nom de la Ville qui est proche de son embouchure, d'où s'ensuit qu'entre la source & l'embouchure il y a 23. degrez sans compter les detours.

L'autre Fleuue nommé Tartar tire son nom d'vne Ville qu'il arrouse, passe par le Lac Coras, & se va rendre dans la mer à l'Occident du Promontoire Tabin. Entre la Chine & le Tartar i'en trouue deux: Le plus proche de la Chine a en vne de ses branches la celebre Ville de Cambalu, l'autre a sur son riuage la Ville de Tenduc capitale du Royaume. Entre Tartar & Oby trois qui ont diuers noms dans les Cartes. I'en trouue dans les Cartes vn qui commence par vn Lac au 65. P. se va rendre au Lac Cicui-Hay auec vne autre riuiere qui a sa source dans la Chine distante de l'autre de 18 degrés enuiron. On en adiouste deux qui rendent leurs eaux qu'ils reçoiuent de plusieurs riuieres à la mer Caspie, ont plus de 8. degrés de longueur & sont nommés l'vn Chesel anciennement Laxartus, l'autre Abiamu anciennement Oxus.

La Chine a cét auantage sur les autres Royaumes d'auoir plus de riuieres nauigables, & vnies par ensemble, qui sont les grands intendans du commerce. La multitude plus grande diuise ce Royaume par tout & presente les eaux à dauantage de terres: La capacité de porter batteau sert grandement au commerce, & leur ionction par trois lacs, par & des canaux practiqués fait qu'on peut aller par batteau d'vne extremité du Royaume à l'autre, le plus renommé est le Quiam ou Iamsu-Quiam.

L'Inde en a deux celebres, l'vn nommé Indus donne le nom d'Inde à toute la Prouince : & en son embouchure fait vne Isle qui fait vne partie du Royaume de Cambaïa & est terminée de la mer, de deux Golfes ou Seins & d'vn bras de riuiere: L'autre nommé Gange donne la diuision *India intra & extra Gangem*: C'est à dire Inde deça, & delà le Gange Entre la Chine & le Gange il y en a quatre, qui sortent du Lac Chiamay, & se vont rendre à la mer Indique.

La Perse en a de trois sortes, les premiers sont ceux qui se vont rendre à des lacs ; les autres à vne mer enuironnée, & les troisiémes à vn Golfe Ocean, ou mer enuironnante. Pour les premiers il y a trois Lacs Giocco, Burgian, & Astamar qui vont croissant en grandeur. Le 1. & 3. reçoiuent leurs eaux des riuieres mediocres le 2. de trois assés grandes particulierement d'vne nommée Palimalon, qui a plusieurs branches & 7. degrés en longueur, sans neantmoins que tant d'eaux ayent vne descharge à decouuert, ny vne resource separée, & rendant l'eau auec egalité. Pour les seconds on en compte plus de dix d'vne longueur suffisante pour porter le nom de riuiere, qui se vont rendre dans la partie meridionale de la mer Caspie. Sont les troisiémes, qui sont les plus grands & en grand nombre. Tiritiri & Ilment contiennent 16. degrés de longueur Sitt, Bindimir, Iesdri 12.

Le Turc dans l'Asie a le Iourdan en la Palestine, qui vient de deux fontaines nommées Iour & Dan passe par la mer Tiberiade, & se va rendre à la mer morte, d'où rien ne sort exterieurement. Il y a en l'Assirie, l'Eufrate & le Tigre, qui bornent la Mesopotamie ou Dierberg & ioints ensemble, grossis d'eaux & chargés de nauires entrent dans le Sein Persic, ou pour ce sujet le trafic est tres grand. Il a en la Georgie le Fazze, & l'Arais, en l'Arabie le Caybar.

N. 7. Les principaux Fleuues de l'Affrique.

L'Affrique a au Royaume de Maroc le Tenſiſt, au au R. de Fez l'Ommiraby, le Cebu, en la Barbarie la Muluia, le Rio Maior, le Suffegmar, le Magrida. Dans le Biledulgerid le Suz & le Darha. En Zaara le Ghit. Au dela du lac Zaire dans la pointe de l'Affrique il y trois riuieres notables Cuama, Spiritu Sancto, & R dos infantes qui viennent pour la pluſ part du Fleuue Zambere cecuy-cy du lac Zachaſ, & vont par la coſte des Caffres à la mer. A l'Occident du meſme Zaire il y a les riuieres declarées cy-deſſus au chap. 5. Mais les deux plus celebres de l'Affrique ſont ſans doute le Nil, & le Niger ou Senega. Tous deux ont des innondations tres fecondes; Tous deux entrent dans la terre, & puis renaiſſent Niger deuant le lac Borneo, le Nil en vne ſienne branche nommée Nubia : Tous deux ont ſur leurs bords pluſieurs Villes capitales des Royaumes & Prouinces, Magin en donne 15. au Niger. Le Nil a des cheutes & catadoupes : Tous deux reçoiuent tant d'eaux de tout coſté en leur chemin, que ce n'eſt point de merueille ſi en temps de pluies continuës, ou de neiges fonduës ils ſont contrains de desborder & couurir les campagnes.

N. 8. Riuieres plus ſignalées de l'Europe.

Ie les prend d'vne Carte, qui a eſté faite à ce deſſein.

L'Eſpagne a ſix principales Riuieres à ſçauoir l'Ebro, qui va en la mer Mediterranée, & cinq qui vont en l'Ocean, ſçauoir le Guadalquiuir, le Guadiano, le Tage, le Duere & le Minho. L'Ebro ſort de la Biſ-

De la seconde sorte de division Geographique caye, & passe à Calahorra, Logronno, Saragoce & Tourtouse, reçoit du costé de la Nauarre l'Agra qui passe à Pampelone, du costé de la Catalogne, reçoit la Segre, qui passe à Lerida, du costé d'Aragon reçoit le Xalon qui passe à Calataiud. Le Guadalquiuir sort des montagnes d'Alcares en la Castille neuue, & passe à Cordoüe, Seuille, & St. Lucar, Reçoit le Xenil qui sort de Grenade. Le Guadiano sort de la pleine de Montiel dans les montagnes de Castille, & passe à Calatraua, Medeline, Meride, Badajos, & Castro-Morin passe dix lieuës sous terre auant qu'il soit à Medeline. Le Tage sort de la montagne de Molina, & passe à Tolede, Talauera, Alcantara, & Lisbonne, reçoit le Hennares qui passe à Alcala de Hennares, & reçoit le Xarama qui passe à Madrid. Le Duero sort prés les ruines de l'ancienne Numance, & passe à Soria, Arando, Lamego, & Porto, reçoit du costé du Nord le Bisuergo qui passe à Vailladolid, & du midy le Tormes qui passe à Salamanque. Le Minho sort des montagnes qui separe la Galice d'auec les Asturies, & passe à Lugo, Orense, Tuy, & Guardia. Les autres plus petites Riuieres qui gardent leur nom iusques en la Mer, & considerables seulement par les Villes où elles passent sont, en la Mer Mediterranée, le Latet qui passe à Perpignan, le Ter qui passe à Gironne, le Lobregat qui passe au couchant de Barcelonne, le Guadalauiar qui passe à Valence, la Segur a qui passe à Murcie. Et en l'Ocean est le Mondego qui passe à Coimbre en Portugal. Et l'Astoria qui passe à Ouiedo és Asturies.

 L'Italie a quatre Riuieres plus celebres; à sçauoir l'Arno & le Tibre, qui vont en la mer de Toscane, & l'Adese, & le Pô, qui vont au Golfe de Venise. L'Arno sort du mont Appenin & passe à Florence,

Pise. Le Tibre passe à Perugia, Rome, & Ostie. L'Adeso sort des Alpes & passe à Tirol, Trente, & Venise. Le Pô sort des Alpes qui separent l'Italie de la France, & passe Carignan, Turin, Cazal, Piacenzo, & Cremone, & se descharge en la mer par plusieurs branches, dont l'vne passe à Ferrare, reçoit du costé du midy le Tanaro, qui passe à Albe, Asti, & Alexãdrie, & le Reno qui passe à Bologne, reçoit du costé du Nord le Sessio qui passe à Verceil, le Tesin qui passe à Pauie, l'Adde qui passe à Fuentes, Lodi, l'Olona qui passe à Milan. Et le Mense qui passe au Lac de Mantoüe. Les autres Riuieres qui gardent leur nom iusqu'en la mer, sont fort petites, entre lesquelles est renommé en l'histoire. Le Rubicon qu'on nomme Pisatello Foglia, qui passe à Pesaro. Et l'Ofanto qui passe à Canosa.

L'Allemagne compris les Pays Bas & la Suisse a 8. Riuieres plus remarquables; à sçauoir le Danube qui va au Pont Euxin, l'Escaut, la Meuse, le Rhin, l'Ems, le VVeser, & l'Elbe, qui vont en la Mer Germanique, & l'Oder qui va en la Mer Baltique. Le Danube sort de la Suaube, & passe à Vlme, Ingolstad, Ratisbonne, Passavu, Vienne, Presburg, Bude, Nicopolis, & Kilia. Il reçoit a droite le Lek, l'Iser, l'Inu, le Draue, & le Saue, & du Couchant le Nare, le Mark, le Tisse, ou Tibisque, & le Sereth. Le Lek passe à Auspurg, l'Iser passe à Munchen, l'Inu passe à Imprug, le Draue passe à VVillach, & Petavu. Le Saue passe à Crainburg, Gradiske, & Belgrade. Le Mark passe à Olmunts, le Tisse ou Tibisque passe à Chege, & à Tolnoc, Et le Sereth passe à Sereth, & Soczana, demeure du VVayuode de Moldauie. L'Escaut sort de la France, & passe à Cambray, Valancienne, Tournay, Gand, & Anuers, où il se descharge vers les Isles de la Zelande, à droite il reçoit le Deuder à Deudermonde, & le Rupel qui passe à Rupelmonde, & se forme de la Dele, & de la Nethe, la Dele passe à Louuain, & à Malines, & reçoit la Sine qui passe à Bruxelles, à gauche l'Escaut reçoit l'Escarpe qui passe à Arras, & à Doüay, & le Lis qui passe à Terouanne, Aire, Armentiers, & Courtray. La Meuse sort des montagnes de Vauge, & passe à St. Mihel, Verdun, Sedan, Mezieres, Namur, Liege, Mastrik, Ruremonde. Graue fait l'Isle de Bommel auec le VVal qui est vne branche du Rhin, puis passe à Gorcum, Dordrect, & Rotterdan, reçoit à droite le Ruer qui passe à Iuliers, Aix la Chappelle, & Ruremonde. Le Rhin sort au païs des Grisons de 3. sourées, dont la plus haute est au mont St. Gotard, passe à Constance, Schaffouse, Basle, Brisac, Strasbourg, Spiré, VVormes, Mayence, Cologne, VVesel, & au fort de Schink, où il se diuise en deux branches, dont la droite retient le nom du Rhin, & la gauche est appellée VVal, qui se va ioindre à la Meuse, la droite se diuise derechef en autres deux branches, dont la droite se nomme Issel & passe à Zutphen, & l'autre à Arnhem, puis se diuise derechef en deux branches, dont la droite qui retient le nom du Rhin passe à Vtrecht & Leyden, & l'autre qui s'appelle Leck, va se degorger entre Dordrect, & Rotterdan, reçoit à droite le Neker, le Main, le Roer, & la Lippe. Le Neker passe à Heildeberg, & Manhein, le Main passe à Bamberg, Francfort, VVistbourg, & Mayence, le Roer passe à Duisbourg, La Lippe passe à Paderborn, à gauche reçoit en la Suisse l'Aar qui passe au canton de Berne, & à Solurre. Et en l'Archeuesché de Treues reçoit la Moselle qui passe à Toul, Mets, Treues, & Coblents. L'Ems passe à Munster, & Embden. Le VVeser passe à Munden, Minden

Minden, & Breme. L'Elbe passe à Konisgrats, Dresde, Meyssen, Togauu, VVitemberg, Meidbourg, Lauetbourg, & Hambourg, Reçoit à droite le Harel qui passe à Brandebourg. Et à gauche la Molde qui passe à Baduuis, & à Prague. Et le Sal qui passe à Hof, Salfed, & Navvmbourg. L'Oder passe à Oppelen, Breslavv, Glogavv, Crossen, Francfort, & Stetin. Reçoit à droite le VVarte, qui passe à VVarte, Kamin, Posna, & Custrin. A gauche reçoit le Biber, qui passe à Noavbourg. Et le Neiis qui passe à Gorlits. Les autres Riuieres moins considerables de l'Alemagne sont entre l'Elbe, & l'Oder, l'Biden en la Holsace, qui passe à Frederikstat, & Lunden, d'où il se rend à la Mer Germanique. Le Traue qui passe à Lubek, où il se descharge en la Mer Baltique. Le VVarnovv qui passe à Rostock. Le Barthe qui passe à Stralsund, vis à vis de la Rugie.

Au Danemarc les Riuieres plus considerables sont le Nipse qui passe à Rippen, & va en la Mer Germanique. Et le Huggerbion qui passe à Asdal, & va au Nord de la Lutie.

En la Suede, les principales Riuieres sont Le Dalecarle qui passe à Folker, & à Elskarby. Et le Torno qui passe à vne Ville de mesme nom, & se descharge dans le Sein Botnique. Es Estats du Roy de Pologne les principales Riuieres sont la Vistule, le Niemen, le Duna, & le Dnieper. La Vistule passe à Cracovvie, Plocsk, VVladislavv, Culm, & Dantzik, où il se rend en la Mer Baltique. Reçoit le Bugs qui passe à Leopold. Le Niemen passe à Grodno, Kovvno, Memel, Konigsberg, siege de la Prusse Ducale. Le Duna passe à Polocstco, & Riga. Et le Dnieper ou Boristhene, passe à Smolenski, Kiof, & d'Assovv, d'où il va au pont Euxin, reçoit le

Gg

Bog qui passe à Codimie, & Dassovv.

En l'Estat du grand Turc qui est en l'Europe, les Rivieres plus considerables sont, (outre le Danube dont le cours est descrit en l'Alemagne.) La Mariza ou Hebre qui passe à Philippopolis, Andrinople, & Traianopolis, & se descharge en l'Archipelage. En la Macedoine sont considerables pour l'histoire ancienne le Strymon, l'Axius, l'Erigon, & l'Aliacmon. En la Thessalie le Penée qui passe à Larisse, Et le Sperchius qui se descharhe dans le Golfe ou estoit Thebes. En Epire sont renommés par les Poëtes l'Acheron, & l'Achelous qui vont en la Mer Ioinque. En l'Achaïe est renommé le Cephise, qui se divise en deux branches, dont la droite est appellée Asope, & l'autre Ismene se deschargeans toutes deux, entre l'Achaïe & l'Eubée, ou Negrepont. Dans le Peloponese ou Morée, estoient renommés le Penée, l'Alphée, le Panisus, l'Eurotas & l'Inachus, dont les deux premiers se deschargent vers le Couchant, les deux suivans au Midy, & le dernier, au Levant vers l'Archipelague. Dans l'Albanie est considerable le Dryn qui se descharge à Lodrin dans le Golfe de Lodrin.

En Angleterre les principales Rivieres au Levant sont La Tamise qui passe à Oxford, VVinsor, & Londres. l'Ouse qui passe à Bukingam, Bedford, & Duuham. l'Youre qui passe à York, & Selbye, & prend le nom de Humber en son embouchure, La Tyne qui passe à Neulcastel. Et le Tuvede qui separe l'Angleterre de l'Escosse, au Levant, & passe à Barunck. Au Couchant sont la Saverne qui passe à Shrovvesbury, VVorcestre, & Glocestre, Le Mersei qui passe à Stpford, & VVarrington, Et l'Itone ou Edou qui passe à Casle.

En Escosse sot outre le Tvvede, le Forthã qui passe

C'est à dire de la Naturelle des Fleuues.

Sterling, & va dans le Golfe d'Edembourg. Et le Tay qui passe à Dunkell. En Irlande sont entr'autres le Lestée qui passe à Dublin, Et le Sennon qui passe à Lymerick.

N. 9. Riuieres de la France.

Il y a quatre Riuieres principales dont l'vne qui est le Rhosne, va en la Mer Mediterranée, & les autres trois vont en l'Ocean, sçauoir la Garonne, le Loyre, & la Seine. Le Rhosne sort du Mont St. Gotard en la Suisse, & passe à Syon, Geneue, Lyon, Vienne, Valence, Tournon, Pont St. Esprit, Auignon, Beaucaire, & Arles. Reçoit du Leuant l'Isere & la Durance. l'Isere passe à Montmeillan, Grenoble, & Romans. Ayant receu l'Albane qui passe à Chambery en Sauoye. La Durance passe à Briançon, Embrun, Cisteron, & Cauaillon. Du Couchant le Rhosne reçoit à Lyon la Saone qui passe à Chaalons, & Mascon & Reçoit le Doux qui pase à Besançon, & Dole, en la Franche Comté. Le Rhosne reçoit encore en Languedoc le Gardon considerable par le Pont du Gard. Il se descharge en la Mer par sept portes que l'on nomme Gras, comme le Gras de Passon, le Gras Pauler, Le Gras d'Enfer &c.

La Garône sort des môs Pyrenées & passe à Rieux, Tholouze, Agen, Bordeaux, Blaye, & Royan. Reçoit du Midy le Gers qui passe à Auch, & Lectoure, Et la Bayse qui passe à Condom, & à Nerac. Du Leuant reçoit l'Auriege qui passe à Foix, du Nord reçoit le Tarn, le Lot, & la Dordogne. Le Tarn passe à Millau, Alby & Montauban. Ayant receu l'Agoust qui passe à Castres, & à Lauaur. Et le Lauairou qui passe à Rhodés, & à S. Anthonin. Le Lot passe à Mende, Cahors, Clayrac, & Eguillon. La Dordogne passe à Sarlat, & Bergerac. Et reçoit l'Isle

De l'a seconde sorte de division Geographique qui passe à Perigueux, a pour source deux fontaines dont l'vne se nomme Dor, l'autre Dogne.

Le Loire sort du Vellay en Languedoc, & passe à Feurs, Roanne, Neuers la Charité, Briare, Orleans, Blois, Amboise, Tours, Saumur, & Nantes. Reçoit du Couchant Et Midy l'Alier, le Cher, l'Indre, & la Vienne, & du Nord reçoit le Mayne. l'Allier sort du Geuaudan en Languedoc & passe à Yssoire, & à Molins, & se rend dans le Loyre au dessous de Neuers. Le Cher passe à Chasteau-Neuf, & s'en va rendre à Tours. Reçoit a Vierzon l'Eure qui passe à Bourges. l'Indre sort du Berry & passe à la Chastre, Chasteau-Roux, Loches, Monbazon, & Azay. La Vienne passe à Limoges Chasteleraud, l'Isle Bouchard, & Cande. Reçoit le Clain qui passe à Poictiers. La Creuse qui passe à Argenton. Et la Vede ou seré d'l'Amable qui passe à Richelieu. Le Mayne passe à Mayenne, Laual, Chasteau-Gontier, & Angers. Reçoit le Sarte qui passe à Alençon, au Mans, & à Sablé. Et s'vnit au Loir qui passe à Chasteau-Dun, Vendosme, & la Fleche.

La Seine sort de la Bourgogne, & passe à Chastillon, Troyes, Nogent Montereau, Melun, Corbeil, Paris, Mante, le Pont de l'Arche, Rouän, Caudebec, & Harfleur. Reçoit du Midy l'Yone, du Couchant l'Eure, & du Leuant la Marne, & l'Oise. l'Yonne passe à Auxerre, Sens, & Montereau. l'Eure passe à Chartres, & à Eureux. La Marne passe à Langres, Chaumont, Chasteau-Thierry, & Meaux. l'Oise passe à Guise, la Fere, Compiegne, Beaumont & Pontoise. Les autres Rivieres plus petites & considerables seulement par les Villes ou elles passent, sont en la Mer Mediterranée. l'Arc qui passe à Aix. Le Vidourle qui passe à Sommieres, & se jette en l'Estang, d'où apres auoir receu le Vistre qui vient de Nismes, il va en la Mer. Le Les qui passe au Pont Iuueneau à vn quart de lieuë de Montpellier. l'Eraut qui passe à Pesenas, & Agdé. l'Orb qui passe à Beziers, l'Aude qui sort des Monts Pyrenées, & passe à Alet, Carcassonne, & Narbonne. En l'Ocean sont Entre l'Espagne & la Garonne. l'Adour qui passe à Tarbes, Aire, Aqs, & Bayonne, ou se ioint le Gaue, formé de deux Gaues, l'vn dit Bearnois, qui passe à Pau,& Orthes, & l'autre dit d'Oleró pource qu'il y passe la Charente entre la Garonne & le Loire qui passe à Balzac, Angoulesme, Iarnac, Xaintes, Soubise, & au Port de Lupin. La Seure Nyortoise qui passe à S. Maixant, Niort, Maillezay, & Marans. Entre le Loyre & la Saine sõt La Villaine qui passe à Rennes, & à la Roche Bernard. Le Rance qui passe à Dinan, & St Malo. Et l'Orne qui passe à Seez & Caen. Entre la Seine & les Païs Bas est La Somme qui passe à Perronne, Corbie, Amiens, & Abbeuille.

§. 6. Les bans, & pescheries.

LE ban des Terres Neuues merite sans doute le premier lieu non seulement à raison de sa grandeur; mais encore pour la multitude de poissons qu'il contient en certain temps, ce qui fait qu'il est autant profitable à la nourriture des hommes que plusieurs autres sont dangereux aux Nauires. C'est comme vne pleine bien vnie de sable & de terre couuerte d'eau de la grandeur d'vne Prouince, qui en ses extrémitez est taillée à pied droit, d'où vient que tout d'vn coup on passe d'vn endroit de mer ou on peut ietter l'ancre à vn autre, ou la sonde ne trouue point le fond. C'est en ce lieu on les

Morues s'assemblent en si grande quantité vers les mois d'Esté, & en mesme temps les Pescheurs en telle multitude qu'on y a quelquefois compté 800. Nauires : Et tant s'en faut que les poissons manquent à tant de Pescheurs, que ceux-cy manquent plustost aux poissons Donnant à chaque Nauire 300,000. Morues qui est la charge des Nauires mediocres on auroit pesché 240. millions de Morues. Ce Banc fut decouuert par les Bretons, les Basques & Normans l'an 1504. On depeint dans les Cartes les Bans en remplissant l'espace qu'ils contiennent de petits points, pour monstrer vn amas de sable.

Pour les pescheries : Encore bien que la mer soit par tout de mesme nature ; si est-ce que la diuersité de son fond, & des accidens comme sont la chaleur, la froideur, le meslange de diuerses exhalaisons, & autres attirent à certains endrois les poissons, & les esloignent d'autres, ce qui rend certains lieux grandement auantageux pour la pesche. Et d'autant qu'il y a quantité de poissons, qui vont en troupe, & passent de longues costes, ou entrent dans les Fleuues, c'est-là où on les pesche plus ordinairement. Il y a vne coste en la mer Indique qui se nomme coste de la pescherie, pource qu'on y pesche les perles dans vn nombre prodigieux. Les Balesnes se peschent particulierement à Spisberg & il y a compagnie reglée, pour y aller à ce dessein. La pesche des Harens se fait plus abondamment vers les costes d'Escosse, des Sardeignes à l'Isle d'Olonne, à Royan, & à la coste de Galice, des tons en la mer Mediterranée. Les Estourgeons à Danvie ou on en remplit des Barris qu'on va porter en Angleterre, les Loups Marins à la coste de l'Abradie, le Corail en la coste de Barbarie, & à la

c'est à dire de la Naturelle des Fleuues. 231
mer de Prouence, l'Ambre, à la mer Baltique, L'Ambregris sur les costes de Gascogne. Les Saulmons sont communs à plusieurs mers. Ils sont en grand nombre entre l'Angletterre & l'Escosse.

Ces poissons montant par la Gironde estant arriuez au confluent de la Garonne, & de la Dordogne, quittent la premiere & se jettent dans l'autre, montent en nombre excessif vers la source, ou ils sont pris. Les liures les memoires & le temps me manquent pour dire les poissons que chaque mer porte, & les fruits qui croissent en chaque terre, soit seulement comme le cloud de Girofle qui ne se voit qu'aux Moluques, soit en plus grande perfection, la troisiéme partie des particularitez en dira dauantage particulierement si ie suis aidé sur ce point.

TROISIEME
SORTE DE DIVISION
GEOGRAPHIQVE
c'est à dire la ciuile ou l'humaine.

PREFACE.

LEs hommes à qui Dieu a donné la Terre pour domaine se sont aussi donné la liberté d'en faire le partage, quoy qu'auec de grandes inegalités. Et il n'est personne de si petite condition, qui n'en veule auoir sa part, & qui ne porte ses desirs à defendre la possession de ce qu'il a, & à acquerir ce qu'il n'a pas. C'est ce point qu'ils diuisent par le fer, & par le feu comme dit Seneque; C'est luy, sur lequel, & pour lequel se font tant de procez, tant de voyages, tant d'entreprises, & se donnent tant de batailles.

Mais sans auoir egard à toutes les menuës diuisions des particuliers ie considereray seulement les parties principales, & les plus vniuerselles. Aussi cette partie a esté si souuent traitée & retraitée. Il y a presentement tant de liures imprimés de cette matiere tant de Cartes grauées, & particulierement deux natifs d'Abbeuille y ont si bien reussi le R. P. Brier & Monsieur Sanson que i'estimerois perdre le temps de m'y arrester.

Cette diuision suppose vne diuersité de parties: cette diuersité peut venir, ou de diuerses bornes naturelles comme sont les Insulaires du Japon, d'Angleterre, de Sicile, des Maldiues, &c. qui sont separés des autres par la Mer, & d'ordinaire ont diuersité de vie. Ou 2. de diuersité de langage: car comme par le nom de François ceux qui parlent François encore qu'ils ne soient sujets à vn mesme Prince sont vnis en ce mot; aussi sont-ils diuisés de tous les autres qui ont vn langage different. Ou 3. de la diuersité de Iurisdictions ainsi la Turquie cōprend les pays qui sont sujets au Sultā des Turcs; quoy que de diuers langages, & par cette vnité est diuisée de la Perse qui reconnoit vn autre Prince.

Plusieurs tiennent, qu'il n'y a que 72. langues originaires: autant que de familles, qui trauailloient à la Tour de Babel, & furent diuisées de langage. Mais si 500. ans font que nostre François est different de l'ancien Gaulois plusieurs milliers
d'années

C'est à dire la Ciuile ou Humaine.

d'années auront bien changé ces 72. langues, & en auront multiplié d'autres.

D'abondant pource qu'il y a sur Terre deux puissances souueraines, qui s'attribuent l'authorité de faire cette diuision humaine ; c'est à dire l'Ecclesiastique, & la Seculiere, il est necessaire en ce traité de les considerer toutes deux.

CHAPITRE HVICTIESME.

De la Diuision Ecclesiastique.

§. 1. *Le Principe de cette diuision.*

Qvoy que l'ambition aye porté plusieurs Monarques à vouloir estendre leur Empire sur toutes les Terres, & qu'en effet plusieurs d'eux se soient rendus maistres de beaucoup d'Estats; si est-ce que leur pouuoir estant inferieur à leur desir, & trouuant des resistances superieures à leurs armes, ils ont esté contrains de planter des bornes bien au deça de leur premier dessein : de sorte qu'il est vray de dire du plus absolu de tous les Rois, qui aye esté, qui luy restoit 10. fois plus de pays à conquerir, qu'il n'en possedoit.

Cette decouuerte vniuerselle estoit deuë, & reseruée au Roy & du monde pour l'estenduë, & des siecles pour la durée, IESVS-CHRIST & à son Eglise, qui seule de droit & d'effet peut porter le nom de Catholique, & vniuerselle. Les Apostres destinez à cette conqueste, & portés d'vn zele d'agrandir l'empire spirituel de leur maistre se partagerent heureusement & admirablement, tout le monde, le visiterent d'vne extremité à l'autre, reconneurent ce que les Cartes ne marquoient point, sousmirent à la loy de l'Euangile contraire aux inclinations de la nature, aux maximes du mode, aux coustumes & façons de faire des peuples, aux opinions des Philosophes, qui viuoient pour lors, & aux diuerses sortes de Religions, dont on faisoit profession, par des moyens les plus bas & foibles qui soient, c'est à dire par des personnes qui n'estoient que 12. en nombre, sans aucun auantage de naissance; puisqu'il n'estoient pas nobles, de fortune; puis qu'ils n'estoient pas riches; d'esprit, puis qu'ils n'estoient pas Doctes, sans credit, auctorité, dignité, office, armes, prouisions, eloquence, sousmirent dis-ie toutes les nations à vne telle loy & acheuerent ce que les armes des Roys, & l'eloquence des Orateurs, & le discours des Philosophes n'ont peu encommencer, & ce despuis l'Espagne qui est le pays le plus Occidental ou Sainct Iaques a presché, iusques à la Chine qui est le plus Oriental, ou S. Thomas fit annoncer nostre Loy comme nos Peres qui y sont pour succeder à leur zele & exercice, prouuent par des marques & monumens certains, & signalez: Et S. Paul parlant de son temps dit aux Coloss. Ch. 1. Vers. 6. & 23. que l'Euangile estoit presché par toute la Terre.

Or en traçant le plan de ce glorieux dessein, & faisant la distribution de ce grand Empire ils ont gardé vn ordre, que l'Eglise a tousiours suiui en ces nouuelles conquestes: C'est d'establir les premieres dignités Ecclesiastiques, & les Eglises Metropolitaines dans les Villes capitales & d'obseruer le mesme ordre en la Iurisdiction Ecclesiastique & politique, diuisant les Dioceses selon les Prouinces, ce qu'ils firent par vn conseil

Diuin, soit pour monstrer l'accord & la conuenance entre ces deux sortes de sceptres & de coronnes, c'est à dire entre les clefs de S. Pierre & les sceptres des Roys, soit pour proportionner les brebis aux Pasteurs, & donner aux Princes & Souuerains temporels pour Superieurs spirituels ceux, qui sont les Princes de l'Eglise, soit pour faciliter les visites des Prelats, la communication qui doit estre entre les Eglises, les missions des Predicateurs, des Loix, & Ordonnances Ecclesiastiques, & entretenir la direction, que les Superieurs doiuent auoir de leurs inferieurs, par les mesmes Messagers & voyes, par lesquelles les puissances temporelles maintiennent la leur, soit pour mieux vnir les Prelats auec leur sujets, qui sont ceux lesquels sont sous vn mesme Prince, soit encore pour moyenner plus facilement & efficacement la conuersion des peuples subalternes.

Suiuant quoy S. Pierre ayant la Surintendance de ce dessein tout Diuin & cõme le chef de l'Eglise choisit son siege & des successeurs de son office, & par consequent de son pouuoir dans l'Empire qui estoit le chef des autres & dans cét Empire la Ville qui estoit comme la maistresse & la capitale du monde, laquelle il establit par vne residence personnelle pour le lieu de sa demeure qui fut de 25. ans, & la consacra par vn glorieux martyre, & sçachant que dans cette premiere Monarchie de l'Vniuers, il y auoit encore deux maistresses Villes dependentes toutes-fois & subalternes de Rome, qui estoient auparauant le Siege des Souuerains sçauoir Antioche pour l'Asie, & Alexandrie pour l'Affrique, nommement pour l'Egypte, il y establit deux dignitez Patriarchales, qui sont vicariats nés & substitutions perpetuelles erigées en titre d'office, &

non de simple commission, & partant soumises à la Romanie dont elles tirẽt la cõmunication de leur pouuoir comme declarent les appels de ces deux à Rome, les jugemens & ordres de la Romanie sur les autres, les seances dans les Conciles generaux, &c.

Il fit l'vne par sa residence personnelle mais passagere de sept ans : l'autre par la mission de S. Marc son fils spirituel comme il declare en son Epistre.

Depuis Constantinople ayant esté faite vne nouuelle Rome, & la capitale de l'Orient merita aussi d'auoir vn siege Patriarchal. Et si on en a mis vn en Hierusalem ça esté plus tost vn tiltre honoraire, qu'vne puissance bien estenduë. Et ce fut en consideration de la Saincteté du lieu, & non pas de la grandeur & dignité ciuile de la Ville.

L'Eglise depuis en a encore erigé d'autres moindres comme celuy d'Etiopie, des Iacobites, des Armeniens, celuy de Venise, d'Aquillée, &c.

Les autres Apostres animés du mesme esprit en firent autant dans les nations de leur departement, & suiuant le pouuoir que N. S. auoit mis en leur personne par vn ample commission, non pas en titre d'office : comme à S. Pierre ; Et partant ce que ie viens de dire des premieres dignités & patriarchales mises dans les premieres Villes du monde, il faut l'entendre à proportion des autres, & dire que l'Eglise a suiui plus ordinairement en la diuision des primaties, Metropoles, Euesches, Cures ; comme de ses Patriarchats, celles qu'auoient fait les Empereurs dans l'orbe Romain, ou les autres Monarques du monde dans leur Empire, choisissant pour les premieres Prelatures les Villes, qui seruoient de sejour aux Princes, & aux premiers Officiers de l'Empire. I'en feray voir la pratique tres-eui-

C'est à dire la Ciuile ou Humaine.

dente dans la diuision Ecclesiastique des Gaules qui est toute prise sur la ciuile ancienne ; & tellement qu'il n'en reste rien que dans la distribution des Prelatures Ecclesiastiques.

Donc puisque la Geographie Ecclesiastique suppose & suit la Ciuile ; Ce sera assez de donner celle cy, pour n'vser de redites. Outre que l'Ecclesiastique n'est pas si vniuerselle. Car la Barbarie par exemple, qui cottoye la Mer Mediterrannée, & qui n'a iamais manqué de ses Princes Temporels ayant eu anciennement iusques à 600. Euesques n'en compte pas deux effectifs maintenant. On trouuera le denombrement de ces Euesches dans vn Liure Infolio, qui a pour tiltre la Geographie Ecclesiastique.

I'adiousteray à ce traité general de la diuision Ecclesiastique le Catalogue des Euesches particuliers, qui sont dans les premieres Prouinces de l'Europe.

§. 2. *Catalogue des Sieges des principales dignités Ecclesiastiques dans l'Europe.*

ROme est le siège du Vicaire de N. S. & du successeur de S. Pierre en son office & pouuoir, qui partant est en Terre le Chef vniuersel, & le souuerain de toute l'Eglise. Suiuent apres & dessous luy les Patriarches, Primats, Archeuesques, & Euesques, suffragans des precedens : chacun à son siege particulier, où ils fait sa residence, & exerce son office, & ce sont de ceux-cy, dont ie fay la liste. Ils sont occupés de trois sortes de per-

Troisiéme sorte de diuision Geographique

sonnes: sçauoir pour la plus part des Prelats Catholiques Apostoliques & Romains, comme en toute la France & l'Espagne, les autres sont ou Schis-
matiques comme en la Grece ou personnes Here-
tiques comme en l'Angleterre, l'Escosse Suede
Danemarc, & en diuers endrois d'Alemagne. Ceux
qui seront escris en grosse lettre ou auront vne croix
deuant eux seront les sieges des Archeuesques, qui
auront la marque - seront les sieges vnis en vn.

N. 1. *Les sieges des Archeuesché & Eueschés de
l'Italie.*

✠✠✠ ROME, Ostie-Velitri, Porto, Sabina,
Palestrina, Frescati, Alba *ceux-cy sont Car. Dia-
cres*, Sutri-Nepi, Ci. Castellana-Orta, Viterbe,
Tuscanella, Bagnarea, Oruieto, Perugia, Ci. di
Castello, Ci. di Plebe, Castro, Arezzo, Luca, Spo-
leto, Terni, Narni, Amelia, Rieti, Foligno, As-
sisi, Tiuoli, Anagni, Verulo, Terracina-Sezza, Se-
gni, Alatro, Ferentino, Ancone-Humagna, Lo-
reto-Recanati, Ascoli, Iesi, Osmo, Fano, Came-
rino, *Ces Eueschez sont espars en l'estat de l'Eglise,
& dependent immediatement de Rome.* † RAVENE,
Adria Comachio, Faenza, Forlimpopoli-Brenti-
nore, Forli, Cesena, Sarsina, Rimini, Imola,
Ceruia, Fanestria, Ferara, † BOVLOGNE, Parme, Piacenza, Reggio, Modena, Crema, B. S. Domi-
no. FERMO. Macerata, Tolentino, S. Seueri-
no, M. Alto, Ripatransone. † VRBIN, Eu-
gubio, Pesaro, Fossombruno, Caglio, Sinigalia,
S. Leo. NAPOLI, Pozzuolo, Nola, Cerra, Is-
chia Auersa. † CAPOA, Thiano Calui, Caserta,
Caiazzo, Carinola, Sergna, Sessa Venafre, M Ca-
ssino, Aquino, Fondi, Gaietta, Sora, SALERNO,

C'est à dire la Ciuile ou Humaine.

SALERNO, Cappaccio, Pulicaſtro, Sarno, Acierno, Marcico, Campagna, Nocera, di Pagani Nuſco, Caua. ✠ AMALPHI, Capri, Scala, Minuri, Lettre, Rauello. ✠ SORRETO, Vico, Maſſa Caàmare di Stabia. ✠ CONZA, Muro, Satriano-Cagiano Alcedonia, S. Ange de-Lombardi Biſaccia, M. Verde. ✠ CIRENZA-Matera Venoſa, Angola, Potenza, Grauina, Tricaria, M. Pelozo. ✠ TARENTE, Motula, Caſtellaneta, Oria. ✠ BRINDISE-Ocrenſis, Hoſtini, Nardo, Monopoli. ✠ OTRENTO, Leccie, ci. di Leuco, Caſtro, Gallipoli, Vgento, ✠ BARI-Canoſa, Bitunto, Malfetta, Giouenazzo, Ruuo, Conuerſano, Monciuino, Pulignauo Lauello, Bitetti, Cataori ✠ TRANI Salpe, Beſegli Andri. ✠ MAFREDONIC-Siponte-S. Ange, Vieſte, Melſi-Rapollo, Ci. di CHIESI, Ortona, Ci. di Peua, Atri Sulmona. Aquila Marſi-Teramo Gi. Ducali. ✠ LANCIANO, Triuenti. ✠ REGIO, Catanzaro, Cotrone, Tropea, Oppido Boue, Nicaſtro, Nicotera, Gieraci, Squilace, Mileto ✠ COSENZA, Martorano, S. Marco, Biſignano, Caſſano. ✠ ROSANO, S. SEVERINA, Vmbriato, Belcaſtro, Iſola, Cariati Strogolo. ✠ BENEVENTO, Aſcoli, Teleſe, S. Agatha de Got, Alife, M. Marano, Auelino-Fricenti, Vico de la Baronia, Ariano, Boiano, Bouino, D. Vulturara-M. Coruino, Larino, Termuli, S. Seuero, Troia, Guardia Alferez, *Sicile* ; *Palerme* ✠ ou PANORME Maſara, Girgenti, Malta. ✠ MESSINA Iſola di-Lipari-Pati, Cifalu. ✠ M. REALE, Catania, Siracoſa, *Sardenia.* ✠ CAGLIARI, Solce, Leſſa, TORBE, Saſſari, Algar, Boſſa, Empurias, Terra-noua, Arbora, *Inſubres*, MILAN, Cremona, Lodi, Nouara, Alexandrie, de la Paille, Tortona, Vigenauo, Bergonio, Brescia, Vercel, Aſt, Caſal, Alba, Acqui,

Trosiéme sorte de diuision Geographique

Sauona, Vintuniglia, Pauie, *Piedmont*, TVRIN, Iurée, Mondoui, Foſſan, Saluze, Tarentaiſe ou Monuſtier, Aoſte, Sio, *Toſcane*, FLORENCE, Fieζole, Piſtoia, Voltera, Colle, B. S. Sepolchro, Lune, Serſana M. Pulciano, Cortona, Siene, Soana, Chiuſi, Groſſeto, Bientina, M. Alcino, Maſſa, *Populia*, PISA, Ciuitella, Aiazzo, Sagon, Aleria, *Liguri*, Gene, Albenga, Bobio, Brignale, Noli, Mariana, Nebio, Acci, ✠ VENISE, Cluoſſa, Torzelle, ✠ AQVILEA, Vdene, Como, Verona, Padoa, Vincenza, Treuizi, Concordia, Ceneda, Beluno, Pola, Parenzo, Trieſte, Petin, Cap-Diſtrie, Citanoua Trento, Mantoue.

N. 2. *Diuiſion Eccleſiaſtique de la France c'eſt à dire les ſieges des Archeueſchés & Eueſchés de France.*

Cette diuiſion ayant eſté faite ſur l'ancienne ciuile des Gaules c'eſt elle qu'il faut connoiſtre au prealable pour entendre la preſente. Et pource faut ſçauoir que la ciuile fut faite par les Romains qui en eſtoient les maiſtres & en firent deux parties ſelon la diuiſion que les Alpes en faiſoient & appellerent celle qui eſtoit de leur coſté Ciſalpine deçà les Alpes ayant egard à eux, l'autre où nous ſommes Tranſalpine delà les Alpes, c'eſt le contraire à noſtre égard. La Ciſalpine dite *Togata* pour la robbe qui eſtoit le veſtement commun ou Italique ayant eſté occupée par les Lombards fut nommée Lombardie. La Tranſalpine fut diuiſée en deux dont la plus proche des Alpes eſtoit dite *Braccata* & pour auoir eſté ſubiuguée la premiere par les Romains & reduite en Prouince en retient le nom & eſt dite la Prouence. La plus éloignée fut nommée *Comata* pour les longs cheueux qu'on y portoit & diuiſée

par

par Cesar en Aquitanique, Celtique, & Belgique, celle-cy estoit bornée par le Rhin, la Seine, la Marne, & l'Ocean Britannique, L'Aquitanique entre l'Ocean de ce nom, les Pyrenées, & la Garonne. La Celtique estoit entre deux. Auguste partagea toute la Transalpine en quatre parties, changea le nom de *Braccata* en Narbonnoise & de *Celtica* comme commun à toutes, en Lionnoise, & retient le nom des deux autres Aquitanique & Belgique. De plus pour les reduire à quelque égalité, il amoindrit les plus grádes par la substraction de quelque partie, & agrandit les moindres pour l'addition des parties ostées aux autres. Ses successeurs firent sept parties, Prouinces, ou Gouuernemens de ces quatres: sçauoir la Germanique, Belgique, Lyonnoise, Aquitanique, Narbonnoise, Viennoise, & celle des Alpes ou Alpine. Derechefs au quatriéme siecle entre Constantin & Honorius ces sept furent diuisées en 17. Prouinces, ou Dioceses sçauoir en 2. Germaniques. 2. Belgiques. 5. Lyonnoises, 3. Aquitaniques, 2. Narbonnoies, 2. Viennoises, & vne des Alpes. La Capitale de chacune de ces Prouinces fut appellée Metropolitaine; sçauoir Mayence de la 1. Germanique, Cologne de la 2. Treues de la 1. Belgique, Reims de la 2. Lyon de la 1e. Lionnoise, Roüen, de la 2. Tours de la 3e. Sens de la 4. Besançon de la 5e. Bourges de la 1e Aquitanique, Bourdeaux de la 2e. Auch de la 3e. Narbonne de la 1e. Narbonnoise, Aix de la 2. Vienne de la 1e. Viennoise, Ambrun de la 1e. qui fut appellée la 1e. des Alpes maritimes, & la Tarantaise fut la Metropolitaine des Alpes Coties. On pourra voir les Tables & les Cartes de cette diuision dans la Geographie du P. Briet. Comme la France à changé de Maistre, elle a aussi changé ces diuisions,

Troisième sorte de Diuision Geographique lesquelles ne sont restées, que dans l'Eglise Gallicane, qui a mis dans les Villes Metropolitaines des Archeueschés. La mesme multipliant les Archeuesques, elle a aussi multiplié les parties de cette diuision, & partant les Prouinces. Le Pape Iean 22. erigea Toluose en Archeuesché, qu'il appella troisième Narbonnoise. Le Pape Vrbain 8. erigea aussi Paris l'an 1622. en Archeuesché. Auignon & Arles ont esté erigés sous le nom de 2e. & 3e. Viennoise, Voicy la liste de ces sieges.

N° 3. *Archeueschez & Eueschez de France.*
Premiere Prouince Lionnoise.

†††. LION, Autun, Langres, Mascon, Chalon sur Seine. 2. *Prouince Lionnoise.* ROVAN, Bayeux, Auranches, Eureux, Seez, Lisieux, Coustance. 3. *Prouince Lionnoise.* TOVRS, le Mans, Angers, Rennes, Nantes, Vanes, Quinpercorentin, Leon, Triquier, S. Bricu, S. Malo, Dol. 4. *Prouince Lionnoise.* SENS, Auxerre, Troye, Neuers. 4. *Prouince Lionnoise.* PARIS, Chartres, Orleans, Meaux. 5. *Prouince Lionnoise.* BESANCON, Belay, Losane, Basle.

Premiere Prouince Belgique. TREVES, Mets, Toul, Verdun. 2. *Prouince Belgique.* REIMS, Soissons, Chaalons sur Marne, Laon, Senlis, Beauuais, Amiens, Noyon Boulogne.
Premiere Prouince Aquitanique. ††ROVRGES, Clermont, Rhodez, Albi, Cahors, Limoges, Mende, le Puy, Castres, Vabres, Tulles, S. Flour. 2. *Prouince Aquitanique.* BORDEAAX, Agen, Angoulesme, Sainctes, Poictiers, Perigueux, Comdom, Maillezais, Luçon, Sarlat, 3. *Prouince Aquitanique.* AVCH, Dax, Leitours, Cominges,

C'est à dire la Ciuile ou Humaine.

Conserans, Aires, Bazas, Tarbes, Oleron, Lescar, Bayonne.

Premiere Prouince Narbonnoise. NARBONNE, Besiers, Agde, Carcassonne, Nimes, Lodeue, S. Pons de Tomiers, Aleth, Montpellier, Vzez, TOLOSE, Pamiers, Montauban, Mirepoix, Lauor, Rieux, Lombez, S. Papoul. 2. P. N. ou 3. Vie. AIX, Apt, Riez, Freiuls, Gap, Cisteron.

Premiere Prouince Viennoise. VIENNE, Valence, Die, Viuiers, Grenoble, S. Iean de Maurienne, Geneue, ou Anicy. 2. Prouince Viennoise. ARLES, Marseille, S. Paul 3. Chasteaux, Toulon, Aurenge. 2. Prouince Viennoise. AVIGNON, Carpentras, Vaison, Cauaillon. 3. ou 4. Prouince Viennoise. AMBRVN, Digne, Grace, Vence, Glandeue, Senes, Nice.

Des Archeueschez de France, deux ont eu iadis la dignité de Patriarchatz, sçauoir celuy de Bourges sous le Roy Dagobert, & celuy de Lion selon Gregoire de Tours, & le second Concille de Mascon. L'Archeuesque de Reims, est Duc & Per de France, comme aussi les Euesques de Laon, & de Langres, il y a trois Euesques qui sont Comptes & Pers, les Euesques de Chalons, de Noyon, & de Beauuais, ceux-cy assistent au Sacre & Couronnement des Rois: tous sous la domination du Roy, excepté les Archeueschez de Treues & de Besançon, & celuy d'Auignon, auec ses suffraguants, comme aussi l'Euesque de Basle, de Nice, & de Lozane.

N. 3. Les sieges des Archeueschez & Eueschez d'Alemagne, & des pays adiacens.

MAYENCE, Worms, Wirtzbourg, Spire, Aicstet, Strasbourg, Ferden, Chur Hildeshein,

Troisiéme sorte de division Geographique

Paderborne, Constance, Halberstad, Ausbourg, Bamberg, COLOGNE, Munster, Minden, Osenbruck, Liege, TREVES, Metz Toul, Verdun. ☩ MAGDEBOVRG, Meissen, Mersbourg, Brandebourg, Hauelberg. SALTZBOVRG, Fresingen, Ratisbonne, Passavv, Brixen, Goritz, Lauemuntz, Seckavv, Chienzée, Vienne, Neustad, Labach, BREME, Lubeck, Ratzembourg, Chvverin.

Bohesme. PRAGVE, Olemus, Litomisel.

Pais Bas. MALINES, Anuers, Bruges, Gand, Ypre, Ruremonde, Boissleduc. CAMBRAY, Arras, Tournay, S. Omer, Namur. VTRECHT, Deuenter, Grœningue, Herlam, Levvarden, Mildebourg.

DIllirie. SPALATO, Nona, Liesina ou Faro, Trau, Tina, Sebenico, Almissa, Segna, Scardona. ZARA, Arbé, Veglia, Osoro. CORFOV, Cephalonie, Zante. CANDIE, Canca, Rettimo, Sittia, Hierra pietra, Cheroncto, Melipotamo, Archadia Siciiune, Budoa, Cursola.

Hongrie. COLOSVARD, Zagabrie, Albe-Iulie, VVaradin, Sirmisch, ou cinq Eglises, Chonad, Bosina, Hermenstad, Bistrice, VValpo, *Strigonie* GRAN, Tirne, Nitrie, Raab, Agrie, Vacie, Vesprin.

Pologne. GNESNE, Cracouie, Posna, Plosco, Mednic, Bressan, Lebus, Vladislaus, Camin, Luccorence, Vilna, Vedense, Vernie. LEOPOLIS, Premislaus, Chelin Kiouïe, Camenic.

L'Archeuesque de Mayence, est Electeur & grand Chancellier d'Allemagne & Doyen des Electeurs : celuy de Treues, est Archichancelier de l'Empire en Gaule, & Primat de la Gaule Belgique : ceuy de Cologne est Archichancelier de l'Empire en Italie, & met la premiere Couronne sur la teste du Roy des Romains, Celuy de Magdebourg, est Primat de toute l'Allemagne ; Celuy de Saltzbourg, né legat perpetuel du S. Siege.

C'est à dire la Ciuile ou Humaine.

N. 4. *Les sieges des Archeueschez & Euesciuez d'Espagne, & d'autres Royaumes.*

✠ TOLEDE, Cordoüe, Segouie, Cartagene & Murcie, Siguenea, Osina, Segorbe, Euenca, Iaen, Valladolid. BVRGOS, Pamplenone, Calahorra, Palencia. COMPOSTELLE, Salamanques, Auila, Plazancia, Lugo, Astorga, Zamora, Orence Tuy Badayos, Mondonendo, Coria, Ciudad-Rodrigo, Leon, Ouido, SEVILLE, Guadix, Cadiz des Canaries. GRENADE, Malaga, Almeria. SARAGOCE, Huesca, Iaca, Barbastro, Tarazona, Taruel, Albarasin. TARRAGONA, Tortose, Lerida, Barcelone, Vich, Girone, Elne, Solsone Perpignan, ✠ VALENCE, Segorue, Orihuela Maiorque.

Portugal. BRAGA, Porto, Viseo, Guardia, Lamego, Miranda Leyra. *Portugal*, LISBONNE, Coymbre, Portalegre Ceuta en Barbarie Funchal en l'isle Madere, Angra en l'isle Tercere, Congo en Affrique, du Cap Verd en l'isle S. Iacques, S. Thomas en l'isle & ville, S. Saluador au Bresil EVORA, Silues, Eluas.

Angleterre, CANTERBVRY, Londres, VVincestre, Couuentrey, Liclified, Sarisburi, Bathe, VVelles, Lincolne, Excester, Hereford, Norvvick, Ely, Rochester, Chichester, VVorchester, S. Dauids, Bangor, Landaf Oxfort, Glocester, Petrebourg, Bristovv. YORK, Durham Chester, Carlile, Russin ou Castletovvne en lis. du man.

Escosse. S. ANDRE', Dunekeld, Alberdin, Mouray ou Englin, Dumblin, Brechim, Rosse ou Canarie, Cathnes, ou Dunroden ou bien Dornock, Orckenay ou Isles Orcades la ville est Kirkvval.

Troisième sorte de division Geographique

Edembourg. GLASCO, Gallovvay ou VVithory, Lifmor, Illis ou Colinkil, sa residence est à S. Co-lombin aux Hebrides.

Irlande. ARMAC, Dovvne, Conner, Derry, Meth, Colcher, Ardache, Kilmor, Rapho, Dromoore, Kiloom, Dondalck DVBLIN, Kilkemy ou Ossery, Kildare, Ferns, Leglim, Glendalagh, CASTL, Lunrick, Lifinor, Rosse, VVaterford, Emmelen, Corcke, Lunbrik, Clon, TOAM, Galuben, Alache, Olfin, Roscomā, Clonfert, Killlalo.

Dannemarc. LVNDVN, Roskil, Odenfée, Slezvvick, Rippe, VViburg, Arhusen, TRVN-THEIM, Bergen, Stafenger, Haminar, Ansloo, Sodre, Schalliolt & Hola en Groenland.

Suede. VPSAI, Scar, Lincopen, Strengenes, Abo, Arosen, Vclimen.

Liuonie. RIGA, Reuel, Gerlandt, Oesel, Derpt, Culm, Samb, Pomesamie. RAGEVSE. Stagno, Tribigna, Castel nouo, Garzala, Stephano, Curzola.

Sous le Turc. ANTIVARI, Budoa, Dolcigno, Drinaste, Suacino, Pelastro, Scutari, DVRAZZO, Benda, Croia, Lissa, Alba, Canouia.

Cipre. NICOSIE, Samagosta, Bapho, Curium, Amutusia, Cerines, Soli, Carpazio Arzo, Leuca.

Moscouie. MOSCVA ROSTONV & Nouogrod, Cortiza, Resau, Kolom, Casan, VVolgod, Tuer, Smolensko, Sudalie.

CHAPITRE NEVVIESME.

Diuisions Ciuiles les plus generales du Globe Terrestre.

§. I. Diuision premiere : De tout le Globe.

ON le diuise en quatre mondes ou continens selon qu'il a esté dit au Chap. 6. §. 1. Car c'est icy ou la diuision ciuile suit la naturelle ; comme il arriue souuent, & pour lors la connoissance des parties ciuiles est mieux establie, & est attachée à vn principe plus permanent : Nous deuons la connoissance de deux mondes à Christophle Colon Genois. Car encore bien qu'il n'aye pas visité toutes les parties de l'Amerique, & de la Magellanique, qui maintenant nous sont conneues ; Neantmoins toutes les autres decouuertes posterieures aux siennes sont deuës à son courage, à sa constance, & à son bonheur : Puisqu'elles n'ont esté entreprises par les autres, que sur son exemple, sur l'esperance & l'asseurance qu'il leur auoit laissé par sa premiere inuention. C'est luy qui en est le premier moteur, & les autres n'ont trouué que les parties du tout que luy auoit rencontré.

Ce grand Homme donc destiné de Dieu à cette entreprise par vn instinct particulier, qu'il en receut y fut porté, & persuadé par trois argumens. Le premier fut le rapport d'vn Pilote, qui ayant esté ietté par vne tempeste de 22. iours vers l'Isle de l'Amerique, & puis receu charitablement à son retour à la maison de Christophle Colon, qui estoit en l'Isle de Madere où il mourut & y paya bien de sa part la courtoisie de son Hoste, luy laissant des memoires de ce qu'il auoit apperçeu en vne tépeste. Le secõd est le partage par trop inegal de nostre Globe, ou les poissons eussent eu vn grand aduantage par dessus les hommes si tout le reste du monde hors mis le monde ancien eut esté Ocean & pour eux comme il est aisé de voir en mesurant ce reste par les regles que ie donne icy. Le troisiéme est la varieté & l'irregularité des vens en pleine mer : ce qui ne se feroit s'il n'y auoit point d'autre terre decouuerte, que le monde ancien, comme i'enseigneray dans les vniuersalités.

Cét Homme donc fortifié par ces raisons apres plusieurs poursuites auprés des Rois, Princes & republiques de la Chrestienté ; apres le refus de tous ; apres les mespris, risées & railleries qu'on faisoit sur son dessein si extraordinaire, & sur sa personne, qui eussent degousté mille autres, continuant tousiours ces instances, enfin il obtient quelques Nauires d'vne Femme, c'est à dire de la Reine d'Espagne, qui les luy fit fournir & equipper, entrepri ce voyage le 3. d'Aoust de l'an 1492. où encore il endura beaucoup de ceux, qui estoiét auec luy, & vouloient retourner, voyants qu'apres le temps prefix rien ne paroissoit que des mers, iusquesà que quelqu'vn prit resolutiõ de la faire mourir, & luy fut contraint de demander seulement trois iours de delay, encouragé sur des nuës particulieres, qui luy firent iuger qu'il n'estoit pas loing de terre. Aussi voyant terre les genoux à terre les larmes aux yeux de ioye il se mit à en loüer Dieu & chanter le *Te Deum*. Et puis il fut loüé, embrassé, & caressé extraordinairement de tous. Car entre

ces

ses resolutions le 00. iour apres son depart, le 11. iour du mois de Nouembre il trouua plus que iamais on n'auoit fait : C'est à dire vn monde entier abondant non tant en miel, qu'en sucre: Et non seulement en laict mais en or & en argent: puisque les montagnes sont grosses des mines de ce metal, les Riuieres en ont la poudre pour sable, & que les Rois de ce Pays-là ont presenté de remplir des maisons d'or & d'argent pour leur rançon.

Ce qu'ayant fait il s'en retourna en Espagne, & les risées furent changées en applaudissemens, acclamations, & admirations: Et chacun estoit heureux d'entendre de luy les nouuelles du nouueau monde, & de le voir. Ce fut à bon droit qu'on luy donna la surintendance des toutes les nauigations vers ce pays, le faisant general des flottes, qu'on y deuoit enuoyer. Et certes il meritoit mieux qu'aucun autre ces honneurs & que ce monde fut appellé de son nom : ce qu'on deuoit faire d'autant plus volontiers, que luy ne le voulu donner à aucune terre. Il n'a pas neantmoins trouué apres vne si heureuse nauigation le port de ses desirs, & parmy tant de thresors celuy, pour lequel on cherche tous les autres : c'est à dire le contentement de cœur. Car ses ennemis susciterent contre luy tant de trauerses, qu'ils luy firent passer plusieurs iours de sa vie en la disgrace de son Prince, en prison, & presque tous en ennuy.

Pour la Terre Australe nous n'en auons encore aucune relation sinon des costes; Et partant, c'est à l'egard des pays Mediterranées, eloignez du riuage, qu'elle est dite inconnuë, c'est toutefois assez de connoistre les costes pour en determiner par la Geometrie la grandeur & prouuer de cette sorte, qu'elle peut porter le nom de monde, & disputer de l'amplitude auec les autres. On a visité entr'autre la nouuelle Guinée, qui auance dans la Zone Torride, le pays des Perroquets, Les Royaumes de Beach, Lahach, & Maletur On nomme encore cette terre Magellanique pour auoir esté premierement apperçeuë par Magellan.

La terre boreale fait vne 4. partie non pas tant pour sa grandeur, relatiue aux autres, & pour sa fecondité, que pour estre destachée des autres, & pour auoir vne estenduë, laquelle quoy qu'elle soit de beaucoup inferieure aux autres elle est toutefois superieure aux Isles, & peut porter le nom de continent. Trois Rois de Dannemart voulant trouuer le vieux Groenlant qui leur estoit tributaire depuis plus de 500. ans & dont le tribut seruoit à defrayer la table de la Reine ont enuoyés plusieurs fois des nauires & des personnes qui n'en ont peu apperceuoir aucun vestige : mais au lieu ils ont rencontré d'autres Terres & dans ces terres des Sauuages d'vne langue inconneuë, desquels on n'a peu rien apprendre de cét ancien Royaume : ainsi au lieu d'acquerir des connoissances nouuelles de ces pays froids on perd les anciennes.

§. 2. Diuision 2. du Monde ou Continent ancien conneu.

CE continent se diuise en trois, Europe, Asie & Affrique. L'Europe est la moindre de toutes en estenduë, mais la plus noble en dignité ; en inuentions & merueilles d'esprit, est bornée de trois mers, sçauoir de la mer Glaciale du costé du nort, de la Mediterrannée vers le midy, & de l'ocan vers l'occident: Et il ne reste plus que les bornes orientales, qui soient difficiles à trouuer. Trois choses les font vne mer vn fleuue, & vne ligne. La mer est celle qui prend depuis l'Archipel iusques à la palu Meotide, le fleuue est celuy du Tanais maintenant Don depuis son embouchure iusques à la source, & la ligne est celle qui se tire de cette source, iusques à S. Michel Archangel à l'embouchure du fleuue Duina sur la mer blanche; ou plutost c'est la ligne du Meridien qui passe par cette source.

L'Asie a pour limites occidentales les orientales de l'Europe, & pour les trois autres endrois la mer, qui l'entoure des trois autres costés, à la reserue d'vne petite langue de terre, qui est entre la mer rouge, & la Mediterranée, & fait vn Isthme.

L'Affrique est aussi enuironnée de toute part de la mer, & ne tient à l'Asie que par vn Isthme de terre, comme elle n'est diuisée de l'Europe, que par vn destroit de mer.

L'Affrique est presque toute sous la Zone Torride, & n'a que deux extremités dans les Zones temperées. L'Asie est presque toute en la temperée, & n'a qu'vne extremité dans la Torride & vne pointe petite dans la froide. L'Europe est toute dans la temperée, & n'a qu'vne petite extremité, qui entre dans la froide, l'Asie fait l'Orient du monde ancien, l'Europe l'Occident, l'Affrique le midy. L'Asie surpasse les autres en grandeur, l'Affrique en chaleur, l'Europe en saincteté & science, & ouurages d'esprit.

On tient que Noé estant auec ses trois enfans dans vn Nauire sur la mer Mediterrannée, qui est bornée de ces trois parties & leur laissant le choix libre de leur demeure, & pour peupler ces terres que Sem prit la partie Orientale & l'Asie, Iaphet

Troisième sorte de diuision Geographique

la Septentrionale & l'Europe, & Cham la Meridionale & l'Affrique; & voila les trois grands Peres, & progeniteurs de ces trois nations. Il faut bien toutefois, que quelques vns de leurs enfans soient aller peupler l'Amerique & la Terre Australe, puisque le deluge s'estendit sur toute la Terre.

§. 3. Diuision 3ᵉ. du *Monde ou continent nouueau, conneu & de deux inconneus.*

L'Amerique est separée en deux parties, par vn Isthme descrit cy-dessus, l'vne s'appelle Septentrionale ou Mexicane, l'autre Meridionale, ou Peruane, noms qui sont pris de l'hemisphere ou ces parties se trouuent, ou de la plus noble region qu'elles contiennent. Toutes deux ont pour bornes l'Ocean occidental de nostre costé l'Oriental de l'autre costé, qui regarde la Chine. L'vne est de plus bornée de la mer Glaciale, l'autre du destroit de Magellan. Toutes deux ont vne partie dans la Zone Torride, vne dans la temperée, quoy qu'auec inegalité de grandeur, cette partie comprend en longueur les trois Zones la Torride & les deux temperées.

Touchant les mondes inconneus ie n'en fay aucune diuision, pource qu'elle suppose la connoissance des parties, qui n'ont encore esté decouuertes.

§. 4. Diuision quatriéme de l'Europe.

L'Europe la premiere & plus noble partie du premier continent en qualité c'est à dire en inuentions d'esprit, en vertus morales de la volonté, en actions heroïques de courage quoy, que la derniere en quantité se peut diuiser en trois façons, premierement, par les Souuerains qui commandent. 2. Par les plus nobles & generales parties ciuiles. 3. Par des termes naturels & locaux, La premiere façon est bien changeante & par trop multipliée & ne faut point monter bien auant dans les siecles passez pour trouuer des Princes despoüillés, des Monarchies changées en Republiques; puisque qu'on en rencontrera en nos Siecles. Et selon cette diuision on trouuera vn Pape, trois Empereurs, sept Rois sept Republiques considerables en pouuoir, & grandissime quantité de Princes puisque l'Italie, & l'Alemagne en sôt partagée, & cette-cy seule en compte iusques à 300. Les trois Empereurs sont celuy d'Occident & d'Alemagne, celuy d'Orient & de Turquie, celuy de Septentrion & de Moscouie. Ces deux ont des estenduës de terre dans l'Europe suffisantes pour y porter le tiltre d'Empereur. S'il y a dauantage de Royaumes, il n'y a pas dauantage de Rois pource qu'vn Roy peut posseder plusieurs Royaumes.

La 2 façon est plus stable que la premiere & se peut reduire à 12. parties considerables, ausquelles on reduit les petites principautez adiacentes. 1. Les

Isles Britanniques 2. l'Espagne 3. La France bornée d'vn fleuue sçauoir le Rhein, de deux montagnes sçauoir les Alpes & Pyrenées, & de deux mers l'Ocean & la Mediterranée 4. L'Italie 5. l'Alemagne 6. Le Dannemarc auec la Noruege 7. La Suede auec la Finlande 8. La Pologne 9. l'Ongrie sous laquelle ie comprend la Tansyluanie, Valachie, Moldauie, Esclauonie, Croatie, Dalmatie, Seruie, & Bulgarie. 10 la Russie 11. la petite Tartarie 12. la Turquie Europeenne.

La troisiéme façon est la plus stable de toutes, & selon elle on peut diuiser l'Europe par les pays Septentrionaux & ce seront ceux qui seront au delà du Sein Baltique, les Occidentaux & se seront ou les Isles de l'Ocean ou les pays qui en sont bornés, les Meridionaux, & ce seront les Prouinces bornées car la mer Mediterranée, les Orientaux & se seront ses pays qui confinent l'Asie & les Meroyens, & ce seront ceux qui sont au milieu de ces quatre sortes pays.

On peut encore diuiser l'Europe par rapport à vn seul terme, tel qu'est la mer Baltique, & ie le trouue le plus naturel & commode, ainsi i'en fay la suiuante diuision & dis premierement que le Sein ou mer Baltique diuise l'Europe en deux parties, sçauoir en des pays Septentrionaux. Et ce sont ceux qui sont au delà de ce Sein, & meridionaux & ce sont ceux, qui sont au deça. 2. Le Sein Boddique diuise la premiere partie des pays Septentrionaux en trois, sçauoir aux occidentaux qui ont pour bornes l'Ocean du costé occidental, & ce Sein de l'oriental ; aux orientaux qui ont pour bornes occidentales ce Sein & orientales l'Asie, & aux pays Septentrionaux qui viuent sur la pointe, & au delà de ce Sein.

C'est à dire la Ciuile du Humaine.

La partie occidentale est occupée par le Dannemarc, par la Noruege qui est bornée de l'Océan & la Suede qui est limitée de ce Sein; l'Orientale contient la Finlande qui est bornée vers le midy par le Sein Finnique, vers l'Occident par le Boddique. La Boddie est d'vn costé & d'autre de ce Sein, & pource vne partie est dite Occidentale, l'autre Orientale. La Septentrionale comprend la Finmarchie, la Lappie ou Lapponie. La Russie ou Moscouie est encore à l'Orient de ce Sein.

Pour les pays meridionaux à l'égard du Sein Baltique, on les peut commodement diuiser en trois parties de mesme façon que les Septentrionaux par trois rapports que les parties ont auec ce Sein. Car si on tire que les parties ont auec cette mer. Car si on tire deux meridiens par les deux extremités de cette mer, ces deux meridiens coupperont le reste de l'Europe en trois parties, dont la premiere sera Occidentale à cette mer & sera bornée par l'Ocean, & par le premier Meridien; l'autre meridionale pure, & sera bornée par les deux Meridiens, la troisiéme orientale, sera bornée par le deuziesme Meridien, & par les limites de l'Asie; l'Occidentale commençant par les lieux plus Septentrionaux contient les Isles Britanniques, les Pays Bas, la France & l'Espagne, comme l'on reconnoistra distinctement à la premiere veuë de la Carte de l'Europe. La Meridionale pure comprend allant du Nord au midy, la Liuonie, la Prusse, la Pologne, l'Alemagne, l'Ongrie & l'Italie. l'Orientale à la Transiluanie la petite Tartarie, & la Turquie Europeenne.

§. 5. Diuision cinquiéme de l'Affrique.

ON la peut diuiser premierement par les trois cercles de la Zone Torride, & par deux mers, Car l'Equateur auec les deux Tropiques font deux parties, & les Tropiques auec les deux mers font les deux autres comme la veuë d'vne carte d'Affrique fera reconnoistre incontinent. Secondement par les montagnes, mers & Riuieres, qui font bornes naturelles, Tiercement par les limites des principaux Royaumes. La premiere diuision celeste ne peut-estre conneuë que par les Doctes, est trop generale, & ne s'accommode pas bien auec les Terres & leurs separations. La seconde ne diuise pas exactement les parties ciuiles, pource que les hommes mesme si tiennent pas. La troisiéme n'est pas assez constante, à cause que les Princes changent souuent les limites de leur domaine. La plus conuenable façon à mon aduis est de diuiser premierement l'Affrique en trois parties sçauoir 1. par les terres qui sont au deçà du Mont Atlas. 2. par celles qui sont au delà des montagnes de la Lune. 3. Par celles qui sont entre deux. La premiere partie se nomme Affrique ou Lybie citerieure. La 2. le Monomotapa, & pays des Cafres, le premier tient la partie Occidentale, le second l'Orientale. La 3. est l'Etiopie, & la Lybie ou Affrique interieure, ou Vlterieure.

On peut subdiuiser ces trois parties en cette sorte. La premiere partie est occupée de la Barbarie, du Biledulgerid, & de l'Egypte, La Barbarie contient les Royaumes suiuants. Maroc, Fez, Telensin, ou

Tremisen,

Tremisen, Alger, Tunis, Tripoli, Barca. Le Biledulgerid comprend les suiuans Suz, Dara, Segelmesse, Tegorarin, Zeb, Biledulgerid, Desert de Barca. L'Egypte contient Sayd ou Sabid, Bechria ou Demesor, Errif, coste de la Mer Rouge.

La seconde partie est possedée par la Caffrerie ou sont Melemba, Benquela, Mataman, les Caffres, Sofala, & par le Monomotapa ou sōt Monomotapa, Butua, Monœmugi, Inhambane, & les Glaques, ou Gallès.

La troisiéme partie & plus grande que les deux autres, contient la Libie Vlterieure, le pays des Negres, la Guinée & le Congo du costé de nostre Ocean. Le Zamguebar, les costés d'Ajan & d'Abex vers l'Ocean Indique, & la Nubie, & l'Etiopie, au milieu.

Sous la Lybie vlterieure ie compte le Zaara ou desert ou sont les Royaumes Zanhaga, Zuenziga, Targa, Lempta, Berdoa, Gaoga, Borno. Les pays des Negres se deuisent en trois, sçauoir en ceux qui r. sont deça le Niger, & sōt les Royaumes Gnaltaa, Guenehoa, Tombut, Agades, Cano, Cassena, Gangara, ou 2. delà le Niger & sont les RR. Mandinque, Gago, Guberg, Zegzeg, Zanfara, ou 3. entre les branches du Niger & sont les peuples Ialoffes, Biafares, & Sousos. Par la Guinée, on entēd la Guinée Melequete & Benin par Congo ie mets Biafara, les Anziquains, Loãga, Cōgo, Angola.

Du costé opposite vous auez dans Zanhuebar les RR. Mosambic, Quiloa, Moubaze, Melinde. Dans la coste d'Aiam, Braua, Madadaxo, Adea, Adel. Dans la coste d'Abex, Frocco ou Arquico.

Entre ces pays se trouue la Nubie qui contient Gorham, Cusa, Nubia, Dancala, Iaiac, Bɪgiha, Cansila, Dasila, & l'Etiopie ou Abissinie,

Troisième sorte de Diuision Geographique dont les les principaux Royaumes sont Barnagaigas, Tigremason, Amara, Damont, Cafates, Narea, ou Innari, Goyame, Baganiedri, Guequere Isle ou Meroe Ximenche, Dambea. Vous trouuerez dans les Cartes de l'Affrique de Sanson toutes ces parties, de qui ie les ay pris.

Ou bien diuisés l'Affrique en cinq parties. Les Septentrionales sont les pays, que costoye la mer Mediterranée, les Orientales qui confinent la mer Rouge & Indique, les Meridionales qui sont à la pointe, les Occidentales qui sont bornée de nostre Ocean & les metoyennes qui sont au milieu, & vous tomberez dans le denombrement des mesmes Royaumes que i'ay mis cy-dessus.

§. 6. Diuision sixiesme, De l'Asie.

LE continent de l'Asie estant commandé par six puissans Monarques & plus stables, se peut aisemens diuiser par leur Domaine, & Seigneurie y reduisant les moindres principautez contigues, & adiointes. C'est à dire par les terres du grand Duc de Moscouie, Du grand Cam des Tartares, du grand Roy de la Chine, Du grand Mogol des Indes, Du grand Sophi de la Perse, & du grand Sultan des Turcs, Ou bien par la Moscouie, la Tartarrie, la Chine, l'Inde, la Perse, & la Turquie. Ie les appelle Grands eu egard à l'amplitude des Terres qu'ils possedent & à la multitude des hommes ausquels ils commandent. Les deux premiers sont grands en quantité de Terre, les trois suiuans en qualité, le troisiéme & sixiéme en tous deux, Les deux premieres terres sont trop froides, Les troisiémes & quatriémes trop chaudes, Les autres têperées.

La Perse a quinze Prouinces, dont les principales sont, le Heruan, le Gorgian, le Curdistan, l'Arack, le Chorasan, le Chusitan, le Fars, le Kermon, &c.

L'Inde à vne Terre ferme, & deux presqu'isles La terre ferme contient les terres des Royaumes du grand Mogol qui sont Cabul, Candahar, Cambayé, Bengala, Pangab, Delli, Agra &c.

La Presqu'Isle delà le Gange contient Pegu, Arracan, Sian, Malaca, Camboge, Cochinchine. La Presqu'Isle deçà le Gange comprend le Deçan, le Malabar, le Marsinque ou Visnagor, le Golcondé.

La Tartarie se diuise en cinq parties: sçauoir en la vraye Tartarie, la deserte, Vsbeck ou Zagatay, Turquestan, Catay.

La Turquie Assiatique dit l'Anatolie, la Turcomanie, la Sourie, & le Diarberck. On y adioint l'Arabie composée de trois parties, Beriara, Arden, & l'Hayman, puis la Georgie qui dit la Mingrelie, le Gurgistan, & la Zuirie.

L'Asie est encore renommée pour auoir plus d'Isles que les autres parties & continés du Globe. Il en a esté parlé au traicté des Isles.

Et d'autant que cette partie du monde à cét auantage d'auoir les plus grands Monarques de la Terre on demande quel est le premier de ceux-cy, pour estre le premier du Globe Terrestre. Entre ceux-cy, deux disputent l'honneur de la presance, L'vn est l'Empire du Grand Turc, qui a dans les trois parties du monde ancien, l'Asie, l'Affrique, & l'Europe, assez de Terres, pour prendre en chacune le tiltre de grand Monarque, & estre de cette sorte triplement Empereur. C'est pourquoy on l'appelle le grand Seigneur sans queue, non seulement à raison de l'amplitude de son domaine; mais aussi du droit de proprieté qu'il pretend auoir sur les Terres de ses sujets, L'autre est le Royaume de la Chine: Tous deux ont leurs pays bien vnis & bié estendus & en vne situation fauorable à l'egard du Ciel. Le Turc a l'auantage de la situation Terrestre à cause qu'il est au milieu & au cœur du monde ancien, & peut plus aisement receuoir les communications des biens, qui sont és pays qui l'enuironnent, Le Chinois est à l'extremité qui luy donne vne mer fauorable pour le transport de toute sorte de richesses, & qui eloigne plus loing ses ennemis. Quant à l'estenduë des Terres, & au nombre des sujets, la grandeur de l'Empire du Turc que ie feray voir au Chap. suiuant estant plus presente, & par consequent plus conneuë nous donnent des admirations sur la puissance de son maistre & nous luy font donner la primauté de Prince temporel. Si neantmoins on considere les grandeurs du Royaume de la Chine plusieurs diront, qu'il ne doit ceder à la Turquie, & si on ne le veut preferer & mettre dessus l'autre, on ne le doit point postposer & le rendre inferieur. Et à cause qu'il est le plus eloigné de nous & partant inconneu, ie donneray par abregé la connoissance de six auantages qu'à ce Royaume par dessus tous les autres du monde Le premier est qu'il est entre les Royaumes pour le temporel, ce qu'ont esté le Roy Salomon & l'Empereur Auguste, entre les Monarques c'est à dire le Royaume le plus pacifique de tous, & peut à meilleur droit porter ce nom que la mer del Zur. Car on ne trouue point dans leurs Annales que depuis qu'ils se sont bornés dans l'estenduë des terres, qu'ils possedent, que iamais ils ayent ie ne diray pas leué les armes pour estendre leur Empire d'vn poulce: mais qu'ils en ayent eu la pensée, & mis la chose en deliberation, tant ils sont contens de leurs limites sans vouloir les agrandir; Et s'ils ont de temps en temps la guerre contre les Tartares, ça esté tousiours pour se defendre, iamais pour attaquer: Et ce n'est que sur vne de leur frontiere, où elle se fait. On dira qu'ils en ont assés pour se contenter; mais l'ambition ne dit iamais c'est assés. Or ce mot de paix dit vn amas de tant de biens qu'il n'y a que ceux, qui experimentent les miseres de la guerre, qui soient capables de le bien conceuoir: Et à cause que les hommes font les affaires, comme les affaires font les hommes; delà vient qu'ils ne sont pas bons Soldats pour n'en auoir assés d'occasion & d'exercice. Le Roy neantmoins entretient 1,170,000. Soldats en trois endrois. 588,000. dans le Royaume, & sur mer 682,000. contre les Tartares, & dans les Prouinces contigues Il auoit anciennement 114. Royaumes tributaires selon leur Histoire: il n'y en a, plus que bien peu; les autres ayāt ou secoüé le ioug, ou esté abandonnés des Chinois.

Secondement le cōmerce y est plus grand qu'en aucun autre Royaume: ce qui luy vient de trois choses. De la paix dont ils iouyssent qui est la mere des arts & des exercices ciuils. Secondement de la multitude des Riuieres & des canaux qui s'entre communiquant leurs eaux donnent moyen aux Marchans de transporter d'vne extremité de ce Royaume à l'autre toutes leurs denrées par nauigation qui est la voye la plus cōmode de toutes. Or est-il que ce Royaume est plus arrousé de riuieres, & diuisé de canaux qu'aucun autre: Et ces riuieres sont tellement chargées de Batteaux, de maisons flotantes, qu'elles composent des ruës & des Villes entieres, & tient-on qu'il y a plus de ces Villes flotantes & mobiles en la Chine, que de stables en plusieurs principautez : ce qui certes est vn argument demonstratif d'vn tres-grand commerce, & troisiémement de la multitude & varieté des Artisans & des denrées soit artificielles, soit naturelles que l'on y voit. Ils ont l'Art d'Imprimerie, la fonte, & l'vsage de l'Artillerie deuant nous, celuy des vases de Pourcellaine, & plusieurs autres ouurages par dessus nous : mais nous en auons beaucoup d'autres par dessus eux, pour recompenser ceux-là. Et de plus s'ils ont les Arts auec nous ; nous auons les sciences par dessus eux, qui sont les principes des Arts : Ce sont aussi les Portugais, qui leur ont monstré l'Art militaire, & la perfection de l'vsage de l'artillerie; comme nos Peres les sciences, & la Religion. Or ce mot de commerce contient encore aussi bien que celuy de paix vne abondance de toutes choses, vn employ de toutes personnes, qui s'occupent à en fournir, & à gaigner leur vie par le trafic.

3. Pour la Iustice, qui comme l'ame d'vn estat florissant maintient la police, le commerce, & le droit à vn chacun & sans laquelle *magna Imperia sunt magna latrocinia* dit S. Augustin, les grands Empires sont de grands brigandages, il est certain qu'il ny a point de Prouince sur la terre ou premierement on apporte plus de soin à choisir les plus capables du Royaume : puisque toutes personnes sont receuës à l'examen de leurs mœurs & capacités. Cét examen se fait auec toutes les circonstance & precautions possibles pour la bien reconnoistre & apres on porte iugement selon le merite d'vn chacun, sans auoir egard à autre chose, &c. Secondement on donne

plus de moyen à ceux, qui sont choisis pour bien administrer la iustice; à cause qu'ils sont tousiours enuoyés iuges en vn autre lieu, qu'é celuy de leur pays pour ne pouuoir estre corrompus de leurs parens. De Roy de plus les entretient tant en leur voyage, qu'en leur demeure dans le lieu où ils sont establis iuges, pour n'auoir aucune excuse ny estre obligés à receuoir des presens. Ils ne sont Iuges en vn meslieu, que pour trois ans & durant ces trois ans ils sont veillés & visités par des Iuges Sindics & Superieurs, & pour les exciter à s'acquiter dignement de leurs charges par l'esperance des recompences, & crainte des punitions ils sont promeus à la fin a des charges plus honorables; & montent des Iustices subalternes à d'autres superieures quand ils se sont deuëment acquités de leur deuoir. Il n'ya point de lieu sur terre où les lettres soient tant en honneur Il ny a point de Bachelier qui est vn degré de doctrine pour lequel tout bien calculé le Roy ne donne 1000. escus. Il ny à endroit ou les Peres & meres soient plus respectés, il n'y a pas iusques au Roy qu'il n'aille faire de profondes reuerences à sa mere & pour ses sujets il monstre assés par les responses, qu'il rEd à toutes leurs requestes le soing qu'il a de leur rendre iustice.

Le quatriéme auantage sont les fortifications naturelles & artificielles contre les estrangers, ce Royaume est borné d'vn costé de l'Ocean qui est vn large fossé: de l'autre de hautes montagnes qui sont des remparts hors la mine & la breche, d'vn lac tres long, & d'vne muraille de plus de 500. lieuës qui a maintenant plus de bruit que d'effet. Les frontieres sont gardées par dehors & dedans d'vn grandissime nombre de Soldats à qui l'exercice manque & la science militaire. Les Capitaines commandent en leurs pays comme les Iuges de hors pour en auoir plus de soin. Et si les fortifications morales & du cœur y estoiët ce Royaume seroit insurmôtable.

Pour le 5. si le Sol ne surpasse en fécondité les autres terres & en estenduë la Turquie, du moins il ne le cede à aucune, ayant vne situation terrestre & & celeste tresfauorable & des personnes tres propres à le cultiuer, il s'estend depuis le 23e. parallelle iusques au 44e. entre les Indes, qui sont trop auâcées vers le Soleil & les Tartares qui en sôt trop reculées & pour la Terre c'est vn pays bas, tres-arrousé, voila les deux principes de fecondité. Sa grandeur est diuisée en treize Prouinces, qui valent autant de Royaumes c'est pourquoy on l'Egale auec l'Europe si on en oste ce qui est au dela de la mer Baltique, & de la mer Adriatique.

Le 6e. auantage sont les richesses qui suiuent du commerce & de la fecondité & grandeur. La multitude du peuple pris dans les registres & roolles du pays sans y compter les femmes, les enfans, les soldats, les lettrés les Eunuques, qui sont en grandissime nombre est de 58,055,180. On peut bien tripler & quadrupler cette somme pour auoir tous ceux du Royaume. Le reuenu annuel du Roy & pris sur les sujets auec grande moderation est de 160. millions enuiron, qui se diuise en trois parties, la 1e. va au Roy, la 2e. demeure dans les cofres des Tresoriers, pour les charges ordinaires dans les Prouinces & la 3.est enfermée & gardée en certains lieux pour la milice, & les affaires extraordinaires. Ainsi le public y est riche, les particuliers ne sont ny trop riches ny paures, On ny compre que 444. grandes Villes, 1250. Bourgs, mais des Villages sans fin, les grands chemins sont conserués & asseurés contre les voleurs, les re-
compenses

pences & punitions suiuent les actions publiques bonnes, & mauuaises.

Enfin de six choses cultiuées, qui rendent vn estat florissant, la Paix, le Commerce, la Iustice, les Lettres, l'exercice militaire, & la vraye Religion, qui benit & sanctifie tout ce que dessus. Les 4. premieres s'y trouuent auec des eminences particulieres. Ie veux croire que la 5. y manque plutost faute d'occasion & de guerre, que de cœur & d'esprit. La derniere y a de tres-heureux commencemens, & en plusieurs Prouinces de grands progrés.

Neantmoins pour monstrer l'inconstance de toutes les choses sublunaires & mesme de celles qui sont si bien affermies, qu'on les iuge inébranlables: Ce premier des Empires gouuerné par de si belles loix; cét estat pacifique est deuenu le suiet d'vne guerre intestine, & vniuerselle, se voit demembré & diuisé extraordinairement. I'apprend qu'il se rallie, & se reünit sous vn Prince, qui ioint à son Diademe la perle Euangelique, laquelle est le principe solide, qui conserue les coronnes.

§. 7. Diuision Septiéme de l'Amerique Septentrionale

REmarquée trois points. Pemierement, que l'Amerique se doit diuiser en pays Maritimes & Mediterrannées: Les Maritimes sont Orientaux, ou Occidentaux; pource que ce continent allant d'vn Pole à l'autre ne peut auoir des costes & des bornes particulierement conneuës & opposées à ceux qui les visitent que vers l'Orient ou l'Occident, les Mediterrannées sont entre deux particulierement és endrois ou ce continent à vne grande largeur. 2. Les pays Maritimes sont mieux conneus, que les autres ; Pource qu'on visite ceux-cy par nauigations, qui est vne voye aisée, non ceux-là, outre qu'il faut passer par les vns, pour arriuer aux autres. 3. Comme l'Amerique a esté conneuë & decouuerte, lors que l'heureux succez de Christophle Colon donna esperance aux autres de trouuer comme luy sinon vne nouuelle terre, du moins vne nouuelle partie de cette Terre ; delà vient que les inuenteurs ont donné le nom de leur Prouince aux pays, qu'ils ont rencontré.

Cela estant ainsi les costes orientales de l'Amerique, qui regardent les nostres occidentales allant du Septentrion au midy se diuisent 1. en terre de l'Abrador. Terres-neuues ou Isles de Bacalaos 2. Canada ou Nouuelle France, qui comprend l'Acadie laquelle seroit vne presqu'Isle celebre pour estre plus grande que la Morée si elle auoit esté aussi bien conneuë. Quelques-vns l'appellent la nouuelle Escosse. 4. La nouuelle Hollande. 5. la Virginie ou nouuelle Angleterre. 6. La Floride. 7. La nouuelle Espagne.

Les Prouinces qui font les bornes occidentales de cette partie & sont opposée aux orientales de la Chine sont allant du midy au Septentrion. La nouuelle Espagne la Californie, le R. Tontonteac, la nouuelle Albion, les RR. Quiuira, Tolm, & Danian. Ce coté là n'est pas si conneu ; pource qu'il est au delà des Europeens, qui sont les conquerans & les inuenteurs des nouuelles Terres, & qui seuls nous en font le rapport.

Les Prouinces non maritimes sont en tres-grand

C'est à dire la Ciuile ou Humaine. 267

nombre ainsi que nos Peres qui ont auancé dans les Terres ont reconnu comme aussi ces Terres sont de grande estenduë.

§. 8. Diuision huistiéme de l'Amerique Meridionale.

CEtte-cy estant la plus habitée des peuples Sauuages a retenu en plusieurs parties les nôs anciens. En d'autres elle en a receu de nouueaux. Elle peut estre commodemét diuisée par 3. costes, & par les Pays Mediterranées. La premiere coste est Septentrionale & prend depuis l'Isthme de nombre de Dios iusques à la pointe du Bresil. La seconde Orientale depuis cette pointe iusques au destroit de Magellan. La troisiéme Occidentale depuis le destroit iusques à l'Isthme de Panama. La 1e. contient partie de l'Espagne nouuelle, Cartagene, Caribana, Castille d'or, la nouuelle Grenade. La seconde contient deux terres, la premiere est le Bresil, où il y a quatorze Capitaineries, ou petits Gouuernemens establis, qui sont Para, Maranhan, Ciara, Rio grande, Parayba, Tamaraca, Pernambuco, Seregippe, Bahia de Todos los Santos, los Isleos, Porto Seguro, Spiritu Sancto, Rio Sancyro, & S. Vincente.

La Seconde est Paraquay, qui comprend Paraquay, Chaco, Tucuman, Rio de la Plata, Parana, Guayra, Vruaig, entre deux sont les peuples Margaias & les Toupinambous.

La troisiéme est occupée par le Perou qui a quatre audiences ou chambres Souueraines, sçauoir celle de Quito, de Lima, de Carcas, & de Chile.

M m 2

Chica est sur le destroit long comme i'ay dit de 100. lieuës, & les Patagons.

Les Peuples non maritimes sont espars dans la vaste estenduë du milieu.

CHAPITRE DIZIESME.

Quelques diuisions particulieres.

§. I. Diuision de la France.

N. 1. Le moyen de la diuiser.

LA France estant vn corps ciuil & vne Monarchie ne se peut diuiser par les differentes souuerainetez côme l'Italie mais par la diuersité des pouuoirs & des auctorités qui estant toutes souuerainement ramassées en vn Monarque sont esparses, & sont distribuées diuersement & dependemment de luy aux officiers subalternes, qui l'exercent dans l'estenduë d'vne partie du Royaume, & par consequent on peut diuiser le Royaume par ces pouuoirs diuers & attachez à des parties du Royaume diuerses. Or les pouoirs principaux de ce corps ciuil sont particulierement trois. L'vn est pour la police generale & la guerre; l'Autre est pour la Iustice. Le troisiéme pour les Tailles & Imposts. Le premier reside aux Gouuerneurs des Prouinces. Le second aux Parlemens. Le troisiéme aux Bureaux des Tresoriers de France. Voila trois façons de diuiser la France. Outre l'Ecclesiastique par les Dioceses dont i'ay desia traicté.

§. 2. Diuision de la France par les Gouuernemens.

I'ay mis au §. 2. du Chapitre precedent la diuision ancienne de la France, que l'Eglise qui y est ancienne a retenu. Dans le cinquième siecle la Gaule Transalpine fut possedée par les François, Gots, & Bourguignons qui se rendant maistres des Terres en firent le partage à leur volonté. Clouis ayant tout reduit sous son pouuoir. Ses quatre enfans diuiserent le Royaume entre eux en quatre moindres, sçauoir celuy de Paris, de Soissons, de Metz, & d'Orleans. Depuis ces quatre Royaumes ayant esté reünis en vn on en a fait la distribution en douze Gouuernemens, selon l'ordre desquels les deputés qui sont de trois ordres du Clergé, de la Noblesse, & du tiers Estat, entrent és Estats Generaux, & representent la France, & sont les suiuans, Le Gouuernement de l'Isle de France, De Bourgogne, De Normandie, De Guyenne, de Bretagne, De Champagne, De Languedoc, De la Picardie, De la Prouence, Du Dauphiné, De Lyon, D'Orleans. De ces douze quatre sont au deça de la Loire, sçauoir deux Prouinces Maritimes, la Picardie & la Normandie, deux Terrestres l'Isle de France & la Champagne, Quatre sur la Loire ou aux enuirons, deux au bas la Bretagne & l'Orleanois: Deux au haut, la Bourgogne & le Lyonnois, Quatre au delà de la Loire, la Guienne & Gascogne, qui est aux enuirons de la Garonne, Le Languedoc qui est entre la Garonne & le Rosne, Le Dauphiné & la Prouence qui sont entre le Rosne & les Alpes.

L'Isle de France contient vers la Picardie, le Beauuaisis, Le Soissonnois, Le Laonnois, les Villes principales du 1. sont Beauuais, Clermont. Du

2. Soissons, Compiegne, Noyon. Du 3. Laon, Chauny. Vers la Champagne la Brie Françoise ou sont Meaux, & Chasteau Thierri. Vers la Beauce le Gastinois, qui a pour Villes S. Germain en Laye, Poissy, Mante, Melun, Dreux, Montfort l'Amaury, Dourdan, Nemours, & le Mirepoix, dont les Villes sont Moret, Melun, Corbeil. Vers la Normandie, le Vexin François ou sont Pontoise, Magny, Chaumont en Vexin. Au milieu entre ces Prouinces, il y a l'Isle de France, qui a Paris & S. Denis, & le Valois qui a Senlis, Crespy en Valois.

La Bourgogne Duché comprend 1. la Bourgogne qui a pour Villes Dijon, Autun, Beaune, Auslonne. 2. Le Challonnois qui a Challons, Le Masconnois qui a Mascon, Tournus. 3. L'Auxois qui a Semur. 4. Le pays de Montagnes qui a Chastillon sur Seine. 5. Les pays adiacens qui sont le Charollois qui a Charolles. L'Auxerois qui a Auxerre. La Bresse qui a Bourg en Bresse, Le Beugey & Veromey qui a Belley, le Ballige de Gex.

La Normandie se diuise en Haute & Basse, En la haute sont les pays suiuants. 1. Le pays de Caux ou est Caudebec, Dieppe, le Haure de Grace. 2. Le Vexin Normand ou sont Roüen, Gisors, Pont de l'Arche. La Normandie, ou Champagne ou sont Eureux, Lisieux, Laigle, & Honfleur. En la basse sont 1. Le Pays d'Auge ou sont Caen, Alençon, Sees, Falese. 2. Le Bessin ou sont Bayeux, S. Lo, Vire. 3. Le Contantin ou sont Coutances, Caratch, Cherbourg, Granuille, & 4. L'Auranchin ou sont Auranche, Mortain, Pont-Orson.

La Guienne se diuise en deux parties, l'vne retient le nom de la Guienne, l'autre prend celuy de Gascogne. En la Guienne sont les pays suiuans.

1. La Xaintonge ou sont Xaintes, S. Iean d'Angeli, Brouage. 2. La Guienne ou sont Bordeaux, & Blaye. 3. Le Perigort ou sont Perigueux, Bergerac, Sarlat. 4. L'Agenois ou sont Agens, Tounin. 5. Le Limousin ou sont Limoges, Briue, Tulle. 6. Le Queroy ou sõt Chaors, Figeac, Soulac. 7. Le Rouergue ou sont Rodés, Ville-Franche de Rouergue, Vabres. En la Gascogne sont 1. Le Bazados, on sõt Bazas, Ste. Foy. 2. Les Lanes ou est Dax. 3. Gascogne ou sont Aire, S. Seuer. 4. l'Albret ou est Nerac. Le Condomois ou est Condom. L'Armaignac ou sont Auch, & Lectoure. 7. Le Comminge ou sont S. Bertrand, Lombés. 8. Le Conserans ou est S. Licer. 9. Le Bigorre ou est Tarbe. 10. Le Bearn ou sont Pau, Lescar, Oleron, Ortés. 11. La Basse Nauarre ou est S. Palais. Le Basque ou est Bayonne.

La Bretagne se diuise en Haute, Moyenne & Basse. En la Haute sont les Villes Rennes, S. Malo, Dol, Vitré, &c. En la Moyenne sont Nantes, Vennes, S. Brieu, Plermel, Lambale, Auray, Hannebont, Blauet. En la Basse sont Kimper-Corentin, S. Paul de Leon, Trequier, Morlaix, Quimperlay, Brest, Landernau. Cette diuision n'est pas prise selon l'exactitude Mathematique; puis qu'elle met des Villes Maritimes & par consequent basses en la haute Bretagne.

La Champagne consiste 1. En ce qu'on nomme vraye Champagne ou sont le Remois, la Champagne, & le Pertois. Dans le 1. sont les Villes Reims, & Fismes. Dans la 2. Troyes, Chalons, Espernay. Dans le 3. Vitry le François, & Se. Menehoust. 2. Es pays qui sont vers le Pays Bas, La Loraine, & l'Isle de France. Vers les Pays Bas sont les Principautez de Sedan, Charleuille, Chasteau Regnaud, & le Retelois ou sont Retel, Rocroy, Donchery,

Mesieres, Mouson. Vers la Loraine sont le Vallage, ou sont Bar sur Aube, S. Disier, & le Bassigny ou sont Langres, Chaumont en Bassigny, & Ioinuille. Vers l'Isle de France sont le Senonois ou sont Sens, Ioigny, S. Florentin, Tonnerre, Montereau, & la Brie Champanoise ou sont Prouins, & Sesanne en Brie.

Le Languedoc est diuisé en haut & bas, & comprend les Seuenes. Au Haut sont le Toulousan ou sont Toulouse, Montauban, La Vaur. L'Albigeois ou sont Alby, Castres. L'Aurageois ou sont Castelnaudary, S. Papoul. Le Foix ou sont Rieux, Pamiers, Mirepoix, Foix. Dans le bas sont le quartier de Narbonne ou sont Narbonne, Aleth, Limouth, Carcassone, S. Pons de Tomieres. Le quartier de Beziers, Agdes, Pezenas, Lodeue. Le quartier de Nismes ou sont Montpellier, Nismes, Beaucaire, Aigues-Mortes. Les Seuenes contiennent le Geuaudan ou sont Mende, Merueich. Le Velay ou est le Puy. Le Viuarais ou est Viuiers, le Pont S. Esprit, Vzes.

La Picardie est suiuant la pente de la Riuiere de Somme, haute, moyenne, & basse, En la basse sont le Boulenois, ou sont Calais, Ardre, Boulogne & le Ponthieu, ou sont Monstrueil, Ruë, Abbeuille, S. Valery sur Somme. En la moyenne sont la vraye Picardie ou sont Amiens, Dourlens, Courbie, & le Santerre ou sont Peronne, Mondidier, Roye. En la Haute sont le Vermandois ou sont S. Quentin, le Castelet, Hem. Le Tierache ou sont Guise, la Fere, la Capelle, Veruins, Marle.

On adiouste à cette Prouince les pays reconquis.

La Prouence à ses Villes & departemens les vné sur le bord de la Mer comme Marseille, Toulon, S. Tropez,

Tropez, Freiuls, Antibe, Grace, Vence. Les autres sur les bords du Rosne comme sont Arles, Tarascon. Les autres vers les Alpes comme sont Sisteron, Digne, Senez, Glandeue. Les autres au milieu du Pays comme sont Aix, Salon, Apt, Forcalier, Riés, Draguignan.

Le Dauphiné de mesme a ses Villes & departemens, ou vers le Rosne, ou vers les Alpes, ou dans le milieu. Vers le Rosne sont les Viennois Vienne est la capitale, & le Valentinois soit bas, où sont Crest, & Montelimar, soit haut où sont Valence, Romans, S. Marcellin. Vers les Alpes sont l'Embrunois, le Gapençois, le Briançonnois, qui ont pour premiere Ville Embrun, Gap, & Briançon.

Le Lyonnois dit le Lyonnois, & l'Auuergne. Le premier comprend le Lyonnois, le Forez, le Beauiolois, & la souueraineté Dombes, qui ont pour Villes principales Lyon, Mombrison, Ville-Franche, & Treuoux. Roanne, & S. Estienne de Furens appartiennent aux Forez.

L'Auuergne dit la basse, où sont Clermont, Rion, Mont-Ferrand, Thiers. Et la haute où sont Vic le Compté, S. Flour, Orilhac, Brioude, Issoire, & de plus le Bourbonnois où sont Molins, & Bourbon l'Archambaut. Le Niuernois, en la partie où est S. Pierre le Moustier, & la Marche soit haute, qui a Generet ; soit basse, qui a Doral, & Belac pour Villes plus notables.

L'Orleanois se diuise en trois parties l'vne est deça la Loire, l'autre dessus, la troisiéme delà. Deça sont, 1. le Maine. 2. Le Perche. 3. La Beauce. 4. Le Gastinois. 5. le Niuernois. Les Villes plus signalées du 1. sont le Mans, Mayenne, Laual, Donfront. Du 2. Nogent le Rotrou, Mortaigne, Verneuil

Du 3. Chartres, Estampe, Chasteaudun, Vendosme. Du 4. Montargis. Du 5. Neuers, la Charité, Clamecy, Donzy. Dessus la Loire sont l'Orleanois, le Blesois, la Touraine, l'Anjou. Les Villes du 1. sont Orleans, Gien. Du 2. Blois. Du 3. Tours, Amboise, Loche, Chinon. Du 4. Angers, Saumur, la Fleche. Delà la Loire sont le Poictou, l'Aunis, l'Augoumois, le Berry, la souueraineté de Boisbelle. Les Villes plus fameuses du 1. sont Poictiers, Mailletais, Luçon, Chastellerault, Niort, Lusignan, Monmorillon, Fastenay, Toüars, Loudun, Richelieu. Du 2. La Rochelle. Du 3. Angoulesme. Du 4. Bourges, Issodun, Chasteauroux, Remorentin, Argenton, Sancerre.

On a choisi la Loire pour seruir à cette diuision à cause qu'elle diuise la France en deux parties presque egales. Le deçà & le delà se rapporte à Paris capitale du Royaume.

N. 3. Diuision de la France par les Parlemens.

La France est encore tres-bien diuisée par les ressorts des Iustices Souueraines, & chaque ressort par les Subalternes. Le premier est celuy de Paris, qui est la Cour des Pairs, & le plus estendu de tous. Il fut estably par Philippe le Bel, Toulouse par le mesme, Grenoble par Charles septiéme l'an 1403. Bourdeaux par Louis onziéme l'an 1462. Dijon par Louis 11. l'an 1476. Roüan par Louis 12. l'an 1499. Aix par Louis 12. l'an 1501. Rennes par Henry 2. l'an 1553. Pau & Mets par Louis 13.

Celuy de Paris comprend l'Isle de France, La Picardie, la Champagne, le Beausse, la Perche, le Mayne, la Touraine, l'Anjou, le pays d'Aunis, le Poictou, le Berry, l'Auxerrois, le Bourbonnois l'Auuergne, le Lyonnois, le Forest & le Beauiolois.

Celuy Normandie comprend la Normandie.

Celuy de Rennes comprend la Bretagne.

Celuy de Bordeaux comprend la Guienne, la Xaintonge, le Perigord, le Limosin, l'Agenois, le Bazadois & le pays des Basques.

Celuy de Pau comprend le Bearn.

Toulouse comprend le Languedoc, l'Armagnac, la Bigorre, le Quercy, le Rouergue & le Foix.

Celuy d'Aix comprend la Prouence.

Celuy de Grenoble comprend le Dauphiné.

Celuy de Dijon comprend la Bourgogne & la Bresse.

Celuy de Metz comprend, le Pays Messin, le Barrois & la Lorraine.

Chacun de ses Parlemens a sous soy des Cours Subalternes, qu'on appelle diuersement selon la diuersité des lieux, car en quelques lieux on les appelle Baillifs, Seneschaux, & in d'autres Gouuerneurs. En ces Cours sont les Presidiaux. Les premiers Sieges de Iustice dont l'appel va aux Seneschaux, Baillifs ou Presidiaux, sont les ordinaires qui sont Royaux dependans immediatement du Roy, ou Bannerets dependans des Seigneurs particuliers, qui ont la Iustice en leurs Seigneuries.

N. 4. Diuision de la France par les Generalitez.

Cette cy est la plus recente & cotient les parties suiuantes, La Generalité de Paris, qui a 1904. Paroisses de Soissons 1088. d'Amiens 1213. de Chalons 2194. d'Orleans 1048. de Tours 1539. de Bourges 566. de Moulins 1170. de Rion 847. de Lyon 865. de Limoges 1468. de Poictiers 1164. de Bour deaux 2995. de Montauban 951. de Roüen 1625. d'Alençon 1276. de Caen 1008. de Tolouse 1013. de Montpellier 1466. de Bourgogne ou Dijon 1761. de Prouence ou Aix 644. du Dauphiné 504. La Bretagne estant deliurée de Tailles l'est aussi de ces Generalités. Sous chaque Bureau des Tresoriers Generaux il y a plusieurs Elections ou receptes particulieres, excepté en Bourgogne, & Prouence.

Les Cours Souueraines, qui regardent les Aydes sont Paris, Roüen, Bourdeaux, Cahors, Carcassonne, Aix, Vienne, Clermont en Auuergne, & Dijon.

§. 2. *Diuision de l'Italie.*

L'Italie est comprise en 4. parties sçauoir en la Lombardie, l'Italie, le Royaume de Naples, & quelques Isles.

La Haute Lobardie contient 4. Estats. 1. Le Piedmont où sont le Duché d'Aost, La Seigneurie de Verceil, La Principauté de Piedmont, ou est Turin. Le Comté d'Ast, Le Marquisat de Saluce, Le Comté de Nice. 2. Le Milanois, qui contient le Duché de Milan, le Lac de Comes, le Lodesan, le Cremonese, le Pauese, le Tortonese, l'Alexandrin, Laumelline ou est Valence, & le Nouarese. Les Villes donne le nom és Estats. Comme Pauie est la Capitale du Pauese; ainsi ie ne les nomme pas. 3. Le Genois ou sont Genes. Sarsane, Sauone, Arbenque, Vindimille. 4. Le Monferrat qui contient Casal & Trin.

La Basse Lombardie est composée des Duchez de Mantoüe, de Parme, de Plaisance, de Modene &

de Regge, de l'Euesché & Comté de Trente, & de la Republique de Venise qui possede les Prouinces de Bergamase Cremase, Bressan, Veronese, Vicentin, Padoüan, Polesine. Marche, Treuisane, Feltrin, Bellunese, Cadorin, Frioüli.

L'Italie cöprend les Estats de l'Eglise, & de Toscane. L'Eglise possede vers le Golfe de Venise le Ferrareze, le Bolognese, Romaldione, la Duché. Vrbin, & la Marche d'Ancone, Vers la Mer Tirrene le Comtat de Cita de Castello, le Perusin, l'Ombrie ou Duché de Spolete, l'Oruietin Terre Sabine, Patrimoine de S. Pierre ou est Vitebre & la Campagne de Rome.

Le Royaume de Naples estoit diuisé en quatre, sçauoir Terre de Labour, la Calabre, la Pouille & l'Abruzze, maintenant en 12. Prouinces. 6. Vers la mer Tyrrene. Terre Labour ou sont Naples & Capoüe, Principauté citerieure où sont Amalfi & Salerne. Principauté vlterieure ou sont Beneuent, Conza, Basilicate où est Cosencé & l'Vlterieure où est Regge. Six vers le Golfe de Venise. Terre d'Otrante ou sont Ottrante, Lecce, Tarante, Brindes. Terre de Bary ou est Bari, Capitanate ou est Montfredoine, Mont S. Ange, Comtat de Molise, l'Abruzze citerieure, ou sont Lancian, Sulmone, Ciuita di Chieti, & l'Vlterieure ou sont Ciuita di Penna, Aquila.

Les Isles principales sont trois 1. Sicile ou sont Messine, Palerne, Siracuse, Catane. 2. Sardaigne ou sont Callari, Oristagni, Sassari. 3. Corse ou sont la Bastie, Bonifacio, Aiazzo.

On donne des Epithetes aux principales Villes d'Italie en cette sorte *Roma la Santa*, *Napoli la Gentile*, *Venetia la ricca*, *Genoua la superba*, *Milano la grande*, *Florenza la bella*, *Bologna la grassa*, *Rauenna* l'*antica*, *Padoüa la dotta*. Pource que le S. Siege est à Rome, les Nobles, Seigneurs & Chevaliers se retirent à Naples, Les Tresors sont à Venise, La magnificence des edifices de marbre à Genes, l'estenduë du plan & la multitude du peuple à Milan, la gentillesse des edifices, l'alignement & netteté des ruës à Florence, la bonté du Sol & fecondité du Terroir à Bologne, l'antiquité à Rauenne, la celebrité d'vne Academie florissante à Padoüe.

§. 3. *Division de l'Espagne.*

L'Espagne estât bornée de 4. sortes de costes & des Mots-Pyrenées, d'vne Septentrionale, qui préd depuis Fontarabie ou depuis ces monts iusques au Cap de fine Terre, d'vne Occidentale, qui va depuis le Cap susdit, iusques au Cap de S. Vincent, d'vne meridionale qui est depuis le Cap susdit iusques au Cap de Platos, & d'vne Orientale qui va du Cap susdit iusques aux Monts Pyrenées. On la peut diuiser en 14. Royaumes ou Prouinces, & en mettre 12. Maritimes, trois sur chaque coste, & deux en terre ferme & au milieu. Sur la coste Occidentale il y a Galice, Portugal, Algarué. Sur la Meridionale Andalousie, Grenade, Murcie. Sur l'Orientale Valence, Arragon, Catalogne ou est Rossillon. Sur la Boreale Asturie, Biscaye, Nauarre. Au milieu Leon, & Castille la vielle, & la nouuelle.

Les Villes plus remarquables de Leon delà le Douro sont Leon, Astorga, Palencia, Camora, Toro. Deçà le Douro Salamanca, Ciuidad Rodrigo. De Castille la vieille, Burgos, Valadolid, Sogrono, Calahorra, Soria, Osma, Siquenca, Segouia, Auila, Placentia, Coria, De Castille la Nouuelle

Toledo, Madrid, Alcala de Henares, Guadatlaiara, Cuenca, Ciuidal Real, Merida, Badaios, Alcantara. De la Biscaye, Bilbao, S. Andero, Tolesetta, S. Sebastien, Vitoria. De l'Asturie Ouiedo, Santillana. De la Galice S. Iago de Côpostella Mondonedo, Lugo, Orense, Tuy la Coruña. Du Portugal entre Mino & Douro Braga Bragança Miranda, Porto. Entre Douro & Taio, Lisboa, Lamego Viseu, Guarda, Coimbra, Leiria. Entre Taio & Guadiana, Euora, Portolegre, Eluas Beia. De l'Algarue Faro, Tauila, Silues, Lagos. D'Andalousie, Seuille, Cordoua Iaen Galiz Eciia, Xeres de la Frontera, De Grenade, Granada, Guadix, Malaga, Almeria. De Murcie, Murcia, Carthagena. D'Aragon, Caracaga, Iacca, Huesca, Balbastro, Calataiub, Tarracona, Boria, Daroca, Albarazin, Teruel. De Catalogne, Perpinan, Elna, Barcelona, Tarragona, Lerida, Girona, Tortosa, Solsona, Vrgel, Vich. De Valence, Valencia, Segorbia, Oruelha, Xatiua.

La Nauarre est diuisée en haute ou delà les Môts, & basse au deça les Monts. La haute en cinq Merindades qui portent le nom des Villes Capitales de chacune. 1. La Merindada de Pamplona où on comte 13. Villes 270. Villages 16,000. familles ou enuiron & 80.000. personnes. 2. D'Estella où il y a 24. Villes 106. Villages 12,000. familles ou enuiron, & 60,000. personnes. 3. de Tudela qui a 25. Villes 8,000. familles ou enuiron & 40,000. personnes. 4. de Sanguesa où il y a 20. Villes 268. Villages. 12,000. familles enuiron 60,000 personnes. 5. La Merindada de Olite, où il y a 30. Villes 26. Villages 6000. familles & 30,000. personnes. La basse contient la Merindada de Vltrapuertos où sont les Iurisdictions de Cize, Mixe, Ostabarez,

Arberone, Armandaritz, Baygofri, Orcais & la souueraineté Bidasche, dont les Villes sont S. Iean pié de Port, S. Palais, Ostabar, S. Martin d'Arberone, Armendaritz, Baygorri, Orcais, Bidasche.

De ces 14. Royaumes 8. sont sont attachés à la coronne de Castille, Trois à la coronne d'Arragon. Arragon, Catalogne, Valence, & les Isles maiorque, minorque, Yuice. Deux à celle de Portugal. Portugal, & Algarue.

La coronne de Castille à sous soy hors d'Espagne en l'Europe les Pays bas, la Franche Comté, l'Estat de Milan & de Pauie, Finale, Orbitello, &c.

En l'Affrique sur la coste de Barbarie Orã, Marsalquibir, Le Penon de Velez, Les Isles Canaries. En Asie les Isles Philippines. En l'Amerique Mexicane les Isles principales la Floride, Nouuelle Espagne, Nouuelle Galice, Guatemala, En la Peruane la nouuelle Grenade, Le Perou Los, Charcas, Chili, Rio de la Plata.

La coronne d'Arragon a en Italie les Royaumes de Naples, Sicile, Sardaigne, & plusieurs moindres Isles. La coronne de Portugal a en Amerique le Bresil, En Affrique les Isles de Madere, des Açores, du Cap Verd, de S. Thomas. Sur le destroit Tanger & Cente. Sur la coste des Neigres Arquin sur celle de la Guinée S. Georges de la Mine, sur celle des Cafres Cuana ou Sofala. Sur celle de Zanquebar Mosambic & Melinde. En Asie plusieurs Isles & places fortes dans les Indes Orientales.

§. 4. Diuision du Pays Bas.

ILs sont composés de 17. Prouinces sçauoir est de 4. Duchés, 7. Comtés, vn Marquisat, & 5. Seigneuries.

Les

C'est à dire la Ciuile des pays bas.

Les 4. Duchez sont Brabant, Limbourg, Luxembourg, & Gueldres. Le Brabant est diuisé en quatre quartiers. 1. Louuain. 2. Bruxelles. 3. Anuers. 4. Bosle-Duc. Les Villes principales du premier sont Louuain, Tiltmond, Ascot. Du 2. Bruxelles Niuelles. Du 3. Breda, Berg-Op-Zom, Lire, Sanc Vlit. Du 4. Bosle-Duc, Graue. Les Villes du Limbourg sont Limbourg, Vic de Mastric, & des terres adiacentes sont Fauquemont, Dalem, Rolduc. Les Villes du Luxembourg sont Luxembourg, Thionuille, Arlon, Bastoigne, Mommedi, Dam-Villiers. Gueldres est diuisé en quatre quartiers sçauoir Betune, Veluue, Gueldres, & Zutphen : mais celuy cy est mis entre les Comtés. Les Villes plus grandes de Betune sont Nimegue, Bommel, Fort de Schenechk, Celle de Veluue sont Arnhem, Hardenic, celles de Gueldres sont Ruremonde, Gueldres, Venlo, Stefansuerdt.

Les sept Comtez sont 1. Flandres. 2. Artois. 3. Haynaut. 4. Namur. 5. Hollande. 6. Zelande. 7. Zutphen. 1. La Flandre se diuise en trois. En Flandre Teutone, Wallone & Imperiale. Les Villes plus nobles de la premiere sont Gand, Bruges, Ispres, Courtray, Graudines, Donquerque, Ostende, L'Ecluse. De la 2e. sont Lisle, Doüay, Tournay, Orchiues. De la 3e. sont Alost, Hulst, & Axel. 2. L'Artois est partie Wallon, partie Flamingan. Le 1. a pour Villes Arras, Hesdin, Bappaumes. S. Pol. Le 2. a S. Omer, Aire, Betune. 3. Le Hainault a pour Villes Mons, Valenciennes, Maubuge, Auesnes, Landrechies, Philippeuille, Mariembourg. 4. Namur a Namur & Charlemôt. 5. Hollande en Northollande, Alcmar, Inchuse, Horne. En Zud-Hollande Dordrecht, Delst, Leyde, Harlem, Amsterdam, Goude, Rotterdam, la Haye, la

Brille. Zelande a Mildebourg, Fleſſinque, Zirie-zée. 7. Zutphen a Zutphen, Doesbourg, Grolle.

Le Marquiſat d'Empire ne conſiſte qu'à la Ville d'Anuers.

Les cinq Seigneuries ſont; Vtrecht. 2. Ouer-Iſſel. 3. Oueſt, Frize. 4. Groninque & 5. Malines. La 1e. a pour Villes plus notables Vtrecht. La 2e. Deuenter, Campen, Suuol. Oldenzée, Cœuor-den. La 3. Leüuarden, Dockum, Francker. Staue-ren. La 4e. Groninque. La 5e. Malines.

A tout cecy il faut adiouſter l'Archeueſché & Seigneurie de Cambray. L'Eueſché & Seigneu-rie de Lyege, Tongres, Maſtricht, Dinant, Huy, & le Comté de Lingen.

§. 5. Diuiſion de l'Alemagne.

N 1. Qu'elles ſont les parties d'vn tout ciuil.

Nous ne pouuós pretendre à l'entiere connoiſ-ſance d'vn tout compoſé, que par celle des parties, qui le compoſent. Et puiſque tout eſtat politique, & tout corps ciuil eſt vn tout compoſé de terres poſſedées, & d'hommes qui pour en auoir la poſſeſſion doiuent auoir la nature d'homme & dans elle vn office, qui donne ou l'auctorité & le pouuoir de poſſeder les terres & de commander aux autres, ou le deuoir & la neceſſité d'obeir à d'au-tres, Ce ſont trois choſes, dont la recherche eſt ne-ceſſaire, pour auoir la connoiſſance d'vn tout. De ces trois les perſonnes particulieres ſont mortel-les & changent de temps en temps. Les Offices ne meurent pas & trouuent des ſucceſſeurs qui les font ſubſiſter tant que le tout ciuil demeure en son entier. Les Terres sont encore plus permanentes, qui subsistent dans la ruine de l'estat ne perdant rien qu'vn rapport qu'elles auoient. Aussi de ces trois points le second estant l'ame de l'estat & du Ciuil dont le troisiéme fait le terme, c'est assez de connoistre pour le premier les hommes en general & en leur espece & c'est aux deux autres sur lesquels la Geographie se doit arrester. Et voila les deux points que i'explique briefuement sur l'Alemagne, qui est vn des plus grands & plus nobles corps ciuils de l'Europe.

N. 2. Diuision de l'Alemagne par les Principautés.

Quoy qu'elles soient en grand nombre, & bien differentes soit en estenduë de terre, soit en grandeur de pouuoir si peut on commodement le reduire à cinq sortes de corps, dans lesquels elles resident; Le premier sans doute est la maisõ d'Austriche sortie de Rodolphe Comte de Hapsbourg, & eleu Empereur l'an 1273. Pource que son pouuoir y est si ample, & si estendu, qu'elle possede bien le tiers de tout ce qui est compris sous le nom & l'Empire d'Alemagne. Les Electeurs sont le secõd corps; pource que leurs possessions iointes ensemble peuuent arriuer à faire le second tiers du mesme Empire, ce qui reste & qui fait le 3e. tiers est possedé par les autres trois corps ; sçauoir par les Prelats Ecclesiastiques, qui y sont tres-riches : Par les Princes seculiers, & par les Villes, qui ont quelque droit de Republique & quelque pouuoir de souuerain.

La maison d'Austriche possede dans ou prés l'Alemagne. 8. sortes de Principautés. 1. L'Austriche sous le nom de laquelle ie comprend l'Archiduché d'Austriche, les Duchés de Stirie, Carinthie, Carniole, le Comté de Cilley, le Marquisat de Vinde, ou Vindismarche & en l'Italie le Comté de Gorice, & vne partie de l'Istrie. 2. Le Royaume de Hongrie en partie comme aussi l'Esclauonie, la Croacie & la Morlaquie, qui sont attachées à la dignité Imperiale. 3. Le Royaume de Boëme, & les Estats incorporés, qui font ensemble la Bohëme où il y a 4. Villes Royales & 15. Prouinces, le Duché de Silesie où il y a trois Duchés, quinze Prouinces, 4. Baronies. Le Marquisat de Morauie diuisé en trois Duchés, & le Marquisat de la Lusace diuisé en haute & basse. 4. Le Tirol qui contient trois Comtés, & la protection de deux Eueschés. 5. Plusieurs Estats & Seigneuries en Suabe, en Suisse, és Grisons, & en Alsace. 6. Le Palatinat du Rhein en partie. 7. Le Comté de Bourgogne & 8. Les Pays Bas Catholiques presque tous.

Ces estats sont venus à la maison d'Austriche les vns par heritage, les autres par conqueste, les troisiémes par election. Des hereditaires les vns sont asseurés, les autres contestés tel qu'est le Royaume de Bohëme, auec les terres adiointes. Elle iouit d'vne partie du Palatinat par conqueste & de l'Empire par election depuis plus de 100. ans sans interruption, ce qui luy a donné moyen de s'agrandir dans l'Alemagne.

Comme les Electeurs suiuent en auctorité l'Empereur, aussi le font ils en possession, & richesses & sont les plus puissans apres luy. Ce sont eux qui le nomment, qui ont de grands pouuoirs en leurs terres, & mesmes dans l'Empire; puis qu'en plusieurs affaires l'Empereur ne peut rien sans eux, & eux peuuent en faire de certaines sans luy & pendant l'interregne ils rendent la iustice dans l'Empire;

nomment aux benefices Ecclesiastiques, iouïssent des reuenus & ont autres droits Imperiaux. Ils sont trois Ecclesiastiques comme i'ay dis au chap. 8. §. 2. & quatre seculiers. Le Roy de Bohême, Le Palatin du Rhein, le Duc de Saxe, & le Marquis de Brandebourg. A la place du Palatin du Rhein depuis peu le Duc de Bauiere a esté substitué, qui a obtenu cét Electorat auec le Palatinat de Bauiere, dont la capitale est Amberg; La basse Austriche luy est engagée. De cette maison est l'Archeuesque de Cologne Electeur, & de Saltzbourg, le Palatin de Neubourg & autres : & ainsi c'est l'vn des plus puissans Princes de l'Empire.

Les Ecclesiastiques en Alemagne font vn corps bien puissant, & il n'y a point de lieu dans l'Eglise ou les Prelatures ayent de si beaux droits, & de si grandes Iurisdictions temporelles, l'Archeuesque de Magdebourg à dans sa Seigneurie temporelle 29. Villes, l'Euesché de Paderborm. 14. de Mets 11. & autant de Bourgs, Celuy de Liege 24. Villes dans son temporel, Celuy de Munster n'en a gueres moins, Les Euesques de Wirtzbourg, de Bamberg & l'Archeuesque de Salzbourg sót estimés les plus riches. Les Abbayes de Fulde & de Hirsfeld ont des reuenus de Prince, &c.

Pour les Princes seculiers, outre les Electeurs vous auez quantité de grands Ducs, comme de Lunebourg, de Brunsuuick, de la Pomeranie, de Wirtemberg, de Holsteim ou Holsace de Iuliers de Meckelebourg, de Lauuébourg. Vn seul Duché tel qu'est la Pomeranie à bien de longueur 100. lieues sur la mer Baltique, & de largeur tantost 6. tantost 10. à 12. & en quelque endroit 25. Les Suedois en tiennent vne partie en sequestre pour les frais des guerres faites par eux dans l'Alemagne,

Vous auez le Marquis de Bade, les Landgraues de Hesse, de Darmstat, de Luchtemberg, les Princes d'Anhalt, vn grand nombre de Comptes, & de Barons, dont ie ne say pas icy le denombrement.

Touchant les Villes imperialles i'entend par telles Villes celles qui ont beaucoub de droits, priuileges, & immunitez par dessus les autres, & i'en trouue de trois sortes sçauoir les Imperiales, les Ansiatiques & les libres, les premieres ont seance aux diettes de l'Empire & fournissent aux contributions, qui y sont resoluës. Les secondes se sont associées & liguées ensemble, pour maintenir la liberté du commerce dans la mer Baltique. Les troisiémes n'ont ny l'vnion des premieres auec l'Empire ny la ligue des secondes, mais ont beaucoup de liberté en l'election de leur Magistrat, administration de leur iustice, &c. Il y a 100. ans qu'il y auoit 83. Villes Impeaiales, mais depuis les vnes ont esté engagées par l'Empereur, d'autres soustraites par les Princes voisins. On range les secondes en quatre Prouinces sçauoir de Lubeck, de Dantzic, de Brunsuick, & de Cologne, & sont au nombre de 64. Et leur ligue & confederation n'estant que pour la liberté du trafic elles ont souuent pris les armes, & ont courageusement conserué leur droit, & vangé les torts, qu'on auoit fait contre quelque Marchand de leurs corps. Il y en a d'autres, qui se sont alliez auec celles-cy.

Les troisiémes sont republiques, qui se sont mises sous la protection de l'Empire.

N. 3. Diuision de l'Alemagne par les Terres.

Ce n'est pas assez de sçauoir les diuerses Seigneuries, & principautés d'vn Pays, le plus difficile est de conceuoir la situation des terres correlatiues à ces puissances dans leur tout ciuil, & trouuer leur place dans les Cartes. Et pour le faire auec plus de facilité ie diuiseray l'Alemagne par rapport aux Fleuues plus celebres, qu'elle aye, lesquels nous seruiront de guide, & de chemin pour aller les chercher sur leurs bords, ou aux enuirons, & suiuant ce dessein.

L'Allemagne se doit premierement diuiser en trois grandes parties. La premiere comprend tout ce qui est aux enuirons du Rhein, La 2e. tout ce qui ce qui se trouue aux enuirons du Danube, La 3e. aux enuirons de l'Elbe, & de l'Oder. La 1e. se subdiuisera en trois parties sçauoir en ce qui est deçà le Rhein tels que sont la Lorraine la Fraîche Comté & les Pays Bas Catholiques. 2. en ce qui est dessus le Rhein tels que sont l'Alsace, le Palatinat du Rhein, Les Archeueschés de Mayence, Treues, Cologne, les Estats de Cleues & de Iuliers, & les Estats des Prouinces vnies & 3. en ce qui est au delà du Rhein, où sont la Franconie, la Hesse, & la VVestphalie.

La 2. se subdiuisera encore en trois parties sçauoir Haute, moyenne, & basse. La haute contient la Suabe, & les Suisses. La moyenne comprend le Tirol, le Duché de Bauiere, & le Palatinat de Bauiere. La basse dit l'Austriche Archiduché auec les terres adiointes, & hereditaires sçauoir Stirie, Carinthie, Carniole, Cilley, Vindismarche.

La 3. aura deux parties la haute & la basse. La haute comprend le Royaume de Boheme auec les Estats Annexés la Silesie, Lusace, & la Morauie. La basse contient la Saxe soit haute ou sont les Estats de Saxe, le Marquisat de Brandebourg, & la Pomeranie, soit basse ou sont deux Archeueschez

Troisième sorte de diuision Geographique de Maldebourg, de Breme, trois Eueschez Ferden, Hildesheim, Halberstat. Plusieurs Duchés comme d'Holsace de Meclebourg, L'auuembourg, Lunebourg, Brunsuic &c. & les Villes d'Empire Lubec, Hambourg, Goslar &c.

Chacune de ces parties contient vne grande estenduë de terre, & est le sujet d'vne Carte Geographique, & d'vne ample subdiuision que l'on trouuera deduite dans les Geographes.

§. 6. Diuision de l'Hongrie.

LE Royaume de Ongrie est composé de 54. Comtez, dix sont au dessus du Danube, & vers la Pologne, qu'on nomme en latin. *Posoniensis, Comariensis, Transchiniensis, Nitriensis, Barsiensis, Turocensis, Aruensis, Liptouiensis, Bistriciensis ou Onusoliensis, Cepuciensis.* Huit sont entre la Riuiere de Tyssa & la Pologne nommez en latin. *Tornensis, Sariensis, Geuuinariensis, Abaniuuariensis, Barsodiensis, Semlyniensis, Vnghensis, Perigiensis.* Neuf sont entre la Riuiere de Tysse ou Tibise, & la Transyluanie, *Moramarusensis, Vgoghensis, Zatmarensis, Zabolcensis, Bihorensis, Torantaliensis, Oradiensis Chonadiensis, Temesuensis.* Sept sont entre le Danube, & la Tysse *Nouigradiensis, Hontensis, Heuuesensis, Pesthiensis, Zolnocensis, Bathiensis, Bodrogensis.* Il y en a treize entre le Danube & le Draue. *Sopronensis, Musonensis, Iauariensis, Castri Ferrensis, Saladriensis, Vesprimiensis, Strigoniensis, Pelysiensis, Albensis, Simigiensis, Tolnensis, VVaraniensis, In Sigeths.* 7. Entre le Draue & le Saue. 7. *VVarasdiensis, Sagoriensis, Zagrabiensis, Chrisensis ou Bisensis, Posegiensis, VValkoniensis, Sirmiensis.* Vous trouuerez les noms Latins,

C'est à dire la Ciuile de Pologne, 689
Ongarois & Alemans des Villes principalles de ces Comtés dans Sanson Geographe.

§. 7. Les Estats de la Coronne de Pologne.

Ils consistent en 33. Palatinats ou Gouuernomens hereditaires, du moius pour la plus part auec de grands pouuoirs. Et ces Palatinats se diuisent en Chastelenies qui sont au nombre de 99. & toutes en ensemble sont vne estenduë de terre de 300. lieuës de long & autant de large enuiron.

La Pologne se diuise en trois parties la premiere contient ce qui est du Royaume de Pologne. La 2. les Duchés qui luy appartiennent. La 3e. autres Duchés vnis, ou sujets de la Coronne.

La premiere de ces parties se subdiuise en haute ou petite, & basse ou grande Pologne. En la haute sont trois Palatinats. 1. de Cracou, auec 4. Chastelenies. 2. Sendomir auec 8. C. 3. Lublin auec vne de mesme nom. En la Basse sont les Palatinats, Posna & 7. Chastelenies, Calisch & 6. C. Sirad & 4. C. Lencici & 3. Ch. Dobrizin & 3. Ch. Raua & 3. Ch. Ploczk & 3. C.

Les Duchés sont trois, La Russie noire appartenante à la haute Pologne, La Cuiauie estimée de la Basse, Les Palatinats du 1. sont Leopolis auec 5. Chastelenies & Belz auec vne. Du 2. sont Brzesti & 3. Ch. & VVladislau & 2. C. Du 3. Czerstk & 7. C.

Les Pays vnis où sujets sont. 1. La Prusse soit Royale où sont les Palatinats Mariebourg, Culm, Elbing, Dantzick, soit la Ducale où est le Palatinat Bielsk & est dite Polaquie. 2. La Lituanie, qui contient les Palatinats Vilna, Braslau, Troki, Minsk, Mcislau, Nouogrodeck, Poloſczk, Vitepsk. 3. La Poleſie où eſt Breſſici. La Samogitie ou eſt Roſienie. 5. La Volhynie ou ſont deux Palatinats, Luſuc & Kiouu, La Podolie où il y en a encore deux Kamieniec, Braclau. 7. vne partie de Moſcouie qui ayant bien 100. lieuës de long, & 50. de large a eſté ſouſmiſe à la Pologne meſmes par le conſentement des Moſcouites.

§. 8. Diuiſion de l'Angleterre, de l'Eſcoſſe & de l'Irlande

Tout le corps & le traict d'Iſles qui ſont Occidentales au continent de l'Europe ſe nomme les Iſles Britaniques : mais d'autant qu'il y en a deux, qui par vn excez, & auantage notable ſurpaſſent toutes les autres on a donné à la plus grande par excellence le nom de la grande Bretagne, qui contient deux Royaumes, au midy l'Angleterre, au Septentrion l'Eſcoſſe, & à la petite celuy de la petite Bretagne, l'vne eſtoit dite Albion, l'autre eſt nommée Irlande ou Hibernie.

L'Angleterre peut eſtre diuiſée par 52. Comtés, dont 39. appartiennent & font le Royaume d'Angleterre, les autres 13. la Principauté de Galles. Ceux-cy tiennent la partie Occidentale de ce tout. 6. des autres 39. font la Boreale. 7. L'Orientale, 9. la meridionale, 17. le milieu. Les 6. Comtez Septentrionaux font le Royaume de Northun-Berland, & ſont Nort-Humberland, Cumberland, Durham, s. VVeſtmorland, Lanca, s. Yorck. Les 17. du milieu font le Royaume de Mercie & ſont Chez Darbys, s. Nottingams. Lincolme, s. Rutland, Leiceſter, s. Statford, s. Shrop, s. Hereford, s. VVorceſter, s. VVaruuick, s. Northampton, s. Hunting-

C'est à dire la Ciuile de l'Angleterre. 291

on, s. Bedfort, s. Bukingham, s. Oxford, s. Glocester. s.

Les 7. Comtés Orientaux font trois Royaumes Trois sçauoir Cambriges s. Norfolke, suffolke font celuy de East Angles, c'est a dire des Anglois Orientaux. Trois sçauoir Essex, Hartford, s. & Middelsex où est Londres, celuy d'Essex où des Saxons Orientaux, & vn sçauoir Kent de Kent, qui a Canterbury pour Ville capitale.

Les neuf Meridionaux font deux Royaumes sçauoir de Sussex ou Saxons Meridionnaux & West-Sex ou Saxons Occidentaux, Le premier à deux Comtés Sussex & Surrey. Le second 7. Hant, Barck Wil, Dorcet: s. Somercet, Deuon, Cornuuall.

Dés 17. de la Principauté de Galles, six Septentrionaux font le Royaume de Nort-Walles & sont Anglesy. 1. Caernaruan, s. Denbigh. s. Flint, s. Merioneth, Mongomery, s. Les 7. Meridionaux font le Royaume de Sout-Walles & sont Cardigan, s. Radnor s. Brecknock, s. Monmouth, s. Glamorgan, Caermarden, s. Penbrock, s.

La plus part de ces Comtés portent les noms de leur Ville Capitale, & à celles là i'y ay mis vn s. qui veut dire Shire ou Comté pour donner à connoistre leur Ville de mesme nom. Londres est la Ville Capitale, & la premiere de toute l'Isle située sur la Tamise, qui y a son canal assez profond pour receuoir & porter les Vaisseaux de quatre ou cinq cent tonneaux, le flux de la mer montant iusques au dessus de la Ville donne tout moyen aux Habitans d'enuoyer leurs denrées aux Estrangers, & receuoir en dedans celles des Estrangers, & on tient que le trafic y est plus grand, qu'en tout le reste de l'Isle & de l'Irlande ioint ensemble : Et de ce grand comerce s'ensuit vne grande opulance à proportion.

Troisiéme sorte de diuision Geographique

Le Royaume d'Escosse se diuise en 35. Prouinces, 13. sont au delà du Tay qui faisoient le Royaume des Scots, 22. sont au deçà, qui faisoient le Royaume des Pictes. Des 13. premieres 5. sont vers le Septentrion & l'Occident, & sont Strath-Nauern, Caitnes Sutherland, Rosse, Locqu'haber. 8. Vers l'Orient & le Midy qui sont Muray Bucquhan Maris, Mernis, Angus, Perth, Athole, Broad Albain Des autres 22. 9. sont vers le Golfe de Dunbriton sçauoir Lorne, Can-Tyr, Arran Argile, Lennos, Cuningham, Kyle, Carricke, Gallouuay. 6. Vers le Golfe d'Edimbourg sçauoir Fife, Strath-Erne, Menteith, Striueling, Lilinthquo, Louthiane. Et 7. dans les vallées vers l'Angleterre sçauoir Clidesdale Nythesdale, Anandale, Liddesdale Eskdale, Teifedale, & les marches hautes & basses.

L'Irlande se diuise commodement en 5. Royaumes ou Prouinces selon les parties du monde lesquels contiennent 32. Comtés. 1. Vlster ou Vltonie est la Prouince Septentrionale qui contient 11. Comtez, sçauoir Dungall-Or, Tyr, Connel, Vpper Tyronne, Nether Tyronne, c'est à dire haut & bas Tyron, Colrane, Antrym, Douune, Louth, Armagh, Monaghan, Cauam, Fermanagh 2. Connaugh ou Connacie est vers l'Occident & à 7. Comtés Slego, Mayo, Galuuay, Clare, Rosecomen, Letrym, Longford. 3. Il y en a deux vers l'Orient sçauoir Meats ou Medie qui contient deux Comtés VVest Meats, East Meats, & 4. Leinster ou Lagenie où il y a 7. Comtés, Dublin, Kildare, Kinges, Queenes, Caterlag, VVexford Kilkenny. 5. Vers le midy est Munster ou Momonie qui a 6. Comtés sçauoir Holy, Crosse ou Typperary Lymericke, Kery, Desmond, Cork, VVaterford.

§ 9. Estats des Hollandois & des Suisses.

LEs Prouinces vnies dans les Pays-Bas qu'on nomme les Hollandois ont en Europe la partie la plus Septentrionale des Pays bas, qui contient le Duché de Gueldres, Les Comtés de Hollande, Zelande, Zutphen, & les Seigneuries d'Vtrecht, Ouer Issel, Ouer Frise, Groningue : De plus ils ont parties des Duchés de Brabant & de Limbourg, & du Comté de Flandres. Et dans les Estats voisins aux Pays-Bas, partie du Duché de Cleues, de la Comté d'Embden & de l'Estat de Cologne. En Affrique ils ont Gœres aux pays des Negres, Le fort de Nasseau en la Guinée, & de plus ils ont depossedé en ces endroits les Portugais de deux places, En Asie ils ont les Isles Moluques en partie, Malaca & plusieurs tant Villes que Places fortes sur les costes des Indes Orientales, la plus esloignée est Hermoso entre la Chine & le Iappon. En l'Amerique Boreale ils ont le Nieuu Niderlant & le nouueau Pays-Bas, En la Meridionale six Capitaineries du Bresil, & l'Isle de Curacao.

Les Suisses sont composés de trois parties scauoir est 1. de Treze Cantons. 2. de leurs alliés, & 3. de leurs sujets. Les 13. Cantons selon l'ordre de leur institution & antiquité, sont Vri, Suisse, Vnderuuald establis l'an 1308. Lucerne, 1332. Zurich, 1351. Zug & Glaris 1352. Berne 1353. Fribourg & Soleurne 1481. Basle, & Schafhouse 1501. Appensel 1613. Selon l'ordre de leur seance Zurich. P. Berne, P. Lucerne, C. Vric. C. Suisse, C. Vnderuuald, C. Zug. C. Glaris C P. Basle, P. Fribourg, C. Soleurne, C. Schafhouse, P. Appenzel, C. Par C. j'entend Catholique, par P. Protestant, par C. P. miparti.

Leurs alliez sont l'Abbé de S. Gal, l'Euesque de Sion qui est Comte de Velais, celuy de Basle en Suisse & de Constance en Suabe & Suisse. Les Grisons diuisés en trois ligues ; & six Villes entre lesquelles est Geneue.

Les sujets à diuers Cantons sont 17. Bailliages, cinq Comtés, & quelques Villes.

§. 10. Les Estats de la Coronne de Suede.

ILs consistent en six principales regions qui sont la Suede, Lapponie en partie, Gotlande, Finlande, Ingrie & Liuonie. La Suede se subdiuise en deux sçauoir en Sueonie, où sont les Prouinces Vplande VVestmannie, Dalecarlie, Nericie, Sudermannie, & en Nortlande, où sont Gestricie, Helsinge, Medelpadie, Angermanie, Bothnie. La Lapponie Suedoise contient Vina-Lapmarck, Pita-Lapmarck, Lula-Lapmarck Torne-Lap-marck & Kimi-Lapmarck. La Gotlande à deux parties Ostro-Gotlande ou Gothie Orientale, ou sont les Prouinces Ostro-Gotlande, Smalandie, & Oelande, & VVestro-Gotlande ou Gothie Occidentale où sont les Prouinces VVestro-Gotlande, Dalie, & Vermelande. La Finlande se peut diuiser en Finlande Meridionale & Septentrionale, en Alande Isles, & en Prouinces vnies à la Finlande qui sont Caianie, Sauolax, Tanaste, Nylande, Carelie, & Kexholm.

L'Ingrie ne se subdiuise point en Prouinces, La Liuonie Suedoise a deux principales parties Esten ou Estonie où sont les quartiers de Esten, Vickelande, Harnelande, VVirelande, Alantack, Kikelande, Iernenlande & Letten qui contient plusieurs Villes, L'autre & la plus grande partie de la Liuonie appartient à la Pologne.

§. 11. Division du Royaume de Dannemarc.

CE Royaume consiste en trois parties: la premiere est la presqu'Isle de Iutlande ou de Iutie qui se subdivise en deux sçavoir en Nort-Iutlande ou Iutie Septentrionale où sont 4. Eueschés de Ripen, Arhusen, Alborg, & VViborg, & Sud-Iutlande ou Iutie Meridionale où sont les Duchés de Slesuuich, & Holstein ou Holsace & dans celuy-cy, 4. parties Holsace, VVagrie, Stormarie, & Ditmarce.

La seconde est la coste de Gotlande ou de Gotie, qui se subdivise en VVestro-Gotlande, où est la Prouince Hallande, & Ostro-Gotlande où sont deux Prouinces Sconen ou Scanie, & Bleckinge.

La troisiéme contient plusieurs Isles, dont les vnes sont aux enuirons du Belt, & entre les Terres de Danemarc: telles sont Selande, Fuinen, ou Fionie, Moene, Huene, Aar, Langelande, Lalande. Les autres dans la mer Baltique & entre les terres de Suede: telles sõt Bornholme, Gotlãde, Oesel.

§. 12. De la Seigneurie ou Republique de Venise.

CEtte Republique diuise ses Estats en deux sçauoir en estat de terre ferme & de mer. Le premier comprend le Bergamasc. Le Cremasc, le Bressan, le Veronese, le Vicentin, le Padouan, la Polesine de Rouigo, le Dogado, la Marche Treuisane, le Feltrin, le Bellunese, le Cadorin, le Frioul.

Le second contient sur les costes l'Istrie la Dalmace ou Esclauonie, & l'Epire, dans les mers les Isles suiuantes. Au Golfe de Venise Cherso, Ossero, Veggia, Arba, Pago, Solta, Brazza, Lesina, Torta, Issa, Curzola. En la mer Mediterranée Corfou, Cefalonie Zate, Cerigo, Crete ou Cãdie, Teno, Micone.

§. 13. Les Estats du Duc de Sauoye.

CE Duc possede des Terres deçà & delà les Alpes Deçà sont le Duché de Sauoye & le Comtat de

Nice. Dans le Duché on compte six Prouinces entieres & vne en partie. Le Geneuois, le Fauſſigni, le Chablais, la Sauoye, la Tarantaiſe, la Morienne, & le Beugey en partie.

Au Comtat ſont 4. Vicariats, Nice, Poget, Barcellonette, Soſpelle qui ont pris leur nom des Villes principales, & le Val de S. Eſteuue auec le Comté de Boglio ou de Beuil.

Delà les Alpes eſt le Piedmont ſous le nom duquel on entend le Duché d'Aoſte, le Marquiſat d'Yurée, la Seigneurie de Verceil, le Marquiſat de Suſe, la Principauté de Piedmont, le Comté d'Aſt, le Marquiſat de Saluce. Il y a encore le Duthé de Montferrat en partie auec quelques autres Terres.

Ie ne paſſe pas plus auant en cette ſorte de diuiſions. Elles ſe trouuent deſcrites ſi entierement en tant de liures, marquées ſi diſtinctement en tant de Cartes, que ſe ſeroit les multiplier ſans neceſſité. Et d'ailleurs elles ſont ſi aiſées à entendre apres les principes declarés en ce Liure, que la ſeule lecture de ces diuiſiõs dans les Liures, & la ſeule veuë dans les Cartes ſuffit pour comprendre le tout. Elles ſont encore ſi longues à eſtre expliquées totalement, qu'elles demandent de gros volumes. Ie me ſuis ſeruy des Tables de Sanſon dans les diuiſions precedentes. On les trouuera plus amples dans l'Autheur meſme, & qui y ioindra les Cartes du meſme aura tout moyen de ſe rendre parfait en cette partie. Que ſi il y en a d'autres bien differentes des ſiennes en mots c'eſt que les vnes expriment en Latin, les Villes & pays les autres ſelon le langage du propre pays les autres ſelon vn autre.

DE LA QVATRIESME SORTE DE DIVISION GEOGRAPHIQVE C'EST A DIRE
de la relatiue celeste, & solaire.

PREFACE.

IVsques à present nous auons diuisé le Globe en ses parties absoluës & selon ce qu'il contient en luy mesme par trois sortes de differences, qui luy sont interieures ; sçauoir est par la locale & la naturelle, qu'elle tient de son Createur, & par la ciuile qu'elle a de l'homme son maistre.

Reste maintenant à le diuiser par les diuersités relatiues, qui se trouuent dans ses parties, & par ce qu'elles reçoiuent d'ailleurs auec des diuersitez, qui les font distinguer les vnes des autres. Et pour bien conceuoir cette diuisiõ il faut sçauoir au prealable du moins grossierement les termes de ces habitudes & comparaisons : C'est à sçauoir les parties les plus notables de l'Vniuers, ausquelles la terre a rapport, le rang & la place, qu'elle tient parmy ces parties dans l'Vniuers : & d'autant que le terme principal des plus importantes habitudes terrestres est le Soleil, il y faut adiouster la connoissance du

P p

De la quatriéme sorte de diuision Geographique lieu, & du mouuement de ce Planette, ce qu'estant vne fois conceu il sera aisé de iuger des diuisions qui appartiennent à cette quatriéme espece, & qui seruiront de principes pour mieux entendre les vniuersalités.

Mais d'autant que ces points appartiennent à d'autres traictés ou on les decide auec toute exactitude, ie me cõtente d'en emprunter icy autant, qu'il en est necessaire pour l'intelligence de nos diuisions & vniuersalités.

CHAPITRE PREMIER.

Diuerses diuisions de l'Vniuers, & de ses principales parties, & des habitudes qu'elles ont auec le Globe Terrestre.

§. I. *Diuision premiere des Globes.*

Les vns sont naturels, qui n'ont autre main ouuriere de leur estre, que la toute puissance de Dieu, qui les a fait au commencement du monde, & les va conseruant comme parties necessaires à ce tout. Les autres sont artificiels qui sont de l'inuention des hõmes, & l'ouurage de leurs mains. Ceuxlà ont en eux le principe de tant d'influences, & productions. Ceux-cy n'en ont que la representation, qu'ils impriment dans nos sens pour nous laisser les idées des autres. Aussi les premiers sont les originaux, les patrons, & les exemplaires des seconds, qui en sont les copies, & ont en figure, en peinture, & en escriture ce que les autres ont en effet & realité.

§. 2. Diuision seconde des Globes naturels & premierement du Globe Vniuersel.

CE monde visible est sans doute le premier Globe, qui comprend tous les autres, & que l'on demonstre necessairement borné, probablement d'vne figure ronde. La necessité des bornes se concludde l'impossibilité de l'infini en des quantités ordonnées, à cause des manifestes contradictions, qu'il y a entre l'ordre & l'infini. La probabilité de la rondeur se tire des auantages de cette figure declarés au chap. 2. & de ce que Dieu en a terminé les autres corps particuliers, & compris en ce tout.

L'Vniuers est vn Systeme, ou vn tout composé de trois parties, d'vn terme solide, d'vn milieu liquide, & de plusieurs Systemes, ou Globes particuliers partie solides, partie liquides. Le premier est le Firmament qui borne tout cét Vniuers; Le second est vn corps rarissime, qui le remplit; Le troisiéme contient plusieurs corps denses de differente grandeur, vertu, situation, mouuement, figure, &c. Qui diuersifient ce tout d'vne tres-agreable, & tres-vtile varieté.

Il y en a qui ont voulu multiplier les Cieux & en mettre d'autres par dessus le Firmament; non pas pour contenir quelques Astres comme les autres: mais pour estre seulement principes de quelques mouuemens, comme de celuy de Trepidation, qui n'est que de quelques minutes: mais puisque ce mouuement est incertain, qu'il ne s'apperçoit que dans les Astres, & que l'on peut aisement luy trouver vne autre cause plus immediate c'est à tort que pour vn si petit mouuement ils ont assigné des corps si grands, & si éloignés des Astres qui reçoiuent tels mouuemens.

§. 3. Diuision troisiéme du Firmament qui termine tout.

IL n'a point d'autre diuision, que celle des Estoilles, qu'il contient, & que l'on diuise en quatre differentes manieres, sçauoir est en 1022. eu égard à la multiplicité indiuiduelle de celles qui se voyent d'vn œil simple, & de l'hemisphere Boreal. 2. en 48. constellations eu égard à leur disposition & rencontre dans vn mesme endroit. 3. en six classes eu égard à la diuersité de leur gran. & 4. en trois degrés de clarté considerant la diuersité de leur lumiere apparente.

Touchant la premiere diuision : Encore bien que les yeux soient les seuls iuges des Astres, & des Cieux; si est-ce qu'il faut bien se garder de croire leur rapport, & se tenir à leur premiere deposition sur le nombre des Estoilles, & en leur grandeur apparente. Car d'abord qu'on les voit toutes ensemble pendant vne nuit seraine on les iuge inombrables, & on croit qu'estant iointes ensemble elles feroient vne partie considerable dans le Ciel; Et toutesfois quand on les sçait prendre les vnes apres les autres comme ont fait les Astronomes on n'en trouue que 515. sur l'Horizon, & en tout que 1022. Et si de toutes on n'en faisoit qu'vne seule, celle-cy ne contiendroit en son diametre qu'vne minute & demy d'vn degré selon la supputation du

Docte Gassendi ; ce que ie verifiray autre part.

Et d'autant que plusieurs se tenant à la premiere apparence de la veuë, qui asseure les voir par milliers estiment incroyable ce petit nombre d'Estoilles, qui toutesfois est tres-certain ; pour les conuaincre on n'a qu'a leur faire voir vn Globe artificiel, où il n'y a que 1022. Estoilles depeintes, & leur faire remarquer qu'il ny a aucune Estoille dans le Ciel, que l'on ne fasse voir dans le Globe, sans qu'vne seule aye esté obmise.

Ie sçay bon gré à celuy, qui a l'honneur de la tres-saincte Vierge, a fait vn liure entier intitulé *Versus vnius libri & liber vnius versus*, c'est vn vers varié par la seule transposition des mots en autant de vers, qu'il y a d'estoilles reconnoissables par nous dans le Ciel. Le vers est *Tot tibi sunt dotes virgo quot sydera cœlo*.

Le R. P. Deriennes sçachant demonstratiuement & par regles que les 8. mots dont ce vers est composé pouuoient receuoir 40320. varietés de disposition diuerse, s'est mis à rechercher en combien de ces varietés se rencontreroient des vers tant exametres, que spondaïques & il a trouué, que de ces 8. mots diuersement compliqués naissoient 3312. vers exametres & 2016. Spondaïques qui font en tout 5328. vers.

Outre les Estoilles, que la veuë peut distinquer, il y en a encore quelques vnes, qui nous sont perpetuellement cachées vers le pole Antarctique, de plus vne multitude inombrable de si petites, qu'elles sont inuisibles distinctement, & si proches les vnes des autres, qu'elles font vne écharpe luisante dans le Ciel, que l'on nomme la voye de l'aict, ou le chemin de S. Iacques. On a esté long tēps en doute de ce chemin, pour sçauoir ce que s'estoit : mais les lunettes à lõgue veuë ont terminé ce differét, & nous ont tiré hors de doute nous faisant voir que ce sont petites Estoilles, qui ne sont ny contigues; autrement elles feroient vn corps plus visible, & vn obiet assés grand pour estre apperçeu ; ny trop separées par ensemble: autrement elles ne seroient aucunement visibles, si chacune faisoit vn objet à part: ce qui me fait croire, qu'aux autres endrois il y en peur bien auoir d'esparses par tout ; mais separées soit egales soit moindres que les precedentes, qui pour n'auoir des voisines, & cõpagnes pour grossir l'obiet demeurent inuisibles, & inconnuës. Et tant plus plus on perfectionnera les lunettes à longue veuë, tant plus elles nous decouuriront de merueilles dans le Ciel.

La seconde diuision reduit ces 1022. Estoilles en 48. constellations, comme l'on reduit en terre les Villes dans les Prouinces. Et pour ceste fin on a pris les Estoilles assemblées en vn lieu pour vne constellation ; & pour les nommer on a emprunté le nom de quelques creatures terrestres dont les Poëtes & Astronomes ont voulu perpetuer la memoire l'attachant à ces objets releués, & perpetuels. Il y en a premierement 12. qui compose le Zodiaque & font les 12. signes. Les autres sont partie dans nostre costé Septentrional, partie dans l'Austral: mais ceux qui ont plus attentiuemẽt consideré le Pole Antarctique ont remarqué des Estoilles suffisamment pour faire 10. petites constellations, sçauoir de deux poissons, l'vn nageant, l'autre volant, d'vn oyseau de Paradis d'vn Phœnix, d'vn Pan, d'vne Abeile, d'vn Triangle, d'vn Indien, d'vn Touquan oyseau, & d'vne petite Hydre, qu'il faut adjouster aux precedentes 48.

Il y a de plus deux taches vers le pole Antarctique, l'vne auprés du pole de l'Eclyptique, l'autre auprés de celuy de l'Equinoctial.

La troisiéme diuision est pour la grandeur en six classes, & faisant selon le sentiment commun & de Clauius les moindres qui sont la siziéme classe 18. fois ou deux fois plus grãdes que la terre, les cinquiesmes 36. fois ou 4. fois 9. les quatriémes 54. fois ou 6. fois 9. & ainsi des autres croissant tousiours par deux fois 9. ou par 18. sur les precedentes on aura les troisiémes 72. fois, les secondes 90. fois, & les premieres 108. fois plus grandes que la terre. Et on trouuera lors ces nombres estre composés de deux, qui joints ensemble font 9. selon la proprieté de tout nombre mesuré par 9. mais les recens ayant des aides, dont les anciens ont esté priués ont decouuert les grãdeurs apparẽtes des diametres sur lesquelles les anciens se fondoient, fallacieuses comme ie declare autre part, & en suite ont mis autrement les grandeurs. On en compte 49. de la 6. classe, 217. de la 5. 476. de la 4. 218. de la 3. 47. de la 2. 15. de 1. entre lesquelles celle qui est dite la Canicule ou Syrius est la plus grande de toutes, puis la lumineuse de la Lyre, la troisiéme est l'œil du Taureau, & la quatriéme est le cœur du Lyon.

Les trois sortes de la quatriéme diuision sont les rayonnantes, ou lucides, les obscures ou nebuleuses, & les communes qui n'ont point l'éclat des premieres, ny l'obscurité des secondes. Nous voyons ces trois differences en vn mesme corps lunaire, qui a des parties tres-lumineuses, comme sont d'ordinaire celles qui auancent & sont blãches d'autres ombragées comme sont les enfoncées, ou transparentes, & les troisiémes, qui sont entre deux. Cette difference ne peut venir n'y du milieu, ny du Soleil éclairant, ny de la distance puisque ces trois choses sont communes à toutes ces parties : mais des objets, & de leur couleur, densité, opacité, & situation plus oblique, ou perpendiculaire. On en compte 5 nebuleuses & 9. si obscures, qu'on à bien de la peine de les apperceuoir.

§. 4. *De la solidité du Firmament.*

Trois choses me font l'estimer probable : ce qui est dessus, ce qui est dedans, & ce qui est dessous. Dessus sont des eaux naturelles, qui tomberoient si elles n'estoient retenuës par vn corps solide. C'est le respect, que ie dois au sentiment des Saints Peres, qui me fait auancer cette premiere raison, lesquels prenent en ce sens litteral les parolles de la S. Escriture : comme aussi il semble qu'il soit le plus naturel. Car soit qu'on considere le cantique des trois enfans en Daniel Chap. 3. & le Pas. 148. de Dauid, soit que l'on fasse reflexion sur ce, que dit Moyse au Chap. 1. v. 6. & 7. de la Genese on trouuera dans l'ordre que les deux premiers donnent aux creatures, selon lequel ils en font le denombrement, que les eaux sont sur le firmament estoillé, & selon la pensée du dernier, que ces eaux sont de mesme nature, que les nostres : puisqu'elles ont esté extraites, & separées des nostres *diuisit aquas ab aquis.* Ce qui a semblé si fort, & si exprés à la plus part des Peres & Docteurs, cités au long par le P. Saillan en la 1. semaine, & par le P. Sceiner en sa rose vrsine, qu'ils ont conclu à cette opinion, & ont deferé à l'auctorité, ce que la raison iuge d'abord inutile. Dedans sont les Estoilles uec trois proprietés, qui conuiennent à vne Sphere entiere,

entiere, & massiue : sçauoir est 1. de conseruer
tousiours les mesmes distances, & situations entre
elles. 2. d'auoir des mouuemens tres inegaux, quoy
qu'elles soient égalles en perfection & vertu d'agir;
c'est à dire tels, que requierent les parties d'vne
Sphere solide : plus lents vers les poles, plus vistes
vers l'Equateur : en quoy elles monstrent qu'elles
n'ont qu'vn mouuement commun imprimé premierement & immediatement au tout qui les contient,
& non pas à chacune à part, comme il seroit necessaire, si le Ciel & le millieu ou elles sont estoit fluide. 3. d'auoir dans ces mouuemens si inegaux vne
vnité de mouuement, & de mobile tres parfaite;
pource que toutes se rapportét à vn mouuemét simple d'vn tout Spherique. Et certes si le Ciel estoit
liquide il s'ensuiuroit 1. vne grande multiplicité
de vertus motiues, autant que de mobiles ; c'est à
dire autant qu'il y a d'Estoilles que la veuë apperçoit sans instrument, autant que l'on en decouure
auec lunettes d'approche dans la Galaxie, & autant
que l'on ne peut reconnoistre pour leurs petitesses
relatiues à vne si grande distance. Et si cette vertu est
vne Intelligence elle deuroit courir auec l'astre ; ce
qui n'est necessaire dans vn Ciel solide 2. Il y auroit vne resistence du millieu à cause de la celerité
& rapidité inconceuable de ces Astres. Adjoustes à
tout cecy deux nuées qui paroissent proche le Pole
antarctique : c'est à dire deux parties de ce Ciel solide plus denses que les autres, d'vne coleur de fer,
& telle qu'on l'a voit souuent en la Lune eclipsée.
Et si elles ont le nom de nuées, & la coleur, elles n'en
ont pas l'inconstance ; puisqu'elles sont aussi in-
corruptibles & stables que les Estoilles & de mesme
que la partie lucide de la Galaxie. Dessous sont les
Cieux que j'ay demonstré fluides, qui partant doi-

Q q

uent auoir vn terme pour les contenir, & arrester, comme l'on voit par vne generale induction de tous les ouurages de la nature, ou les liqueurs sont bornées, & retenuës par des extremités solides, comme aussi c'est le propre des choses fluides de prendre la figure du continent, & s'y accommoder *terminantur termino alieno*, nous le pouuons voir dans les fruits que nous mangeons, dans les animaux que nous auons deuant nos yeux, & dans nous mesmes, où les esprits naturels, vitaux & arteriaux sont bien, & solidement renfermés dans des tuniques qui sont d'autant plus espaisses, que le contenu est subtil: autrement cette matiere liquide s'espancheroit au moindre petit mouuement. De plus selon quelques vns les mesmes Cieux liquides suiuent le branle, & le mouuement du firmament, qui les entraine, lequel doit encore pour ce sujet estre solide; afin de les emporter plus puissamment, comme vn continent, quoy que le millieu soit liquide. Ainsi si lors que l'on fait tourner ou vn cercle en l'air, ou vn chappeau sur la teste d'vn espingle ou vn battoir & autre aix auec la main, & si on iette dans le second vne pierre ou plusieurs, & si on la met dans le 1. & 2. on la verra emportée par le mouuemét plus viste de ces corps sás tōber. De cette sorte la solidité du Firmamét est requise pour quatre effets 1. pour retenir les eaux superieures, & les empescher de descendre plus bas. 2. pour contenir, terminer & arrester les Cieux inferieurs & les empescher de monter plus haut 3. pour maintenir dans soy & dans vn mesme endroit les Estoilles interieures, & les empescher d'auoir autre mouuement que que celuy de leur tout. 4. pour donner l'impression aux Cieux inferieurs, qui n'ayans aucune resistence positiue au mouuement iournal du firmament le reçoiuent facilement. Or est il que ce qui souslient, retient, contient, rauit vn autre corps doit estre solide. Et si le Ciel empyrée ou S. Paul a esté rauy est le troisiéme selon le conte, qu'il en fait, nostre sentence s'en trouuera appuyée & fauorizée, laquelle met le 1. Ciel fluide pour les planettes errantes, vn second solide pour les Estoilles fixés, & vn troisiéme tres accomply où Dieu fait monstré des richesses & des thresors de sa gloire comme dit S. Paul pour la demeure des bien-heureux. Les deux premiers sont laissés à nos obseruations; celuy-cy à nostre conqueste : ceux là seruent de suiet à nos disputes, celuy cy d'obiet à nostre foy & a nostre esperance & d'exercice à nostre charité. La possession des premiers, d'vn monde entier, & de millions de monde n'est rien, & pis que rien, si nous sommes exclus du troisiéme.

§. 5. *Diuision quatriéme du milieu, qui remplit tout.*

LA connoissance, que nous en auons ne vient pas des sens immediatement; puisqu'il est inuisible, & qu'il ny a que la veuë, qui se porte iusques au Ciel; mais par le discours, qui nous fait conclurre, que c'est vn corps, qui a beaucoup de quantité, peu de qualités : pour ce que d'vne part estant fait pour remplir toute la capacité de cét Vniuers bornée par le Firmament solide, il doit auoir vne extension capable d'occuper tout cét espace, qui est tres-grand : D'autre part n'estant fait que pour cela il ne doit rien auoir en soy, qui puisse empescher le passage, & la transmission des especes, des influences, & des com munications des Astres, ny retarder leurs mouuemens & y apporter la moindre irregularité : & tant moins il aura de qualités propres, tant plus il laissera celles qui sont dãs les corps visibles en leur pureté & integrité, sans meslange ny diminution. Ainsi il luy faut plutost oster, que donner des qualités, & le definir plutost par des termes priuatifs, que positifs, luy donner tant qu'on pourra d'indifference & tant moins de determination, & enfin le faire tel à l'egard des mouuemens & des influences, qu'on fait la matiere à l'egard des formes.

Ie dis donc que c'est vn corps tres-rare pour estre aisement diuisé, & sans resistence, par les corps qui se meuuent en luy; tres diaphane, pour donner vn passage tres libre aux especes & influences; sans mouuement naturel propre, pour n'auoir aucune pression ny contrarieté auec les mouuemens des corps, qu'il contient, ny coleur pour n'alterer en soy les especes & influences, & les changer, ce qui feroit sensiblement en vne si grande espaisseur comme nous voyons l'eau le faire en l'espesseur de 15. brasses & l'air en celle de mille d'augmentation au rayon horizontal sur le vertical.

On a estimé iusques à nostre siecle communement dans les Escoles, que les Cieux estoient solides : mais outre la raison tirée de la nature du milieu que ie viens de declarer cinq sortes d'obseruations ont tellement persuadé que tout cet espace est d'vne matiere extremement subtile, & facilement diuisible; que l'opinion de la solidité, qui passoit pour vn principe est desia entierement abolie, & enseuelie dans l'oubly. Ces obseruations sont 1. les Cometes. 2. les Planettes nouuellement connuës. 3. les macules solaires. 4. le chemin que tient Mars en sa periode, & 5. l'inegalité des mon-

C'est à dire de la celeste.

tagnes & vallées, que l'on remarque visiblement en la Lune, & que l'on a sujet de mettre aux autres Astres.

Pour le premier on ne doute plus du lieu des Cometes; Tycho l a si bien prouué sur toutes celles, qui sont arriuées de son téps, qu'il a renuersé entierement l'opinió d'Aristote & de toute l'antiquité, qui les mettoit en l'air: Et les Astronomes qui sont venus apres luy ont si euidemment reconnu cette verité en la derniere Comete, qui parut l'an 618. qu'il n'en peut plus rester aucun doute, qu'à des ignorans, & opiniastres; puisque tous de diuers endrois sçauoir est d'Italie, d'Allemagne, de France, des Indes, & mesme de la Chine s'accordent en ce point de l'auoir veu auec moins de parallaxe que le Soleil, & par consequent auec plus de hauteur. Blancanus dans le traicté ij. de son liure Cosmographique fait le rapport de toutes ces obseruations, de leurs Autheurs, & des lieux, où ils les ont fait.

Touchant le second on a decouuert plusieurs Planetes qui tournent à l'entour des autres de tout temps reconnuës, & quantité d'Estoilles qui n'ont esté veuës, que pour vn temps. 3. On a de plus decouuert quantité de corps opaques, qu'on appelle vulgairement macules solaires, qui enuironnent en grandissime nombre ce grand Astre: plusieurs les ont estudié si soigneusement, & obserué si exactement, qu'ils ont desia trouué le train, & la mesure de leur periode, Comme sont Sceiner, Galilée, Malapert, &c. 4 On demeure d'accord du moins la plus grande partie que les Planettes tournent à l'entour du Soleil: ce qu'estant il est necessaire, que les deux proches s'approchent & s'eloignent de nous de tout le diametre de leur Ciel,

& que Mars soit tantost plus haut, tantost plus bas que le Ciel solaire: puisque comme on peut voir par la seule figure en son opposition il est plus proche de nous qu'en sa conionction de tout le diametre du mouuement Solaire. 5. Il est encore certain, que la Lune à des concauirez profondes, & des montagnes tres-hautes.

Or est-il que ces obseruations combatent & destruisent assez visiblement la solidité des cieux des Planetes. Car si tout cet espace estoit solide il faudroit autant de fois l'ouurir, & y faire des breches, des chemins, & des passages selon le nombre des productions, & formations de chaque nouuelle Comete, Macule, ou Estoile passagere, pour seruir à les placer & leur donner la vertu de se mouuoir chacune de plusieurs mouuemens. Il faudroit créer de nouueaux epicycles, & orbes, pour expliquer leur mouuemens composez: & puis ces pœhnomenes disparoissans il faudroit reparer ces breches, boucher ces chemins, & remplir toutes ces ouuertures. Il faudroit multiplier les Cieux de nouueau selon la multiplicité des Estoilles permanentes decouuertes par les lunettes d'approche, qui toutes ont vn mouuement particulier, & different des autres: veu que la diuersité des mouuemens celestes & des Astres est, & à tousiours esté l'vnique, & le total fondement de la multiplicité des Cieux.

On diuise ce milieu par les Astres, qu'il comprend en soy comme on fait les mers par les costes, & les terres qui en sont les termes. Et comme on dit la mer Germanique, Atlantique, Indique, Æthiopique, &c. Ainsi on dit le Ciel de la Lune, de Mars, de Venus, &c. Et certes puis qu'il n'y à en l'vn & en l'autre corps aucune diuision qui fasse la

C'est à dire de la Celeste.

multiplicité ny diuersité qui donne des differences absolues on est contraint d'auoir recours à des diuersités relatiues. Or dans ce milieu continu & homogenée il ny a rien, qui les puisse mieux diuiser de la sorte que les Astres, qui y font leur course.

§. 6. Diuision cinquiéme des Globes particuliers, solides, & oppaques contenu dans le millieu vniuersel, fluide, & diaphane.

Es vns sont passagers, tels que sont les macules solaires, les poultres, les Cometes, quelques Estoilles, qui disparoissent apres deux ou trois ans, & autres Phœnomenes semblables: Les autres sont stables & permanens, & on les nomme Planetes, qui sont distingués des Estoilles du Firmament, en ce que celles-cy conseruent tousiours entre elles les mesmes distances, & situations, que les Planettes changent continuellement; d'où vient qu'on les appelle des Estoilles errantes.

On commence ordinairement la diuision de ces corps opaques, & principaux du monde par la terre, qui est au centre; On la continuë par les sept Planetes principales, qui sont au milieu, & on la finit par les Estoiles qui sont attachées dans la derniere circonference, qui fait le Firmament; afin d'aller de ce qui est plus proche & mieux conneu de nous, à ce qui est plus eloigné & moins conneu.

Et d'autant qu'on donne à chaque planete son ciel c'est à dire vn espace dans le millieu vniuersel d'vne largeur suffisante pour contenir les courses, les esleuations & depressions, les approches & esloignemens d'vn planete, il faut dire que les orbes qui composent le monde sont tellement rangés, qu'il y en a vn du moins, qui est seulement contenu & c'est le plus petit, ou le Globe Terrestre placé au millieu du monde & du Firmament ; vn autre qui est seulement contenant, c'est le Firmament posé dans l'extremité ; & que les autres, qui sont entre deux sont contenans les plus petis, & contenus des plus grands ; & se sont les Cieux des sept planetes, qui selon Ptolomée vont s'agrandissant à mesure qu'ils s'eloignent du centre, & qu'ils s'approchent du Firmament. Le premier commençant par en bas est le Ciel de la Lune, & les autres six vont montant & suiuent de cette sorte, Mercure, Venus, le Soleil, Mars, Iuppiter, Saturne. Ce que l'on trouuera dans l'ordre des iours de la semaine si on commence par le Lundy qui est pour la Lune selon le nom qu'il a, & s'y laissant le iour immediatement suiuant on va au Mecredy qui est pour Mercure, & de la mesme façon au Vendredy pour Venus, & puis au Dimanche pour le Soleil & ainsi consecutiuement on aura l'ordre des planetes mis cy-dessus & de leurs cieux concentriques.

Tycho qui met le Soleil pour le centre des mouuemens propres, & la terre pour celuy de grandeur fait vn autre systeme. Copernic qui met le Soleil pour centre de grandeur, & de mouuement tout ensemble, en fait encore vn autre, desquels ie traite amplement en la Cosmonomie.

Outre ces planetes principales il y en a d'autres qui tournent à l'entour de celles-cy, & que l'on n'a decouuert qu'auec les lunettes à Tujau. Iuppiter en a quatre, Saturne deux, Venus deux & Mars vn.

Et

Et peut-estre que les lunettes plus perfectionnées nous en decouuriront d'autres.

Chacun de ces corps estant composé d'vne grande diuersité de parties, enuironné d'vn millieu fluide selon plusieurs comme la terre l'est de l'air le tout s'appelle systeme d'vn tel Planere, & par ce mot on comprend tout ce qui appartient à vn tel corps: comme le systeme de la terre dit le composé des Elemens.

D'autres commencent cette diuision par le Firmament qui finit l'Vniuers, la continuent iusques au centre. Mais tout reuient à vn.

§. 7. *Diuision sixiéme de nostre Globe, & du Systeme elementaire.*

Nostre Globe est composé de deux Elemens de la terre, & de l'eau & est enuironné d'vn troisiéme; sçauoir de l'air. Selon l'ordre de nature l'eau deuroit surnager & couurir toute la terre, & auoir vn departement separé: Et cela estoit de la sorte le premier iour du monde; mais Dieu ayant plus d'égard à la commodité des hommes, qu'à la nature des elemens pour luy rendre la terre habitable, la mer nauigable, & l'air respirable: de deux orbes il n'en fit qu'vn Globe. Et pource prenant de la terre de certains endrois, & l'adjoustant sur les autres fit des creux & des concauités, où les eaux se rendirent par telle substraction, & des montagnes & eminences, où les sources trouuent leur pente par cette addition. Et quelques vns pour verifier cecy ont entrepris de monstrer que les profondeurs des concauitez correspondoient aux hauteurs des cōuexités: De sorte que si Dieu renuersoit les montagnes & les remettoit en ces creux la pointe en bas, la terre reprendroit sa premiere rondeur. Ie monstre autre part que la nature va preparant quoy que bien lentement vn deluge vniuersel, entant qu'elle va restablissant petit à petit cette premiere disposition.

L'air fait le troisiéme Element, & le second orbe de nostre systeme, lequel n'est point tellement millieu, qu'il ne soit encore principe de la conseruation des animaux & de la fecondité terrestre ; d'où vient, qu'il a des vertus motiues, & des qualités alteratiues propres pour estre principe, & des raretés & transparences pour estre millieu, afin de donner passage par la facilité qu'il a à estre diuisé aux corps qui s'y meuuét, à la lumiere & aux especes par sa transparence ; quoy que non pas auec la perfection, que fait le milieu vniuersel, qui est simplement tel du moins selon toute la connoissance, que nous en auons : car l'air par ses vertus retardent les mouuemens qui se font en luy, & par ses qualités corrige & tempere l'excés de plusieurs autres, qui nous seroient nuisibles.

On le diuise en trois parties, estages & régions, où se forment les meteores, la premiere est la basse qui a vne froideur temperée par le meslange des fumées ascendantes, qui a les alternatiues de froid & de chaud, de sec & humide, la 2. est la moyenne ou la froideur est plus constante, la 3. est la haute qui contient vn air tres-rare, & tres penetrant.

Suit la Sphere du feu, que la plus commune opinion maintient apres Aristote non sur aucune experience : mais pour trois conuenances. 1. Pour trouuer vne musique à quatre parties, c'est à dire qua-

C'est à dire de la celeste. 315

tre principes diuers de 4. mouuemens drois & elementaires ; dont deux sont extremes, l'vn de legereté sans pesanteur pour monter au plus haut lieu, c'est le feu. L'autre de pesanteur sans legereté, pour descendre au plus bas, c'est la terre. Les deux autres sont entre deux, l'vn de pesanteur predominante sur la legereté, c'est l'eau : lautre de legereté predominãte sur la pesãteur, c'est l'air. Car s'il y auoit autant d'vn, que d'autre, nul mouuemẽt ne suiuroit d'vn tel meslange. 2. Pour donner aux 4. premieres qualitez les combinaisons qu'elles peuuent receuoir, qui ne sont que de 4. sortes ; comme il est aisé de prouuer & on le fait en Physique. 3. Pour donner le rang conuenable au feu, lequel purifié & degagé de la matiere des autres Elemens quitte la terre, comme le lieu de sa prison, où il est à l'estroit, pour aller droit trouuer son departement dans vn espace bien plus ample, & propre à sa rareté, & conseruation parmy son semblable : Car comme le contraire est destruit par son contraire, aussi le semblable est conserué auec & par son semblable. Le premier attaque & fait la guerre contre l'autre : Le second se joint auec son cõpagnon pour faire ligue offésiue & deffensiue, agir & resister conjoinctement. Outre que le feu reduit à son estẽduë naturelle de flamme ne peut durer icy bas ; & monstre assés par les efforts, & par le chemin, qu'il prẽd sõ propre lieu, auquel neãtmoins il ne peut arriuer.

D'autres luy denient ce departement particulier, & ne veulent autre feu que celuy qui est meslé par tout auec les autres Elemens, où il trouue des sujets capables de son action, & ainsi ils le font vn Element des mixtes ; pource qu'il y entre comme partie ; mais non pas du monde elementaire ; pource qu'il n'y tient aucun rang & ne fait aucun orbe particulier. Le contraire est à l'air qui est vn Element du monde elementaire; puisqu'il en fait vne partie, & selon plusieurs ne l'est pas des mixtes, puisqu'il n'entre en leur composition, se contente de remplir leurs pores, & d'agir sur eux. Les autres deux sont Elemens des mixtes & du monde.

Voicy les raisons qui les porte à cette assertion. Cette Sphere de feu seroit inutile: puisqu'elle ne communiqueroit icy bas ny sa substance en le faisant descendre, ny sa vertu nous eclairant & echauffant. Ainsi le principal agent, & le maistre ouurier de la nature demeureroit la haut oysif sans effet ny ouurage, manque de suiet. Où bien il n'agiroit & ne produiroit rien ny dedans soy, ny hors de soy: & mesmes il seroit en vn estat de flamme auquel pour son extremité de chaleur non temperée est ennemy de la nature, ruinant perdant, & consommant tout 2. S'il y auoit vne Sphere de feu si ample, que l'on descrit cét Element estant tres espuré, & tres estendu dans le lieu de sa naturelle perfection, ou nul autre des Elemens pourroit arriuer, & se mesler auec luy auroit trois qualités en souuerain degré & sans aucune diminution par des agens contraires; sçauoir est la lumiere, la chaleur, & la subtilité, dont il est le premier & le plus parfait principe qu'il soit dãs l'Vniuers & par consequent il deuroit eclairer du moins la nuit nostre Globe par sa lumiere, & la respandre de tout costé: puisque la lumiere est l'obiet le plus visible de tous 2. il deuroit le consommer, le dissoudre, le calciner, & conuertir le combustible en flammes par sa chaleur ardente; & le reste en verre, puisque c'est la qualité la plus actiue de toutes, & 3. il deuroit sensiblement briser & rompre les Rayons celestes passans au trauers de ses flammes tres subtiles par vne rareté differente de celle de l'air ; puisque c'est la plus grande des elementaires, & qui emporte le feu auec grande vitesse en haut. Car le feu esloigné des vapeurs & humidités, qui ralentissent & amortissent son activité est tres luisant, tres ardent, tres subtil ; ainsi que l'on peut reconnoistre au feu de l'eau de vie bien rectifiée qui a ces trois effets en telle perfection, qu'il fond le plomb & l'estein par sa chaleur, il eclaire grandement bien tout vn lieu par sa lumiere, & fait gauchir notablement les Rayons non perpendiculaires qui passent par luy par sa rareté. Que si vn peu de flâme icy bas à cette force, quelle deuroit estre la vertu de celle, qui nous enuironnant & assiegant de toute part à bien plus d'estenduë pour agir plus puissamment, & de pureté pour n'estre point temperée & corrigée par d'autres agens ? Il s'en faut bien que l'air soit coloré au degré que le feu est lumineux : & toutefois quand l'air est eclairé du Soleil. Il nous fait vn iour tel que nous l'auons deuant le leuer du Soleil ; Il nous mōstre son bleu celeste combien plus cette grande, & vaste amplitude de feu se deuroit faire voir de toute part comme vne belle couronne de blancheur toute rayonnante & esclairer l'air contigu. Sur le troisiéme effet ie sçay bien que les Astronomes reconnoissent que les rayons celestes venant à nous fourlignent du droit chemin, & prennent vn destour : ce qui est souffrir refraction : mais c'est seulement à la rencontre de l'air espaissi par le froid de la moyenne region, que l'on nomme Atsmosphere, où ils remarquent cette rupture de rayons : d'où vient que la refraction croit selon la vehemence du froid. La plus grande que Tycho aye remarqué en la Lune n'a point excedé 33. minutes. A Tubinges vn Astronome la obserué de deux degrés & celle du Soleil en la nouuelle Zemble a esté obseruée par les Hollandois du moins de 4. ce qui est tres-extraordinaire Kepler les a remarqué plus regulieres sur la mer que sur la terre, petites & insensibles sur les festes des hautes montagnes, ce qui ne seroit pas s'il y auoit cét Element si rare dessus nous. Si la froideur de la nouuelle Zemble a peu éleuer le Rayon solaire de 4. à 5. degrés la rareté extreme du feu feroit autant, que la densité extreme du froid.

§. 8. De la situation qu'ont les parties de l'Vniuers à nostre Globe terrestre.

Faut sçauoir 1. Que la distance, ou presence, & la situation sont deux proprietés relatiues du lieu, & de toute chose placée auec quelque autre. La distance dit la quantité, & la longueur de la ligne droite, qui est entre deux choses; La situation dit la qualité, & l'endroit de cette distance, auec l'incidence de cette longueur. Pource que la mesme distance estant commune à tout ce qui est dans vne mesme ligne ou surface rondes, & la mesme situation à tout ce qui est en vne mesme ligne semidiametrale, on ne peut distinguer localement & relatiuement vne chose d'auec vne autre, par le rapport de la distance seule, ou de la situation seule : si bien par le rapport de toutes deux iointes ensemble: Par exemple les Estoilles du Firmament ont toutes vne mesme distance à nostre Globe: mais des situations bien differentes : les vnes estant horizontales, les

les autres dessus, les troisièmes dessous; Les premieres estant les vnes Orientales les autres Occidentales, &c.

Faut sçauoir. 2. Que ces deux proprietés dependent & suiuent comme de leur principe du lieu, & de la position locale de chaque chose; & que la façon de les connoistre n'est autre, que celle, que l'ay donnée au Chap. 4. §. 4. pour faire entendre le lieu de chaque point de l'Vniuers relatiuement à la terre, où i'ay determiné le lieu à vne surface, de cette surface à vne ligne, de cette ligne à vn point. La premiere reduction & determination n'est qu'vne preparation aux deux suiuantes, la seconde nous donne la connoissance de la situation par l'angle que fait la ligne auec vn cercle conneu & determiné tel qu'est l'Horizon, la troisiéme nous fait entendre la distance. La 1. & la 2. sont aisées à auoir, la 3. bien difficile. D'où vient la diuersité d'opinions sur les distances des astres, la conuenance pour leurs situations.

De cette sorte rien ne reste pour l'entiere connoissance du point proposé, que celle du lieu de la terre dans l'Vniuers que ie traite icy.

§ 9. Du lieu de la terre, qui est au centre du monde.

Tous ne demeurent pas d'accord de ce point : si ne sont ils pas toutefois en si grande diuersité d'auis, que l'on pourroit croire : puisque tout le different est reduit à vn seul chois entre deux corps; sçauoir auquel des deux du solaire, ou du terrestre doit estre attribué le centre de la grandeur du monde, personne ne se iettant à la trauerse pour former vn troisiéme party, en faueur de quelque autre corps.

L'Opinion la plus suiuie est celle, qui le donne à la terre & est appuyée de deux argumens, pour lesquels entendre faut supposer que ce que l'on prouue pour le centre du Firmament se doit conclurre pour celuy du monde; puisque c'est le dernier de tous les Cieux visibles, & le plus grand de tous ceux, sur lesquels ont peut faire des obseruations: & d'ailleurs les Estoilles qui y sont esparses de toute part nous peuuent seruir de moyen, pour trouuer le centre du Globe, ou elles sont attachées, & en suite celuy de tout le monde: du moins la situation qu'à la terre à l'egard du Firmament & par consequent de l'Vniuers. Et partant encore bien que la terre ne soit le centre des Cieux particuliers compris dans le Firmament, elle ne laissera pas d'estre le centre de l'Vniuers, l'estant du Ciel, qui comprend tous les autres.

Le premier argument est affirmatif & est tel. Toutes les proprietez du centre conuiennent à la terre c'est donc elle qui en doit porter le nom. Il y a 4. proprietés remarquables dans le centre & expliquées au chap. 2. La 1. est l'égale distance, qu'ont tous les points de la circonference au centre. La 2. est la diuision du Globe en deux moitiez par toutes les lignes, & surfaces droites, qui passent par le centre. La 3. est l'égalité d'angle que font deux rayons venans d'vn mesme arc, ou de tout autre arc égal en quel lieu que se soit de la circonference. La 4. est la similitude ou mesmeté de proportion entre l'angle & l'arc, & le mouuement égal dans le cercle. Ces quatre proprietés sont reconnuës si constamment sur la terre, eu égard à la Sphere du Firmament, que mesme ceux, qui luy denient le tiltre de centre

centre ne luy peuuent refuſer les effets, ny en conteſter les proprietés. Car pour la 1. la veuë n'eſtant pas capable de iuger de la diſtance, & de la largeur du corps Diaphane, qui eſt entre nous, & ſon obiet il s'enſuit que nous ne pouuons connoiſtre cette egallité de diſtance, que par l'égallité de la grandeur apparente d'vn meſme obiet mis en diuers endrois de la circonference, ce que les Eſtoilles font qui paroiſſent ſous vn meſme Angle en quelque lieu que ſe ſoit du cercle. Pour la 2. nous auons ſur noſtre Horizon, & deuant noſtre veuë la moytié du Firmament en tout temps d'vne nuit ſeraine ; en tout lieu eſleué, & de quel coſté que nous voudrons le prendre nous comptons ſix ſignes du Zodiaque ſur l'Horizon, les autres ſix eſtant deſſous. Nous voyons deux Eſtoilles Diametralement oppoſées & miſes dans deux points oppoſés de l'Horizõ en meſme temps, & c'eſt en deux façons ; En vn temps l'vne ſera Orientale, la ſeconde eſtant occidentale. En autre temps la ſeconde ſera orientale, la premiere ſe trouuant à l'Occident ; d'où s'enſuit que la partie qui eſtoit ſur l'Horizon en vn temps ſera deſſous en vn autre, c'eſt à dire quand l'autre partie ſera deſſus : ce qui monſtre clairement, que c'eſt iuſtement la moytié. Deux hommes Antipodes verront qu'ils y ont le meſme cercle pour l'Horizon, & que ce cercle contiendra d'vn coſté en vn temps, ce que l'autre decouure en l'autre. Et cecy ſe peut verifier ſur vne infinité de diuers Horizons qui ſont autant de preuues de noſtre aſſertion. La 3. eſt auſſi euidente ; puiſque deux Eſtoilles telles qu'il nous plairra choiſir ſur l'Horiſon ſeront touſiours dans nos inſtrumens vn angle egal, ſans aucun changement pour petit qu'il ſoit ; ce qui ne ſe feroit pas ſi elles changoient de diſtance. Pour la

De la quatrième sorte de diuision Geographique

4. Tous les quadrans solaires qui seruent aussi pour les Estoilles, supposent cette egallité de mouuement iournal.

La grande multitude d'Estoilles visibles chaque nuit, & la grande varieté de leur situation nous donne tant de manieres de prouuer ces quatre proprietez, qu'elles ostent aux plus opiniastres tout moyé de les contester, ou reuoquer en doute. L'experience de Tycho faite sur 4. puis sur 6. puis sur 8. estoilles de diuerses ascésiõs, ou finissãt par celle par où il auoit commencé, & ioignant à chaque fois les ascensions de toutes, il trouuoit à vne minute prés le tour du Firmament & du cercle entier de 360. degrés monstre également la grande exactitude des instrumens & obseruations de cét Astronome, & tout ensemble, que le centre du Firmament est la terre sur laquelle il faisoit telles obseruations. Le second argument est que l'on ne peut mettre le Soleil au centre, & en eloigner d'autant la terre, sans reconnoistre vne immense distance entre nous, & le Firmament, sans agrandir tout le monde plusieurs millions de fois par dessus les bornes communes, sans accroistre l'amplitude des Estoilles, & les faire plus grandes plusieurs fois non seulement que la terre, mais encore que tout le ciel du Soleil, sans laisser vne interualle estrange & prodigieux entre Saturne & les Estoilles vuide d'astres & tout à fait inutile, sans donner à la lumiere Solaire des profusions estranges, des enormes eloignemens de sa source, & sans presque rien diminuer & perdre de sa clarté par ces distances, ce qui suit si necessairement, & euidemment de l'hypothese de Copernic & qui fait le Soleil le centre de grãdeur du monde, aussi bien que celuy des mouuemens planetaires que luy & ses sectateurs sont contraints d'accorder

C'est à dire de la celeste.

autre grande multiplication d'oncires & amplification d'estēduë en vertu de leur seule hypothese sans qu'aucune vtilité nouuelle s'en ensuiue. Car estant obligés d'vne part en vertu du 1. argumēt de donner à la terre les proprietés du centre, & d'autre part les donnant au Soleil ils ne peuuent ioindre ces deux choses, sans dire que le Soleil les a en verité, & la terre en apparence, ny dire cecy sans tenir que tout le Globe du mouuement annuel n'est qu'vn point en consideration du Firmament; comme nous le disons de la terre, & pour les mesmes raisōs. Ce qu'ils ne peuuent soustenir sans multiplier l'eloignement du Firmament en leurs hypothese par dessus la nostre autant de fois que le diametre du Globe annuel contient celuy du Globe terrestre; d'où s'ensuit tout ce qui a esté mis au second argument. Tout cecy se demonstre amplement, & clairement en la Cosmonomie.

§. 10. *De la diuision Geographique tirée du Ciel, & des diuerses habitudes, qu'à chaque partie du Globe terrestre à l'egard du Ciel.*

N. 1. *La maniere de les connoistre.*

IL n'est point de meilleur moyen, pour les connoistre, que par les cercles concourans; ny il n'y a point de cercles concourans plus propres, que ceux qui se font par le mouuement d'vn demy cercle à l'entour d'vn axe conneu, tel que sont les

Equinoctriaux, & les Horizontaux comme i'ay monstré au Chap. 4. Les vns nous aprenent distinctement le lieu de chaque point, les autres nous monstrent les rapports & les habitudes, qu'ont toutes les parties de l'Vniuers à chaque point de la surface terrestre, & nous en font voir les diuersités. Or entre les cercles Horizontaux deux nous seruent plus auantageusement à cette connoissance que les autres; sçauoir est l'Horison mesme, & vn de ses perpendiculaires nommé le Meridien du lieu, qui l'est encore à l'Equinoctial, & appartient à ces deux sortes de cercles. L'vn diuise le iour d'auec la nuit, l'autre partage tant le iour que la nuit precisément par la moytié. En l'vn les Astres n'ont aucune hauteur ny bassesse; En l'autre ils sont en leur plus grande hauteur d'vn costé, & sur l'Horison, & en leur plus grande bassesse de l'autre, & dessous. En l'vn ils commencent ou à se faire voir d'vn costé ou à se cacher de l'autre: En l'autre ils sont ou les plus visibles, ou les plus cachés. L'vn diuise l'Vniuers en deux Hemispheres, au superieur où visible & inferieur ou inuisible. L'autre pareillement en deux, en l'Oriental & l'Occidental.

Le Meridien contient 8 points considerables, & qu'il faut trouuer tant sur les Globes artificiels, que dans le naturel, c'est à dire dans l'Vniuers. Le cercle Equinoctial auec son axe en font quatre, qui diuisent le Meridien en 4. parties égalles. L'Horizontal auec son axe qui est la ligne verticale font les autres quatre, qui diuisent aussi le mesme cercle en quatre quarts de 90. L'Equinoctial couppant le Meridien marque le point le plus haut sur l'Horizon & le plus bas dessous, & la hauteur de ce premier point est celle de l'Equateur, laquelle fait tousiours 90. degrés estant iointe auec la hauteur du pole, l'axe de l'Equateur marque les deux poles l'Arctique sur l'Horizon, l'Antarctique dessous. l'Horizon par son rencontre fait le point de Septentrion. du costé du pole arctique, le point de midy du costé de l'Equateur. Son axe fait le Zenit ou point vertical dessus; le Nadir ou point plantal dessous l'Horizon.

Dans l'Horizon il y a 4. poins principaux par le rapport desquels on descrit d'ordinaire les terres, & les pays, & sont ceux que marquent deux cercles: sçauoir le Meridien, qui met le point boreal d'vn costé, & l'Austral de l'autre; & la ligne terminée de ces points se nomme Meridienne, & l'Equinoctial qui y marque le point Oriental d'vn costé, & l'Occidental de l'autre: & la ligne terminée de ces points se nomme Equinoctiale ou Orientale qui est perpendiculaire à la Meridienne. Les Tropiques y marquent encore chacun deux poins pour monstrer les Oriens & les Occidens des solstices, c'est à dire de l'Esté, & de l'Hyuer.

N. 2. Deux sortes d'Horizons.

L'Horizon est ce qui borne la veuë, & separe le visible de l'inuisible. On le diuise en Physique ou sensible, & en Astronomique ou Mathematique. Le premier s'estend sur la terre seulement & comprend toute l'estenduë de terre, que la veuë peut apperceuoir d'vn mesme endroit : où c'est la ligne, qui borne cette estenduë, laquelle est tres differente en plusieurs endrois. Elle croit d'autant plus que la veuë est plus parfaite, qu'elle est aidée de meilleures lunettes, située en vn lieu plus eminent, qu'elle a pour obiet des campagnes plus aplanies & longues, & bien loing des Montagnes esleuées & couuertes de neges.

De la quatrième sorte de division Geographique

Le second est vn grand cercle, qui diuise l'Vniuers en deux moyties, immobile comme le point de la terre auquel il est propre. En l'Hypothese de Copernic il est mobile auec la terre. A proprement parler c'est celuy, qui passe par le centre de la terre: mais d'autant que ceux qui luy sont paralleles & passent par la surface ont physiquement les mesmes proprietés sans difference que de la parallaxe de quelques minutes pour les planetes proches, on les nomme, & on les tient pour Horizons Astronomiques.

N. 4. De la diuersité des Horizons astronomiques & ensuite des diuersités relatiues, qu'ont les points terrestres au Ciel.

Il y a autant d'Horizons, que d'axes ou de lignes verticales; puisque cette ligne est la perpendiculaire de ce cercle: Il y a autant de lignes verticales, que de diametres de la terre : Il y a autant de diametres, que de points dans toute la surface de l'hemisphere terrestre ; c'est à dire vne infinité.

On reduit cette infinité à trois sortes de rapports, que les cercles horizontaux ont auec les Equinoctiaux, ou les axes des Horizontaux auec l'axe des Equinoctiaux. Car ou l'axe de l'Horizon est le mesme, que celuy de l'Equinoctial, où il luy est perpendiculaire où il luy est oblique Le premier est pour ceux, qui demeurent sur les deux points des poles; Le second pour ceux qui sont sur la ligne Equinoctiale ; Les troisiémes sont sur les autres points de la surface terrestre. Les premiers ont pour Horizon le cercle Equinoctial & partant pour cercles paralleles les paralleles à l'Equinoxe, dans lesquels les Astres se meuuent du mouuement iournaliers, d'où vient qu'vne telle sphere est appellée parallelle. Les seconds ont pour Horizon le cercle de six heures, qui coupe à angle droit tous les cercles iournaliers du Soleil & des Astres, & en parties egalles; Et pource la sphere est appellée droite. Les troisiémes ont pour Horizon vn grand cercle, qui coupe obliquement l'Equinoctial en parties egalles, & ceux qui luy sont parallelles en parties inegalles, & on laisse vers les poles de tous entiers tant dessus, que dessous soy. Et pource vne telle sphere est appellée oblique, qui croist dans l'estenduë de 89. dégrés tant deçà que delà l'Equateur.

N. 5. Proprietez de ces Horizons.

Es premiers ont le pole sur leur teste, ne voyent iamais qu'vne moitié du Ciel & du Firmament, & ils voyent les Estoilles & les Astres en chaque iour tourner à l'entour deux & d'escrire vn cercle parallelle à leur Horizon. Les seconds ont le pole à leur Horizon, & l'Equateur sur leur teste, voyent le Ciel entierement en l'espace de 24. heures, & chaque astre monter à angle droit sur leur Horizon & descendre dessous. Les troisiémes ne voyent le Ciel tout entier comme les seconds; ny la moitié seulement, comme les premiers; mais d'autant plus par dessus la moitié, qu'ils sont proches de l'Equateur, d'autant moins, qu'ils sont proches des poles. Ils n'ont le pole ny sur leur teste comme les premiers, ny dans l'Horizon, comme les seconds; mais entredeux. Ils voyent les Astres monter plus ou moins obliquement, selon que les pays ont plus de proximité auec les deux extremités. Les premiers ont six mois de iour consecutifs sans aucune nuit, & six mois de nuit sans aucun iour, pource qu'ils ont les cercles iournaliers du Soleil depuis l'Equateur iusques à vn tropique tous entiers sur leur Horizon, & les autres dessous. Les seconds ont tousiours douze heures de iour, & autant de nuit en chaque iour naturel sans inegalité, pour ce que tous les cercles iournaliers du Soleil sont coupez en deux parties egalles par leur Horizon qui est le cercle de six heures. Les troisiémes n'ont ny cet assemblage de tous les iours en vn, & de toutes les nuits en vne, ny ce partage egal de chaque iour en deux parties egalles excepté les iours de l'Equinoxe: mais ils ont en vn hemisphere les iours plus grands que les nuits, en l'autre les nuits plus grandes que les iours, pour recompenser les defauts & les moins par les excez & les plus, & donner à tous vne egalle durée de iours, & de nuits. En quoy Dieu se comporte comme feroit vn Pere, qui ayant trois enfans donneroit pour l'entretien de chacun dans l'année 365. escus à l'vn tout à la fois, à l'autre vn escu par iour, au troisiéme tantost plus tantost moins d'vn Escu. Que si l'apogée apporte quelque inegalité on ne le considere pas icy.

La raison de cette varieté se doit tirer de l'Horizon, qui couppe tousiours le cercle de l'Equateur en deux parties égalles; pource qu'il est grand cercle comme i'ay dit au Chap. 2. §. 9. les autres ou inegallement, ou il les laisse entierement dessus soy. Il couppe tousiours le cercle de six heures au point des Equinoxes, vne moytié est dessus, l'autre dessous. Or est il que le iour suit les parties des cercles iournaliers superieures à l'Horizon & la nuit les parties inferieures.

On

On peut se faciliter l'imagination de tout cecy le faisant voir sur la Sphere artificielle, ou sur le Globe, ou dans vne chambre, ou on aura designé deux poles, auec les cercles iournaliers, & mis au milieu vn Globe suspendu auec vn filet, ou le remarquant dans l'Vniuers : & le meilleur moyen de ce faire est de le representer & mesme de designer auec vne baquete l'axe de chaque sorte de cercles puis le grand cercle perpendiculaire à l'axe, & troisièment les parallelles, & les perpendiculaires à ce grand cercle, ce que le mouuement d'vn demy cercle descrit au Chap. 4. §. 1. donnera clairement à entendre; & partant ce §. doit estre icy releu.

CHAPITRE DOVZIESME

Diuision Geographique relatiue au Soleil.

§. 1. De la noblesse du Soleil.

LEs diuerses nations ont donné au Soleil des noms de souueraineté, ou d'vnité, les vns l'ont nommé le Roy du feu, les autres la Reine du Ciel, autres le cœur du monde, comme monstre Keircher en son grand art, les François & les Latins ont conuenu à luy donner le nom, qui vient de seul & les Grecs Ἀπόλλων qui signifie sans multiplicité. Et certes il est l'vnique en la noblesse de ses qualitez, en la grandeur & quantité de son corps, & en la diffusion, & vertu de ses rayons 1. Il a pour parure & proprieté la lumiere, qui est vne qualité perfectiue, nõ destructiue, puisqu'elle n'a point de contraire formel. Elle est le principe de la chaleur cause de la fecondité, & d'autres, dont ie parle au chap. 1. §. 4. 2. Ie me tiens à l'opinion de Kepler, qui monstre comme le Soleil n'estant qu'vn côtient en sa masse la grosseur de tous les Planetes ioints ensêble & en particulier celle de la terre 1469. fois, ce qu'il prouue par la grandeur apparente de son Diametre, & par la distance, qu'il a de nous, laquelle il veut estre de 3469. Semidiametres terrestres, & la prouue telle en son epitome Astronomique, par diuers moyens; en quoy il est suiui par quelques Autheurs recens fondés sur des obseruations nouuelles. 3. non content d'estre le premier des corps inanimés en quantité, & en qualité, il est encore si liberal de sa lumiere, qu'il va la respandant abondamment, perpetuellement, & reglement dans toute l'estenduë de l'Vniuers. Et comme si ces limites estoient trop courtes pour sa vertu, l'ayant conduit & porté iusques aux dernieres extremités du monde, il l'a fait reuenir delà à nous : & pour faire tout ce chemin il ne luy faut qu'vn instant. Aussi il est le Generalissime, le Plenipotentiaire, & le grand ministre de la Nature, qui concourt icy bas au generations qui s'y font.

§. 2. Du mouuement Solaire.

Trois choses bien expliquées nous le donneront à entendre sçauoir 1. Qu'elles sont les lignes de son mouuement apparent. 2. Qu'elles sont les proprietez de ces lignes. 3. A qu'elles lignes regulieres on peut les reduire.

C'est à dire de la Solaire.

N. 1. *Les lignes que descrit le Soleil en son mouuement.*

1. Sur le premier point ie dis que le Soleil par son mouuement tel qu'on l'apperçoit fait 365. spirales & le quart d'vne enuiron en la durée d'vne année entiere, c'est à dire en 365. iours & 6. heures vn peu moins. On n'a qu'à considerer les points de son leuer, & de son coucher pour s'en asseurer, sans qu'il soit besoin d'autre instrument, que de la simple veuë. Car on remarquera qu'il ne retourne pas le iour suiuãt au mesme point de l'Horizon, où il estoit le iour precedent; ce qui feroit vn cercle parfait mais qu'en tournant à l'entour de l'axe du monde il va tousiours changeant de point, & auançant tantost vers vn tropique, tantost vers vn autre; ce en quoy consiste la nature de la spirale. Que si on nomme ces tours les cercles paralleles & iournaliers du Soleil, cela s'entend selon le sens. On reconnoist le mesme dans le cercle de midy, ou l'ombre du Soleil prouuenante de quelque corps opaque eleué & iettée sur vn plan horizontal croit depuis le solstice d'Esté iusques à celuy d'Hyuer, & decroist depuis celuy-cy iusques à l'autre: Ce qui se fait, à cause que le Soleil change tousiours de point, & va d'vn tropique à l'autre. On peut faire la mesme obseruation sur toutes les lignes Horaires, & plus distinctement dans les quadrans sciateriques, qui sont spheriques concaues.

N. 2. *Les proprietez des spirales Solaires.*

1. Ces spirales ont 4. proprietez sçauoir. 1. d'estre bornées des deux tropiques c'est à dire à 22. degrez, & demy de distance tant deçà que delà l'Equa-

teur, qui font en tout 47. degrés entiers. 2. d'estre serrées & pressées vers les Tropiques; dilatées & elargies vers l'Equateur: puisque la derniere spirale qui se fait au Tropique, ne s'esloigne pas de la precedente de la quatriéme partie d'vne minute ou de 15// mais de 13. seulement: Là où la premiere spirale quittant l'Equateur change de 23. minutes entieres & 56// Et puisque les 30. spirales qui sont vers les Tropiques ne font que 3. degrez vn peu plus: la ou autât vers l'Equateur fôt onze degrez & demy par leur elargissement. 3. d'estre presentement plus eleuées, plus eloignées de nous, & plus grandes vers le Tropique du Cancre, ou le Soleil est apogée; & d'estre plus abaissées, plus prochaines, & moindres vers le Tropique du Capricorne, ou le Soleil est perigée de la trentiéme partie enuiron de la distance Solaire. 4. d'estre plus multipliées du costé boreal, & de l'apogée, que du costé Austral, & du perigée. Ie dis presentement; pource que ces points estant mobiles, les spirales qui s'en ensuiuent le sont aussi.

Les deux premieres proprietés se prouuent par les mesmes experiences, par lesquelles on connoist les spirales, comme par les ombres meridiennes, qui n'ont que de petites differences vers les Tropiques, de plus grandes vers l'Equateur: pareillement dans le cercle de l'Horizon, où on obserue sensiblement ces elargissemens vers l'Equateur, ces retrecissemens vers les Tropiques.

Les deux dernieres ne sont si aisées à estre obseruées, & il n'y a que les Astronomes, qui les ayent reconnuës. 1. Par la diuersité apparente de la grandeur Solaire qui estant la mesme en soy ne peut changer de la sorte, qu'en s'esloignant, lors qu'il paroist plus petit, & en s'approchant lors qu'il pa-

C'est à dire de la Solaire.

coit plus grand. 2. Par la diuersité des ombres Solaires dans les Eclypses, tant Lunaires que Solaires, où il y arriue des varietez, qui ne peuuent venir que de la difference des eloignemens du corps Solaire, & Lunaire. Et de plus cette diuersité de grandeur apparente ne se fait pas tousiours en mesme endroit; mais successiuement en diuers, ce qui monstre la mutabilité du point de l'apogée.

N. 3. *Le moyen de reduire l'irregularité des lignes, & des mouuemens Solaires à la regularité.*

D'autant que la nature agit auec vniformité & egallité; particulierement dans la succession, & durée d'vne mesme cause: puisque le mesme demeurant le mesme continuë à faire le mesme. Et d'autant encore que nous ne pouuons supputer les mouuemens que par la mesure ou de l'espace parcouru ou de la durée laquelle est icy connuë & aisée à auoir, ny appliquer, & se seruir de cette mesure, qu'aux mouuemens qui ont vne égalité ou absoluë ou d'augmentation & de diminution, que l'on reduit encore à vne absoluë, il est necessaire de faire venir cette irregularité apparente de quelque regularité réelle, qui ne pouuant estre simple doit estre composée; c'est à dire se doit faire de plusieurs mouuemens simples, chacun desquels doit auoir vne egalle celerité en sa continuation, & lesquels joints ensemble feront les spirales auec les quatre proprietés declarées.

Les spirales peuuent venir, & viennent effectiuement de deux mouuemens egaux, dont l'vn est tousiours circulaire, l'autre doit croiser le premier & peut estre ou droit ou circulaire: & ce circulaire peut estre ou d'vn arc de grand cercle concentritrique, ou d'vn epicycle, ou d'vn eccentrique, car voila les deux lignes qu'on tient seules simples, & dont la nature se sert pour ses mouuemens simples. Les spirales qui viennent d'vn mouuement circulaire & d'vn autre droit; comme il arriue des spirales, qui se font sur des cylindres, sont toutes egallement dilatées & eleuées ; ce qui arriue encore en celles, qui se font sur les Globes d'vn mouuement circulaire, ioint auec vn autre egal, & fait sur vn arc d'vn grand cercle, & celles-cy manqueroient des trois dernieres conditions, & proprietez mises cy-dessus. Celles qui se font d'vn cercle concentrique & d'vn epicycle qui auroit pour Diametre la corde de l'arc, qui prend d'vn Tropique à l'autre, seroient bien inegallement dilatées & resserrées, & auroient la 1e. & 2e. proprietés : Elles seroiēt encore eleuées & abaissées : mais non pas où il faut & auec changement & partant manqueroient dans les deux dernieres proprités. Reste donc de les faire venir d'vn eccentrique mobile auec les cercles iournaliers, qui passent par les points de cét eccentrique, & toutes les 4. proprietez s'y retrouueront.

Mais pour rendre l'imagination de tout cecy aisée, qui autrement seroit du moins à plusieurs impossible, il faut au préalable s'exercer sur diuers mouuemens composés, & visibles, & y remarquer la ligne que fera vn mobile porté par plusieurs mouuemens, afin de familiarizer l'imagination à conceuoir d'autres mouuemens plus esloignés de nostre veuë : Et vne personne tant soit peu intelligente en representera de mille façons sur vn chappeau ou vne Colomne tornante, sur la main & autre corps. Prenez vn baston, qui aye pour longueur la largeur d'vne page de ce liure; faites le mouuoir egallement du bas en haut, & mettez sur ce baston vn point comme vne mouche qui se mouura egallement sur ce baston d'vne extremité à l'autre, lors que le baston sera meu du bas d'vne page de ce liure au haut, & supposons que tous deux commencent & acheuent ensemble, & en mesmes instans leurs mouuemens. Ie dis que la mouche, qui aura ces deux mouuemens ne montera point droit du bas en haut comme elle feroit si elle n'auoit que le mouuement du baston, ny droit dans la mesme ligne de largeur comme elle feroit si elle n'auoit que son mouuement propre sur le baston immobile. Mais elle ira droit du bas de la page, & d'vn costé, au haut & de l'autre costé par le diametre du Rectangle. Il est bien aisé de representer à l'œil toute sorte de spirales naissantes de deux mouuemens simples & egaux, l'vn circulaire, l'autre trauersant soit droit soit circulaire, & de là on peut passer à des compositions plus difficiles.

De plus pour vaincre l'imagination sur vn autre point difficile à estre conçeu. Couppés vne pomme selon le cercle Equinoctial, puis selon l'obliquité de l'Ecliptique, & dans le plan qui viendra de cette 2. section descriués vn cercle eccentrique, qui aye son centre hors du centre commun de la Sphere. Faites que ce cercle soit porté par le mouuement iournalier à l'entour de l'axe du monde. En quel cas chaque point fera son cercle en 24. heures, & de ces points les cercles seront les vns plus esloignez les autres plus proches du centre cômun. Mettez le Solei dans ce cercle & faites qu'il le parcoure en vne année par vn propre mouuement lequel sera joint auec le mouuement de tous les points, dans lesquels se trouuera le centre du Soleil, & de ces deux se feront nos spirales auec les quatre proprietez descrites.

On donne trois mouuemeds simples au Soleil; l'vn iournalier à l'entour de l'axe du monde, l'autre annuel à l'entour de l'axe de l'Ecliptique, le troisiéme menstruel ou maculaire à l'entour d'vn sien Diametre. Le 1. est commun à tous les Cieux. Le 3. propre au corps solaire. Le 2. n'est ny propre à luy seul puisqu'il conuient à cinq planetes qui tournent à l'entour du Soleil & dans vn epicycle d'vne durée annuelle, & d'vne égallité auec le cercle annuel solaire, ny commun à tous ; puisqu'il ne se trouue pas dans la Lune, ny dans la terre. Les deux premiers sont fort reconnoissables en eux mesmes, & par la veüe ; le 3. dans ses effets seulement : c'est à dire dans le mouuement des macules. Aussi les deux premiers font changer de place le Soleil en son tout, le 3. non : c'est qui fait qu'on ne peut pas le remarquer & rien ne nous oblige à le mettre, que le mouuement regulier des macules, qui ne pouuant venir de ces corps si passagers, si irreguliers en leur figure, grandeur, densité, distance durée, &c. le doiuent auoir d'vn corps perpetuel qui ne peut estre autre que le Soleil : Aussi on n'a point apperçeu ce mouuement que lors qu'on a obserué les macules. Le 1. porte le Soleil de l'Orient à l'Occident en vn iour ; le 2. de l'Occident en l'Orient en vne année. Le 3. en 26. iours enuiron : On est encore contraint en l'Hypothese commune d'en mettre vn autre annuel de l'axe à l'entour duquel se fait ce 3. mouuement. Tout cecy se dispute en l'Astronomie. Les deux premiers font les spirales descrites.

§. 3. Les diverses divisions Geographiques relatives au Soleil.

N. 3. De six diversités, que le Soleil fait sur le Globe terrestre.

LE Soleil par sa double vertu d'eclairer, & d'echauffer, & par son double mouvement journalier & annuel expliqué cy dessus fait six notables varietés sur le Globe, qui sont les causes d'autant de divisions. La 1. est la diverse durée de la lumiere que le Soleil communique chaque iour, qui est en tout lieu differente excepté sous la ligne Equinoctiale, & en tout temps excepté, lors que le Soleil est en cette ligne deux fois l'année: Et c'est cette diversité qui a fait diviser le Globe en climats. La 2. est la succession de la lumiere, qui fait que les vns ont le iour deuant les autres, & d'icy est venuë la denomination des pays Orientaux, & Occcidentaux. La 3e. est l'obliquité d'incidence des mesmes rayons dans le mesme meridien, qui fait les pays plus ou moins Equinoctiaux, ou polaires: car ceux ou l'incidence est plus proche de la perpendiculaire sont plus proches de l'Equateur: Ceux ou l'incidence est plus oblique sont plus Septentrionaux de nostre costé, Meridionaux de l'autre. La 4e. est la diuersité d'ombres, qui produit sa diuision. La 5e. est celle de la chaleur procedente de la lumiere, qui fait la diuision du Globe en cinq Zones. La 6. est l'opposition & conuenence de lumiere & d'ombre, de iour & de nuit, de chaud & de froid, d'heures du soir & du matin, deuant ou apres midy & minuit, Babiloniques & Italiques en di-

De la quatriéme sorte de diuision Geographique des pays.

On trouuera l'explication de la premiere, seconde, & cinquiéme diuision en la 1e. & 2e. vniuersalité Geographique : Et ainsi il n'en reste que trois pour estre declarées en ce lieu.

N. 2. De deux sortes d'Orient & d'Occident, & des peuples Meridionaux & Septentrionaux.

Il faut remarquer touchant la 2e. diuision, que les Geographes reçoiuent deux sortes d'Orient & d'Occident : l'vn est absolu, & l'autre est relatif : Celuy cy est d'vn pays comparé à vn autre, & en cette maniere tout pays est Oriental à l'egard d'vn lieu, & tout ensemble Occidental à vn autre : comme la France, qui est occidentale à l'Italie est orientale à l'Angleterre ; pource que le Soleil en chaque iour eclaire l'Italie deuant la France, & celle-cy deuant l'Angleterre : Et de cette sorte l'Eglise Grecque est dite Orientale à l'égard de la Romaine. L'Orient absolu est celuy, ou dans tout le monde ancien & qui seul estoit conneu deuant le 14. siecle le Soleil est estimé se leuer dans l'espace de 24. h. deuant les autres, & commencer les iours artificiels par là. Tel est l'Isle du Iapon & le continét de la Chine ; particulierement au sentiment des anciens, qui se persuadoient qu'entre l'Angleterre & l'Isle du Iapon il n'y auoit que des mers, & qu'ainsi nous iouïssons les derniers du leuer du Soleil, & ensuite que nous estions dans l'Occident absolu : Et c'est de là, que l'on a donné à l'Amerique le nom des Indes occidentales pour la distinguer des autres Indes qui ont la preference de voir deuant tout autre pays le Soleil leuant. Il en faut dire autant de la diuision des pays Septentrionaux ou

Meridionaux: car ceux là absolument & en toute rigueur sõt tels, qui sõt sous le pole arctique & antarctique ou les plus proches de ces poles: Les autres sont relatiuement Meridionaux ou Septentrionaux qui sont entre deux comme la France qui est Septentrionale à l'Espagne, est Meridionale à l'Allemagne.

Remarquez que quoy que cette diuision vienne du mouuement iournalier commun à tous les Astres, elle est neantmoins prise de celuy du Soleil; pource qu'il est le plus conneu de tous.

N. 3. *Des diuersitez des ombres sur le Globe.*

Sur la troisiéme diuision faut remarquer que c'est vne chose commune à tout pays d'auoir des ombres Orientales le soir, & Occidentales le matin, & partant cette diuersité commune à tous pays ne peut estre le fondement d'vne diuision : C'est l'ombre meridiene, & vers les poles qui est differente en diuers lieux, & est la cause de cette diuision. Les vns voyent en mesme iour l'ombre Solaire tourner à l'entour d'eux, ce qui se fait parfaitement à ceux qui sont sous les poles & à ce qui y est eleué perpendiculairement : Ce qui se fait encore à ceux qui sont dans la Zone froide, quoy que non si egallement : Et ceux-là sont nommez Perisciens. Les autres n'ont iamais l'ombre à midy que d'vn costé & vers vn des poles & en tout le iour l'ombre ne va à l'entour d'eux qu'en partie : Tels sont ceux qui sont à la Zone temperée & sont dits Eterosciens. Les autres le voyent à midy des deux costez : mais en diuers temps & ceux qui demeurent en la Zone torride appartiennent à cette partie : & sont nommés Amphisciens. La raison est que l'ombre est

340 *De la quatriéme sorte de diuision Geographique*
touſiours oppoſée au Soleil & comme le Soleil nous eſt touſiours meridional ſon ombre nous ſera touſiours Septentrionale. Enfin les vns ont l'ombre tournante à l'entour d'eux, les autres tournée touſiours d'vn coſté, les troſiémes tournée & retournée à l'oppoſite.

N. 4. *Des diuerſitez & conuenances de iour, d'ombre, & de ſaiſons ſur le Globe.*

Pour expliquer cette ſixiéme diuiſion beaucoup plus vniuerſellement, que les autres ne la mettent, faut ſçauoir que chaque cercle entier perpendiculaire, contient deux meridiens ou longitudes oppoſées & diſtinctes de 180. degrez, qui ſe diuiſent par l'Equateur & par les deux poles en quatre parties egalles, de 90. degrez chacune. Et que ces quatre parties comparées enſemble ont les conformités & difformités miſes cy-deſſus. Car les 2. quarts de 90. qui ont meſme longitude ont conuenance d'heures & difference de ſaiſons. Les deux quarts de 90 qui ont meſme latitude, ont conuenance de ſaiſons, & difference ou contrarieté d'heures. Les deux quarts de cercles qui ont difference de longitude & de latitude ont oppoſition de tout. Il ne reſteroit plus qu'vne conbination de ces quarts, d'auoir meſme longitude & latitude : mais elle eſt impoſſible. Il faut de plus ſçauoir qu'ayant choiſi vn point & vn degré dans vn de ces 4 quarts de 90. il y en a de meſme nombre de degré de latitude vn en chacun des autres, puiſqu'en chaque grād cercle il y a 4. points de méme latitude quār au nombre de degrez, dont deux ſont latitudes boreales, & les deux autres auſtrales : Et c'eſt en ces 4. points, où ſe retrouuent plus particulierement les rapports de ces oppoſitions ſoit iournalieres, ſoit annuelles.

C'est à dire de la Solaire. 341

Prenons par exemple Paris, & conceuons le cercle perpendiculaire, dans lequel il se retrouue, qui partant est composé de deux demy cercles, qui font deux meridiens, & deux longitudes diametralement opposées. Dans le 1. demy cercle de 25. degrez de longitude par exemple est Paris: Dans le 2. distant de 180. degrez & par consequent ayant 205. degrez de longitudes sont les Antipodes. Conceuons de plus le parallelle de Paris qui est du costé boreal & vn autre autant distât de l'Equateur du costé austral. Ces deux cercles parallelles couperôt le 1. cercle dans les 4. points, qu'on recherche. Et 1. si nous comparons Paris auec l'autre point qui est dans le mesme cercle de latitude & dans l'opposé demy cercle de longitude, il y aura conuenance annuelle, & de saisons en tous deux: mais opposition iournaliere, & d'heures du iour: Et quand il sera iour à Paris & midy de ce iour, il sera nuit à l'autre, & l'heure de minuit & les Peuples qui y sont se nôment *Antœci* ou contre habitans 2. Si nous le comparons auec le lieu qui est en l'autre espece de cercle de latitude sçauoir est australe, mais dans vn mesme demy cercle de longitude il y aura conformité de iour & de l'heure; mais difformité pour le temps de l'année: Et quand il sera Esté en l'vn il sera Hyuer en l'autre. Ces Peuples s'appellent *Periœci* ou cohabitans. Et si 3. nouss le comparons auec le lieu Diametralement opposé, qui est en differente longitude & latitude, il y aura opposition de tout: C'est à dire d'heure du iour, de la saison, & de l'ombre. Car Paris ayant iour, midy, Esté, & son ombre vers le pole arctique, le point opposé aura nuit, minuit, Hyuer, & son ombre vers le pole antarctique. Ces peuples sont nommez *Antictones*, ou *Antipodes*, ou contreplantaux Notez 1. que ces differences ne se trouuent pas aux peuples, qui sont sous l'Equateur : & tant plus ils en sont eloignez tant plus ils ont opposition annuelle sensible. 2. Que les Meridionaux ont l'Esté plus court, & l'Hyuer plus long que les Septentrionaux; à cause de l'Apogée qui est de nostre costé. 3. Que les cohabitans & ceux de la Zone froide auront bien la mesme heure du iour; mais non pas la lumiere en mesme temps ny mesmes ceux de la temperée plus Septentrionaux; pource que la contrarieté des Saisons ne le permet pas.

CHAPITRE TREZIESME.

Diuision Geografique relatiue aux Elemens.

Il n'en faut point chercher autre, que celle, que le cercle Horizontal nous fait connoistre, lequel ne monstre pas seulement les varietés celestes, qui viennent à chaque point terrestre : mais encore les Elementaires; pource que ce cercle prend pour centre vn point de la surface terrestre, auquel par consequent tout se rapporte; sçauoir les poins des cercles aux Diametres; ceux-cy à leur point commun, qui est le centre. Les anciens Geographes se sont contentés de remarquer dans l'Horizon les quatre point Cardinaux mis cy-dessus, le midy, ou Sud, le Septentrion ou Nord, l'Orient, ou Est & l'Occidét ou Ouest. Les Nautoniers en mettent 32. pour distinguer autant de vens. Les Cosmographes & Astronomes 360. autant que de degrés à l'Horizon, & que de demy cercles verticaux, qui passent par ces degrés.

C'est à dire de la Solaire. 343

Ceux qui nauigent sur mer ont les vens pour principe du mouuement de leur nauire, & l'aiguille aimantée pour guide. Ceux qui voyagent sur terre, ont leur vertu propre ou celle des animaux qui les portent pour principe de leur mouuement, & peuuent auoir la même éguille pour guide. L'auantage des premiers est de ne trouuer aucun obstacle en leur chemin, qui les arreste; celuy des seconds est d'auoir vn principe de mouuement, qui va droit en tel lieu que l'on veut. Manque du premier les voyageurs sont contrains de faire de grands détours : manque du second les Nautoniers sont obligés à exposer aux vens les voiles, & les nauires diuersement, & à faire diuerses lignes obliques. C'est beaucoup neantmoins d'auoir trouué le moyé auec vn vent de pouuoir aller à tous les 32. endrois de l'Horizon, à la reserue de 9. ou 10.

Les vens se diuisent en quatre classes, il y en a quatre premiers principaux ou Cardinaux exprimés par autant de mots monosyllabes Sud, Nord, Est, Ouest. Quatre seconds qui sont entre les premiers, & exprimés par des mots de deux syllabes & composés des premiers. 1. Sud-Est. 2. Sud Ouest. 3. Nord-Est 4. Nord Ouest.

Huit troisiémes qui ont pour noms des mots de trois syllabes, & composés de l'vn des quatre premiers, & de l'vn des quatre seconds. 1. Sud Sud Est. 2. Sud Sud Ouest. 3. Nord Nord Est. 4. Nord Nord Ouest. 5. Est-Sud-Est. 6. Est Nord Est. 7. Ouest Sud Ouest. 8. Ouest Nord-Ouest.

Seize quatriémes qui prenent leur nom des 4. premiers & des quatre seconds en disant de l'vn quart sur l'autre, sans auoir egard aux 8. troisiémes, pource que les 8. premiers ayant deux quarts de leurs deux costés font 16. qui sont aussi les quatre

De la quatriéme sorte de diuision Geographique des 8. troisiémes. 1. Sud quart sur Sud est. 2. Sud quart sur Sud Ouest 3. Sud Est quart sur Sud 4. Sud Ouest quart sur Sud. 5. Nord quart sur Nord Est. 6. Nord quart sur Nord Ouest. 7. Nord Est quart sur Nord. 8. Nord Ouest quart sur Nord. 9. Est quart sur Nord est. 10. Est quart sur Sud est. 11. Nord Est quart sur Est. 12. Sud Est quart sur Est. 13. Ouest quart sur Nord Ouest. 14. Ouest quart sur Sud Ouest. 15. Nord Ouest quart sur Ouest. 16. Sud Ouest quart sur Ouest. Les noms sont autres sur la mer Mediterranée. Les Alemans mettent les prononçant vn O pour vn E.

On represente les vens en plusieurs façons. 1. on les met sur les cercles Horizontaux dans les Spheres, & Globes figurant des bouches soufflantes, & escriuant dans leurs souffles les noms de chaque vent. 2. Dans les cartes, & sur les Globes traçant en diuers endrois des rombes & des roses marines où on tire les lignes concourantes en vn point, & qui representét autant de grands cercles verticaux: comme aussi les vens sont poussez & poussent ce qui s'opposent à eux par lignes semblables 3. és endroits ou les vens sont reglés comme en la Zone torride le vent d'Orient y estant perpetuel on y peut peindre vne bouche soufflant vers l'Occident & mettre dans son souffle Est continuel. 4. En diuers lieux on met des girouetes attachées fermement auec vne verge de fer; afin qu'elle tourne auec la girouete selon le vent, & qu'elle fasse tourner vn Inde dans vne chambre, ou autre part pour monstrer le vent qui souffle. Il y a encore d'autres façons: mais les deux premieres sont les plus ordinaires.

LES MOYENS
DE REPRESENTER
LES QVATRE SORTES
DE DIVISIONS
declarées cy-deuant.

PREFACE.

Eluy-là n'a pas mal rencontré, qui a dit, que le discours estoit vne peinture parlante, & que la peinture estoit vn discours muet, puisque c'est par l'vne, & par l'autre façon, que nous exprimons les objets de nos pensées. Et si sur plusieurs sujets la parolle a vn auantage par dessus la peinture, de donner mieux à entendre quelques verités, comme sont celles, qui ont pour objet les choses spirituelles ; il est asseuré, qu'en ce qui touche la quantité, & le sujet des Mathematiques la representation de ce, dont on parle est bien plus efficace, que la parolle seule. Et la seule veuë d'vne figure, qui sera vne parfaite image de quelque corps nous le fera mieux apprehender, que ne pourroit faire l'ouïe d'vn long discours, qui nous en feroit la description par vne multitude de

parolles, & de periodes. La raison est tirée de deux chefs. 1. De la part de l'objet, qui estant sensible veut estre representé à sa propre faculté ou immediatement & par soy mesme, auquel cas il se donne à entendre parfaitement, ou mediatement & par son semblable, qui est vn autre luy mesme, 2. de la part de nos facultez, dont l'ordre est de passer des sens à l'imagination, & de celle-cy à l'entendement: & c'est assés que nous ayons mis vne image parfaite à nostre sens pour estre portée aux deux autres facultés. Et s'il y à quelque faute, elle vient de la premiere representation, & non pas des suiuantes. I'ay déja monstré au chap. 2. §. 12. remarque 7. les auantages des figures Mathematiques, qu'il faut icy relire.

Pour donc apporter tous les moyens de rendre cette premiere partie de Geographie euidente, ie ioindray aux discours, que i'ay fait des quatre sortes de diuisions la representation des mesmes; ou plustost le moyen de l'auoir; afin de les rendre intelligibles par les discours, & visibles par les figures.

Les cartes, & les Globes artificiels contiennent les trois premieres sortes de diuisions Geographiques. Les Globes disposez comme il faut monstrent la quatriéme.

Que si on dit que les figures representantes c'est à dire les Cartes & les Globes n'ont pas ny la grandeur, ny la matiere des obiets representez; puisque par exemple vn Globe artificiel celeste estant petit, & d'vne matiere terrestre nous represente les Cieux, qui ont vne vaste estenduë, & sont d'vne matiere bien esloignée de la masse, & de la pesanteur de la terre. Ie respond que l'imagination n'a du tout point de peine d'agrandir les mesures, d'accroistre les quantitez, & de se figurer en grand volume, & en des dimensions d'vne grandeur extraordinaire, & telle que l'on pourroit souhaiter, ce qu'on luy monstre racourcy & abregé dans vne petite estenduë; à cause que cette practique luy est tres ordinaire, & que l'esprit tant soit peu habitué és Mathematiques doit faire le mesme, sur toute figure; qui partant y acquiert vne grande facilité. C'est ainsi que les Architectes nous font voir en vn petit modelle vn ample Palais, que quelque riche Monarque aura dessein de bastir. Or est il que nos cartes & nos Globes descouurent à nos yeux, & dos yeux font passer à nostre imagination, & de celle-cy à nos esprits tout ce qui appartient à nos quatre diuisions, iusques aux moindres particularitez: C'est pourquoy i'en entreprends l'explication.

CHAPITRE QVATORZIESME.

Des diuerses representations du Globe terrestre.

IE les reduis toutes à trois chefs: le premier se tire des diuers suiets, qui reçoiuent la representation du Globe; le second des diuers objets, qui sont figurés, & terminent cette representation: le troisiéme des diuerses manieres de faire la representation de ces obiets sur ces suiets. La premiere diuision est materielle ou tirée de la matiere esloignée qui est toute entiere Physique, & non pas de la prochaine qui est la quantité, la seconde est formelle externe, la troisiéme formelle interne.

§. 1. De la premiere sorte de diuersité tirée des suiets preparés aux figures Geographiques.

LEs suiets sont surfaces qui sont de differente matiere, ou de diuerse figure.

Les matieres que l'on choisi plus ordinairement sont celles, qui sont plus propres à receuoir facilement les lignes d'vn crayon, les trais d'vne plume, les coleurs d'vn pinceau, la graueure des burins, & l'impression des planches grauées : comme certes on en voit maintenant en telle multitude & varieté, qu'on n'y peut presque rien souhaiter d'auantage. Les plus rares, & extraordinaires seroient les tapisseries, les lambris, & les parois, & autres semblables sujets; & mesmes les parterres dans les jardins, ausquels on pourroit facilement donner la figure d'vne Carte, & mettre en eau effectiue la partie, qui representeroit la mer : comme l'autre partie seroit de terre auec les eleuations, & abbaissemens conformes à ceux du Globe, pour donner la pente aux Riuieres, & le moyen de couler depuis leurs sources iusques à la mer. Les pauez dans les sales sont icy tres propres : car il n'est pas plus difficiles de faire peindre des quarreaux en couleur de mer ou autre, selon que le sujet le demandera, pour faire des Cartes; que pour d'autres figures, & estans peints les faire cuire, & estans cuits les appliquer auec l'ordre requis, pour representer vne Prouince, & mesmes les deux costez paralleles de chaque quarreau monstreroient les longitudes, les deux autres les latitudes, & leur longueur contiendroit

es parties des 3. premieres diuisions Geographiques. 349

vn degré, vne minute ou quelque autre partie de ces dimensions. Et comme l'espace est plus grand, on y verroit plus distinctement les parties d'vne Prouince, & par cette sorte on s'instruirroit insensiblement à la Geographie, & en se promenant on parcourroit bien tost vn païs de grande estenduë. Les voutes Spheriques concaues sont propres à receuoir la représentation de la moytié du Globe.

Ce seroit vne entreprise digne d'vn Monarque de faire choisir en son Royaume quelque grande campagne, où l'on y peut conduire des eaux à volonté, pour là y faire la distributiõ des pays d'vne partie du monde, que l'on voudroit representer, d'y faire en effet les Riuieres, les mers, les Lacs, les Forests, les Montagnes, Fontaines, Prairies, Rochers, esceuils, & toutes les particularitez, qui se peuuent transplanter ou transporter, & estre appliquées auec proportion de leur grandeur : Et quand aux merueilles, que l'on ne pourroit representer par l'exhibition de la mesme chose en petit volume, il faudroit se seruir de quelque marque aprochante pour les signifier : comme pour monstrer les Villes, se seroit assez de mettre vne pierre en forme de clocher &c. Par exemple qui voudroit representer la France qui est bornée de deux mers ; l'Oceane & la Mediterranée, de deux montagnes, les Alpes & les Pyrenées ; & d'vn Fleuue le Rein, il deuroit trouuer vn lieu où il y eut deux Lacs pour representer ces deux mers : deux lieux pierreux & eleuez, pour faire voir ces deux montagnes, & vn ruisseau pour signifier le Fleuue, ou bien practiquer ces choses icy & les y faire. Les bornes estant faites il faudroit passer à representer les Riuieres qui sont dedans, par d'autres ruisseaux, & sur ou prés d'elles marquer les Villes, & les bourgs, selon que la situation demande auec les marques des merueilles, qui se rencontrent en chaque territoire.

Ce qu'estant on aprendroit plus de Geographie en six iours, plus facilement & plus distinctement estant conduit par vn homme intelligent dans tous les endroits de cette Carte; que l'on ne feroit en six mois sur les cartes communes, & en 11. par discours sans cartes; pource que ces representations icy sont, & plus grandes & plus semblables: la grandeur donne vne plus grande distinction aux parties, & la plus grande similitude vne bien plus grande facilité à conceuoir.

I'ay veu vne carte Geographique Vniuerselle à la Ferté-Sylly en Normandie dans la sale du Seigneur du lieu faite de plomb, auec les eleuations, & les pentes des terres, ou les Riuieres couloient effectiuement, & s'en alloient rendre dans la mer; ce qui se voit encore auec approbation & satisfaction extraordinaire, & ceux qui ont tant soit peu de commencement experimentent en eux, que la veuë de ses Riuieres coulantes impriment tout autrement leur idée, que la veuë des mesmes depeintes sur des cartes. Que seroit ce de celle, que ie viens de declarer? Ceux de dedans & dehors le Royaume verroit par ce moyen les beautés, & les raretés de la France sans ressentir les incommodités, les longeurs & les hazards du voyage: & mesmes ceux, qui auroient enuie de faire le voyage effectif tireroit de là vn grand auantage, pour aller reconnoistre le tout sur les lieux. Ie ne doute pas que la chose ne deut bien couster, & de l'argent & du soing à son Autheur: mais le fruit recompenceroit bien tost son maistre.

Quant à la diuersité de figure de ces matieres ce m'est assés de remarquer icy, qu'il arriue deux differences entre les surfaces speriques, sur lesquelles on depeint le Globe & entre les droites sur lesquelles on y fait les mesmes representations. La premiere est en la grandeur; Pource que la surface courbe est tousiours plus grande, que la droite terminée d'vne mesme ligne, que la courbe. Et d'autant qu'il ne s'agist icy que de la courbe sperique, la moytié de la surface du Globe, qui contient & represente la moitié de la terre est deux fois plus grande, que n'est le plan circulaire terminé par le mesme cercle qui borne telle moytié, & qui se fait couppant le Globe en deux. Et en general toute surface d'vn segmen de Spere est égale au cercle, qui a pour semidiametre la ligne qui se tire de l'extremité & circonference de ce segmen au point du milieu, qui fait le pole de la mesme circonference, par la prop. 40. du liu. 1. d'Archimede de la Spere, & du Cylindre; Et tant plus le Segmen est petit tant plus cette surface s'approche de la droite qui se fait en le couppant; d'où vient que les cartes d'vne Prouince sont sensiblement aussi iustes estant sur vn plan droit, que sur vn sperique: & comme sur vn sperique les degrés d'vn grand cercle bien diuisé seruent de petites mesures, pour iuger des distances: aussi dans semblables Cartes droites on fait vne eschelle des petites mesures, par lesquelles nous connoissons les distances qu'il y a entre les points compris dans telles Cartes: ce qui ne peut se faire, qu'auec faute, quand la Carte represente vne partie notable du Globe. La 2. difference est en la representation mesme, laquelle met les parties égales de l'obiet plus resserrées en vn endroit, & en moins d'espace, plus dilatées en vn autre & en plus d'espace; Et les regles de perspectiue le demandent ainsi: ce qu'on peut aisément monstrer à l'œil & faire conceuoir incontinent par vne demonstration oculaire. Ce qui fait qu'en semblables Cartes on ne peut pas iuger des distances par la position des points diuers dans la Carte, ny se seruir d'vne eschelle de petites mesures.

§. 2. De la seconde sorte de diuersité tirée de l'obiet representé.

CE second chef a autant de varietés, qu'il y à de diuerses parties dans l'Vniuers : Et pour me retrancher sur nostre Globe, les vns le representent tout entier, & compris dans l'estenduë d'vne figure, & surface : mais rien du tout ne peut arriuer en ce point à la perfectiõ du Globe artificiel, qui le côtiẽt auec vne parfaite similitude : Les autres entreprennent de le faire voir par diuerses parties. Et de ceuxcy les vns choisissent les parties dãs l'obiet d'vne espece particuliere comme sont les eaux c'est à dire les mers, lacs, riuieres, fontaines, &c. ou bien la suite & continuation des montagnes, ou les diuerses raretés, & merueilles, qui se rencontrent en plusieurs endrois : Et il est expedient d'en auoir de telles, pour vne plus distincte intelligence. Les autres prenent les parties de toute l'estenduë de la surface terrestre. Et d'autant que l'on n'apperçoit d'vne veuë pour le plus, que la moitié du Globe & le tout en deux pour le moins, la plus ordinaire façon de le representer sur les plans c'est d'en mettre deux moytiés en deux ronds, en chacun vne moitié, pour donner sur vne surface droite le mesme obiet à la veuë, qu'elle voit sur le Globe mesme, & le mettre en perspectiue : Et de cette seule façon naissent

naiſſent vne infinité de Cartes diuerſes. Car ſi ie fay tourner vn Globe terreſtre deuant mes yeux, ou bien ſi ie tourne à l'entour de luy ie voy touſiours des moytiez differentes, qui peuuent ſeruir d'obiets à autant de diuerſes Cartes.

Il n'y a toutefois en la practique, que deux façons plus ordinaires: L'vne eſt celle, qui repreſente le pole au milieu & l'Equateur à l'extremité: Et ainſi deux ronds font voir les deux hemiſpheres l'vn le Septentrional, l'autre le meridional. Et cette façon ſeroit ſans doute la plus reguliere, la plus commode, & naturelle ſi les pays s'y accommodoient. Car toutes les latitudes y ſont lignes circulaires, & toutes les longitudes des lignes droites. De plus cette façon fait voir clairement les heures de tous les pays du Globe, & peut ſeruir de monſtre à vn horologe, ſoit qu'on la faſſe tourner au lieu d'eguille à l'entour d'vn cercle immobile contenant les 24. heures du iour; ſi au prealable on auoit mis à l'extremité de la longitude du pays ou l'on eſt vne fleur de lys; afin que par ſa pointe elle monſtra l'heure du lieu; ſoit qu'on faſſe tourner ce cercle enuironnant la Carte à l'entour d'elle immobile, car alors chaque pays depeint dans la Carte aura ſon heure correſpondante marquée dans ce cercle.

Mais cette diuiſion du Globe en deux n'eſt ſi propre pour la diuiſion Geographique des pays, comme elle l'eſt pour la Coſmographique des cercles, & la chronographique des temps: comme auſſi elle n'eſt pas ſi vſitée: car elle diuiſe l'Affrique, l'Aſie, & l'Amerique en deux, & met vne partie dans vn rond, l'autre dans l'autre; ce qui apporte de la confuſion, & donne de la peine, quand il faut paſſer d'vn lieu appartenant à vn hemiſphere à vn autre dans l'autre rond & ioindre les pays qui sont vnis en effet & diuisés par cette representation. L'autre façon met les poles aux deux extremitez, & l'arctique au point le plus haut, l'atarctique au point le plus bas de chaque rond, l'Equateur au milieu representé par vne ligne droite, & le premier meridien à la circonference, qui termine l'vn & l'autre hemisphere. Cette façon est beaucoup plus commune, que la precedente; pource qu'elle represente les parties principales du monde en leur entier & distinctement, sçauoir est tout le monde ancien à part & dans vn rond separé, tout le monde nouueau conneu dans vn autre, & rien ny est separé que le nouueau inconneu. D'autres se contentent de choisir pour obiet de leurs cartes vne partie de cette moitié, & les vns vne principale comme l'Europe, les autres vne plus notable comme vn Royaume, vne Prouince, les autres vne moindre iusques à vne maison, &c. Et c'est delà que viennent les Cartes Cosmographiques Geographiques, Chorographiques, & Topographiques, ces mots sont tirés du Grec & composés de ces noms κόσμος γῆ χώρα τόπος qui signifie Monde, Terre, Region, Lieu, & du verbe γράφειν qui signifie descrire.

§. 3. De la troisiéme sorte de diuersité tirée des differentes manieres de faire la representation de la terre.

LE fondement de chaque Carte est que chaque Ville, ou autre endroit du Globe a pour assie-

Les parties des 3. premieres divisions Geographiques. 355

re & pour propre lieu le point, auquel deux sortes de lignes concourent, dont les vnes sont les longitudes, les autres sont les latitudes. Et il est necessaire que le point de l'intersection soit le lieu de la Ville. Et d'autant que l'inuention, & la description de ces deux lignes concourantes est anterieures à la position des Villes sur les Cartes, celles-là estant vn moyen pour trouuer le lieu de celles cy, & pour les marquer il faut conclurre qu'autant que l'on trouuera de façons diuerses de tirer ces deux sortes de lignes concourantes, qui representent les autres autant aura-on de manieres diuerses de faire des Cartes. La perspectiue, qui figure les obiets, comme on les voit, & la Geometrie qui racourci, & agrandi les figures en telle proportion, que l'on veut ont leurs regles particulieres; pour les exercer sur la representation du Globe : mais outre leurs façons on en a trouué d'autres plus irregulieres, qui sont autant en nombre, que l'on peut trouuer de sortes de lignes s'entrecoupantes soit droites soit courbes, soit regulierement, soit irregulierement tirées Car les vnes monstreront les longitudes, les autres representeront les latitudes, & partant leur concours donnera le lieu de la Ville. Les plus ordinaires façons sont de representer en figure quarrée ou approchante les Prouinces particulieres, & se seruir de lignes droites & paralleles pour les latitudes, de droites & concourantes quoy que bien loing, pour les longitudes; si ce n'est que le pays representé soit assez petit. Car les longitudes sont aussi paralleles, leur approche estant insensible dans vn petit espace. Nous auons trop de Cartes de cette façon deuant nos yeux, pour desirer d'autre figure.

Yy 2

§. 4. *l'vsage des representations du Globe.*

IL suit la similitude, & selon qu'elle est plus multipliée, & plus parfaite les connoissances le sont aussi : pource que celle là est le principe de celles cy. 1. Si donc on pouuoit donner vn Globe parfaitement semblable au naturel en substance & en qualité aussi bien qu'en quantité ; c'est à dire en eau, terre, arbres, fruits, animaux, &c. ce seroit plus de parcourir vn tel Globe de veuë, que de parcourir le grand Globe tout entier par nauigations, & autres voyes : Et il n'y a personne de si mediocre esprit, qui n'aprit auec vne grande facilité, & promptitude toute la description des terres, & des mers : mais vn tel Globe se peut souhaiter, non pas esperer. Quant à vne partie du Globe comme pour vne Prouince & mesme pour toute l'Europe en plat on le peut desirer, l'esperer & mesme l'attendre de quelque grand Monarque en la façon que ie l'ay descrite au §. premier.

2. Desesperant de voir des Globes en tout & par tout s'y conformes au naturel on en fait de semblables réellement en la quantité, & apparemment en la qualité & substance par les peintures que l'on adiouste des raretez, qui se trouuent en diuers lieux. Et ce sont les Globes artificiels terrestres lesquels ayants l'assieté & l'immobilité toute pareille au Globe naturel participent les mesmes effects celestes, & contiennent les mesmes diuisions terrestres, ainsi qu'il a esté declaré en tout cet ouurage : & comme ils ont vne similitude par-

faite en quantité & en la qualité de la lumiere aussi donnent ils vne connnoissance de l'vn & de l'autre.

3. On fait encore des Cartes sur des surfaces droites semblables à leur prototype qui ne reçoiuent pas les lumieres & influences celestes comme les Globes; mais contiennent seulement les quantitez, & les donnent à connoistre, non pas toutefois les inegallités des montagnes que l'on ne voit qu'en peinture, telles sont les Cartes des Prouinces, & d'vn Royaume, où l'on voit le lieu de chaqne Ville, la longitude, la latitude, & les distances entre deux termes par le moyen de l'echelle des petites mesures.

4. Il y en a d'autres, qui n'ayant point de similitude reelle, mais apparente ne monstrent point la quantité ny les distances; mais seulement ayant la position des Villes en la rencontre de deux lignes monstrent le lieu propre auec la longitude; d'où par discours, regles, & instrumens on conclud le reste: telles sont quantité de Cartes vniuerselles & particulieres faites par l'art de perspectiue, qui a egard à l'apparence, non pas à la realité des distances.

5. Il y en a qui n'ont pas mesme la similitude apparente, entre lesquelles les plus regulieres sont celles qui sont faites pour la nauigation; & pource sont nommées Cartes Marines; dont les vnes sont vniuerselles, les autres particulieres. & les Mariniers en ont de celles-cy pour voir plus distinctement les voyages qu'ils entreprenent & toutes les particularités des lieux. Ces Cartes representent les deux sortes de cercles de longitude & de latitude par des lignes droites paralleles & perpendiculaires. En suite dequoy les vens sont marqués par lignes droites concourantes, pource que il est tres ai-

sé entre deux lignes paralelles, ou sur vne seule en tirer, ou designer vne autre en telle distance, qu'on voudra, elargissant le compas d'vn telle distance, ou prenant quelque autre corps de largeur que requiert la distance & appliquant successiuement sur la ligne déja tirée vne extremité, de ce corps ou compas à angle droit : car l'autre extremité marquera la ligne, que l'on desire, & que les Mariniers cherchent, pour voir leur route, & le terme, ou ira aboutir toute ligne donnée.

§. 5. Ce que l'on peut, & doit marquer sur les Globes, & sur les Cartes.

Ceux qui se vouldront donner la peine de marquer sur vn Globe quelques parties de chacune des trois premieres diuisions Geographiques, aprendront que l'experience adjouste beaucoup à la science, & qu'en traçant les diuisions, ils imprimeront bien auant les Idées des parties diuisées & auec vne plus grande perfection qu'on ne fait en les lisant.

Mais soit qu'ils veulent estre les ouuriers, & les Autheurs d'vn Globe, soit qu'ils se contentent d'estudier sur ceux, qui sont déjà faits, ils remarqueront qu'on doit commencer par la 1. diuision c'est à dire la locale, diuisant le Globe en cercles de latitude, & en demy cercles de longitude : ceux la de 10. en 10. ceux-cy de 10. en 10. ou de 15. en 15. s'ils veulent s'en seruir de quadran horaire ; ce que j'ay monstré estre aisé par le moyen du demy cercle mobile au Chap. 4. §. 5. Sur cette diuision on fera les deux suiuantes sçauoir la naturelle & la ciuile, commençant par les diuisions les plus generales comme par les separations des Mers auec les Terres; pource que celles-cy sont presupposées des autres plus particulieres. On cherche les points de chaque borne dans les concours des deux cercles locaux, ou on les marque & puis par les points marqués on tire les lignes, qui font les separtions generales, & particulieres. Outre les parties de ces trois diuisions on peut mettre en quantité de places vuides certains accessoires, qui seruiront, & d'ornement aux Globes, & Cartes, & d'instruction aux spectateurs; tels sont les points suiuans 1. L'Horizon auec les vens peints comme des bouches soufflantes, & dans leurs souffles le nom de chaque vent. 2. Le Zodiaque auec les signes pareillement depeins. 3. Les climats dans quelque meridien commode. 4. Le calme en la mer pacifique, les tempestes és mers, ou elles sont frequentes. 5. Les diuers poissons, qui paroissent en diuerses mers. 6. Les diuers animaux, fruits, fleurs, & autres proprietez des terres. Les diuers habits des hommes &c. 7. Les rombes & compas marins en quelques endrois: car encore bien que chaque point aye le sien, aussi bien que son Horizon; c'est assez de le faire pour quelque point particulier. 8. Les vens reguliers perpetuels, anniuersaires, semestres &c. 9. Les courantes & autres mouuemens de la mer. 10. Les declinaisons de l'aiman en diuers endrois de la mer, & de la terre. 11. Les raretés de nature, les accidens & actions memorables des hommes & les miracles d'vn Dieu, arriuez en diuers lieux. Et si ces points chargoient par trop vne Carte, & apportoient de la confusion se seroit assez de marquer les endrois de diuers nombres, & puis en vn lieu separé on adiousteroit l'explication, & ce que chaque lieu contient.

CHAPITRE QVINZIESME.

Le moyen de representer les diuisions de la quatriéme sorte.

Il n'y en a qu'vn; mais efficace: & c'est le Globe artificiel bien diuisé & bien situé: Et pour le declarer ie donne les §§. suiuans.

§. 1. *La diuersité des Globes artificiels.*

PVis qu'il ny a que les deux Globes naturels extremes qui soient variés en toutes leurs parties d'vne diuersité connuë, sçauoir est le plus petit, ou le Terrestre, & le plus grand ou le Firmament : L'vn contient vne grande multitude de Villes, l'autre d'Estoilles : Les autres qui sont entre deux n'ont dans toutes l'espesseur & l'estenduë de leur orbe rien de visible, & de remarquable, qu'vn Planete. Aussi il ny a que deux sortes de Globes artificiels entiers, pour representer les diuersitez, qui sont éparses sur toute la surface des deux naturels : sçauoir le terrestre, & le celeste : les autres estant plus que suffisamment representés par des spheres, qui contiennent les cercles, où se fait le mouuement de chaque Planete. Ce n'est pas que chaque Planete n'aye vne assez grande varieté de montagnes, de vallées, de fossés, &c. pour seruir d'obiet à vne carte entiere, si nous auions des lunettes à tuiau assez bonnes, pour les distinguer distingués ; comme déja on a fait sur la Lune vne Carte lunaire, qui nous fait voir les differentes concauités, & eminences, que les lunettes nous y ont fait remarquer.

Derechef ie mets deux sortes de Globes artificiels terrestres : Les vns sont ordinaires, qui s'impriment sur du papier, se collent sur des cartons, se vendent dans les boutiques, & se conseruent dans les cabinets, & bibliotheques. Les autres se plantent sur vn pilier dans les iardins comme des quadrans Solaires & pource doiuent estre d'vne matiere solide pour resister aux iniures du temps, & auoir leur situation stable & permanente, qu'on leur donne en les plaçant & mettant en lieu exposé aux rayons Solaires. Les autres la reçoiuent lors qu'on s'en veut seruir, & en tel lieu, que l'on veut.

§. 2. Le moyen de bien situer le Globe artificiel.

POur donner à nostre Globe artificiel vne situation conuenable ; c'est à dire toute semblable à celle du naturel ; il faut que tous les Diametres, qui sont representatifs en l'vn soient ou les mesmes ou du moins paralleles à ceux qui sont representés dans l'autre. Et puis qu'ils ne peuuent estre les mesmes sans que l'artificiel aye son centre auec le centre du naturel (ce qui ne peut estre) il faut les rendre paralleles. Pour estre tels suffit, que deux Diametres le soient : pource qu'vn seul Diametre l'estant, le Globe peut encore tourner à l'entour d'vne telle ligne, & acquerir vne infinité de diuerses situations, ausquelles il est indifferent ; mais

364 *Representatiõ de la quatrième diuision Géographique* quand deux le sont, le Globe est tellement determiné à vne telle position; qu'il est impossible qu'il la change; tant que les deux Diametres retiendront la leur: Et cette situation est sans doute la vraye & celle que l'on cherche. Entre les Diametres du Globe naturel deux nous sont conneus, sçauoir celuy qui du centre passe par nos pieds, & est dit la ligne verticale, que chaque ligne à plomb nous mõstre, & l'axe du mouuement iournalier qui est eleué sur la ligne meridienne horizontale selon l'eleuation du pole. Si donc dans le Globe artificiel nous donnons à la ligne Diametrale qui vient aboutir au point ou est marqué le pays ou nous sommes la situatiõ verticale nous aurons déja vne ligne parallelle qui sera non seulement parallelle mais en partie la mesme que la verticale naturelle : Si par apres nous tournons le Globe à l'entour de cette ligne iusques à ce que la ligne de l'axe se trouue dessus la ligne meridienne horizontale nous aurons vne seconde ligne artificielle & parallelle à la naturelle, & par consequent toutes les autres lignes Diametrales, & ensuite de celles-cy toutes les autres lignes, qui feront les mesmes angles, d'où s'ensuit que tout le Globe sera disposé comme il faut, pour participer à toutes les proprietez, que le naturel tire du Ciel, en vertu de sa situation.

Dans les Globes artificiels communs, comme aussi dãs les Spheres on commence par l'axe auquel on donne l'eleuation du pays ; puis on tourne le Globe à l'entour de l'axe iusques à ce que le Pays se rencontre & soit mis directement dessous le cercle meridien pour donner à son Diametre la situation verticale. Et le Globe estant tellement tourné que l'axe se trouue dans le plan du vray cercle meridien, ou sur la ligne meridienne horizontale, qui ordinairement est monstré par vne aiguille aimantée mise en bas il a pour lors la situation, que l'on demande.

Cela estant nous n'auons 1. qu'à continuer par imagination les Diametres de chaque pays, pour voir dans le Ciel leur point vertical d'vn costé, & leur plantal de l'autre, & auoir en telle ligne l'axe des cercles horizontaux du mesme pays. 2. Pour auoir ces cercles nous n'auons qu'à nous imaginer le mouuement d'vn demy cercle descri au chap. 4. §. 2. sur vn tel axe. 3. Nous pouuons remarquer les diuersitez des Horizons mises au chap. ij. §. 10. n. 4. & appliquer les proprietez mises au n. 5.

§. 3. Les ressemblances que le Globe artificiel a auec le naturel. Et les fruits, qui s'en ensuiuent.

Puisque c'est la similitude, qui est le principe, vnique des connoissances que nous pouuons esperer de nos Globes artificiels. Ie maintiens qu'il est triplement semblable au naturel. Et que ces trois similitudes sont autant de sources d'vne grandissime multitude de belles veritez. La premiere est entre les corps, la 2. entre les surfaces intentionnelles, & la 3. entre les lignes de mesme nature.

N. 1. *La ressemblance, qu'il y a entre les corps du Globe naturel, & de l'artificiel.*

Ie trouue quatre conformitez. La 1. est en la figure ronde, qui conuient à tous deux comme il

364 *Representatiõ de la quatriéme diuision Geographique* est euident. La 2. est en la diuision triple Geographique, laquelle est encore commune à tous les deux Globes auec cette difference, que la 1. quant aux lignes est imaginaire au naturel, reelle à l'artificiel: La 2. & 3. sont reelles au naturel, en peinture seulement dans l'artificiel. La troisiéme conformité est en la situation, que tous deux ont de mesme façon à l'egard du Ciel: comme i'ay fay voir au §. 2. de ce Chap. La quatriéme consiste à l'immobilité pour les Globes extraordinaires, & plantez dans les jardins.

La 1. conformité de la figure, nous donne vne idée de la rondeur du Globe terrestre. La 2. des diuisions nous fait conceuoir les diuerses parties, dont la surface terrestre est composée. La 3. de la situation nous fait connoistre les rapports du Globe terrestre, & de ses parties à l'egard du Ciel, & de ses parties: La 4. de l'immobilité nous conserue le Globe en sa vraye position & situation, & nous donne moyen en tout temps de verifier les proprietez, que la terre reçoit d'vne telle situation. La 1. est cause de la succession de la lumiere, que la terre reçoit des Astres en ses diuerses parties, du mouuement des Riuieres de tout costé, & de ce que la nauigation se fait egallement bien de quel costé qu'on veut: ce qui ne seroit pas, si la mer estoit plus esleuée d'vn costé, que d'autre. La 2. nous aprend les distances qu'il y a entre chaque point donné, les grandeurs des mers, des terres, des Lacs, des Isles, des Royaumes, des Prouinces, & de toute autre partie de la surface terrestre. La 3. nous donne moyen de reconnoistre beaucoup de proprietez celestes; comme on verra à la seconde & troisiéme ressemblance, qui viennent de la situation.

Que si on met en auant trois difference, où diuesités entre ces deux Globes, ie maintiens qu'elles n'empeschent point les effets & les proprietez, qui s'ensuiuent des conformitez. La premiere est la diuersité de grandeur qui est tres considerable : mais pour grande qu'elle soit, elle ne fait aucune diuersité en la maniere de receuoir les lumieres celestes: car tous les deux Globes sont eclairez en vne moytié seulement, & la moytié eclairée du Globe artificiel, est tousiours celle, qui represente la moytié eclairée du Globe naturel ; de mesme que s'il y auoit six quadrans ou six Globes artificiels disposez de mesme façon en vn mesme iardin, ou autre lieu l'vn receuroit la lumiere de mesme façon, que l'autre, & dans l'vn on verroit ce que les autres marqueroient. Au contraire la petitesse du Globe nous fait conceuoir en vne ou deux veuës vn obiet tout entier, duquel l'excessiue grandeur nous oste l'esperance de iamais en auoir la veuë de la 1000. partie. Et ainsi tant s'en faut que cette diuersité nous soit preiudiciable, qu'elle nous est beaucoup auantageuse, & fauorable nous faisant voir en vn tour de veuë plus, que tant de Nautoniers n'ont veu en plusieurs tours de longs, & de perilleux voyages.

La 2. diuersité est de situation; puisque le Globe artificiel est mis sur la circonference du naturel. I'aduouë que pour la demonstration Mathematique il le faut supposer au centre du monde, auquel cas il receura les influences celestes de mesme façon que le naturel, qui y est: Les perpendiculaires seront les mesmes, & en suite les autres lignes, ou insensiblement diuerses. Mais la distance du centre de la terre à la circonference quoy que tres grande à nostre egard est si petite à l'egard du Soleil ; & encore plus du firmament ; qu'elle est insensible, & le changement d'vn quadran solaire ou d'vn globe mis du centre à la circonference ne fait aucun changement sensible dans les incidences des Rayons, & autres proprietez celestes : comme on peut remarquer dans tous les quadrains, qui sont faits comme s'ils deuoient estre mis au centre, & neantmoins sont appliquez suy la circonference, sans qu'il en arriue aucun changement sensible dans l'incidence. La troisiéme diuersité est en la varieté des parties : sur quoy l'aduouë franchement, qu'il ny faut point chercher sur, & dans nos Globes l'or de Potossi, l'argent du Peru, les fruits de la Zone torride, les perles des Indes, les diamans de Malabar &c. c'est assez que l'on y trouue les figures : Aussi nostre Globe n'est pas vne cause Physique, & productiue de ces choses ; mais vn principe representatif, qui nous donne le moyen de venir en connoissance de l'Original.

N. 3. *Deuxiéme ressemblance entre la surface de l'vniuers, receuë sur le Globe naturel, & artificiel.*

Il est certain que chaque Astre iette sur les corps ses influences, dont la plus visible, la plus feconde, & vniuerselle est la lumiere ; & sur toutes la Solaire, que pour ce sujet ie choisis pour expliquer la façon auec laquelle elle se communique à nostre Globe. Il sera aisé de conclurre ce que l'on doit tenir des lumieres, especes, & influences, qui viennent des autres Astres, & ne sont pas si connuës.

Premiere assertion. Le Soleil éclaire la moytié du Globe Terrestre & laisse l'autre moytié en tenebres : pource que c'est vn corps opaque, rond, & grandement eloigné du corps Solaire. L'Opacité retient la lumiere & l'empesche de passer outre : La rondeur presente vne partie tournée vers le Soleil, & en garde vne autre detournée du mesme. La grande distance fait que cette partie est vne moytié sensible. Car encore bien que le Globe terrestre soit de beaucoup moindre que le Solaire, & par cõsequent capable d'estre éclairé en vne partie de beaucoup plus grande que la moytié, la trop grande distance oste cet auantange au Soleil & le fait tel, qu'il ne peut éclairer dessus la moytié que 15. min. de chaque costé pour le plus; puisqu'il ne paroit, que sous l'angle de 30. min. Ce qui se peut remarquer en nos Globes artificiels, ou la partie eclairée ne passe pas sensiblement la moytié.

2. Cette moytié de lumiere est terminée par vn grand cercle, qui diuise la partie éclairée de la tenebreuse & ombragée. Cette assertion suit de la precedente : car tout cercle, qui diuise le Globe en deux parties egalles est grand cercle, & a pour son centre celuy du Globe, par ce qui a esté dit au ch. 2. 5. 9. mais cõme la moitié n'est telle, que sensiblement, le cercle n'est grand que de la mesme façon.

3. Le grand cercle a pour essieu, ligne perpendiculaire ou centrale la ligne tirée du centre du Globe Terrestre, & pour circonference les rayons Solaires rarans ou frizans le Globe ; pource que le rayon, qui tõbe à plomb & perpediculairemẽt sur le Globe tient le point du milieu de la partie eclairée, & continuë tient encore le milieu de la partie ombragée : Les rayons qui frizent & touchent le Globe font l'extremité, les autres qui tombent obliquement font l'entre-deux : Le perpendiculaire ne fait qu'vn point, Les contingens ne font qu'vne ligne. Les obliques font la surface : chaque incidence diuerse fait vn cercle.

4. Cette ligne qui doit estre bien considerée mar-

que dans la circonference, par ou elle passe le pole ou point milieu du grand cercle; dans le centre du Globe le centre du mesme cercle, lequel est commun à tous les grands cercles, & continuée dans les Cieux marque le point vertical de quelque pays de la Zone torride d'vn costé, le point plantal de l'autre, d'où s'ensuit que le grand cercle est dans le plan Horizontal du mesme pays.

5. Cette ligne est mobile, & suit le mouuement du Soleil, le grand cercle le mouuement de la ligne, & la moytié eclairée le mouuement du grãd cercle; pource qu'il y a vne connexion estroite entre ces quantitez, la ligne est iointe auec le Soleil & part de son centre, le cercle est ioint auec la ligne en son autre extremité & luy est perpendiculaire, Le milieu eclairé est borné par vn tel cercle, & ainsi l'vn ne peut se mouuoir sans communiquer le mouuement à tout le reste.

6. Quand le Soleil est en quelque cercle parallelle de son Ciel, comme au tropique, ou dans l'Equinoctial ou entre deux la ligne perpendiculaire marque le mesme cercle terrestre comme le Tropique ou l'Equinoctial ou l'entre-deux; pource que les Globes sont concentriques & les lignes Diametrales, telle qu'est celle dont il s'agit, coupent les arcs semblables comme il a esté dit au ch. 25. & remarque 6.

7. Quand le Soleil fait en 24. heures vn cercle entier, & parallele le rayon perpendiculaire en fait sur la terre vn entier par la precedente assertion, & tous les autres points de lumière tant obliques, que razans font en mesme temps vn cercle parallele à celuy du rayon perpendiculaire. C'est vne proprieté commune à toutes les parties d'vn tout, qui sont vnies toutes ensemble, d'auoir en vertu de

leur vnion, & continuité vn mouuement dans leur tout, qui doit estre commun à toutes: & partant doit estre egal quand le mouuement du tout est droit, semblable quand il est circulaire & les lignes de leurs mouuemens sont tousiours parallelles & de necessité conseruent tousiours la mesme distance, qu'il y a entre les points mobiles, qui les descriuent, comme il est euident. Outre que si vous tirez vne ligne du point perpendiculaire à tout autre point, elle fera tousiours le mesme angle auec les cercles de ces points, & conseruera la mesme distance, ce qui est estre parallelle.

N. 4. *Les connoissances que nous tirons de la moitié éclairée.*

Nous aprenons 1. Que les pays qui sont enfermés dans ce grand cercle du costé du Soleil ont le iour, du costé opposite ont la nuit.

2. Que ce grand cercle qui termine la moitié éclairée à deux parties ou demy cercles, qui sont diuisés par le meridien, dans lequel se trouue le rayõ perpendiculaire. L'vne est Orientale, & c'est celle qui prend la place de l'ombre: L'autre est occidentale, & est celle qui quitte la place à l'ombre.

Les peuples qui se trouuent en la partie Orientale ont le leuer du Soleil, les autres le coucher du mesme. Ceux qui sont entre-deux seront d'autant plus eloignés du leuer ou coucher du Soleil, qu'ils le seront de ces termes: comme s'il y a distãce de 15. degrés il y aura vne heure que le Soleil a esté ou sera leué ou couché.

3. La moytié Orientale monstre les heures Italiques, l'Occidentale les Babiloniques de quelque pays que se soit capable de ces heures. Et pour

370 *Representatiõ de la quatrième diuiſion Geographique*
les ſçauoir il faut conſiderer & compter dans le cercle de latitude du pays, duquel on deſire ſçauoir l'heure les diſtances horaires or de 15. degrés, qu'il y a entre le point du pays, & le point de cette partie Orientale & Occidentale dans le cercle de latitude: car le nombre des heures, & de leurs parties declarera ce que l'on cherche.

4. La moytié eclairée monſtre en chacun de ces points le mouuement iournalier du Soleil: pource que chaque point fait vn cercle parallele. L'ombre qui tourne à l'entour de l'axe prolongé d'vn coſté, & d'autre, monſtre le meſme encore plus particulierement: mais ſur tout le rayon perpendiculaire le fait voir tres expreſſement & diſtinctement; puiſqu'il fait voir les cercles, dans leſquels le Soleil fait ſon mouuement, & ce rayon depeint les lignes ſpirales de tout ſon chemin.

5. La meſme moytié nous fait voir les heures communes, particulierement en deux endrois, ſçauoir 1. aux deux poles par les axes prolongez, qui ſeruent de ſtyle; & ne faut que diuiſer vn cercle parallele en 24. parties egalles, pour auoir les heures; ce que font les meridiens qui vont de 15. en 15. degrez. 2. En l'Equinoctial, & c'eſt en deux façons, ſçauoir par les rayons raſans, & par les perpendiculaires; entre leſquels il y a difference de 6. heures; pource que le rayon perpendiculaire eſt diſtant du rayon razant de 90. degrez: Ainſi dans le meſme point Equinoctial, il faut mettre d'vn coſté vne heure comme 12. pour le rayon perpendiculaire, de l'autre vne autre diſtante de 6. comme 6. heures. Le rayon perpendiculaire ſe connoit par vn cercle meridien tournant à l'entour de l'axe, tel qu'eſt en la figure miſe au Chap. 4. ſ. 2. le demy cercle a, b, c, car quand l'ombre de la largeur

Des Globes artificiels.

de ce rayon se perd, & qu'il n'y a sur le Globe que celle de l'espaisseur c'est pour lors le lieu, où le rayon tombe à plomb; & il est midy dans tout vn tel meridien. Et par tout les heures sont diuisées en des espaces egaux, & chaque heure contient la 24. partie d'vn cercle, ou 15. degrez.

6. La moytié eclairée du Globe, marque en chaque moment du iour, sur chaque cercle de latitude, la longueur du iour artificiel, qu'ont tous ceux, qui se trouuent dans vn tel cercle de latitude. Et selon que l'arc éclairé est grand ou petit, le iour est aussi grand ou petit, selon que l'arc ombragé est grand, la nuit l'est aussi. Si l'arc éclairé a 10. fois 15. degrez le iour sera de 10. heures, s'il est éclairé entierement le iour sera sant nuit, si la moytié est éclairée, comme il arriue en tout temps à l'Equinoctial, à cause qu'vn grand cercle tel qu'est celuy de la lumiere ne couppe iamais vn autre grand cercle tel qu'est l'Equinoctial qu'en parties egalles comme il a esté dit au Chap. 2. §. 9. le iour sera de 12. heures & la nuit de 12. pource que le Soleil luisant successiuement sur chaque point de tout cercle de latitude employe vne durée, qui à la mesme proportion auec celle d'vn iour entier, que la longueur de l'arc éclairé à auec la longueur du cercle entier; d'où s'ensuit, qu'en chaque instant que le Soleil luit, on peut declarer tout ce qu'il doit faire successiuement ce iour là. Comme aussi si vn point de lumiere mobile demeure 24. heures à parcourir vn cercle entier parallelle & immobile, ainsi que fait chaque point de la moytié éclairée par l'assertion. 7e. Le cercle entier estant fait mobile & allant de mesme celerité sur vn point immobile doit demeurer autant de temps, c'est à dire 24. heures, pour presenter, & appliquer successiuement toutes

Aaa 2

272 *Representatiō de la quatrième diuision Geographique*
ses parties sur vn mesme point, la moytié doit employer 12. heures, le tiers 8. le quart 6. vn degré 4. m. & ainsi des autres parties. Pource que ce changement d'applications actiues en passiues, & de passiues en actiues laisse le mesme espace, & la mesme celerité, d'où s'ensuit le mesme temps. Et partant si l'arc du cercle parallelle éclairé contient la moytié, ou le tiers, ou le quart du mesme cercle, cette partie demeurera à éclairer chaque point de ce mesme cercle la moytié, ou le tiers, ou le quart du iour naturel de 24. heures. Ce qu'vne practique rendra visible & tres euident.

D'icy s'ensuit que le grand cercle qui termine la moytié éclairée, lors que le Soleil est au tropique fait voir les plus grands iours, & les plus grandes nuits de chaque pays, & de combien les vns ont leur iour ou leur nuit plus grande que les autres, d'où s'ensuit la connoissance des climats; Et d'autant que la ligne, qui fait l'axe de l'Ecliptique represente la moytié de ce cercle dans les Mappesmondes communes, la tirant on la verra couper les cercles parallelles en deux parties, d'ont l'vne monstrera la durée de la moytié du plus grand iour, l'autre la durée de la moytié de la plus courte nuit au solstice d'Esté; le contraire sera au solstice d'Hyuer.

7. Enfin cette moytié nous fait voir les diuisions relatiues declarées és Chap. 11. 12., & 13. & on les peut rendre visibles par ce que i'ay dit, sans qu'il soit besoin d'vne plus ample explication.

N. 5. *Le moyen de representer cette moytié, & son mouuement.*

D'autant que cette moytié produit en nous suivrs

de nobles connoissances Geographiques, il est expedient de la bien conceuoir, & pour y arriuer on peut se seruir de trois façons, La premiere est de la voir sur vn Globe artificiel bien situé, & d'y verifier les points declarez icy. La 2e. est de couurir la moytié du Globe d'vn papier blanc marquant au milieu le point perpendiculaire, si l'on veut. Et si on y adiouste vne autre moytié de papier noir, l'vne monstrera la moytié éclairée, l'autre la tenebreuse. Et si on la fait mouuoir on y verifiera tout ce, qui a esté dit de chaque point de cette moytié, & du cercle, qui la termine.

La 3e. est sur vn Globe, qui tourne: pource que cette moytié de lumiere se reçoit de mesme façon sur vn Globe, soit que le Soleil tourne au tour du Globe immobile, soit que le Globe tourne à l'entour de la lumiere immobile, ou supposée telle. Et ainsi auec vn simple Globe mobile on pourra en peu de temps representer, & experimenter toutes les diuersités de lumiere, qui se font en vne année sur la terre, & sur les Globes immobiles. Et mesmes on peut se seruir de la lumiere de la chandelle, à la place de la Solaire.

N. 6. *Troisiéme ressemblance entre les rayons celestes receus sur le Globe tant naturel qu'artificiel.*

Cette cy suit de la 2e. & ne consiste qu'en ce que les rayons celestes qui ont des incidences diuerses sur les diuers points du Globe naturel ont toutes les mesmes sur ceux de l'artificiel. Par exemple quand les rayons sont razans au pays ou nous sommes ils le sont encore sur le Globe artificiel dans le point qui represente vn tel pays & comme le Soleil mourant darde ses rayons sur le mesme

874 *Repreſentatiõ de la quatrième diuiſion Geographique*
Pays moins obliquement auſſi fait-il dans le Globe artificiel ſur le meſme point. Ainſi en eſt il de tout autre endroit. Et de cette ſorte nous n'auons qu'à prendre les incidences des rayons Solaires, Lunaires & Stellaires, ſur le Globe artificiel pour en iuger autant du naturel.

§. 4. *Les auantages du Globe Terreſtre artificiel, & Geographique.*

IEles comprend ſommairement en la propoſition ſuiuãte que ie prouue. *Le Globe Terreſtre artificiel eſt le moyen le plus propre, que l'on puiſſe auoir, pour acquerir à fond, auec facilité, & bien toſt l'intelligence des principes, des practiques, & des inſtrumens Coſmographiques, Coſmonomiques, Chronographiques, & Geographiques.*

Entre les inſtrumens, les inſtructifs: c'eſt à dire ceux, qui regardent purement la connoiſſance ſont plus nobles, que les operatifs: c'eſt à dire ceux, qui ſont ſimplement pour quelque execution artificiele: pource qu'ils ont vne fin plus excellente, & plus parfaite: & ſeruent vne faculté beaucoup plus releuée; Et d'autant que la main eſt inferieure à l'eſprit, la puiſſance motiue à l'intellectiue, & l'ouurage artificiel à la connoiſſance d'vne verité naturelle; les inſtrumens, qui appartiennent aux vns, ſont plus bas, que ceux qui regardent les autres. Auſſi les vns ſont pris pour Arts liberaux, les autres pour Mecaniques.

Maintenant parmy les inſtructifs ceux, qui nous donnent l'intelligence du monde entier ſont preſerables à tous les autres, qui ne le sçauroient faire, que d'vne partie, & ont l'auantage sur ceux-cy, que le tout a sur ces parties: Outre que c'est tousiours vne plus grande merueille de faire vn abregé, & vn reduit d'vn grand tout, que d'vn moindre. Et encore entre ceux-cy il y en a, qui dans vn mesme objet tiennent le dessus, à mesure, qu'ils le representent mieux ; ce qui sans doute leur vient d'vne plus excellente & naïfue ressemblance.

Cela estant ainsi ie puis hardiment donner à nostre Globe la preference de tous les instrumens 1. Eu egard à la figure, qui est la plus noble de toutes ; puis à la dignité, grandeur, & vniuersalité de l'objet depeint sur cette figure, qui est le monde entier. Ce que disant ie dis tout. 2. A cause de la multitude des choses, qu'il nous fait voir en cet objet, & qu'il nous decouure comme autant de principe d'vn milion de tres-vtiles, agreables, & necessaires connoissances. Car luy vnique contient trois instrumens vniuersels, qui partagent les connoissances, que les Mathematiques nous peuuent donner du monde, dont ils sont les sources. C'est vne Spere, entant qu'il contient les cercles. C'est vn quadran horaire, entant qu'il monstre les heures: C'est vn plan perspectif, ou vn tableau de la Terre, entant qu'il en represente les parties : Et il est tout cela si vniuersellement, qu'il n'y à point de cercle qui ne soit, ou ne puisse estre exprimé au net sur cette Sphere ; ny moment de temps, qui ne soit marqué en ce quadran ; ny de pays, qui n'aye sa place en ce tableau ; Et si parfaitement, qu'il est le premier de ces trois especes d'instrumens, C'est à dire il est la plus parfaite representation des cercles, des heures, & des parties ou diuisions terrestres. En qualité de Sphere il nous aprend toute l'œconomie de l'Vniuers, & nous mene par toutes les parties, pour nous en faire voir les proprietés locales ; & ainsi nous enseigner la Cosmographie. Entant que ou Sphere mobile selon les periodes celestes comme il s'en trouue quantité, ou quadrans horaires immobiles, qui reçoit les rayons mobiles il nous monstre les mouuemens celestes, & par là nous enseigne l'Astronomie.

Et d'autant que ces mouuemens pour leur regularité sont la mesure des temps ils nous instruit de la Chronographie. Et mesmes entant que sur luy on peut depeindre les Estoilles en leur vray lieu, & au point ou tomberoit leur rayon perpendiculaire il nous peut seruir de Globe celeste. Enfin comme Globe terrestre il nous fait toucher au doigt toutes les particularités, & merueilles de la terre.

La troisiéme raison, qui me porte à donner le premier rang à nostre Globe c'est l'euidence, auec laquelle il nous propose ces mysteres, & la facilité, auec laquelle il nous les fait comprendre.

L'euidence luy est commune auec les autres sciences de Mathematiques : mais la facilité luy est propre ; puisque la ressemblance, qu'il a auec son objet fait, qu'il est vn second monde, & que voyant ce Globe nous connoissons le premier si non en luy mesme ; du moins en vn autre tout semblable ; qui est sans doute la façon apres celle du sens la plus aisée de toutes.

Enfin cét instrument merite de passer deuant tous les autres ; puisqu'il en est le pere, & qu'il ny a aucun instrument Cosmographique, Astronomique, Chronographique, & Geographique, qui ne tire de luy ses principes, ses demonstrations & son objet.

Et pour faire voir plus clairement cette preéminence

nence ie la verifie dans noſtre Globe entant que quadran Horaire, & i'en laiſſe inferer autant des autres tiltres, que ie luy donne. Et ſur ce ie dis 1. Que c'eſt le quadran Horaire le plus vniuerſel de tous; à cauſe que l'on y voit 1. toute ſorte d'heures ſçauoir les communes & Eccleſiaſtiques, les Aſtronomiques, les Italiques, les Babiloniques & les Caldaïques. 2. L'on y voit les heures pour toute ſorte de pays; & c'eſt de là meſme façon, que ſi on y eſtoit. 3. On les voit par toute ſorte de rayons, qui ſont de lumiere, d'ombre, ou de veuë. 4. On les voit en tout temps de iour, & de nuit. 5. Par toute ſorte d'Aſtres, comme par le Soleil, par la Lune, & par les Eſtoilles du Firmament, moyennant qu'elles ſoient vn peu eloignées du pole. 6. En tous les endroits du Globe particulierement aux Poles, & à la ligne Equinoctiale en deux façons comme i'ay dit au §. precedent n. 4. Et en tous les endrois les heures ſont diuiſées en parties egalles & proportionnées au temps, qui eſt employé à les parcourir.

Outre les heures ſi vniuerſellement monſtrées, & par tant de façons, le Globe de plus fait voir la diuerſité des iours, des nuits, & des crepuſcules en toutes les parties de la Terre. Les proprietés des longitudes, & des latitudes de tout pays. Les lieux des Aſtres, les mouuemens des Cieux, les diuiſions des Terres, & des mers, & les diuers effets, que ces parties reçoiuent des Cieux. En vn mot toutes les obſeruations que les Aſtronomes font en diuers endrois de la Terre ſe peuuent faire plaçant les meſmes inſtrumens en diuers endrois de noſtre Globe, & par celles-cy on pourra entendre celles-là à la reſerue des parallaxes.

Ie dis en second lieu que c'est le quadran le plus parfait de tous ; à cause que non seulement il fait paroistre les practiques vniuerselles declarées cy-dessus ; ce que ne font qu'en partie plusieurs autres instrumens : mais aussi de ce qu'il les fait voir auec vne façon si naturelle, & si familiere, qu'elle est toute la mesme, que tient la nature sur les Globes naturels ; ce que ne font les autres instrumens Où c'est par participation de cetuy-cy ; Et il y a la mesme difference entre eux & le nostre, qu'entre vne mostre d'vn horloge sonant & vn quadrā bien tracé. Car en vn l'eguille, qui marque les heures a pour principe de son mouuemēt des ressorts, & des ouurages d'vne inuention humaine, en l'autre le rayon, qui monstre les heures, a pour principe du tour qu'il fait à l'entour du Style le Soleil mesme qui le conduit : Et il y a autant de difference entre ces principes, que du Ciel à la Terre ; d'où il arriue que l'esprit voyant tout ensemble l'effet & la cause, la practique & le principe, l'experience & la raison demeure doublement content, & extremement satisfait. Or la grande conformité & parfaite ressemblance, qu'il y a entre nostre Globe artificiel, & le naturel en est l'vnique principe. Car elle fait que le nostre contient en soy les mesmes diuisions, & reçoit sur soy & à l'entour de soy les rayons & influences celestes de mesme façon, que le naturel.

Ie luy pourrois donner vn troisiéme auantage, sçauoir la facilité : mais ie la quitte, pour suppléer à vn manquement d'estre moins exact. Car ie tombe d'accord, que les practiques ny sont pas si precises, que peut demander vn Astronome, qui veut auoir toutes ses mesures dans vne rigueur Metaphysique : mais pour ceux qui recherchent les speculations, mesmes dans leur plus haute perfection, & qui se

Des Globes artificiels,

côtentent des practiques dans vne exactitude Physique comme sont presque toutes les personnes d'estudes, beaucoup plus les autres; elles y sont plus que suffisantes. Et mesmes c'est par là, que doiuent commencer les Astronomes, pour arriuer à la perfection, qu'ils pretendent. Et c'est dans le Globe où ils trouuent les demonstrations de leurs practiques.

Ces auantages ont excité les hommes a donner au public des Globes Terrestres, & Celestes de diuerse grosseur. Tycho en auoit vn de six pieds de diametre. Et pour moy considerant la varieté & multitude des connoissances, qu'on peut tirer de ces Globes i'ay creu que si au lieu des simples quadrans horaires on mettoit quelque grand Globe sur vn pilier au milieu d'vn iardin qu'il y seruiroit d'ornement particulier & seroit comme vn arbre de science qui porteroit du fruit en tout temps; & n'en perdroit point les donnant, & que les peres & les meres seroient rauis de voir leurs enfans & autres reuenir de leur iardin nō chargés de fruits arrachés, & cuillis des arbres: mais de verités tirées de nostre instrument, qui s'imprimeront insensiblement, & seruiront de principes à l'intelligence de plusieurs autres verités.

Sur ce ie me suis mis à composer vn liure de Chronographie, ou i'explique au long les practiques & les connoissances, qu'on peut inferer des Globes artificiels tant ordinaires, qu'extraordinaires, puis i'ay recherché quelque matiere propre à composer vn tel Globe: c'est à dire qui soit d'vne durté & solidité, qu'elle puisse subsister dans vn plein air, & se conseruer parmy les iniures du temps au milieu d'vn iardin. Deux matieres artificielles m'ont semblé sur toutes les autres auoir les conditions requises pour estre exposées à l'air, & y demeurer en leur entier. C'est la fayence, & vne sorte de marbre artificiel, qui dispute en fermeté auec le naturel, tel qu'on en voit quantité à Roüen, & entr'autres dans nostre Eglise. Car on peut faire vn Globe tant grand qu'on voudra de plusieurs pieces de bois bien sec, & mises au sens de leur longueur, on le peut couurir de lattes auec des clous forts, & auançans, & sur le tout mettre le marbre artificiel d'vne espaisseur conuenable, & sur ce marbre peindre à fresque ou autrement les diuerses parties, dont le Globe est composé. Le mal est qu'aux ouurages de fayence les couleurs estant tres propres à nos practiques; puisque le blanc qui sert de fond est tout iustement ce qu'il faut pour distinguer l'ombre d'auec la lumiere, & estant perpetuelles puisque le verre dont l'aimal de la fayence fait vn espece est le dernier ouurage du feu, qui peut vitrefier tout & l'or mesme sont receuës en vn sujet fragile & aisé à se corrompre & casser. Au contraire dans les ouurages de pierre naturelle ou de marbre artificiel les sujets qui reçoiuent les couleurs estât permanês les couleurs sont passageres & c'est beaucoup quád elles durent 10. ans. Il est vray qu'il est assés aisé de les renouueller. Il faut donc que l'art s'efforce de donner de la fermeté aux sujets des premiers & aux couleurs des seconds pour auoir des Globes, & des quadrãs stables & de durée. Ie tache de trouuer des remedes à tout cela & i'en traite au liure cité cy-dessus. L'excelléce des ouurages de Fayéce sur tous les autres, m'a fait poursuiure vn priuilege aupres du Roy, pour le conferer à celuy que ie iugerois plus capable de les entrepredre & d'y reüssir. I'ay choisi Maistre Iean Ratheau fayencier de Neuers pour ce sujet, auquel i'ay cedé ce priuilege : comme auſſi il merite d'en iouïr ; ſoit à raiſon des experiences, qu'il luy a fallu faire, pour arriuer à la perfection de cette entrepriſe; ſoit pour la capacité, qu'il a, tant à comprendre les regles Mathematiques, & neceſſaires à la delineation des Globes, & des quadrans de toute ſorte ; qu'à inuenter les remedes aux difficultez, qui ſe rencontrent trop ſouuent en la compoſition, & cuiſſon de la terre, & en l'application des couleurs.

CHAPITRE SEZIESME.
De la quantité du Globe terreſtre naturel.

§. I. *Le moyen de la connoiſtre, & des meſures dont on ſe ſert.*

SVffit d'auoir la connoiſſance de la grandeur abſoluë de quelque partie du Globe côme d'vn degré pour tirer & conclurre celle des autres ſoit par les proportions qu'elles ont auec la conneuë ce qui demande beaucoup de Geometrie, ſoit par la ſimilitude d'vn petit Globe, & conneu auec le grand. Ainſi c'eſt à nous à rechercher icy la grandeur abſoluë de quelque partie terreſtre.

Remarques au preallable, qu'on prend trois ſortes de meſures pour expliquer trois ſortes de grandeurs Les moindres ſont pour les quantitez ordinaires & qui nous ſont preſentes, telles que ſont les baſtimens, jardins &c. Les plus grandes ſont pour les longueurs terreſtres; comme pour expliquer les voyages, & diſtances entre les Prouinces. Les troiſiémes ſont les celeſtes : Pource que vouloir expliquer les ſecondes quantitez par les premieres meſures & les troiſiémes grandeurs par les ſecondes, il y auroit trop de peine & d'ennuy à la multiplication & denombrement de tant d'vnitez.

Les premieres mesures sont celles, qui sont prises des deux parties du corps humain, qui peuuent estre plus aysement appliquées sur les autres quantitez; c'est à dire des pieds & des mains d'vn homme d'vne belle & riche taille; pource que se sont les longueurs les plus communes, familieres, & publiques, qui sont en tout temps & en tout lieu en nostre pouuoir & vsage. Et d'autant que l'application se fait des pieds en marchant sur la terre, c'est de là, que le pied est la plus commune mesure de toutes, & que vient le prouerbe reduire le tout au petit pied.

Ce seroit vn grand bien, si toutes les nations s'accordoient à prendre vne mesme longueur, pour la mesure d'vn pied, comme elles ont conuenu dans le choix d'vne mesme partie du corps humain. Mais puisqu'il n'en va pas ainsi, il faut se determiner à vn certain pied, & y reduire les autres. Et puisque le pied du Roy, & de Paris est le plus conneu & vsité, c'est celuy là, que l'on doit choisir pour premiere mesure.

Le pied est entre deux sortes de mesures, dont les vnes le composent comme estant ses parties; les autres en sont composées comme d'vne partie. Par les premieres il est diuisé en 12. pouces, chaque pouce en 12. lignes, chaque ligne en 12. petits grains de sables. Ou bien on le diuise en 4. palmes, la palme en 4. doigs, le doig en quatre grains de froment. La palme de la main se prend en deux façons. 1. selon la largeur, & de cette sorte elle ne contient, que quatre doigs, le pouce en estant exclus. 2. en longueur depuis l'extremité de l'index iusques au ply de la main, & contient 9. pouces ou douze doigs; & selon quelques vns 8. pouces ou dix doigs & deux tiers. Le palme Romain trecommun à Rome, & en l'Italie comme estant leur premiere mesure contient 8. pouces, & trois lignes du pied du Roy. Voila les mesures qui entrent en la composition du pied: Voicy celles ou le pied entre. Le coude contient vn pied & demy, c'est la mesure plus commune des Hebrieux. L'eniambée, ou le pas commun deux pieds & demy: le double ou le pas Geometrique dit deux eniambées ou 5. pieds. La brasse est encore de cinq pieds, & c'est ce que l'homme peut auoir de longeur entre ses bras estendus. La toise est de six. L'aulne seroit bien vne mesure certaine; à cause du trafic, qui fait que les Villes ont grand interest de la conseruer en sa iustesse; n'estoit la grandissime diuersité, qu'il y a des aulnes de chaque païs. La verge est de 12. pieds, la perche est depuis 18. pieds iusques a 25. en diuers endrois comme ie monstre en l'Art d'arpenter. Il ny a personne qui ne trouue les premieres mesures sur soy mesme; comme sur ces pas, ou dans ses mains ouuertes, ou fermées, & estenduës diuersement: ce qui estant bien reconneu luy pourra seruir en diuerses rencontres.

Les secondes mesures sont composées des precedentes, & sont les suiuantes 120. pas Geometriques font vn Stade. 1000. pas Geom. ou 8. Stades font le mil d'Italie, qui est entre les grandes mesures ce, qu'est le pied entre les communes; puisque d'ordinaire on explique les autres par ces milles Italiques, qui contiennent vn nombre rond de pas. Vn mil & demy ou 1500. pas G. font la lieuë d'Escosse. 2500. pas G. ou deux mille & demy font la lieuë de France 3400. pas Geom. la lieuë d'Espagne 5000. P. G. valent le mil ou la lieuë d'Alemagne. 4000. P. G. font le mil ou lieuë de Suede ou de Suisse. 6000. P. G. font le mil ou lieuë d'Ongue. Le degré du grand cercle peut encore seruir de mesure pour declarer les longueurs des Fleuues, des voyages, & des autres distances. Les degrez des moindres cercles doiuent estre reduits à la valeur des grands, ce que l'on fait par vne table assez commune.

Ces mesures estant trop petites pour expliquer les distances celestes on a choisi la plus grande longueur droite terrestre pour la troisiéme sorte de mesure, c'est à dire le Diametre, ou le Semidiametre terrestre que l'on connoistra par les manieres, que ie declareray bien tost.

§. 2. *Le moyen de trouuer la grandeur d'vn degré terrestre ou de la 360°. partie d'vn grand cercle terrestre.*

C'Est ce point conneu, qui nous donne le principe de toutes les dimensions Cosmographiques. Il suppose la terre ronde, & ne s'entend que des degrez d'vn grand cercle; à cause que les grands cercles sont sur les Globes ce que les lignes droites sur les plans: c'est à dire les lignes les plus courtes sur vne surface ronde, qu'on puisse tirer d'vn point à vn autre. Ils sont tous egaux, n'ont qu'vne mesure cōmune, sont par tout; & c'est par eux qu'on expli-la valeur des autres. On trouue diuerses façons dãs diuers Autheurs de connoistre la valeur d'vn degré: Les vnes sont prises par obseruations faites sur le Ciel & la Terre, les autres par obseruations sur la Terre seule & par regles Geometriques. Les premiers pour reüssir font trois choses. Premierement ils prennent sur la terre vne mesme ligne

gne de midy pour auoir l'arc d'vn grand cercle, & certes le meridien est le grand cercle le plus propre de tous. Dans cette ligne ils choisissent deux points & voila l'obseruation qu'il faut faire sur le Globe Terrestre, pour laquelle on se sert ou de l'eguille aimantée, ou d'autres inuentions de trouuer la ligne de midy. 2. Ils prennent la difference de ces deux lieux qui est la mesme, que la difference de deux angles, que font les rayons venans d'vne mesme Estoille mise dans le cercle meridien auec les verticales ou les horizontales des deux points choisis, lesquels sont conneus par des instrumens, qui ont vn filet à plomb & par consequent la ligne verticale, ou qui ont vne autre chose equiualente. 3. Ils mesurent l'entredeux, & la longueur trouuée est iustement la valeur de l'arc designé par la difference des deux angles: comme si la difference des deux angles est de 30. min. & la distance itineraire est de 30. mille nous dirons qu'vn demy degré fait 30. mille, & partant qu'vn degré entier en fera 60.

Cette façon quoy que la plus ordinaire suppose ces trois operatiós, ausquelles on ne peut manquer sans tomber en quelque erreur touchant la valeur d'vn degré. Il faut choisir vne pleine, vne rase & & longue campagne; pour trouuer plus exactement la ligne de midy & la mesurer; Telles sont les costes de certains Lacs, qui ont plus de 30. lieuës de longs, dont on peut prendre les longueurs ou par application de la mesure, ou par regles Geometriques ou par vne inuention nouuelle tirée de la succession du son, dont ie parle en la Cosmometrie.

Les seconds se seruent de diuerses façons, qui sont plus Metaphysiques, que Physiques. La premiere nous donne la longueur du Semidiametre terrestre, dont il est facile d'inferer le rond parce que

C cc

ie diray au §. 7. Prenez en vn lieu haut, escarpé verticalement & à plomb deux points de niueau A. & B. d'où vous ferés tomber deux Globes de fer en vn temps calme sur deux points bas & de niueau. C. & D. Prenés la difference entre ces deux distances A. B. la superieure & C. D. l'inferieure : & autant de fois que l'excez de la superieure A. B. sur C. D. sera dans toute la distance A. B. autant de fois la distance entre A. & C. ou B. & D. qui doit estre grande pour faire vn excés sensible se trouuera dans le Semidiametre Terrestre. La demonstration est tres-aisée ; mais le rencontre de ce qui est requis à la practique est tres-difficile.

La seconde façon est de prendre l'angle, que fait la ligne de niueau A. B. auec les deux lignes descendentes A. C. & B. D. qui sont verticales, & se vont rencontrer au centre, car on cônoistra les trois angles de ce triangle, & vne ligne, ce qui suffit pour connoistre tout le triangle par la doctrine des triangles. La troisiéme. Prenez du haut d'vne montagne, d'vn clocher, ou autre hauteur notable A. sur la mer calme ou bien sur quelque grand Lac le point D. que le rayon visuel va razant ; c'est à dire le dernier, que la veuë apperçoit du point A. que quelqu'vn pourra marquer tenant vn flambeau sur la surface de l'eau. Car le dernier point de la veuë directe de ce flambeau sera celuy que l'on cherche: Et que l'on trouuera encore, si on met le flambeau sur la montagne, & qu'on auance dans la mer iusques à ce qu'on le perde de veuë, car marquant le point du Lac, ou de la mer, que le rayon visuel frize pour aller trouuer l'extremité du flambeau sera le point que l'on cherche. Ce qu'estant fait on aura la ligne tangante D. A & la hauteur du lieu, ou est le flambeau & l'obseruateur dont on peut connoistre les

longueurs & par les proprietés du cercle & des sinus on peut inferer la longueur du Semidiametre
Terrestre ; comme vous pouuez voir dans diuers
Autheurs : & mesmes la quantité de la circonference comprise entre le pied de la hauteur, & le
point razé par le rayon visuel. Ie laisse ces pratiques comme trop difficiles.

Les Autheurs & les obseruateurs de cette longueur ne conuiennent pas en vn mesme sentiment,
& la cause de cette diuersité d'opinions peut venir
ou de la diuersité des mesures comme du pied qui
est bien different en diuers pays, ou manque d'vne
rotondité parfaite en la terre, ou par la faute des
obseruateurs, qui ne prennent iustement ny la difference de latitude entre deux objets, ny la distance droite sur terre entre les mesmes, ny deux Villes
dans vn mesme Meridien. Et encore bien que les
plus courtes longueurs semblét estre les plus asseurées ; pource que c'est le propre de la ligne droite,
dont il s'agit icy d'estre la plus courte ; toutefois
pour auoir vn nombre rond & mesmes pour tenir vn
milieu entre tant, & de si diuers sentimens. Blancanus a choisi pour mesure vn mille Italique, qui est
vne lōgueur propre à mesurer les distāces terrestres
ny trop longue ny trop courte, & pour nōbre de ces
mesures, qui vallent vn degré il a encore pris le nōbre rōd 60 qui estoit le milieu de ceux que l'on donnoit. Ce qu'estant chaque minute vaudra vn mille
Italique precisémēt ; puisqu'il y a autant de minutes
à vn degré, que de mille ; Et certes la commodité & la facilité des operations merite bien que l'on
change, ou accroisse les premieres mesures pour
conseruer ces deux nombres : Mais d'autant qu'il
faut auoir icy esgard à la verité, & non pas à la facilité ; & briefueté, que l'on doit chercher seule-

ment dans la verité Snellius à recherché ce point auec tant d'exactitude, en vn lieu si propre & auantageux, & la traité si doctement dans le liure, qu'il a fait tout entier de cette matiere, qu'il nous oblige à suiure sa decision, & a donner pour la valeur de chaque grand degré terrestre la longueur de 57. mille toises ou 68. mille Italiques & quatre diziémes, qui sont 400. pas ou bien 28,500. verges, qu'il nomme perche de 12. pieds Romains chacune & pour la valeur d'vne minute premiere 5700. pieds, d'vne seconde 95. pieds, d'vne troisiéme vn pied 7. pouces ; d'où s'ensuit que tout le circuit est de 24,624. mille Italiques ou de 20,520,000. toises ou de 10,260,000. perches ou de 6,840 lieuës Horaires d'vn mille & demy de perches, ou de trois mille toises chacune. Et toutes ces mesures sont composées du pied Romain ancien : Et si en cette opinion on veut retenir le nombre de 60. mille, il faut faire valoir le pied 13. pouces, & 8. lignes du moins. Neantmoins à cause que la plus part des Autheurs, mettent dans leur operations le degré a 60. mille Italiques, dont chacun contient mille pas je m'en seruiray aussi auec eux és operations communes. Il est vray que le pied de Paris contenant 1055. parties, de celles dont le pied ancien Romain en contient 1000. cela aproche tousiours de plus prés de la verité, quoy que de peu.

§. 3. Le moyen de trouuer par la longueur conneuë d'vn degré les autres dimensions & quantitez du Globe terrestre.

C'Est le propre des figures de determiner les quantitez qu'elles contiennent, & entre les figures c'est le propre de la ronde de faire voir toute la determination dans la moindre de ses parties; à cause de la grãde vniformité de toutes. Nous l'allõs voir tirant la connoissance des quantitez tant interieures, qu'exterieures du Glob par vne seule partie conneuë, telle qu'est celle d'vn degré, dont la valeur est icy supposée selon le commun de 60. mille. On aura donc 1. la longueur de tout le cercle, & de toute la circonference multipliant 60. mille qui font la valeur d'vn degré par 360. D. & le produit 21,600. mille sera la longueur totale du circuit de la terre. 2 On aura le Diametre de la terre prenant sept vingt-deuxiémes, c'est à dire le tiers de la circonference trouuée, & vne septiéme partie du tiers qui font 114. degrez & douze vingt & deuziémes ou 6872. mille Italiques auec 8. onziémes. Puis partageant cela en deux on aura pour Semidiametre la longueur de 57. degrés & 6. vingt & deuxiémes ou 3436. milles Italiques auec 4. onziémes. 3. multipliant la moitié du circuit trouué par le Semidiametre le produit qui est 37,112,727. & 3. onziémes donnera la surface droite terminée par vn grand cercle en quarrés, qui ont pour chaque costé vn mille Italique. 4. Multipliant par à cette grande & droite surface d'vn grand cercle, ou bien le circuit trouué par le Diametre le produit 148450909. & 1. onziéme declarera toute la surface ronde, & conuexe du Globe terrestre 5. Multipliât la 3. partie de cette surface côuexe par le Semidiametre le produit 170,030,273,056. donnera toute la solidité de la terre reduite en corps cubiques, qui ont vn mille en chaque costé & contiennent 21,053,784,432,000,000,000,000. pieds cubiques 6. On trouuera la longueur d'vn degré de chaque moindre cercle dans vne table assez commune, & par les regles mises icy on donnera le cercle entier, auec le diametre & la surface droite qui en est terminée en mesures des degrez de grands cercles 7. On a cy-dessus la regle pour auoir la surface de tout segmen d'vn Globe. 8. Par ces mesmes regles on supputera la grandeur des autres Globes de l'Vniuers, la capacité & grosseur de tous les Cieux. Et de tout le Firmament, moyennant qu'on aye la grandeur absoluë d'vne partie comme d'vn degré.

Mais selon la supputation de Snellius en son liure du veritable circuit de la Terre le grand cercle terrestre sera de 10,260,000. perches, le Diametre de 3,265,860. perches & vn peu moins de la moytié d'vne. Le Semidiametre 1,532,930 La solidité sera de 18,238,691,779,153,164. perches cubiques La surface spherique 33,507,717,774,840. & trois quarts enuiron de perches quarrées. ou bien le circuit sera de 6840. lieuës horaires de 3000. toises chacune. Le Diametre de 1177 & 14. centiémes La surface d'vn grand cercle de 18,811,353. & 60. centiémes de mêmes lieuës quarrées. La solidité de tout le Globe aura de ces lieuës cubiques 40,956,831,512. & 640. dix milliesmes.

§. 4. *Le moyen de trouuer sur nos Globes la longueur de toute ligne assignée tant reguliere, qu'irreguliere.*

TElles sont les lignes, qui bornent les Prouinces, les lacs, les mers, &c. celles qui marquent le cours des riuieres, la suite des montagnes, les voyages & nauigations celebres, & autres semblables. Pour en determiner la longueur il ne faut que prendre vn filet, le mettre sur la ligne, dont on cherche la longueur, comme sur vn fleuue appliquant chaque partie diuerse d'vn filet sur chaque partie different du fleuue; afin d'auoir la longueur du filet egalle à celle du fleuue par vne parfaite correspondance de ces deux longueurs: puis il faut transporter le filet sur l'Equateur, ou autre grand cercle diuisé en 360. degrés; & voir combien il faut de degrés d'vn grand cercle, pour egaller toute la longueur du filet. Car autant qu'on aura trouué de degrés autant de fois faudra il donner 60 mille selon la commune façon ou pour aller au iuste 57. mille toises pour toute la longueur. Le nauire de Magellan tournant sur le rond de la terre l'espace de trois ans fit quatorze mille lieuës d'Alemagne, de 4. mille chacune.

On peut faire le mesme sur les cartes, qui ont vne echelle des petites mesures, & ne representent pas des estendues de plusieurs degrés.

Si on demande la distance droite entre deux termes assignés, ou plustost l'arc du grand cercle compris entre ces deux points ; comme entre deux Estoilles du Ciel, ou deux Villes de la Terre, il est bien aisé d'auoir vn tel arc sans aucune connoissance de longitude ny de latitude de ces points soit dans les Globes celestes naturels, soit dans les artificiels tant celestes, que terrestres : pource que nous sommes au centre du Ciel des Estoilles, auec quantité d'instrumens pour prendre & examiner l'angle, que font leurs rayons ; & par l'angle l'arc : Et l'instrument nommé Arbaleste le donne d'abbord.

Et pour les Globes artificiels nous les auons dedans nos mains, deuant nos yeux : Et auec vn compas ou vn filet nous pouuons prendre la distance entre deux points, & la transporter sur l'Equinoctial pour auoir les degrez, qu'elle comprend en la maniere declarée cy-dessus. De plus quãd les deux Villes se trouuent en mesme longitude ou differentes precisément de 180. degrez, il est encore facile par vne simple addition, ou subtraction arithmetique de connoistre les degrez qui sont entre deux, les latitudes estant données.

Mais hors de ces cas il faut vser d'vne industrie particuliere: vous en trouuerez de diuerses soit dãs des Cartes vniuerselles, soit dans les liures particuliers.

§. 5. *Le moyen de trouuer les surfaces particulieres du Globe terrestre & en particulier de la France & de la Palestine.*

IL faut reduire les irregulieres à des regulieres & mesurer celles cy selon les regles que l'on donne

De la quantité du Globe 397

en la Geometrie practique, & en l'art d'arpenter, que ie descris au long autre part. Ie me contente icy d'en faire voir sur deux exemples vne façon quoy que grossiere. Le premier est la France, dont on recherche l'estenduë par la mesure la plus commune dans le mesme Royaume qui est l'arpent. Sur quoy il faut presupposer qu'vn arpent est vne estenduë de terre qui contient 100. perches, ce que fait le quarré, qui à dix perches en chaque costé, qu'vne perche est vne mesure de differente longueur en des Prouinces differentes, Ie la prend icy de 22. pieds, selon qu'elle est en Normandie, au Perche, & autres pays ou elle tient le milieu entre les autres, qui sont les vnes plus courtes, les autres plus longues.

Ce qu'estant le mil Italique c'est à dire mille pas Geometriques en longueur feront 5,000. pieds ou 227. perches & 6. vingts deuziémes. Vne perche quarrée contient 22. fois 22. c'est à dire 484. pieds. Vn mille multiplié quarrement ou en soy mesme fait 1,000,000 pas, 25,000,000 pieds, ou 51,652 perches quarrées & 108 cent vingt & vniémes d'vne perche ou 516 arpens & vn demy enuiron.

Cela supposé ie dis que la France peut estre reduite à vne figure quarrée: pource qu'elle a autant de longueur, que de largeur, & que chaque costé de ce quarré contiendra 7. degrés d'vn grãd cercle ou à 60. mille chaque degré 420. mille Italiques d'où s'ensuiura que la surface entiere contenuë dans ces costez de 7. degrés ou de 420. mille Italiques sera de 49. degrés ou de 176,400. mille Italiques quarrés, qui estant multipliés par 516. arpés & demy la valeur d'vn mille quarré le produit nous donnera pour la totale estenduë de la France 91,010,600. arpens de terre. Tout consiste à prouuer que la longueur & la largeur de la

Ddd

France est de 7. degrés ou de 420. mille Italiques.
Premierement, la France est comprise dans la largeur de sept degrés de latitude sçauoir depuis le 43e. iusques au 50e. qui sont degrez d'vn grand cercle: Et partant valent chacun 60. mille, & tous ensemble 7. fois 60 qui sont 420. mille. La mesme France à 10. degrés de longitude selon les tables les mieux receuës. Ces degrés appartenans à des moindres cercles sont de beaucoup moindres, que les grands: Et puisque le milieu de la France est au 45. parallelle enuiron ie prend ces 10. degrés dans le 45. parallelle dont chaque degré selon la veritable supputation vaut 42. minutes d'vn degré de grand cercle, & presque vn tiers, que ie ne compte point icy. Ces 42. minutes vaudront 42. milles Italiques par ce qui a esté determiné cy-dessus, & les 10. degrés de longueur vaudront 10. fois cela, c'est à dire 420. mille Italiques comme les 7. de latitude valoient 420. & voila les costés de nostre quarré prouué.

Que si l'on dit, qu'il y à des pays appartenans à la France qui sont hors de ces bornes comme est vne partie de la Bretagne, qui est plus Occidentale, tout le Boulonois & Calais, qui est plus Septentrional: vne partie du Languedoc, de la Prouence, & de la Guiene, qui est plus Meridionale; Ie responds, qu'il y en a aussi d'autres enfermés dans ces limites, qui ne sont de la France: comme vne partie de la Sauoye, du Luxembourg, du Pays Bas, & autres que l'on peut voir en la Carte de France & de cette sorte l'vn peut recompenser l'autre. Et ce qui est de la France hors des bornes assignées peut non seulement egaler ce qui n'en est pas, & est dans ses limites, mais aussi le surpasser comme on peut iuger par la seule veuë.

Et si nous voulons prendre la iuste valeur d'vn degré de Snellius de 68. mille Italiques, le quarré, auquel on reduit la France aura 7. degrés pour son costé, qui font 476. mille Italiques, lesquels multipliés quarrément font pour toute la surface de la France 226,576. mille Italiques quarrés, & ceux-cy multipliées par 516. arpens & demy la valeur de chaque mille quarré font 116,016,504. arpens de terre. Et si vous ostez pour les Landes, Rochers, Marais, Places publiques, Chemins, & autres Terres à non-valoir, & pour les eaux inutiles le quart de cette somme sçauoir 29,006,616. resteront pour les terres profitables 87,089,878, Et si vous en voulez encore oster vn quart pour des terres particulieres restera pour la moitié 58,017,252, arpens.

Et pour comparer la Frāce auec le Globe mettant selon les regles precedētes 360. degrés pour le circuit 114. D. & 12. vingt-deuziémes pour le diametre 57. D. & 6. vingt & deuziémes pour le Semi-diametre 10,309. D. & 2. vingt-deuziémes pour la surface d'vn grand cercle, & 41,236. D. & 8. vingt & deuziémes pour la surface Spherique. Si nous prenons la moytié de cette surface conuexe pour la Terre decouuerte laissant l'autre moytié pour les Mers, sçauoir 20,118 D, & 4 vingt & deuziémes : Et si nous la diuisons par 49. degrés, qui font la surface de la France, nous trouuerons que la France est contenuë en cette moytié 410. fois, Et si on préd seulemēt le tiers sçauoir 13,745. vn tiers pour oster plusieurs terres steriles, desertes & inhabitées, la France sera 280. fois dans telle estenduë, de laquelle partant on pourra faire 280. Royaumes d'egalle grandeur à la France n'ayant égard qu'à la quantité. Et si la Chine à 21. degrés en longueur 16. en largeur elle aura en sa surface 336. D. qui contiennent sept fois vn peu moins la France, ou 49. degrés. Sanson Geographe du Roy asseure qu'encore bien qu'en Alemagne on compte 300. Souueraietés elle neantmoins n'est pas plus grande en estenduë que la France qui n'en a qu'vne, où c'est de si peu que l'excez n'est pas considerable; moyennant qu'on en retranche les Pays-Bas, les Suisses, les Grisons, la Lorraine, & la Franche Comté, qui ne reconnoissent pas l'Empereur pour leur Souuerain

S. Hierosme en l'Epistre 129. voulant monstrer que les Iuifs ne se deuoient pas glorifier dans L'amplitude de leur Palestine dit que la plus grande longueur prise depuis Dan iusques à Bersabée estoit 160. mille, & sa largeur de 46. mille, & encore que ces dimensions soient prises les plus grandes, & qu'il s'en faille bien qu'elles soient égalles par tout : Toutefois les supposant telles, toute cette terre des Iuifs, n'auroit que 7360. mille quarrés pour toute l'estenduë de sa surface, qui partagée en 12. tribus chacune auroit 613. mille quarrés, desquelles si on oste les terres à non-valoir on s'estonnera comme vn si grand peuple y pouuoit trouuer sa nourriture puisque en la Ville de Hierusalem on y a compté deux fois 2,000,000. de personnes. Il y a d'autres terres dont les surfaces sont plus irregulieres, & partant plus difficiles à receuoir la reduction

§. 14. *Comment est-ce que les Mers se conserue en mesme grandeur.*

LA difficulté que l'on propose sur la mer Caspie est commune à dauantage de mers & à plusieurs Lacs dont les vns fournissent des eaux à des Fleuues, & portent batteaux à leur source, sans qu'on voye d'où elles viennent: les autres en reçoiuent sans qu'on apperçoiue les lieux, où elles vont. Ie mettray pour l'eclaircissement de ce point quelques maximes, quelques experiences, & la responce à la difficulté.

N. 1. Les Maximes.

La premiere maxime est cette-cy. Pour conseruer toute liqueur contenuë en vne concauité dans vne mesme grandeur telle qu'est l'eau d'vne Fontaine comprise dans son bassin, d'vn Lac contenuë dans son lit, & d'vne Mer pareillement remplissant la capacité de son fond concaue il est necessaire, ou qu'elle demeure sans aucune ny addition ny substraction, ou si on y fait vne de ces deux operations on en doit faire autant de l'autre, & la substraction doit tousiours egaller l'addition, & cette-cy l'autre. Car si on rend à vne capacité plus de liqueur, qu'on n'en prend elle haussera, regorgera & s'epanchera: Si on en oste plus qu'on en met elle baissera & dessechera. Donc pour la conseruer sans hausser ny baisser il en faut oster autant qu'on en adiouste, & en adiouster autant qu'on en oste: ce que l'on peut verifier dans tant de bassins, de canaux, de riuieres, & dans tant de lacs, que nous auons deuant nos yeux, ou nous remarquons manifestement toutes ces diuersités: Pource que la substraction, & l'addition se font à decouuert, & de l'eau demeurant en nature & consistence d'eau naturelle. On la voit entrer, passer, demeurer, & sortir.

La seconde Maxime est qu'entrer & sortir, prendre & rendre, adiouster & oster dans le sujet dont il s'agist icy se font par des mouuemens locaux en deux façons : car ou ces mouuemens sont seuls & simples comme il se fait dans les exemples mis cy-dessus, où ils sont ioints & presuposans quelque changement du mobile, ainsi qu'il arriue en l'eau mise dans la cornue c'est à dire dans le vase inferieur de l'Alembic que l'on y fait entrer par vn simple mouuement local : mais elle en sort estant au prealable changée en vapeur, laquelle à raison de sa rareté est esleuée au chapiteau & au vase superieur, où elle entre en qualité de vapeur, se forme en eau, & en sort en nature & pesanteur d'eau par le bec. D'où on voit qu'il y a deux façons d'adiouster de l'eau dans vne capacité, qui en est à demy remplie, l'vne commune quand l'addition se fait de l'eau demeurant eau, l'autre plus extraordinaire, quãd elle se fait de la vapeur, qui s'y rencontre & s'y change en eau : Et pareillement qu'il y a deux façons d'oster & de faire sortir de l'eau de la mesme capacité l'vne par vn simple mouuement local, l'autre par le changement de l'eau en vapeurs, d'où s'ensuit vn changement local de cette vapeur qui quitte vn lieu bas pour monter en vn plus eleué.

La troisiéme maxime est que l'eau demeurant en nature d'eau ne peut entrer d'elle mesme en vne capacité, que venant d'vn lieu plus haut, & n'en peut sortir, qu'en coulant en vn lieu plus bas ; pource que l'eau retenãt sa pesanteur ne peut auoir autre mouuement de soy dans vn milieu plus rare que de descente : ce que l'experience nous fait voir clairement. Et d'autant que la surface superieure de la mer est plus basse qu'aucune qui soit dans le Globe Terrestre, il s'ensuit que les eaux formées dans la Terre peuuent aller se rendre à la mer ; pource qu'elles trouuent vne pente & vne descente iusques là : mais que les eaux de la mer demeurant telles ne peuuent retourner sur la surface Terrestre : pource qu'elles trouueroient autant de montée au retour qu'elles ont eu de descente à l'allée. Et puisque d'ailleurs il est necessaire, qu'il sorte autant d'eau de la mer, qu'il y en entre par l'abbord de tant de riuieres; autrement elle deborderoit, & innonderoit la terre par la 1e. maxime; il faut que la sortie se fasse par le changement de l'eau en vapeurs, & puis par le mouuement de ces vapeurs en haut : Et pour parler plus generalement il faut qu'il se fasse autant de conuersion de vapeurs en eau, que d'eau en vapeurs dans tout le Globe Terrestre pour maintenir l'eau en sa grandeur; de mesme qu'il se fait autant de changement en vn alembic d'eau en vapeurs dans le vase inferieur, que de vapeurs en eau dans le Superieur comme l'on peut reconnoistre par le poids de l'eau diminuée en l'vn, & formée en l'autre. Et si le bec du vase superieur portoit l'eau dans l'inferieur comme font les riuieres l'eau des sources à la mer, il se feroit en l'alembic artificiel vne conuersion perpetuelle, & circulaire d'eau en vapeurs montantes, & des vapeurs montées en eau descendente, comme il se fait dans le grand alembic naturel. Par ce mot de vapeur i'entends tout ce en quoy se resoult l'eau rarefiée, & ce qui estant condensé se resout en eau.

N. 6. Les Experiences.

Les experiences nous font voir en plusieurs lacs des additions continuelles d'eau que plusieurs riuieres y font couler sans aucune substraction sensible comme i'ay declaré cy-dessus au lac de Titicaca en l'Amerique, & de Burgian en la Perse, En d'autres lacs situés au haut des rochers & montagnes comme le Zaire & en tant de sources on voit des substractions & sorties d'eaux capables de faire moudre des molins, & porter des batteaux à la source sans addition & sans qu'on voye d'où elles peuuent venir.

On remarque la mer Caspie toute bordée de riuieres, & l'eau y entrer continuement par plus de 160. embouchures, sans qu'on apperçoiue vn petit canal par où elle sorte, Et d'ailleurs le Soleil ne peut pas le iour dissiper, & changer en vapeur vne si grande quantité d'eau qui y coule iour & nuit ; à cause de l'obliquité & en suite de la debilité de ses rayons, & de l'estenduë trop petite de cette mer à proportion de l'Ocean qui multipliant les estenduës multiplie les matieres des vapeurs & presente plus d'eau à l'actiuité des rayons Solaires pour estre couertie en vapeurs. Outre que quand les rayōs Solaires croissāt en obliquité decroissēt en vertu c'est à dire l'Hyuer c'est alors, que les eaux croissent par par des excez notables ; Ce qui est encore plus euidemment remarquable en la mer Mediterranée, à qui l'Affrique donne pour le moins le tiers de ses eaux par le Nil, & les autres Fleuues, qui s'y vont rēdre sur toute la coste de la Barbarie, l'Europe luy en donne autant de son costé par le Danube, le Rosne, le Po, & tant d'autres, Et si le Burgian se decharge en la mer Caspie, & cette-cy au Pont Euxin comme il est probable, l'Asie ne luy en donnera pas moins, que les autres parties, l'Ocean y porte encore ses eaux ; puisque les nauires entrent de l'Ocean en la mer Mediterranée sans vent & mesme auec vn vent contraire mediore, & n'en sorte point, que par vn vent fort & capable de surmonter le courant de l'eau. Et de cette sorte les mers de Tana, Caspie, Pont Euxin, & l'Ocean & les

Fleuues

Fleuues qui sont beaucoup en nombre, & grands en capacité y apportent leurs eaux sans que rien paroisse en sortir, & ne faut pas croire, que le Soleil puisse faire euaporer tant d'eaux pour les raisons desduites sur la mer Caspie.

Le contraire se fait dans la mer Pacifique du d'vne part le Soleil fait vne substraction estrange d'eau, à raison de la grande amplitude de cette mer qui dans la longueur de 40 degrés enuiron & dans la largeur de plus de 100. est exposée aux rayons solaires, & de la grande efficacité de ces rayons qui y sont ou perpendiculaires, ou approchans. Et d'autre part il ne se fait aucune addition ie ne diray pas égale, mais approchante de ces pertes: pource que l'Amerique Méridionale, au lieu d'y fournir ses eaux arreste par ses longues & hautes montagnes Sierra & Andes, les vens pluuieux de nostre costé, & fait que tous les Fleuues viennent se descharger à nostre Ocean, & il n'y a que quelque petit ruisseau, qui s'aille rendre à la mer Pacifique. Et quant à la Septentrionale si elle a quelques Fleuues qui vont à la mer Pacifique elle en a bien dauantage, qui portent leurs eaux dans nostre Ocean.

N. 3. Response à la difficulté.

LEs maximes & les experiences mises cy-dessus estant tres veritables, & d'ailleurs contraires en apparence, pour les accorder. Ie dis premierement que rien ne se perd entierement ou selon toutes ses parties. Car encore bien que tout aye esté tiré du neant, rien neantmoins ne peut tout à fait & ne retourne dans le neant. Il y a tousiours vne partie qui demeure, & est le sujet des changemens qui se font, ce que particulierement il faut entendre de l'eau, qui se changeant en vapeurs conserue la nature d'eau, puis qu'elle maintient le principe & la vertu de se reduire à l'estat naturel de l'eau.

Il y a des Chimiques, qui maintiennent que le poids se conserue tousiours parmy les changemens; & partant qu'il est attaché à la partie, qui demeure pour sujet: mais que pour le trouuer il faut auoir toutes les parties esquelles se resout le mixte, & auoir egard à la pesanteur que le milieu ou on les examine leur oste, qui croit selon que la partie croit en rareté.

Ie dis secondement que les Lacs & les Mers qui n'ont aucune communication exterieure, & apparente auec d'autres par quelque destroit ont vne decharge interieure par quelques canaux sousterrains, ou couches de sable, la necessité de ces canaux est tres euidente par les maximes mises cy-dessus, & les experiences sont tres-fauorables qui nous font voir tant de fleuues perir & renaistre, & tant d'autres conduites d'eau sousterraines comme i'ay monstré cy-dessus, & puis que dans le Pont Euxin, il y a vn endroit nommé Bathea Ponti pour sa profondeur, du fond duquel on tient que l'eau sort, il est tres probable qu'elle vient de la Mer Caspie, qui se decharge par là. Gilbert Porretan en sa Physiologie raconte qu'au pied du Mont Caucase il y a vn grand Lac nommé Mer par les Habitans qui recoit les eaux de plusieurs riuieres, lesquelles coulant sous la Terre des Coraques se vont rendre dãs le Pont Euxin a 300. stades du bord, ou en trois endroits on trouue l'eau, qui en montant du bas en haut conserue sa douceur, comme celle des Fleuues Marignan & de S. Magdeleine maintient la sienne auançant dans la Mer dix lieuës entieres, ainsi que I'ay dis cy-deſſus. Ie dis 3. Que la conduite de canaux nous eſt inconneuë; pource que d'vne part elle eſt cachée à nos ſens, & d'autre part elle depend d'vn principe libre; c'eſt à dire de la volonté diuine, qui a choiſi ſel chemin, que bon luy a ſemblé de meſme que pour la conduite exterieure des eaux qui eſt irreguliere. Si toutefois on peut decouurir la ſortie de ces eaux on peut conclurre que c'eſt dans l'entredeux, que ce ſe fait le paſſage.

Ie dis 4. Que la Mer Mediterranee ſe peut defaire des eaux ſuruenantes en deux façons. Premierement par le deſtroit de Gibraltar dans l'Ocean; mais par la partie inferieure. Car comme dans les diuerſes parties de la hauteur de l'air, il y a ſouuent des mouuemens contraires, & Gilbert Porretan en ſa Phyſiologie dit auoir remarqué en meſme temps & en l'eſpaiſſeur de l'air cinq mouuemens differens vn qui pouſſoit les voiles en vn endroit, vn autre qui portoit les fumées des cheminées autre part, & trois plus eleués, qui chaſſoient les nuées de differente hauteur en trois autres endrois; ainſi dans les parties diuerſes de la profondeur de l'eau il y peut auoir des mouuemens differens. Et de cette ſorte quand vne partie de l'eau de l'Ocean entreroit dans la Mediterranée par le haut, vne plus grande ſortiroit par le bas; mais il faut trouuer diuers principes de ces mouuemens differens 2. Par communication ſouſterraine. Et cette-cy ſe fait dans la Mer Rouge; pource qu'elle eſt la plus voiſine, & pource qu'elle rend ſes eaux à l'Océã par le deſtroit de Zocotora ſans en receuoir par canal decouuert. Puiſque donc il eſt neceſſaire que l'vne ſe deſempliſſe ſous terre de l'eau qu'elle reçoit exterieurement, & que l'autre ſe rempliſſe ſous terre de l'eau qu'elle rend à l'Ocean viſiblement on ne peut mieux ſatiſfaire à l'vne & à l'autre necessité, que faisant aller secretement les eaux de la Mer Mediterranée à la mer Rouge. Et d'autant que la quantité de ces eaux est tres grande il faut que le Canal soit d'vne grosseur & capacité extraordinaire: ce qui est encore necessaire pour faire passer l'eau de la Mer Caspie, au Pont Euxin,

Pour la Mer Pacifique deux causes reparent les pertes que le Soleil luy fait souffrir. La premiere est assés connuë: Ce sont les pluies qui suiuant les vens qui y sont fort reglés sont frequentes & abondantes, la seconde est moins connuë & dont je reserue l'entiere explication au traité des particularités: c'est vn mouuement dans la Mer par lequel les eaux Polaires vont à la Zone Torride comme on apperçoit par les glaçons qui ont ce mouuement & par autres effets qui le prouuent. Et certes si la Zone Torride est propre à rarefier & changer les eaux en vapeurs à raison de sa chaleur, les pays polaires ayant la qualité contraire c'est à dire la froideur doiuent auoir vn effet contraire & le pouuoir de condenser & changer les vapeurs eau. La difficulté est d'expliquer comment les vapeurs, qui ne s'y peuuent former y peuuent venir des pays chauds où elles se font, & pour faire entendre ce mouuement faut sçauoir que les vens sont reglés en tous les lieux, où il n'y a aucun empeschement qui y apporte des obstacles tels sont en bas la vaste estenduë de la Mer Pacifique qui est vne pleine sans diuersité & en haut l'espace qui fait le plus haut de l'air où les vés soufflent & ou on ne trouue point des causes diuertissantes. 2. Que ce plus haut de l'air va s'abbaissant à mesure que l'ō s'esloigne des pays chauds & que l'on s'approche des froids, & quand on vient au point du pole la region de l'air froide touche la

Mer. 3. Que les vens en ce haut vont reglement de la Zone Torride vers les poles ; Pource que la rareté des vapeurs naissantes dans la Zone Torride est le principe d'expulsion, & chasse les vapeurs & l'air de ce costé, La densité des mesmes les resserre en neige, gresle, ou eau dans les lieux froids & est vn principe d'attraction qui attire à soy tout l'entredeux d'où s'ensuit le mouuement declaré, l'explique tout cecy plus amplement au lieu cité.

CHAPITRE DIX-SEPTIESME.

Quelques practiques Geographiques.

PRACTIQUE PREMIERE.

Trouuer au Pays ou l'on est les quatre points Cardinaux de l'Horison, sçauoir est le Midy, le Septentrion, l'Orient & l'Occident.

CEs quatre points M, E, S, O. sont les termes & extremités de deux lignes perpendiculaires, M, S, & E, O, dont l'vne M, S, se nomme la ligne de midy, pource qu'elle monstre d'vn costé le midy, qui est la plus noble partie, de l'autre S, le Septentrion. La seconde E, O, monstre les deux autres en E, l'Orient, en O, l'Occident des Equinoxes, & est nommé Equinoctiale ou Orientale pour la plus noble partie qu'elle monſtre. Ainſi ce ſera aſſés d'en trouuer vne par obſeruation pour auoir l'autre par regles & par elles les 4. points, que l'on cherche.

Le lieu & le ſuiet, ſur lequel on doit tirer, & marquer ces deux lignes eſt d'ordinaire vne ſurface immobile, & de niueau, comme ſont le bas des feneſtres, le deſſus des Perrons, & autres tels plans, qui 1. doiuent eſtre fermement arreſtés, pour conſeruer les lignes marquées immobiles qui doiuent touſiours ſe porter vers les meſmes points & parties de l'Vniuers. 2. Doiuent eſtre expoſés au Soleil, & à la veuë des hommes pour pouuoir ſeruir à diuers vſages qui ſont les ſuiuans.

1. Ces lignes monſtrant les 4. points du monde au lieu où elles ſont font voir les parties qui ſont Meridionales, Orientales, Occidentales, Septentrionales dans vn baſtiment, vn Pays, vne Ville, &c. C'eſt pourquoy on les met dans les Cartes Topographiques. 2. Pour connoiſtre preciſement, & exactement l'heure & le point du midy, le cercle & le lieu meridien des Aſtres. Et c'eſt quand l'ombre d'vn filet à plomb tombe droit ſur cette ligne Meridienne, & la couure preciſement. 3. Pour tirer d'autres lignes Meridiennes ſur quelque plan que ſe ſoit. Car l'ombre d'vn filet à plomb à l'inſtant du Midy pris ſur vne telle ligne ou autrement trace par tout cette ligne, & ſi ce filet paſſe par l'extremité d'vn ſtyle planté en quelque lieu que ſe ſoit ſon ombre ſera la ligne Meridienne, que l'ombre du ſtyle monſtrera lors qu'elle y ſera terminée. Et cette ſeule obſeruation du point du midy marqué par l'ombre d'vn ſtyle planté dans vne muraille quoy que declinante ſuffit pour donner moyen d'y faire vn quadran tres-exact. 4. Pour voir par vn quart de 90. la plus grande hauteur du Soleil & de toute autre

Astre qui arriue en cét instant, & par celle-cy la latitude du pays, la declinaison des Astres, & autres proprietez Astronomiques. 5. Pour situer au iuste & come il faut les quadrãs mobiles, les Globes, les Spheres, &c. sur les plãs horizõtaux, car on n'a qu'à mettre la ligne horaire de midy sur sa ligne marquée & tourner la partie boreale vers le pole: & tout est fait. 6. Pour examiner la declinaison de l'aiman qui se fait en remarquant de combien de degrez, l'eguille s'esloigne de cette ligne trouuée. 7. Pour reconnoistre la declinaison des murailles, qui n'est autre que l'angle que fait la ligne perpendiculaire à la muraille & horizontale auec la ligne de midy concourante & pareillement horizontale. 8. La ligne Orientale O, E, contient la section du vertical qui donne commencement du costé Oriental E, a tous les autres & les finit en O, & l'ombre du filet à plomb monstre dans les degrés de l'angle le vertical ou est l'Astre, De ceste sorte il y a 180. verticaux du costé du midy & autant vers le Septentrion, qui pour ce sont appellés Septentrionaux, comme les autres 180. meridionaux.

Il y a deux façons de prendre l'vne de ces lignes par obseruation: La premiere est grossiere & se contente de la donner à peu pres comme si on marque l'ombre que fait vn filet à plomb sur l'acoudoir d'vne fenestre, lors' que l'horologe ou vne monstre sonne midy, quand on prend la ligne horizontale supposée au Rayon qui vient de l'Estoile polaire à nous, ou celle que marque vn Eliotrope exposé au Soleil sans empeschement, ou dans vn arbre Sié horizontalement la ligne cẽtrale qui passe par les centres des ronds ou oüales qui sont marques dans l'espaisseur: car si l'arbre est tellement exposé au Soleil, qu'il ne reçoiue aucun rayon reflexe cette ligne est infailliblement Meridienne. Et il est vtile d'auoir egard en transplantant les arbres de conseruer la situation celeste en la 2e. position qu'ils ont eu en la 1e. Que si l'Ebene, le bois d'Inde, & autres ont des cercles plus concentriques ; c'est qu'ils viennent de la Zone Torride où ils sont echauffés de tous costés. Vne eguille de fer flottante soit seule soit auec vn peu de liege sur de l'eau dormante se tourne d'elle mesme tellement, qu'elle fait vne ligne de midy, ou approchante.

Les autres manieres & plus certaines sont les suiuantes. La premiere est vn quadran portatif, qui aye vne eguille animée de la vertu d'vn bon aimant, Car mettant vn tel quadran sur vn plan horizontal eloigné de tout fer; afin que le mouuement que l'eguile a pour sa conuersion vers les poles ne soit point empesché par vn autre, qu'elle a d'attraction, & le tournant iusques à ce que l'Equille repose sur le point de sa declinaison qu'il faut connoistre ou auoir marquée on aura pour ligne meridienne la ligne de midy d'vn tel quadran, ou les lignes paralleles des deux costés ; s'il est de figure quarrée. Il y en d'autres portatifs, qui mostrant les heures par le rencontre des arcs des iours, monstrent ensuite la ligne de l'heure de midy. Ils sont de diuerse façon, les concaues hemispheriques sont les plus asseurés.

La 2e. est determinée à deux iours de l'année, Sçauoir au 11. de Mars, & 13. de Septembre ; auquel le Soleil entre en l'Equinoctial. Le tout consiste à trois points. 1. à planter vn style sur vn plan horizontal immobile, & exposé au Soleil. 2. à marquer dans l'vn de ces deux iours l'extremité de ce style deux fois, du moins, ou plus si l'on veut. 3. à tirer vne ligne droite par les points marqués, laquelle

quelle sera la vraye Equinoctiale O, E; & sa perpendiculaire la vraye Meridienne M, S. Cette façon est exacte, & aisée pource que 1. Pour le style on peut prendre vn clou, vne espingle, ou toute autre longueur solide, moyennant qu'elle aye le bout capable de faire vne ombre visible, sans se soucier si elle est droite ou tortuë, plantée droit & perpendiculairement ou non. C'est assez que le bout, auquel seul on a egard, & duquel seul on marque l'ombre soit immobile. 2. Pour le temps de marquer l'extremité de l'ombre c'est à telle heure, que l'on trouuera commode, sans estre astreint à vne determinée, & à sçauoir quelle heure il est quand on fait la marque. & 3. Pour les points marqués deux sont necessaires & suffisans: mais trois & dauantage ne sont pas superflus. Car tant plus on en aura pris tant plus on aura d'asseurance de la ligne, si elle est se rencontre dans tous les points, comme elle doit: Pource que le plan Equinoctial estant vn grand cercle couppe tout autre plan droit par vne ligne droite; ainsi que i'ay dit au Chap. 2. Et si on dit que le Soleil n'est qu'vn instant dans le cercle Equinoctial, ie respond que l'erreur qui vient de sa sortie est insensible pour le peu qu'il s'en eloigne dàs 10. heures. On peut encore auoir la ligne Orientale O, E, par vne obseruation, si on prend l'ombre d'vn filet à plomb, lors que le Soleil se trouue en vn mesme instant à l'Equinoctial, & à l'Horizon, ou la ligne droite que marque le filet à plomb venant d'vne Estoile, qui est dans l'Equinoctial, & tout ensemble dans l'Horison du pays, que la veuë peut aisement reconnoistre regardant cét Astre par le filet & le plan.

La 2e. n'est pas assuietie au iour, comme la precedente; mais elle est attachée à deux instans de

Fff

temps egallement eloignés du midy desquels le premier est au choix de l'obseruateur. 1. Il faut planter vn style sur vn plan de niueau, & immobile, afin qu'il ne puisse bransler. 2. Du bout du style, auquel seul on a egard tirés sur le plan plusieurs cercles parallelles & concentriques soit deuant l'obseruation ou plutost durant pour ne faire rien de superflu tires chaque cercle par chaque point d'ombre extreme que vous voudrez remarquer le matin & tout ensemble, sçachez à peu prés qu'elle heure il est durant telle marque: apres midy trouuez vous vers l'heure egallement distante de midy, & voyez quand l'ombre retournera à se terminer iustement sur le cercle auquel on la pris le matin comme à 4. heures apres midy si l'obseruation a esté faite deuât midy à 8. heures, & vous aurés deux points par ou on tirera vne ligne, qui sera l'Orientale, & sa perpédiculaire sera la Meridiéne. Remarqués que tât plus vous aurez de cercles marqués en deux endrois de la sorte, & tant plus l'obseruation sera faite vers les solstices ou le Soleil change insensiblement de declinaison tant plus cette obseruation sera parfaite. Ou bié prenés par vn quart de 90. le matin & le soir les deux instâs ou le Soleil aura la mesme hauteur & marqués les deux points que l'extremité de l'ombre du style fera, ou les deux lignes d'ombres que fera vn filet à plomb immobile. Car la ligne qui passera par ces deux points sera l'Orientale, & celle qui sera au milieu de ces deux lignes la Meridionale. Tant plus les points sont pris proche de l'Horison tant mieux s'est; pource que la hauteur s'y change lors plutost & plus sensiblement. Morin fait vn long Semidiametre tournât à l'entour d'vn point immobile, & ayant vn style dans l'extremité mobile, & quand deux fois le iour l'ombre de ce style tombe sur vn mesme point du Semidiametre on a deux lignes, que le Semidiametre marque, entre lesquelles celle du milieu est la Meridionale. La raison de ces façons vient de ce que le Soleil & tout Astre a vne fois seulement chaque iour la hauteur Meridienne qui est la plus grande de toutes, & deux fois toute autre hauteur moindre, & ces deux sont tousiours egallement eloignées du midy lequel partant est entre deux & perpendiculaire à la ligne tirée par ces deux points. D'autres prenent par vn filet vne ligne verticale, & puis par tables & quelques observations connoissent laquelle c'est, d'où il est aisé de tirer la Meridienne.

PRACTIQVE DEVZIESME.

Trouuer l'éleuation du Pole & de l'Equateur au Pays, ou l'on est, & la latitude du mesme c'est à dire la distance de nous à l'Equateur Terrestre, ou de nostre point vertical à l'Equateur Celeste.

IE ioings ces trois quantités ensemble, à cause de la connexion qu'elles ont dans vn mesme cercle meridien comme on pourra voir dans la figure mise au Chap. 11. §. 10. ou on verra que la hauteur de l'Equateur est tousiours le complement de 90. sur la hauteur du Pole, que ces deux hauteurs iointes ensemble font tousiours 90. que la latitude est

Practiques Geographiques

toussiours egalle à l'eleuation du Pole : Partant qui connoistra l'vne de ces qantités conclurra aisement les autres. L'instrument pour ces obseruations est vn quart de 90. à quoy il faut adiouster la table des refractions pour y auoir egard.

On aura la hauteur de l'Equateur 1. Si dans les deux iours Equinoctiaux on prend la hauteur meridionale du Soleil, y adioustant ou ostant les minutes de l'Equateur, dont le Soleil pourroit estre eloigné de l'Equateur à midy, ce que l'on connoistra par les tables du lieu Solaire. 2. Si on prend la hauteur meridienne d'vne Estoille mise dans l'Equinoxe. 3. Si on prend la hauteur meridionale du Soleil en tout autre temps, particulierement vers les Tropiques, qui les declinaisons ne changent qu'insensiblement. Et si on adiouste à cette hauteur trouuée la declinaison quand elle sera Meridionale, ou si on l'oste quand elle sera Septentrionale & que l'on aura par des Tables on aura la vraye eleuation de l'Equateur. 4. Si on prend dans les deux Solstices la plus grande & la plus petite hauteur Meridionale és pays où elles se trouuent d'vn mesme costé, le milieu entre ces deux hauteurs extremes sera celle de l'Equateur. 5. Si de la plus grande vous ostez 2 3 degrés 30. minuttes, ou si vous les adioustés à la plus petite vous aurez le mesme. 6. Si on prend la hauteur Meridionale d'vne Estoille conneuë & au delà de nostre Zenith tirant vers le midy : & si on oste de cette hauteur la declinaison Septentrionale plus haute, ou si on adiouste la Meridionale plus basse, on aura encore ce que l'on cherche.

On trouuera la hauteur du Pole par les obseruations suiuantes. Prenant premierement la plus grande hauteur d'vne Estoille Septentrionale &

Trouuer la Latitude du pays où l'on est.

toufiours fuperieure à l'Horifon. Ou 2. la moindre, ou 3. toutes deux enfemble, car oftant de la plus grande hauteur le complement de la declinaifon de l'Eftoile c'est à dire ce qui refte iufques à 90. ou adiouftant à la plus grande depreffion & baffeffe le mefme complement, ou prenant la moytié des nombres des deux hauteurs extremes, ce qui viendra de ces trois operations monftrera triplement l'eleuation du Pole. On peut encore y arriuer en adiouftant à la plus grande baffeffe la moytié de la difference, ou l'oftant de la plus grande hauteur. Que fi la plus grande hauteur paffoit le point vertical du pays Septentrional, & fe trouuoit dans la partie Meridionale, il faudra adioufter à 90. Le complement de telle hauteur ou ce qui manque iufques à 90. à vne telle hauteur & operer comme a efté dit. Comme fi ie trouue l'Eftoille qui est la derniere en la queuë de l'Ourfe, & est le premier Cheual du Chariot auoir pour fa plus grande hauteur 86. D. 55. min. pour la moindre 9. D. 5. m. apres auoir ofté la refraction qui conuient à vne telle hauteur. Ie prend le complement de la declinaifon d'vne telle Eftoile qui eft 38. D. 55. & ie l'ofte de 86 D. 55. m. ou ie l'adioufte à 9. D. 5. m. i'auray toufiours 48. degres pour le Pole. Si i'adioufte 9. D. 5. m. à 86. D. 55. m. i'auray 96. D. & dans la moytié 48. la hauteur du Pole. Item fi ie prend la difference de deux hauteurs qui fait 77 D. 50. m. & que i'en ofte la moytié 38. D. 55. m. de la plus grande 86. D. 55. m. ou que ie l'adioufte à 9. D. 5. m. i'auray encore 48. D.

On aura la latitude d'vn pays prenant la hauteur du Pole, ou le complement de la hauteur trouuée de l'Equateur, puis qu'elle est egale à chacune de ces quantités. La raifon de tout ce que deffus fera euidentes à celuy qui concevra, que le Pole est le centre & le milieu à l'entour duquel se fait le mouuement iournal de toutes les Estoilles, & partant qu'elles sont autant eleuées par dessus ce point du milieu dans le Meridien qui est vn vertical, qu'abbaissés dessous ce mesme point dans ce mesme cercle.

On donne encore deux façons independentes des obseruations célestes. L'vne est tirée de trois Autheurs modernes le P. Cabeus au liu. 1. Chapitre 17. Le P. Kircher, & Kepler qui ont laissé par escrit que dans les surfaces qui terminent les montagnes, les costes, les falezes escarpées & taillées à plomb, & qui sont paralleles au cercle Meridional on y apperçoit des lits, des veines, & diuerses couches de terre qui font l'angle d'eleuation du Pole auec la ligne Horizontale : ce qu'ils disent auoir trouué veritable en presque tous les Royaumes de l'Europe, Et en Potossi les veines d'argent gardent cette regle : mais ie ne trouue cette assertion assés vniuerselle pour pouuoir seruir de regle. Et ie ne la donne que pour vne remarque assés belle. L'autre façon est tirée de l'inclination de l'aiman, dont ie parleray en la Practique suiuante.

PRACTIQVE TROISIESME.

Trouuer la lögitude du pays où l'on est.

N. 1. L'excellence de cette Practique.

L'Vtilité de cette connoissance à excité les Roys les Republiques, & Communautez à promettre & presenter de grandes recompences & pensions

Trouuer la longitude du Pays, ou l'on est.

à celuy, qui la donneroit au public & ie tiens que les prix qu'on a proposé sont inferieurs à son merite : Car si on l'auoit les Nautonniers conduiroient leur route droitement vers vn terme sans gauchir tant soit peu & euiteroient de grands egaremens : Estant iettés par les tempestes en des lieux inconneus se remettroient dans le droit chemin & reprendroient leur route. Enfin vn homme transporté cōme le Prophete Abacuc en quel endroit de la Terre que ce fut decouuriroit le lieu où il seroit. Et la nauigation qui est imparfaite deuiendroit tres-accomplie par cette connoissance, & chacune seroit grandement redeuable à l'Autheur de cette Practique, & à l'inuenteur de ce secret.

Ce n'est pas que l'on n'aye diuerses manieres de les connoistre : mais elles sont ou trop difficiles à practiquer, ou trop suietes à manquer. Ie les reduis toutes à trois chefs. Les premieres se tirent du Ciel, Les secondes de la terre, Les troisièmes de l'aiman qui a vne vertu Terrestre en son sujet, celeste en son rapport. Ie les traicte toutes briéuement ; de peur qu'en cherchant les longitudes des pays tres vtiles ie n'en donne à mon Lecteur vne de discours fort ennuieuse.

N. 1. *Les façons de la premiere espece qui se tirent des Cieux.*

Ie dis 1. que les cercles horaires ont non seulement connexion auec ceux de longitude ; mais encore mesmeté, & identité : Et partant par la connoissāce des vns en qualité d'horaires on viēdra en celles des autres & des mesmes en qualité de lōgitude. Comme aussi les Villes de differente longitude n'ont rien de plus remarquable à raison de cette differente longitude n'ont rien de plus remarquable à raison de cette difference que la diuersité des heures, qui leur arriue en vn mesme instant de temps. Aussi les differentes longitudes suiuent en perfection les horaires croissant & decroissant ensemble de mesme façon. S'il y a difference d'vne heure qui est la 24. partie du cercle iournal, diuisé en 24. parties, il y aura de la difference de 15. degrés qui font la 24. partie du mesme cercle diuisé en 360. parties. Vne minute d'heure donnera 4. min. de degré, 4. min. horaires feront vn degré entier, & ainsi du reste consecutiuement. Pour le mesme suiet ceux qui vont de l'Orient à l'Occident comme de nos costes de l'Europe en l'Amerique, & delà à l'Asie, ou ceux qui reuenans delà vont de l'Occident à l'Orient ont les iours & les heures differentes de ceux qui demeurent en mesme lieu, ou qui vont du Midy au Septentrion: Pource que ceux-là changent de longitude en voyageant, ceux-cy non. Les vns ont leurs heures plus longues, pource qu'ils vont auec le Soleil, les autres plus courtes qui vont contre. Tous les ont plus courtes ou plus longues du temps qui conuient à la diuersité de longitude comme si quelqu'vn estoit allé de l'Orient à l'Occident sur 15. degrés d'vn mesme parallelle en 30. iours ces 30. iours seroient plus longs que ceux de celuy qui auroit demeuré en mesme lieu d'vne heure, pource que 15. degrés de longitude font la diuersité d'vne heure.

Ie dis secondement que pour auoir cette diuersité horaire en mesme instant de temps il faut auoir dans les Cieux quelque obiet visible qui soit & momentanée & tout ensemble remarquable de diuers endrois de la Terre: Et cet obiet visible ne peut estre autre, que quelque concours, rencontre, &
rappors

rapport passager des corps celestes visibles & permanens, lequel ne dure qu'vn instant, à cause du mouuement de ces corps: Car entant qu'vn tel obiet sera apperceu des hommes en diuers endrois, chacun pourra remarquer l'heure & le temps d'vne telle obseruation; entant qu'il ne dure qu'vn instant de temps, les diuersités horaires remarquées en ces diuers endrois seront toutes à l'egard d'vn mesme instant, & auront la condition requise pour decouurir parfaitement les diuerses Longitudes de ces pays, où on a fait l'obseruation.

L'on peut encore conclure les Longitudes de diuers endrois par la conuenance horaire remarquée en deux instans diuers, dont on connoist la durée Horaire de l'entredeux, ou par autre diuersité: mais toutes ces façons suiuent de la premiere & la supposent; ainsi ie ne m'y areste pas.

Ie dis 2. Que ces rencontres momentanées, ne peuuent estre autre que les Eclipses, soit lunaires soit des satellites de Iupiter, & les rapports locaux de conionction, ou de distance de quelque Estoille auec la Lune. Pource que 1. Ces rapports de concours ou de distances peuuent estre remarqués de diuers endrois de la Terre, & par des instrumens propres à les determiner. 2. Sont assés frequens pour seruir d'obiet souuent & par tout. 3. Sont instantanées: Et pour ce point il ne faut pas prendre la durée de toute l'Eclipse: mais l'entrée seulemét, ou la sortie, ou plutost le rencontre de l'ombre auec vne certaine tache lunaire qu'on distinguera auec de bonnes Lunetes à long tuiau. De mesme quand on prendra la distance ou conionction lunaire auec vne Estoille il faut la prendre du centre de la Lune & non pas de tout le corps pour l'auoir la plus precise, que faire se peut.

Ie dis 4ent. que la speculation en cette matiere s'est trouuée bien differente de la practique. Car pour les Eclipses lunaires, d'autant que la Penombre c'est à dire l'ombre non pleine & qui va s'agrandissant selon qu'elle approche de la pleine deuance celle-cy, on a bien de la peine de bien distinguer l'vne de l'autre & determiner le commencement de l'Eclipse, & les Obseruateurs l'ont marqué auec beaucoup de varieté, & on n'a point encore veu aucun heureux succez de cette façon. Pour les Eclipses des satellites de Iuppiter i'estime qu'elles pourront mieux seruir & reüssir quand leurs periodes seront exactement connuës, qui estant courtes donneront vn point de rencontre plus precis à obseruer. Pour le present i'estime que la plus fauorable rencontre pour ce dessein est le rapport de conionction ou de distance entre la Lune & quelque Estoille du Firmament ; Pource qu'il est entre deux corps extremes dans les Cieux, & qui ont plus de diuersité en lieu, & en mouuement qu'aucun autre. La Lune estant la plus basse & allant le plus viste de tous les Planetes, & les Estoilles estant les plus eleuées, & allant le plus tardiuement de tous les Astres, & mesmes selon Copernic estant immobiles. Ce qui fait qu'vn rapport passe plus viste, & change sensiblement en peu de temps comme en vn instant physique. Et quand la Lune n'auanceroit à l'egard des Estoilles, en chaque iour que de 12. degrés, en chaque heure elle auanceroit d'vn demy degré ; En la 60e. partie d'vne heure c'est à dire en vne minute horaire de la moitié d'vne minute de degré c'est à dire de 30. secondes que l'on peut obseruer auec des instrumens.

Aussi deux Autheurs recens qui ont escrit de cette matiere se seruent de ce principe, l'vn est le R.

P. Leonard du Liris Recollet, qui a grandement voyagé & tant sur mer que sur terre a fait diuerses experiences de la practique, & a receu l'approbation & l'attestation de diuerses personnes soit de marine soit autre qui en ont veu de bons succez. L'autre est Morin, qui la traité speculatiuement.

Ie dis 5. que ces obseruations faisables de diuers endroits sur vn mesme obiet passager & en mesme instant se peuuent faire en deux façons; La 1re. par autant d'obseruateurs, que de lieux. La 2e. par des Ephemerides qui tiennent lieu d'vn obseruateur, puisqu'elles declarent tous ces rapports celestes qui doiuent arriuer à l'egard d'vn pays. La 1re. demande le rencontre d'vn nombre de personnes intelligentes situés en diuers lieux auec des instrumens tres exacts & vn grand soin de s'accorder par ensemble sur vn mesme obiet & en mesme instant de téps & apres tout on n'auroit par cette voye que la connoissance des longitudes de bien peu de pays. La 2e. façon requiert des Ephemerides bien exactes & encore bien que les Rudolphines soient les plus iustes, qui ayent paru & que le P. du Lyris s'en soit serui si ne sont elles pas si precises qu'elles ne trompent de quelques minutes comme l'on voit dans les obseruations des Astronomes faites sur elles, & Morin qui tient ce moyen asseuré demande luy mesme la restitution des Tables d'où il faut conclurre que l'on peut aprendre les longitudes des pays par cette façon practiquée auec toutes les precautions & circonstances d'exactitude que les hommes y peuuent apporter; mais ce ne sera qu'à peu prés.

Ie ne mets pas icy les particularités, qu'il faudroit obseruer en telles façons ie me contente d'auoir traicté de la chose en general.

N. 3. *Les façons de la seconde sorte, qui se tirent de la Terre.*

Deux sont plus receuables. La premiere est commune & se fait par la distance itineraire requise pour chaque degré, Elle se tire & se conclud de deux connoissances, l'vne est de la distance effectiue & actuelle, qui se trouue entre deux termes assigné, comme sont deux Villes de mesme latitude, l'autre de la valeur d'vn degré de chaque parallelle. Cette-cy s'acquiert par vne Table composée à ce dessein, l'autre par trois moyens sçauoir 1. par le mesurage actuel de la main, 2. par la veuë des obiets venant de deux stations & par la remarque des rayons visuels, & 3. par l'ouie du son auec vn instrument propre. Le mesurage est souuent empesché par les rochers, vallées, montagnes, riuieres, &c. Le second que ie declare cy-apres en la Pratique suiuante est plus asseuré & donne la distance de la ligne droite que l'on cherche. Le 3. est encore exact, & se practique par vn instrument nouueau. Et qui pourroit disposer & tirer des canons sur le haut des montagnes distantes de plusieurs lieuës & sur d'autres des hommes auec tel instrument on auroit les distances que le son parcourt, & le temps qu'il employe à les parcourir; d'où on pourroit facilement conclure la differéce des longitudes entre ces deux montagnes que ie suppose en mesme parallelle. La deuziéme façon est fondée sur la diuersité des heures, qui est entre ceux qui voyageant changet de longitude, & ceux qui demeurent en mesme lieu dont i'ay parlé au nombre 1. Et pour la connoistre il faudroit que celuy qui iroit par exemple d'icy en Canada, auec vn vent fauorable eut deux sortes

Trouuer la Longitude du pays où l'on est. 421

d'instrumens horaires, mais exacts, & tres constans en leur iustesse, dont les vns independans des Cieux monstreroient les heures, & minutes d'vn pays stable, tels que sont tant de monstres qui marquent les minutes, tant d'horologes à ressort ou à eau. Les autres feroient voir l'heure propre de chaque lieu, tels que sont les quadrans Solaires, les astrolabes &c. Car la diuersité qui arriueroit chaque iour entre ces deux sortes d'heures monstreroit la difference de longitude entre les deux termes du depart & de l'abord; & toutes les diuersités iointes ensemble feroient la difference totale des longitudes entre les deux extremités du voyage.

N. 4. Les façons, qui viennent de l'aiman.

Si l'aiman estoit aussi rare, que le Diamant, ces deux pierres auroient bien tost changé le rang, qu'elles tiennent dans l'estime des hommes, & mille diamans ne seroient pas le prix d'vn aiman. Ce qui seroit d'autant mieux fondé, que ce qui donne le prix au Diamant n'est autre qu'vn éclat si grand, que la veuë en est eblouie; si constant, qu'il dure les siecles entiers: là où l'aiman possede des qualités si merueilleuses, que l'esprit se perd à les considerer; si rares que rien de semblable ne paroist dans les autres mixtes; si fecondes, qu'elles seruent de matieres à plusieurs grands volumes, si vtiles que ce sont elles, qui gouuernent nos nauigations, guident nos voyages parmy des lieux sans chemin, disposent nos quadrans, nos Boussoles & autres instrumens, & les font seruir à mille beaux vsages. Ie les explique au traité où ie dispute si la Terre est vn corps magnetique. Ie me contente icy de dire va mot de la vertu directiue de l'eguille aimantée qui doit estre faite d'vn bon acier delicate balancée tres egallement & en vn parfait équilibre, frottée d'vn fort aiman & comme il faut, &c. Pource que c'est par elle que plusieurs ont creu pouuoir trouuer les longitudes sur vne persuasion que l'eguille se tournoit tousiours vers vn mesme point: ce qu'estant elle se tourneroit diuersement & regulierement sur chaque point du Globe. Et Castel Franc auoit desia composé & imprimé des tables pour trouuer les longitudes & les latitudes par ce principe : mais comme il a esté trouué faux on a desesperé le succés de cette entreprise & on l'a entierement abbandonnée : On a creu de plus si les conuersions de cette eguille estoit irregulieres & tournées vers diuers points de lieu & tres differens entre eux, que du moins elles seroient constantes dans le temps, c'est à dire en tout temps, où tousiours les mesmes en chaque lieu particulier, & cette creance a pour appuy tout le procedé de la nature, qui est tousiours le mesme dans les rencontres des mesmes causes; pource que le mesme demeurant le mesme fait tousiours le mesme. Et Steuin sur ce principe a fait vn Liure intitulé *Le Trouue Port*, où il fait voir les diuerses inclinations, & delinaisons de l'eguille dans les diuers ports, & endrois de la mer, pour donner le moyen de conclurre l'endroit, où on seroit par telles conuersions particulieres remarquées vne fois en vn lieu, & estimées deuoir y estre perpetuelles, comme sont les autres particularités des pays que la nature y conserue : Et cecy encore s'est trouué faux. Et pour le comprendre Ie dis premierement que l'eguille a deux sortes de conuersions l'vne verticale du haut en bas nommée inclination, l'autre horizontale comme de la droite à la gauche

Trouuer la Longitude du Pays où l'on est.

nommée declinaison: par la premiere elle baisse diuersement d'vn costé, s'eleue autant de l'autre: par la 2e. elle quitte la ligne de midy pour se tourner d'vn costé vers l'Orient ou vers l'Occident, de l'autre vers l'Occident ou vers l'Orient. En la 1. elle tourne à l'entour d'vn axe horizontal ; En la 2. elle tourne sur vne pointe eleuée verticalement, comme on peut voir és quadrans portatifs & communs.

Ie dis 2. Que ces conuersions ne se font pas vers vn point: mais irregulierement vers plusieurs. Il ne faut que voir les exemples qu'apporte le P. George Fournier en son Hydrographie liu. 11. où il met six inconstances de l'eguille aimantée, ou bien certaines Mappe-mondes ou les diuerses declinaisons sont marquées en plusieurs lieux pour auoir vne euidence de cette proposition. Et pour l'inclination le P. Grand-amy en son traité de l'aiman en a vne petite Table Gilbert a trouué l'inclination de 71. D. dans le 50. parallele, On la remarque baisser de 62. au 45. P. à Rome qui est au 42. P. elle baisse de 66. &c.

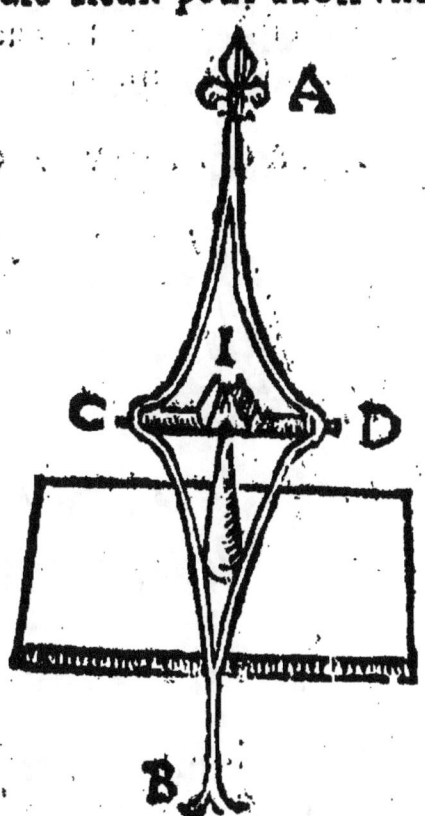

L'Eguille A, B. tourne horizontalement sur la pointe d'vn Cone en I. verticalement à l'entour de l'essieu C, D.

Ie dis 3. Que ces conuersions particulieres en

chaque lieu varient en divers temps. C'est vne particularité & circonstance propre à cette eguille qui m'estonne dauantage & me fait penser, qu'il y a quelque periode inconneuë, dont cette-cy suit. Dans ou prés la Ville de Londres capitale d'Angleterre vne eguille faite, situee & frottee en perfection l'an 1580. declinoit de 11. D. 17. min. l'an 1612. de 6. D. 10. min. l'an 1634. de 4. D. 6. min. A Rome on a trouué la declinaisõ de 8. D. puis de 6. puis de 3, maintenant dē deux enuiron. A Paris elle a eu les mesmes changemens. Monsieur Gassendi exactissime en ses experiences a trouué à Aix la declinaison de plus de 6. D. l'an 1610. moindre de 5. l'an 1618. & de 2. seulement l'an 1640. Le P. Fournier au Liu. 11. met dauantage d'experiences: Celles cy suffisent pour conclurre, que par l'aimen on ne doit esperer aucun auantage pour la connoissance des longitudes.

PRACTIQVE QVATRIËSME.

Le moyen de faire des Cartes Geographiques, & Topographiques c'est à dire de tracer le plan des pays, forests, lacs, prairies & autres estenduës de terre & d'eau.

N. 1. Le motif de cette Practique.

L'On ne doit pas pretendre d'arriuer à la connoissance totale du Globe, que par celle des parties,

Le moyen de tracer le plan du Pays où l'on est.

parties, qui le composent, n'y acquerir celle-cy, que par observations faites sur les lieux. Et encore bien que nos deuanciers y ayent bien trauaillé, & nous ayent donné de belles remarques; si est-ce qu'ils ont encore laissé à leurs successeurs suffisamment de la matiere surquoy s'employer; puisque des Cartes qui par exemple representet les Prouinces de la France ie ne sçay pas s'il y en a trois, qui ayent esté faites par regles mais seulement sur les diuers rapports & à peu prés. C'est pourquoy pour verifier, ou corriger leur procede, & leurs Cartes; pour adiouster à leurs remarques, & les perfectionner tousiours de plus en plus ie mettray icy la maniere de faire des Cartes. Il y en a de deux sortes: les vnes tirent le plan sur le lieu mesme & par application de la mesure. Et cette façon n'est propre que pour les moindres estenduës & les arpentages. Les autres le font de loing, & par les rayons visuels. Et c'est cette-cy dont ie me sers icy.

N. 2. *Les pieces qui composent l'instrument propre à ce dessein.*

On en fait de plusieurs sortes, à qui on donne des noms specieux de Cosmographe, Pantographe, Grafometre, Trigonometre. Ie les reduis à moins de fraiz dans celuy qui suit. Deux planches bien seches dressées & polies, & vne regle bien diuisée, & ayant des pinnules en ses extremités sont pour le plus toute la matiere de nostre instrument. De ces deux planches l'vne se nóme horizontale, & reçoit la delineation, l'autre verticale & dirige la veuë.

Ces noms monstrent desia la position, & situation que chacune doit auoir dans le lieu, où on s'en doit seruir: C'est à dire que l'vne doit estre de niueau, & immobile dans l'operation, l'autre à plomb & mobile circulairement sur la premiere & à l'entour du

Hhh

point de chaque station: La regle doit seruir d'eschelle de petites mesures par la diuision faite selon ce qu'il a esté dit au Chap. 1. §. 12. remarque 2. & de conduite aux rayons visuels par ses pinnules. Elle doit estre mise ou au point des stations, ou à l'essieu de la ligne verticale. Ie dis pour le plus; pource que l'vne des deux dernieres pieces suffit pour la plus part des operations, & toutes trois ne sont requises qu'en certaines. On peut au lieu de regle, ou de planche verticale y mettre des filets à plomb attachés aux points des stations, d'ont l'vn descendra droit de chaque point de station, les autres passeront par diuers endrois de l'extremité de la planche, deuant que de descendre droit en bas. Car la veuë peut estre parfaitement dressée par tels filets moyennant qu'on les guarantissent de l'agitation des vents, & puis les mesmes par apres peuuent marquer leurs lignes sur les Cartes, sur lesquelles on pretend tracer la figure, & le plan du pays. Si on veut adiouster vne Boussole dans la planche horizontale, ce sera pour auoir le rapport des obiets de ce plan auec les 4. points Cardinaux.

N. 3. *Les principes requis pour l'vsage de cet instrument.*
 1. La connoissance de la iuste distance entre les deux stations. 2. l'Echelle des petites mesures, & 3. La delineation des rayons visuels sont les trois points antecedens, dont depend tout le reste: Et on n'y peut manquer que l'erreur ne se comunique à tout ce qui suit. Le 1. est la base de tous les triangles & le terme auquel les autres lignes se rapportent, le 2. est la regle & la mesure de toutes les lignes racourcies : Le 3. fait les angles, esquels le moindre manquement au commencement, va tousiours croissant dans la continuation des lignes. Pour donc les choisir auec toute exactitude, &

donner à chacun sa iuste grandeur, & position remarqués les points suiuans. 1. La ligne des stations, se trace la premiere à discretion sur la planche horizontale. 2. Elle doit auoir deux points marqués & entre deux contenir precisément autant de petites mesures, que la distance en a de veritables, qui partant doiuent estre prises & comptées exactement sur la Terre, deuant que d'estre marquées sur la planche. 2. Encore bien qu'il semble plus commode de choisir les stations au milieu de la figure que l'on veut representer; on pourra neantmoins les mettre dans les extremitez, moyennant qu'on puisse apperceuoir de là les autres obiets particuliers. 3. Si on a deux endrois propres à seruir de stations, & que l'entre-deux ne puisse estre mesuré comme il arriue souuent; pour ne perdre la commodité des stations que les lieux presentent on pourra choisir vne autre ligne racourcie & la diuiser en autant de parties, qu'on en aura trouué dans la veritable, qui en est representée. Et ces parties seruiront d'echelle de petites mesures, pour mesurer les autres lignes. 4. Si on veut multiplier les stations il faudra multiplier autant de fois les operations, que nous demandons pour chacune. 5. Les stations doiuent estre suffisammét eloignées pour agrandir les angles & faire plus grande parallaxe ou diuersité d'aspects. 6. Touchât l'echelle des petites parties il faut auoir egard à l'estenduë du Pays, qui doit estre l'obiet de la representation, & à la Carte, qui en doit estre le suiet; afin qu'il n'y aye aucune partie de la figure sans Carte, ce qui seroit si les parties estoient trop grandes; ny partie de la Carte sans pays, ce qui seroit, si elles estoient trop petites.

N. 4. *L'vsage de l'Instrument.*

Ayant choisis deux lieux propres pour seruir de

stations, ayant mesuré exactement l'entre-deux, & mis vne ligne sur la planche horizontale pour representer ces stations en deux points & leur distance en la ligne. Ie me transporte en vne, & y porte ma planche, à laquelle ie donne la situation horizontale, & pour la conuersion ie fais que la ligne des stations regarde directement le point de l'autre station. La planche estant ainsi disposée, & affermie toute l'operation consiste à marquer les lignes des rayons visuels qui partant toutes du point commun de la station vont à tous les obiets particuliers que l'on pretend marquer: Et pour le faire on doit regarder ces obiets par les rayons rasans la planche verticale, ou passans par les pinnules de la regle, ou par les filets à plomb & librement suspendus : Car ces trois instrumens laisseront sur la planche les lignes droites des rayons que l'on cherche. Il en faut faire autant en la seconde station, & en toute autre que l'on aura choisi, soit sur vne mesme planche ce qui est le plus court & le plus seur, soit sur diuerses qu'il faudra ioindre par ensemble & continuer les lignes de l'vne sur l'autre, ou bien les transporter toutes sur vne Carte ou autre estenduë.

On aura pour chaque obiet vn triangle, duquel la base, & le costé commun sera la ligne des stations, & l'obiet se trouuera dans le concours des deux autres costés.

N. 5. *La Demonstration & l'examen.*

Il se fait vne parfaite similitude entre la figure tracée sur la planche, & celle qui est originaire, & primitiue sur la Terre: à cause que les triangles esquels l'vne & l'autre se resoluent sont parfaitement semblables. Ils sont tels à cause que les angles sont tres égaux ; & ceux-cy sont tels ; à cause que les deux, qui se font dans les points des stations, sont les mesmes pour l'vne, & l'autre figure, d'où s'ensuit l'egalité du troisiéme. De plus en ces triangles semblables, nous connoissons la proportion d'vn costé auec son correspondant & les parties par où on le mesure : ce qui suffit pour connoistre tout le reste & auoir les mesures absoluës de l'original par les relatiues de la copie.

On verifie l'operation faite 1. multipliant & changeant les stations & voyant si on rencontre les mesmes distances. 2. mesurant quelques distances entre diuers obiets, & voyant s'il elles correspondent auec les petites mesures.

N. 6. *Le moyen de se seruir la nuit de cét instrument, & d'en connoistre les hauteurs des obiets.*

Il seruira la nuit si on rend visibles les obiets, qu'o doit enuisager. On les rendra tels mettant sur les pointes des clochers, sur les festes des montagnes, sur les sommets des arbres des flambeaux allumés, tels qu'on en met au haut des masts des nauires ; Si on y allume des feux, si on fait monter droit en haut de grosses fusées, Si on tire verticalement des bombes & grenades gauderonnées par des mortiers, & des boulets par des mousquetons enuironnant ces corps d'vne matiere combustible, dont la flame ne s'esteint ny à la pluie ny du vent.

Que si on veut sçauoir la pente des Terres, la hauteur des montagnes, la profondeur des vallées, & les inegalités d'vn lieu ; ce qui peut seruir à vn General d'Armée pour camper, à vn Ingenieur pour ioindre les riuieres, dessecher les marais &c. Il faut se seruir des trois pieces declarées au n. 2. Afin que la planche verticale marque sur l'horizontale la ligne qui va aboutir à la verticale de l'obiet, & la regle prenant du mesme centre des stations marque sur la verticale la ligne, qui va droit se terminer au point de l'objet. Car faisant cela en chaque station on aura vn point des concours pour chaque objet en la planche horizontale, d'où si on tire vne perpendiculaire soit en haut soit en bas, on ira rencontrer le concours de deux lignes de la 2e. sorte & cette perpendiculaire entre ces concours monstrera l'eleuation sur l'horizontale, ou la depression dessous de chaque objet particulier, & à ce dessein les filets à plomb portant des perles pour marquer l'endroit du rayon visuel pourront bien seruir. Que si on met la regle dans vn point de l'axe de la planche verticale pour mieux voir les objets, on n'a qu'après tirer des paralleles des points de la station qui doiuent estre mis à l'extremité.

N. 7. Les auantages de cette Practique.

Cette façon est tres aisée; pource qu'elle est tres simple, en suite tres courte, soit en la construction de l'instrument, soit en l'operation, qui ne requiert aucune supputation Arithmetique, ny regle Geometrique, qui donne d'abbord ce que l'on cherche, sans multiplier les lignes. 2. Tres-euidéte & solide puisqu'elle est appuyée sur vne demonstration asseurée. 3. Tres vniuerselle; puis qu'elle est pour tout lieu, pour tout temps, & pour toute dimension & 4. Tres vtile dans les connoissance qu'elle nous donne, & qui sont les suiuantes. 1. Elle nous peut apprendre la grandeur d'vn degré terrestre soit d'vn grand cercle, soit d'vn moindre l'appliquant pour ce sujet dans les Practiques ou ie traite de ces connoissances. 2. Elle nous apprend les dimensions Geometriques d'vn Pays, sçauoir le lieu de chaque objet par les rencontres des lignes, la distance par leur longueur, le contenu par leur figure, & leur hauteur par leur perpendiculaire, ce qui s'entend de toute ligne que l'on voudra tirer d'vn point à va autre. 3. Elle nous donne l'intelligence des parallaxes, & des regles que l'on y donne ; puis qu'on fait icy sur des obiets proches, ce que que font les parallaxes sur les celestes, qui ont pour base commune de leurs triangles le Semidiametre Terrestre. 4. Par le mesme principe pour contretirer les Cartes en telle grandeur que l'on desirera. On n'a qu'à agrandir tant qu'on voudra la ligne des stations comme 2. 3. & 10. fois, & tout le reste s'agrandira de mesme façon. 5. Pour s'en seruir à vne Topographie, il faut y ioindre 1. La Boussole pour auoir les rapports celestes de chaque pays. 2. Des lunettes à long tuiau pour decouurir de loin & voir distinctement les obiets. 3. Vn instrument à mesurer les distances droites par le son, l'ecoulement de l'eau dans vn tuiau. 4. Il faudra se souuenir d'adiouster à la delineation des lieux les chefs que i'ay mis au Chap. 14. S. 5.

TABLE CONTENANT LA VALEVR
d'vn degré de chaque parallelle.

Cette Table necessaire, & citée dans plusieurs Practiques precedentes est composée de 6. colomnes. La 1. 2. & 3. contiennent les parallelles signifiés par P. La 2. 4. & 6. les valeurs d'vn degré de chaque parallelle en minutes & secondes d'vn grãd cercle. Par exemple le degré du 18. Par. vaut 57. m. & 3. sec. d'vn grand degré. Et de cette sorte 12. D. du 45. Par. valent 12. fois 42. m. 24. S. qui font 8. D. 28. m. 48. sec. Et certes puisque chaque parallelle a sa longueur differente, il est bien raisonnable de reduire cette diuersité à vne mesure commune, qui est le degré d'vn grand cercle comme estant le plus conneu de tous.

TABLE DE LA VALEVR D'VN DEGRE
de chaque parallelle.

P.	M.	S.	P.	M.	S.	P.	M.	S.
1.	59.	59.	31.	51.	25.	61.	29.	5.
2.	59.	57.	32.	50.	52.	62.	28.	10.
3.	59.	55.	33.	50.	18.	63.	27.	14.
4.	59.	51.	34.	49.	44.	64.	26.	18.
5.	59.	46.	35.	49.	8.	65.	25.	22.
6.	59.	40.	36.	48.	32.	66.	24.	24.
7.	59.	33.	37.	47.	55.	67.	23.	26.
8.	59.	25.	38.	47.	17.	68.	22.	28.
9.	59.	15.	39.	46.	38.	69.	21.	30.
10.	59.	5.	40.	45.	58.	70.	20.	31.
11.	58.	53.	41.	45.	17.	71.	19.	31.
12.	58.	41.	42.	44.	35.	72.	18.	31.
13.	58.	27.	43.	43.	52.	73.	17.	31.
14.	58.	13.	44.	43.	8.	74.	16.	31.
15.	57.	57.	45.	42.	24.	75.	15.	30.
16.	57.	40.	46.	41.	40.	76.	14.	28.
17.	57.	22.	47.	40.	55.	77.	13.	26.
18.	57.	3.	48.	40.	9.	78.	12.	24.
19.	56.	43.	49.	39.	22.	79.	11.	22.
20.	56.	22.	50.	38.	34.	80.	10.	20.
21.	56.	0.	51.	37.	46.	81.	9.	18.
22.	55.	37.	52.	36.	56.	82.	8.	16.
23.	55.	13.	53.	36.	6.	83.	7.	14.
24.	54.	48.	54.	35.	16.	84.	6.	12.
25.	54.	22.	55.	34.	24.	85.	5.	10.
26.	53.	55.	56.	33.	32.	86.	4.	8.
27.	53.	27.	57.	32.	40.	87.	3.	6.
28.	52.	58.	58.	31.	47.	88.	2.	4.
29.	52.	28.	59.	30.	53.	89.	1.	2.
30.	51.	57.	60.	29.	59.	90.	0.	0.

INSTRVMENT, pour determiner les distances droittes Geogaphiques par le mouuement du son, Et pour distinguer les moindres durées du temps par la descente de l'eau dans vn tuyau.

Puisque ie l'ay cité souuent, comme vtile en plusieurs practiques Geographiques ie t'en donne la description.

C'est vn tuiau droit de la longueur de deux pieds enuiron, d'vne grosseur & capacité par tout egalle, d'vne matiere transparente soit par tout tel que seroit vn tuiau de verre, soit en vn de ses costes tel que seroit vn tuiau quarré, qui auroit trois costes de cuiure, & le quatriéme de verre de talque, de corne ou aultre matiere transparente jointe par bon mastic auec les autres. Il est ouuert en hault, fermé en bas d'vne plaque qui a deux ou trois petis trous egaux qu'on doit pouuoir fermer & ouurir promptement & a discretion, auec le doig ou aultrement, soit separement soit conjointement. A ses costés il porte les marques des diuisions necessaires, pour faire voir d'vne part les durées du temps, de l'autre les longeurs des distances : ce que l'on fera ou sur l'instrument mesme, ou sur les costés d'vn bois dans la concauité duquel il sera enchassé.

Deuant que faire les diuisions il faut sçauoir par experience en combien de temps toute l'eau qui emplit le tuiau s'ecoule par vn des trous, & combien d'espace fait le son durant ce temps là en la maniere que ie diray en l'Vsage : Ce qu'estant exactement obserué, il fault multiplier le temps trouué qui soit par exemple de 15. minutes secondes quarrément & en soy-mesme & diuiser toute la longueur du tuiau en aultant de parties que le quarré de 15. sçauoir 225. contient d'vnités, & les marquer d'vn costé de l'instrument commençant par le bas; puis il faut prendre tous les quarrés compris dans 225. comme sont 1,4,9,16. 25, 36, &c. Car le nombre de chacun donnera la marque d'vne minute seconde, ou bien il faut prendre tous les nombres impairs contenus dans 225. qui sont 1,3,5,7,9,11, &c. & chacun donnera l'espace requis, afin que l'eau employe vne minute a secouler, & pour lors il faudra escrire les nombres des minutes commençant par le hault, & vous trouuerés, qu'en la premiere minute l'eau descendera de 29. parties qui est le dernier nombre impair, en la 2.e. de 27 & ainsi diminuant par les nombres impairs iusques a l'vnité qui est le premier, & fait la derniere minute seconde, c'est à dire la quinziéme, De l'autre costé du bois, vous marquerés les distances diuisant la distance totale & reconneuë par experience en aultant de parties egales, que vous en auez pris pour le temps, sçauoir en 15. & vis à vis de chaque partie de temps marquée de l'autre costé vous mettrés vne de ces parties commençant par le hault: comme si le son en 15. minutes secondes a parcouru 3000. toises i'ay pour chaque minute 200. toises & partant ie marqueray vis a vis de la premiere minute 200. de la 2.e. 400. de la 3.e. 600. & ainsi consecutiuement.

L'vsage, Si ie veux sçauoir par exemple la longueur d'vn estang, c'est le mesme de tout autre, ie me mets a vne extremité de telle longueur, l'y tiens mon tuiau éleué verticalement, & plein d'vne eau pure & passée par vn linge ou vn petit entonnoir percé de plusieurs trous tres petis fait expres, & lorsqu'en l'autre extremité on tire vn coup de mousquet carabine ou pistolet incontinent que i'apperçois la flamme j'ouure vn trou: & laisse couler l'eau: pareillement, a l'instant, que j'entend le son, ie ferme le trou, & j'arreste le cours de l'eau. Ce qu'estant l'extremité superieure de l'eau, me montre vis a vis d'vn costé le temps écoulé entre la veüe de la flamme, & l'oüye du son, & de l'autre la distance que le son a parcouru, qui a commencé en l'instant de la veüe, & dans le lieu de la flamme: & est arriué à nous a l'instant de l'oüye.

Remar. Cet instrument suppose trois choses. 1. comme tout son tant graue qu'agu, tant fort que foible, tant reflex que direct, se porte successiuement dans l'espace auec vne celerité partout égale, Et encore bien que le son d'vn canon se porte plus loing, il ne va pas pour cela plus viste que celuy d'vn pistolet, ou flagolet. 2. Qu'en l'écoulement de l'eau dans le tuiau, la longueur contient les nombres quarrés, & leur proportion doublée; les parties du temps en sont les racines, & les nombres impairs en sont les differances, Ce que ie demonstre en la cosmonomie: 3. Que la diuersité des vens & de l'air n'empesche pas l'égalité declarée du mouuement des sons, La 1. se prouue par des experiences certaines. la 2e. par des demonstrations éuidentes, Ie tiens la 3e. douteuse: Et encore bien que la diuersité ne puisse estre que bien petite; pour s'asseurer neätmoins on peut prendre vne longueur conneüe par cet instrûent, deuât que de l'appliquer sur des inconnuës. afin de voir la conuenance ou la differance auec les marques, & y auoir egard. Outre que on a tousiours auec exactitude les mesures relatiues des distances que l'on prend en mesme temps 2. Si on ouure deux trouxs égaux. ce qu'on doit faire dans les espaces mediocres pour auoir plus grande distinction des parties, il faudra prendre la moitié des parties marquées tant pour le tẽps que pour les longueurs. 3. Tant plus le trou est grand & le tuiau estroit, tant plus grand sont les interuales pour les minutes, & les espaces. 4. Vn plomb suspendu auec vn filet de trois pieds trois poulces demeure vne minute seconde a chaque tour qu'il fait, soit grand soit petit & on s'en peut seruir pour faire la premiere experience de l'instrument.

PRACTIQVE CINQVIEME.
Le moyen de trouuer & de conceuoir les cercles de la Sphere.

1. IL faut commencer a s'y habituer appliquant sur vne bale de tripot, ou autre boule commune, Le mouuement d'vn demy cercle, & conceuant les cercles qui en naissent en la façon declarée au chap. 4. Puis reconnoistre les mesmes cercles marqués sur les Globes, sur les Spheres, & cartes Geographiques.

2. Il faut passer du general au particulier, de l'artificiel au naturel, & se representer les Globes naturels capables de receuoir ces cercles, tels que sont l'Vniuers, le Firmament, le Soleil, la Lune, les Astres, & particulierement la Terre, dont il s'agit icy. Car tous ces corps sont spheriques & ne different en quantité des Globes artificiels, que selon la grandeur.

3. Puisque on ne peut connoistre vne quantité, que ou dans elle mesme, ce qui ne conuient qu'à peu, ou par raport que chacune des autres quantités a de necessité auec elle, en grandeur, distance & situation, C'est a nous a choisir vne quantité bien connuë & vne maniere aisée pour connoistre le rapport qu'elle a auec toutes les aultres; afin que par vne nous connoissions tout le reste.

4. Entre toutes les quantités du monde nous n'auons rien de plus conneu, que le lieu où nous sommes, qui n'est qu'vn point physique dans l'Vniuers, la ligne verticale qui passe par ce point & enfin le plan horizontal qui est perpendiculaire à cette ligne, & passe par le mesme point: comme ie declare au chapitre 4. Entre les manieres de connoistre les rapports du lieu il ny en a point de meilleur que celle d'vn demy cercle mobile expliqué au mesme chapitre; pource que l'axe estant vne fois determiné, & conneu, determine tout le reste, & nous le donne a connoistre par le mouuement d'vn demy cercle. Aussy c'est luy que l'on doit auoir soing de bien choisir.

5. Pour donc profiter de ces connoissances, & les appliquer sur nostre maniere, nous faisons que tout se rapporte à ces quantitez conneuës, establissant le lieu où nous sommes pour centre de nostre demy cercle, la ligne verticale pour axe, & le plan Horizontal pour maistre cercle. Car voilà les trois choses ausquelles on peut aisement raporter tout le reste, & le connoistre par elles. Le centre est le point commun a tous les diamettres, & tous les points qui s'y trouuent sont en mesme ligne que le centre. L'axe est la ligne où concourent tous les cercles perpendiculaires qui y ont vn diamettre commun, & où se trouuent les cétres de tous; puisque le point du milieu est le centre de tous les grands cerles & les aultres sont les centres des moindres parallelles, & le cercle principal est celuy qui se rapporte au centre, & reçoit les rapports & dénominations des aultres, qui viennent du mouuement d'vn demy cercle egal à tout l'Vniuers

à l'entour d'vn tel axe; ainsi qu'il est expliqué au chapitre 4.

6. Ces cercles se nomment Horizontaux, pource que les vns sont parallelles à l'Horison. Ceux qui sont dessus au nombre de 90. se nomment de haulteur ou d'eleuation : Ceux qui sont dessous en mesme nombre de 90. sont appellés cercles de bassesse ou de depression. Tous deux par les Arabes Almicantarats, les aultres luy sont perpendiculaires hommés verticaux ou Azimuths & sont 360. en nombre, autant que de degrés en l'Horizon, dont 180. sont septentrionaux, & 180. sont meridionaux. On commence a les compter par le point oriental de l'Horizon, où l'Equateur le couppe, & on finit par le point opposite, & Occidental. De ceste sorte le meridien fait tousiours le 90. iesme tant septentrional d'vn costé, que meridional de l'aultre.

7. On connoit les cercles parallelles par tous les instrumens qui sont dressés verticalemẽt, tels que sont les quarrés Geometriques, les quadrans astronomiques, astrolabes, & autres qui ont pour conduite ou vn filet a plomp, ou mettent le 90. D. en la ligne verticale par leur propre pesanteur. On connoit les perpendiculaires par les mesmes & semblables instrumens, situés horizontalement, & ayant le 90.e. degré sur la ligne de Midy Car le rayon passant par les styles, pinnules, & aultres inuentions monstre le cercle, & le degré, en la façon qu'on enseigne en diuers endroits. La refraction, & la parallaxe font changer l'astre d'eleuation, l'vne le haussant, l'autre le baissant plus qu'il n'est, mais nullement de cercle vertical, qui partant est le plus asseuré de tous dans les obseruations : Et voyla les premiers cercles

qu'il faut bien s'imaginer.

7. Cela estant ainsi il n'y a aucun point dans tout l'Vniuers, duquel on ne puisse donner le rapport, qu'il a auec ces trois choses conneües, & prises pour principes, & dont on ne puisse connoistre le lieu relatif à celuy où nous sommes. Comme quand ie dis, que le pole du monde se trouue au cercle de midy éleué de 48. degrés i'en declare le lieu par le rencontre d'vn cercle vertical, sçauoir le 90e. septentrional auec vn cercle de hauteur, sçauoir le 48e. qui tous deux ont rapport a l'Horizon & celuy-cy au lieu où ie suis.

8. Mais d'autant que cette sorte de rapport n'est que pour vn point, & vn lieu particulier de la Terre, & qu'il y en a autant de cette sorte, que de points dans la surface Terrestre, on se sert de ceux cy pour rechercher quelque autre espece de rapport, qui soit fondé sur quelque effet commun a tous & connoissabale de tous les endrois de la Terre, & qui nous puisse donner les habitudes Locales, qu'ont les astres a tous les points de la Terre, & en suite les effets, qu'ils y produisent: Car voila la fin de ces connoissances locales.

6. Ce rapport ne peut estre autre, que le mouuement des astres visibles de toute part: puisque nous pouuons par les instrumens mis cy dessus, remarquer précisément & distinctement les lieux, qu'ils ont en diuers temps, & par eux le mouuement, qu'ils font, pour les acquerir & s'y placer. Et comme rien ne nous est visible que cela; rien autre aussy ne peut estre connoissable de nous.

7. Entre les mouuements des astres il n'y en a point de plus commun, & conneu de tous, que

le iournalier, qui fe fait de l'Orient à lOcciden en 24 Heures, & fe voit en tous les aftres, Car comme on a autant d'argumens du mouuement droit, que de corps elementaires ; on en a auffy autant de ce mouuement, que de corps celeftes : puifque tous les corps de la premiere forte tendent droit au centre, & tous ceux de la feconde tournent également a l'entour de l'axe du monde en 24 heures & Nous en auons tant de reprefentations dans les quadrans horaires ; particulierement Equinoxiaux, fur les Globes & autres corps, où le rayon folaire le depeint, que c'eft vne chofe fuperflüe de le prouuer dauantage.

8. Encore bien que ce mouuement ne foit pas dans la Terre ; fieftce qu'eftant a l'entour & pour elle, il peut & doit nous feruir a diftinguer chaque point de la Terre, par vne differance particuliere prouenante de luy : puifque chaque point terreftre en vertu de ce mouuement reçoit les rayons & les influences du Soleil, & des aftres auec quelque diuerfité foit de hauteur ce qui vient des cercles parallelles, foit de conuerfion ce qui vient des perpendiculaires, foit de fucceffion ce qui vient d'vn tel mouuement. Et voila tout le fondement & la raifon, pourquoy on s'eft ferui de ces diuerfités, comme d'autant de differences locales, pour diftinguer les lieux de la furface terreftre, & y faire voir les diuers effets, qui s'en enfuiuent & que l'on pretend particulierement.

9. En fuitte de ce fondement on prend le centre du Globe pour le centre de noftre demy-cercle, la ligne qui dans la terre fait partie de l'axe de ce mouuement pour l'axe de nos cercles tegref-

tres qu'il faut bien conceuoir pour par elles determiner le reste, & le plan Equinoctial, qui est en la Terre & fait partie du plan Equinoctial vniuersel pour le maistre cercle, auquel les autres se rapportent : puis on conçoit naistre les autres cercles parallelles ou de latitude & perpendiculaires, ou de longitude en la façon descrite au chap. 4. Dans les cieux les parallelles à l'Equateur se nomment cercles de declinaison, les perpendiculaires cercles d'ascension droite, Horaires, & de mediation selon diuers offices, Ceux qui sont souz les poles ont ces cercles qui sont Horizontaux, & Equinoctiaux tout ensemble.

10. Aprés le mouuement iournalier le plus conneu de tous par les mesmes rapports Horizontaux c'est l'Annuel qui est encore commun aux planetes mais on le remarque particulierement sur le Soleil, qui le fait dans la ligne Ecliptique. C'est pourquoy on la prend & son plan pour le maistre cercle, la perpendiculaire qui passe par le centre pour l'axe, & les cercles qui viennent du mouuement du demy cercle se nomment de latitude celeste, s'ils sont parallelles, de longitude, s'ils sont perpendiculaires.

11. Les aultres mouuemens des astres sont trop particuliers & laissés aux Astronomes.

12. Cecy estant vne fois bien conceu il est aisé de prendre vne idée de l'Vniuers, & du Globe terrestre comme l'on en a d'vne ville, & se representer les diuersités des pays dans la Terre comme l'on fait celle des maisons dans vne ville, les chemins pour aller d'vn pays a l'autre, comme les ruës pour aller d'vne maison a l'autre, Ce qu'estant vne fois acquis, on a vn principe bien auantageux pour conceuoir ce qui se dit de la Geographie.

PRACTIQVE SIZIEME.

Trouuer la distance entre deux Villes de differente longitude & latitude,

Entre plusieurs façons cette cy me semble la plus aisée apres les autres, mises cy dessus.

Soient determinées deux ou trois Villes, auec leurs longitudes & latitudes : La 1 Baye 20 D. de longitude 40 de latitude ; La 2. A 50. D. de longitude 43. de latitude, La 3. I aye 230. D. de longitude 38. de latitude. Soit de plus descrit vn cercle A E B diuisé en 360. D. que ie prends pour l'Equinoctial, & dans lequel il faut practiquer ce qui suit. *Premierement.* Il faut marquer ces trois Villes distantes entre elles, selon la difference des longitudes assignées & determinées, sçauoir est la premiere en B où l'on voudra, la 2. en A distante de B de 30. D. pource que 30. est la differance entre 20. & 50. la 3. en I distante de B de 210. D. & par les points marqués il faut tirer des Diametres, BE & AI *Deuxiemement.* Il faut marquer la latitude de chaque Ville, commençant a compter les degrés par le point que designe chaque Ville, & qui termine son diametre : suiuant quoy la latitude de la 1 Ville B sera mise au point N distante de B de 40. D. & celle de la 2. A tombera sur le point L distante de A de 43. D. & celle de I sur le point O qui en est éloigné de 38. D. *Troisiemement.* De ces trois points marqués pour les trois latitudes N.L.O. faut tirer trois lignes perpendiculaires, aux diametres apparrenans aux longitudes de chaque Ville : sçauoir NP, LM, & VO. & d'autant qu'on veut auoir la distance d'entre la premiere B & la 2. A il faut ioindre les deux points MP, sur lesquels sont tombées les deux premieres perpendiculaires, & sur les mesmes points M & P il faut tirer d'autres lignes égalles a celles que l'on y a tirées, mais perpendiculaires a la ligne MP sçauoir MT égale a ML & PR a PM & la ligne qui ioindra les deux extremités de ces deux lignes TR sera la corde de l'arc, que l'on demande, laquelle estant appliquée sur le cercle AKI on trouue le nombre des degrés de l'arc FI pour la distance entre les deux premieres Villes donnant 60. mille pour chaque degré, & pour chaque minute vn mille. Que si la latitude d'vne Ville estoit Septentrionale & l'autre Meridionale il faut tirer vne de ces deux dernieres perpendiculaires d'vn costé comme MT & l'autre de l'autre costé comme PS. Et la ligne TS qui ioint les deux extremités sera la corde de l'arc compris entre deux Villes, qui ont leurs latitudes dans diuers hemispheres, laquelle on appliquera sur le cercle AKI, pour auoir l'arc IH.

Si on veut sçauoir la distance, qu'il y a entre la 1. Ville B & la 3. L il y faut proceder de la mesme façon ioignant les points P & V par vne ligne droite PV & tirer sur ces mesmes points deux lignes qui soient perpendiculaires a PV & egales aux autres, qui ont été tirées deuant sur ces points sçauoir PC égale a PN. & VD égale a VO. Car la ligne DC. qui ioint les extremités de ces deux lignes sera la corde de l'arc, que l'on desire: Et si les latitudes estoient de diuers hemispheres, il faudroit tirer vne de ces lignes d'vn costé, l'autre de l'autre; comme seroit VG au lieu de VD & tirer la ligne GC pour la corde au lieu de DC.

La demonstration n'a aucune difficulté, qu'en l'imagination des lignes, qu'il faut conceuoir dans le Globe: Car incontinent qu'elles y seront conceuës il s'enfuiura tout auſſitoſt vne éuidence de la verité, & de la practique. Faut donc conceuoir que le cercle ou plan BAEI eſt l'Equateur du Globe; que les lignes BE, & AI ſont celles, que marquent & laiſſent dans l'Equateur les plans des cercles de longitude des Villes B & A: Que les lignes perpendiculaires LM & PN ſont celles qui nous monſtrent & determinent deux choſes. 1. les points M & P ou tombent dans les diametres BE & AI les vrayes perpendiculaires tirées des points du Globe où ſont miſes les Villes B & A. 2. les grandeurs des meſmes lignes. Ce qu'eſtant donné on les trouue tirant la ligne M,P. qui ioint les deux points d'incidence perpendiculaire & de ces deux points M & P on tire deux autres perpendiculaires a la ligne MP & d'egale longueur que ML & PN en la façon deſcrite & la ligne TR qui les terminera ſera la vraye corde, qui determine l'arc compris entre les Villes B & A & que l'on cherche pour l'appliquer ſur tout grand cercle pour ce que ceſte figure PMTR eſt la vraye figure qui ſe fait dans le Globe ſur la ligne MP & toute la difference qu'il y a eſt en la ſituation, Car dans la figure preſente elle eſt couchée ſur le plan de l'Equateur, & dans le Globe elle eſt perpendiculaire au meſme plan & va ſe terminer ſur les meridiens des Villes B & A, mais cette diuerſité de ſituation ne change en rien les diſtances des lignes que l'on recherche icy; a cauſe que vne telle figure MPRT ſe trouue en vn plan qui couppe l'Equateur, lequel ſe peut remuer a l'entour de la ligne, ou il couppe l'Equateur & auec luy toutes les lignes qu'il contient & qui y demeurent comme elles ſont ſans qu'entre elles il y arriue aucun changement,

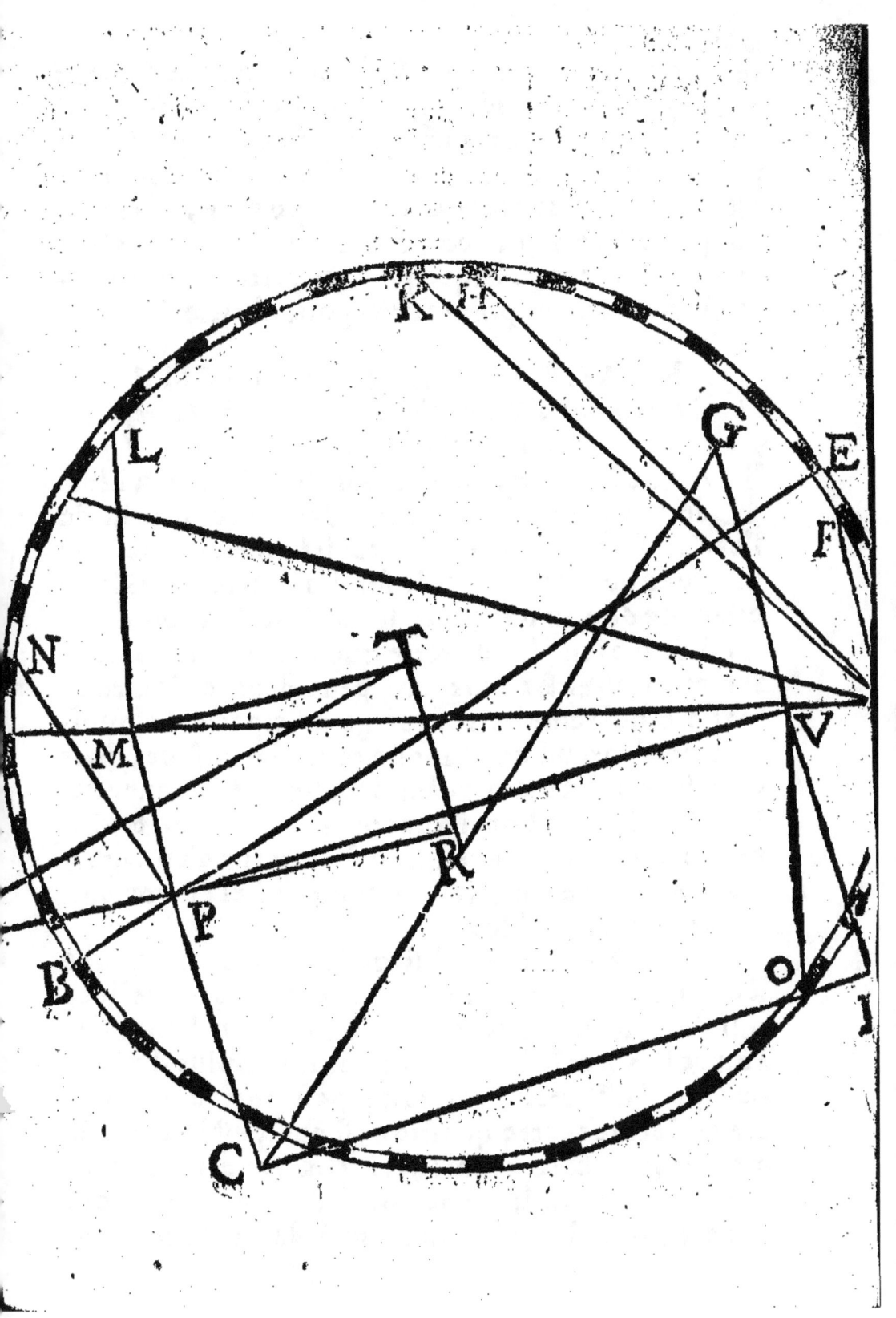

tant petit soit-il, Et les Mathematiciens se seruent souuent de cette industrie, pour plusieurs demonstrations, qui n'ont difficulté qu'en la representation de ces lignes dans le Globe Et que l'on peut oster representant le tout sur vne pomme, que l'on couppera selon que requiert cet escrit, car alors on representera chaque plan a part. Dites-en de mesme des autres points tirés pour d'autres Villes.

PRACTIQVE SEPTIESME
Determiner s'il y a Plus d'Eau, que de Terre, dans la surface du Globe.

LA question ne s'entend pas de la solidité; Mais de la surface seulement: Car la profondeur de l'eau en ses plus basses concauités n'estant que de 2. lieuës pour le plus, & le semidiametre du Globe estant de 600. lieuës pour le moins, il est euident, qu'il faut bien plus de terre que d'eau pour composer ce Globe. Et puis qui peut deuiner & dire la matiere qui remplit tout ce grand espace. La question ne s'entend non plus de toute la surface; mais de celle qui est maintenant decouuerte & conneüe: Car de celle que l'on n'a encore point abordé & visité, ce seroit temerité, non seulement d'en iuger; mais mesme de vouloir le deuiner: Tel est vne partie des Zones froides.

La question donc est si de la surface du Globe Terrestre comprise entre deux cercles paralleles, qui font la latitude de 70. degrés l'vn l'australe, l'autre la boreale l'eau occupe autāt ou plus d'estendue que la Terre. Trois iuges peuuent s'entremettre de decider cette question, sçauoir est la veuë, la mecanique, & la geometrie. La veuë s'arrestant sur vn Globe ou sur vne mappemonde, ou ce qui appartient a l'eau est distingué de la Terre peut former quelque iugement de l'estendüe de l'vn & de l'autre, particulierement si l'vne est plus grande que l'autre de quelque excez notable, ou plus tost la raison peut iuger sur le rapport des yeux. La Mecanique le peut faire en prenant la grandeur de l'vn, & de l'autre élement par l'application de quelques surfaces estendües sur celle du Globe, les vnes sur celles qui representent l'eau, les autres sur celles qui representent la Terre, & puis appliquant ces deux surfaces l'vne sur l'autre & les comparant : Par exemple, Si on couure tout ce qui est de Terre de papier blanc, & tout ce qui est d'eau de papier noir ou d'autre couleur, On fera encore le tout plus facilement si on achete vn Globe en feüille, & si on diuise & met a part ce qui est de l'eau d'auec la Terre, Et si on vient a comparer par ensemble ces deux élemens. La Geometrie en doit aussi iuger, & son operation consiste en trois points, le 1. est de reduire la surface spherique en plusieurs quadrangles rectangles ce que l'on trouuera déja fait par les cercles de longitude & de latitude marqués de 10 en 10. On en trouuera dans les bornes establies cy dessus de sept diuerses grandeurs, & de chacune deux fois 36. c'est a dire 72. acause des deux hemispheres, qui font en tout 504. & d'autant qu'ils vont s'appetissant vers le pole par les cercles de longitude conseruant leur grandeur de l'Occident à l'Orient par les paralleles Le 2. point, est de reduire ces espaces en parallellogrammes par les practiques Geometriques prenant le milieu de la largeur entre les deux cercles de longitude pour celles du parallellograme. Le 3. est de compter les espaces, qui appartienent a l'vn ou a l'autre de ces élemens & les mettre a part pour faire l'addition de tous ceux, qui sont d'vn mes-

[...] Pour ceux où il y a partie d'eau, partie [...] il faut subdiuiser ces quadrangles en d'autres petits comme chacun en 100, afin de distribuer plus exactement ce qui conuient a chaque element. La conclusion est facile a auoir d'vn tel antecedent.

De ces trois Iuges le 1. donne vne briefue & prompte sentence, mais elle n'est pas trop asseurée. La Mecanique le fait auec plus de trauail & de temps comme aussi son rapport est bien plus exact. La Geometrie porteroit vn Arrest decisif & sans appel n'estoit qu'elle est contrainte de prendre des bornes de la Mecanique qui les luy donne si peu iustes & si irregulieres qu'il est bien difficile de trouuer des regles pour les reduire à quelque regularité, & ainsi on laisse acheuer le compte a la Mecanique, qui connoit tout par application, & correspondance; non par regles & discours. Pour moy ie me suis contenté de compter vne fois les plates quarrées que la Mer occuppe sur le Globe, ou sur vne mappemonde faisant passer pour plus grande facilité les terres c'est a dire les Isles & presqu'isles qui sont dans les mers pour les eaux c'est a dire pour les riuieres les lacs & bras de mer qui sont dans les terres & i'ay trouué, que l'estenduë de la mer surpassoit déja celle de la terre. Et supposé ce que ie prouue autre part que l'eau aille tousiours auançant, & amplifiant ses bornes la surface Terrestre décroistra tousiours d'autant

FIN

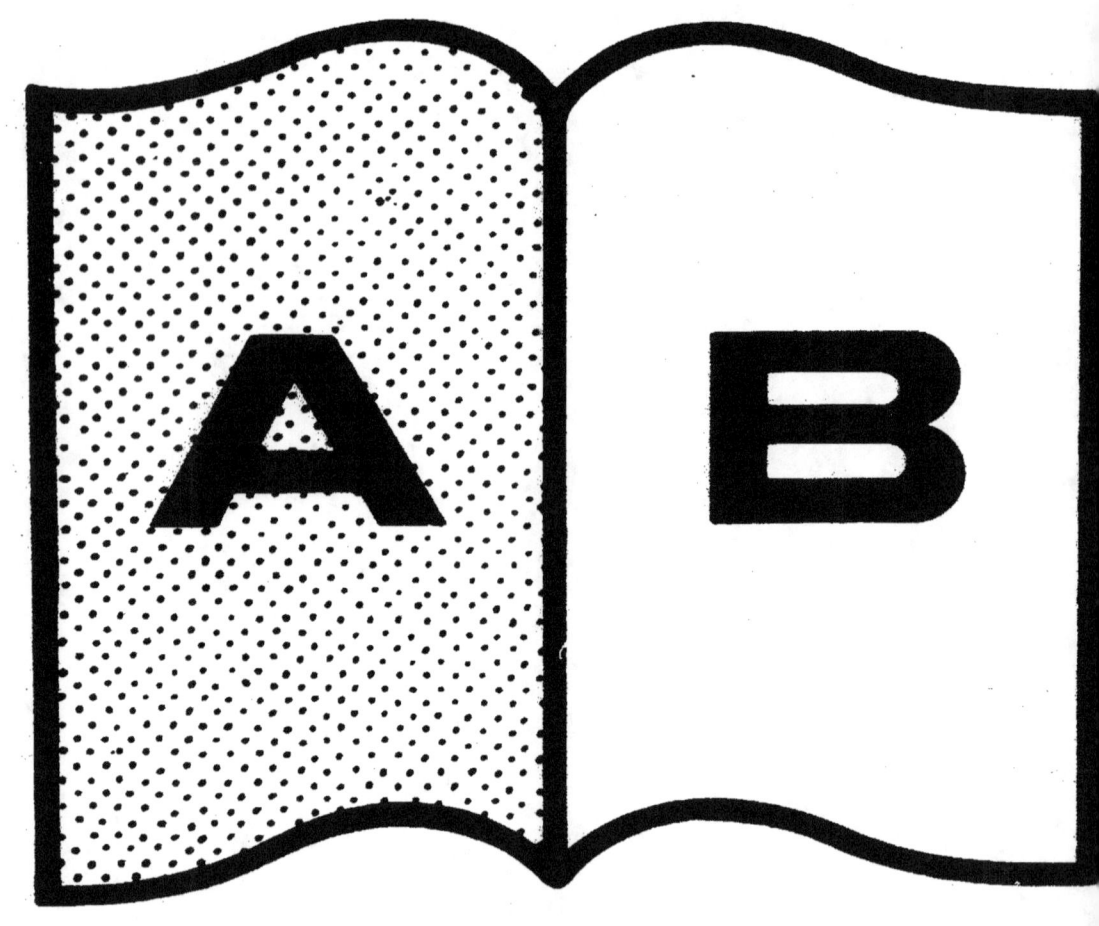

Contraste insuffisant

www.ingramcontent.com/pod-product-compliance
Lightning Source LLC
Chambersburg PA
CBHW070205240426
43671CB00007B/549